MÉMOIRES

DU BARON

HAUSSMANN

IL A ÉTÉ TIRÉ DE CET OUVRAGE

*Cent exemplaires sur papier de Hollande
numérotés à la presse.*

LE BARON HAUSSMANN

1889

MÉMOIRES

DU BARON

HAUSSMANN

I

AVANT L'HOTEL DE VILLE

LA RESTAURATION
RÉVOLUTION DE 1830 — GOUVERNEMENT DE JUILLET
RÉPUBLIQUE DE 1848 — LE PRINCE PRÉSIDENT
COUP D'ÉTAT DU DEUX DÉCEMBRE
L'EMPIRE

PARIS
VICTOR-HAVARD, ÉDITEUR
168, BOULEVARD SAINT-GERMAIN, 168
—
1890

AVERTISSEMENT

Ce ne sont pas, à proprement parler, des mémoires, c'est-à-dire des notes recueillies jour par jour, chemin faisant, au cours de ma vie publique, et résumées dans un ordre méthodique et sous une forme étudiée.

Non ! ce sont des souvenirs évoqués à distance, après une longue retraite, favorable à la réflexion et à l'impartialité ; dans la dernière période d'une existence toujours laborieuse, agitée, tourmentée, à laquelle n'ont pas manqué, sans doute, de grandes, de nobles, et, j'ose ajouter : de légitimes satisfactions ; mais qui fut remplie surtout de rudes épreuves, de cruelles désillusions et de petites misères.

Une chronique, écrite au courant de la plume, le soir même de chaque fait notable ; au milieu d'événements politiques et de circonstances diverses la marquant de leur empreinte, serait assurément une histoire bien plus « vécue » de cette grande et difficile œuvre : la Transformation de Paris, dont je fus l'instrument dévoué, de 1853 à 1870, et reste l'éditeur responsable, dans un pays où l'on personnifie toutes choses.

Mais la postérité, s'il m'est permis d'employer un tel mot, a commencé pour cette entreprise sans exemple. J'en sais mieux juger moi-même aujourd'hui les vraies proportions, les féconds résultats, et aussi, les imperfections, souvent inévitables.

Et puis, le temps m'aurait manqué pour tenir un carnet de mes remarques et de mes impressions.

J'étais, d'ailleurs, et je suis encore, absolument dépourvu de l'instinct collectionneur.

Que de documents, de lettres, de billets, de petits papiers de toute sorte, n'ai-je pas laissés s'envoler à tous les vents, qui posséderaient une valeur inestimable, aujourd'hui !

Eh bien ! je ne pensais pas plus à classer, à étiqueter les particularités curieuses des événements auxquels je me suis trouvé mêlé ou dont je fus le témoin.

Placé, à Paris, en dehors de la politique active, par mes fonctions mêmes, auxquelles j'affectai de donner un caractère de plus en plus municipal ; étranger, par nature, et aussi, par prudence, à toute coterie ; absorbé, du reste, par la mission considérable que j'avais reçue et dont je tenais à m'acquitter de mon mieux, je ne cherchais à rien voir ou savoir de ce qui ne me regardait pas. J'allais droit mon chemin, sans m'en laisser volontiers divertir. Ce n'était pas toujours facile ; mais, c'était une règle de conduite très simple, et je la fis mienne.

Bien des fois, elle dérouta mes adversaires. Car, d'habitude, ces gens habiles, peu coutumiers de la ligne droite, ne m'attendaient pas sur ce chemin.

Est-ce à dire que je n'eusse point d'opinions politiques bien arrêtées? — Loin de là : j'étais un Impérialiste de naissance et de conviction.

Démocrate et très libéral, mais, non moins autoritaire, j'avais, et j'ai toujours l'intime et profond sentiment qu'en France, la seule forme pratique de la Démocratie est l'Empire.

Notre pays, le plus « un » du Monde entier, a besoin d'un Gouvernement qui le soit. Il faut qu'une seule main, ferme au dedans, afin d'avoir le droit de l'être au dehors, dirige ses affaires. Les intérêts qui s'y meuvent, exigent la stabilité du Pouvoir Exécutif dans son expression suprême : l'hérédité; mais, sous la réserve des droits inaliénables, imprescriptibles, de « la Souveraineté du Peuple », dont la Constitution, directement émanée d'un acte de sa Volonté, doit consacrer formellement l'exercice. Il convient, de plus, pour la dignité même de la Nation, que le titre porté par son représentant, par « son délégué », le mette de pair avec les plus grands Monarques.

Telles furent, de tout temps, et telles sont encore mes croyances. Je ne prétends les imposer à personne : ce serait, de ma part, une inconséquence très choquante. On m'a toujours vu soumis, au contraire, et je me soumettrai, jusqu'à la fin, à toutes les formes de Gouvernement légitimées par le Vote du Pays.

Mais, je le confesse, j'ai l'horreur du Régime Parlementaire, qui met le Gouvernement dans une Assemblée mobile, imposant au choix d'un chef d'État nominal, des Ministres sans cesse renouvelés ; agitée par la compétition de partis se disputant le Pouvoir, afin d'en distribuer les faveurs, sinon l'exploitation, entre leurs affidés, au lieu de se montrer animée de la noble ambition de servir utilement la Patrie, sans autre intérêt que le développement de sa grandeur et de sa puissance.

J'ai commencé d'écrire ces « mémoires » qui, jusqu'à ces derniers temps, n'étaient pas destinés à la publicité, — de mon vivant, du moins, — sur l'insistance d'un ami de très bon conseil : M. Jules Lair, ancien élève de l'École des Chartes ; grand chercheur de la vérité historique inédite ; fouillant, pour la trouver, force manuscrits ignorés ou négligés ; lisant force vieux bouquins oubliés, qu'il tire de leur poussière ; curieux du revers des événements, où s'expliquent parfois, d'une manière inattendue, la conduite des hommes et la marche des choses ; auteur, lui-même, d'ouvrages remarquables, fruits de ses investigations intelligentes.

Il me fit comprendre que je devais aux miens, à mes amis, un résumé de ma vie publique, dont bien des phases étaient mal connues d'eux, et par dessus tout, un exposé de mon administration, si laborieuse, si combattue, de la Ville de Paris ; une explication de mes études, de mes travaux, de mes actes, de mes projets demeurés inexécutés, qui les mit en lumière sous leur vrai jour ; enfin, une réfutation décisive des erreurs, souvent consciencieuses; des attaques, aussi violentes qu'injustes; des hostilités systématiques et passionnées, dont le temps n'a pas encore eu complètement raison.

Quant au style, je ne m'en préoccupe guère.

Il est tout d'une venue; c'est celui d'un récit familier, d'une conversation intime.

Qu'on veuille bien ne pas l'oublier : j'avais la conviction que mes enfants, mes proches et quelques amis sûrs, indulgents, me liraient seuls, quand j'ai successivement écrit les divers chapitres de mes deux premiers volumes et la plupart de ceux du troisième. Il s'y trouve donc bien des détails qui pourront sembler superflus, et des anecdotes qui risquent d'être dépourvues d'intérêt pour le public.

Du reste, je n'ai jamais eu de prétentions à l'Académie Française, bien que je m'y reconnusse assez peu de titres littéraires pour en faire valoir utilement d'autres, à défaut de ceux-là. Mais, je ne suis pas un **grand Français**, comme notre vieux camarade du collège Henri IV, mon ancien de pas mal d'années, Ferdinand de Lesseps, le perceur d'isthmes! Je suis tout simplement un Parisien, parvenu, contre vent et marée, à se faire un nom, et encore, un nom contesté, dans sa chère ville natale.

Personne n'a même eu la pensée de me réserver un siège dans la Section d'Administration de l'Académie des Sciences Morales et Politiques, lors de la création de cette nouvelle classe de l'Institut, sous l'Empire. J'y vis appeler depuis un de mes anciens subordonnés : pas des plus capables ; mais des plus remuants !

Je fais, il est vrai, partie de l'Institut de France, du chef de l'Académie des Beaux-Arts, où, Préfet de la Seine, je fus admis, comme l'avait été M. le comte de Rambuteau, bien avant moi. Je n'y obtins même la majorité, qu'à la suite d'un premier insuccès contre un concurrent, aujourd'hui disparu, dont je me demande encore quels étaient les droits.

Or, je n'avais pas seulement pour moi de protéger tous les arts ; j'étais, de plus, l'appui constant, éprouvé, des artistes de valeur et d'espérance, et même un peu leur confrère : « artiste démolisseur », si l'on veut ; — la vocation de tous ceux qui démolissent n'est pas la même, Dieu merci ! — moins heureux, peut-être, en reconstruction, mais par la faute de l'Académie plus que par la mienne.

En effet, si l'École des Beaux-Arts, placée sous son patronage, a doté le pays d'architectes de grand talent et d'un goût irréprochable, dont, pour ma part, je me suis fait un devoir et un honneur d'invoquer le concours en tant d'occasions, j'ai la hardiesse de dire, au risque de tout, que, parmi eux, ne s'est point révélé, sous l'Empire, un de ces artistes dont le génie transforme son art et l'appropie aux aspirations de temps nouveaux.

L'École des Ponts et Chaussées fut bien plus féconde, et cela se comprend, dans un siècle où les sciences positives, où l'art et le talent pratiques de l'Ingénieur ont fait des pas de géant, auxquels on ne peut rien opposer de comparable. Toujours est-il qu'on lui doit les Alphand, les Belgrand, et que, si Deschamps, le chef trop peu connu du service du Plan de Paris, qui mériterait d'être placé presque au niveau de ces hommes d'élite, dans l'estime et la reconnaissance des Parisiens, étudia sur les bancs de la première, il les quitta, comme un transfuge, pour devenir Architecte-Voyer; Géomètre de la Ville; et, graduellement, le Grand-Voyer véritable de cette Cité-Reine ; le gardien de la Loi (trop insuffisante) des Bâtiments; mais, par-dessus tout, l'inspirateur du tracé de beaucoup de ces grandes voies nouvelles qu'on admire; le praticien habile qui sut donner, à toutes, la direction la moins dommageable, et cependant, la mieux appropriée aux dispositions du sol; aux besoins de la circulation; aux belles perspectives; et déterminer, sur place, les alignements et les points de niveau, avec une telle précision, que, jamais, la moindre erreur ne fut commise par les constructeurs des maisons édifiées avant l'ouverture de ces voies, soit, à une extrémité; soit, à l'autre, ou sur un point quelconque de leur parcours.

Baltard, encore un de mes anciens du collège Henri IV, que je mis à la tête du service d'Architecture de la Ville; un grand prix de Rome; un membre de l'Académie des Beaux-Arts, avait conçu les Halles Centrales en belles pierres de taille, bien massives, et ne les fit en fer qu'à son corps défendant, sur un croquis de l'Empereur, développé par moi dans un dessin, à main-levée, lui donnant le plan et l'élévation générale de cet édifice bien moderne, conçu par mon Auguste Maître, tel qu'on le voit !

Oui, le Préfet de la Seine de l'Empire était un administrateur doublé d'un artiste; épris de toutes les grandes choses; facilement séduit par l'harmonie des vastes ensembles; ravi par cette poésie de l'ordre et de l'équilibre, qui nous émerveille au spectacle du firmament; passionné pour le Beau, cette forme excellente, artistique, du Bien, et considérant beaucoup du reste comme secondaire; mais sachant, par expérience, que les choses secondaires ne sont pas à négliger. Elles jouent, au fond, dans ce Monde, le rôle le plus considérable, en ce sens qu'elles nous enserrent de toutes parts : dès lors, il nous faut, non seulement, en tenir compte, de gré ou de force; mais encore, y consacrer tout le soin qu'elles méritent.

En résumé, le titre de membre de l'Institut est le seul qui me reste. — Pardon !... je dois à l'indulgence, toujours extrême pour moi, de l'Empereur, d'être, depuis le 7 décembre 1862, un des « Grands Dignitaires » de l'Ordre de la Légion d'Honneur, où je suis entré, très jeune Sous-Préfet, comme Chevalier, voilà bien plus d'un demi-siècle, et de voir mon nom inscrit, en vertu d'un décret impérial, rendu, malgré mes objections prévoyantes, sur les plaques du boulevard Haussmann, où la ferme résistance, que je ne saurais oublier, de tous les Chefs de l'État, aux votes réitérés du Conseil Municipal républicain, l'a maintenu jusqu'à présent.

Quant à mon pays, je l'ai servi près de 40 ans, du 22 mai 1831, au 10 janvier 1870. — La République, sa représentation officielle depuis cette dernière et si néfaste année, après m'avoir ôté tout ce qu'elle put, comme à tant d'autres, respecta mon droit à la pension de 6,000 francs revenant au dernier des Préfets, pour le même laps de temps passé dans l'Administration. — Je lui en garde une gratitude proportionnée à cette marque de sa munificence à mon égard.

Mais, les intérêts de la Ville de Paris, auxquels j'ai consacré tant d'années de labeurs, de sollicitudes, de veilles ardentes, me sont restés chers, malgré tout. Je ne puis, sans un regret douloureux, voir encore inachevées tant d'œuvres nécessaires, dont j'ai pris l'initiative et laissé l'exécution plus ou moins avancée, en 1870, et c'est parce que, nombre de fois, on m'a représenté beaucoup de parties de ces souvenirs comme pouvant être utiles à la solution d'affaires en suspens depuis lors, qu'après bien des hésitations, je me suis décidé, tout récemment, à livrer mon manuscrit au très habile éditeur qui va le publier.

Le « Moi », je le sais, est odieux ; mais il faut bien s'y résigner, quand l'attrait d'une œuvre vient justement de ce que l'écrivain fut, sinon le personnage principal, du moins, un des acteurs ou spectateurs de toutes les choses qu'il raconte.

Les détails personnels ou de famille mêlés incessamment à mes récits, ne sont pas toujours, comme on pourrait le croire, des hors-d'œuvre qui les allongent sans utilité. L'existence d'un homme public se confond tellement avec les mille détails de sa vie privée, qu'on ne sait jamais bien le mot de l'une, quand on ignore les particularités de l'autre. C'est, d'ailleurs, un tissu de fils de nature très diverse, où ceux de soie et d'or se montrent, en général, aussi rares que fragiles; mais, dont la chaîne et la trame, formées, de préférence, d'éléments plus tenaces, ont besoin d'être agrémentées.

La plupart de mes contemporains ont survécu moins longtemps au désastre du second Empire. Presque tous les hommes considérables avec lesquels je fus en rapports de service, — mes adversaires, en plus grand nombre, que mes alliés, — ont disparu. Entré dans l'Administration dès la fin de mes cours de Droit, je suis arrivé, relativement jeune, aux fonctions élevées dont m'investit successivement l'initiative de l'Empereur. J'avais dix ans de moins que beaucoup d'eux.

J'ai parlé des absents, et je continuerai de le faire, avec plus de réserve que s'ils se trouvaient là pour me rectifier ou me contredire. Du reste, la modération devient une vertu facile à l'âge où la vie n'est plus « qu'une force qui s'achève, une ardeur qui s'éteint. »

Peut-être, paraîtrai-je user d'une indulgence encore plus marquée pour moi-même ; peut-être, dans la longue série de monologues dont se compose tout livre, ai-je fait quelquefois, avec assez de résignation, la confession des autres, et moins volontiers la mienne, relevant surtout ce qui peut justifier mes actes, et plaidant les circonstances atténuantes des erreurs dont je ne saurais disconvenir. Mais après un sincère appel à ma conscience, je garde la profonde conviction de n'avoir, dans ces

Mémoires, ni jamais de ma vie, fait grief sciemment à personne ou cédé à des sentiments dont je doive rougir.

Je m'accuse d'un tort sérieux, mais au regard des miens et de moi-même : c'est d'avoir eu trop de foi dans la solidité des assises du régime impérial, et, par suite, un trop médiocre souci **de nos intérêts d'avenir.**

Je suis resté fidèle à mes amis, dans la mauvaise fortune plus encore que dans leur prospérité. J'ai tenu loyalement, jusqu'au bout, les serments prêtés aux souverains que je servis, de 1831, à 1848 ; de 1853, à 1870. Je garde un respectueux souvenir de la bienveillance du Roi Louis-Philippe ; de la cordiale protection du si regrettable Duc d'Orléans, son fils, mon ancien condisciple, et l'éternelle reconnaissance que je dois à l'Empereur, pour toutes ses bontés, pour sa confiance persévérante, pour son affectueuse estime. Mon entier dévouement aux grands intérêts publics dont je reçus charge, ne fait doute pour personne. J'attends donc, en paix, la fin de mon existence terrestre.

Que la mort me frappe debout, ainsi que tant d'hommes de la forte génération à laquelle j'appartiens, c'est ma seule ambition désormais. Je sortirai, dans tous les cas, de ce monde, sinon la tête haute, comme, jadis, de ma vie publique ; du moins, le cœur ferme, et, quant aux choses du Ciel, plein d'espérance de la miséricordieuse justice du Très-Haut !

Cestas, septembre 1889.

MÉMOIRES
DU
BARON HAUSSMANN

CHAPITRE PREMIER

MA FAMILLE. — MON ENFANCE

De ma longue existence, la seule période qui me paraisse pouvoir exciter l'intérêt, la curiosité du public, est celle où je remplis, comme Préfet de la Seine, les fonctions de Maire Central de Paris, et pendant laquelle fut acquise, sans avoir été cherchée le moins du monde, la notoriété, presque universelle, attachée maintenant à mon nom.

Tout ce qui se rapporte à mon édilité parisienne, qui dura plus encore que celles des comtes Frochot, de Chabrol et de Rambuteau, ces Préfets de la Seine inamovibles, semblait-il, du premier Empire, de la Restauration et du Gouvernement de Juillet, peut avoir, je le comprends, un attrait rétrospectif pour la génération présente, où les témoins de la transformation de Paris, à son début et en plein cours d'exécution, deviennent, de jour en jour, plus rares. Mais, de ce que j'étais ; de ce que j'avais fait avant d'entrer à l'Hôtel de Ville ; du singulier concours de circonstances qui m'y fit arriver malgré moi, — ce qu'on trouvera sans doute étrange, — la plupart de ceux qui feuilleteront ces souvenirs, n'auront probablement pas grand souci.

Quelques-uns, néanmoins, se demanderont peut-être comment je me suis trouvé prêt, juste à point, dans une tout autre voie, pour m'acquitter, à l'improviste, de l'ardue mission qui me fut soudainement imposée alors, et aussi, pourquoi l'Empereur fit venir, du fond de la France, pour l'en charger, un Préfet de carrière, qui ne songeait à rien de tel, et dont toute l'ambition se bornait à compléter ses états de service dans le poste élevé, déjà bien assez important, où l'avait porté naguère une succession d'événements favorables à sa fortune hiérarchique.

C'est pour fournir, d'avance, réponse à ces questions, et pour épargner ainsi la peine de les résoudre, aux lecteurs habitués à chercher les causes efficientes de ce qui les occupe ou fixe leur attention, que je me suis décidé, sur l'insistance de quelques amis, à faire précéder l'exposé des actes de mon édilité, par une sorte d'historique de ma vie antérieure. Ceux à qui certains de ces premiers chapitres paraîtront faire longueur, en seront quittes pour les passer.

Dois-je, en commençant, parler de ma famille ? Oui certes, vous le devez, me dit-on : le milieu dans lequel chacun de nous est né ; l'éducation qu'il y reçoit ; les sentiments, les idées, les opinions qu'il y partage, influent, tout au moins, sur ses débuts dans la vie. Je me rends à cette considération, dont je reconnais la justesse.

Donc, je descends d'une famille protestante, originaire de l'ancien électorat de Cologne, du pays de nos ancêtres, les Francs, qu'elle dut quitter, à une époque déjà fort reculée, pour fuir la persécution religieuse et chercher un abri, d'abord, dans la Saxe électorale, où ses chefs séjournèrent longtemps; puis, en Alsace, où les attirèrent, voilà deux siècles environ, les franchises religieuses garanties à cette province lors de sa réunion à la France, dans les premiers temps du règne de Louis XIV.

Des notices, rédigées par un des miens, plus curieux que les autres à ce sujet, d'après des renseignements puisés dans de vieilles chroniques allemandes et dans les archives de quelques villes des provinces rhénanes, donnent certains détails fort oubliés, sur cette grande famille des *Haussmänner*, assez nombreuse, avant sa dispersion, pour former comme une tribu ; sur ses alliances, et sur les positions occupées par plusieurs de ses membres. Mais ce document ne saurait intéresser que mes parents et moi-même. Or, de notre passé, nous voulons retenir une seule chose : c'est que nous sommes Français depuis six générations avant la mienne, et que toutes ont fourni des serviteurs, plus ou moins obscurs, mais également dévoués, au noble pays finalement élu, comme patrie d'adoption, par nos aïeux.

Malgré son origine germanique, c'est donc un nom bien et dûment baptisé français que le mien. Il me suffisait, et je n'en ai jamais ambitionné d'autre. J'ai pris le titre modeste, dont je le fais précéder, maintenant, à partir de mon élévation au Sénat, qui tenait à ces choses, et ne manqua pas une occasion de m'attribuer la qualification m'appartenant, selon mon dossier. Inutile d'ajouter que je ne voulus pas revendiquer celle de Comte, accordée sans conteste, par l'Empereur, à tous ceux de mes collègues qui l'ont réclamée, en invoquant un décret du premier Empire, d'après lequel tout Sénateur y pouvait prétendre, de plein droit.

C'est M. le marquis de Boissy, cet inoubliable fantaisiste, qui, dans un de ses étranges discours, exhuma ce décret, pour turlupiner M. Bonjean, bourgeois endurci, de façons des plus roturières, en l'appelant : « Monsieur le comte Bonjean ! » — « Pourquoi me don- « nez-vous ce titre ? » interrompit celui-ci d'un ton rogue. — « Parce qu'il vous revient, » lui répondit fort tranquillement son interlocuteur ; « et si vous ne le savez pas, « je vous l'apprends. » — A l'appui de son dire, M. de Boissy cita le fameux décret, dont M. Bonjean ne profita pas plus que moi, certes, mais qui dut procurer au Trésor, depuis ce jour, une jolie somme, pour droits de sceau, payés, je le pense, par ceux des membres du Sénat dont les cartes s'ornèrent, peu à peu, du titre de Comte.

A l'époque où l'Empereur créa successivement plusieurs Ducs, je sus qu'il songeait à m'honorer de cette dignité suprême et d'un nom qui fût la consécration de mes services. N'ayant pas de fils ; trop pauvre, du reste, pour soutenir un très haut rang, je m'avisai de raconter à Sa Majesté la boutade par laquelle j'avais déconcerté deux de ses grands fonctionnaires, entre qui je déjeunais à sa table, au palais de Fontainebleau, après un Conseil du matin, et qui, jaloux de la faveur faite à d'autres, et voulant m'associer à leurs récriminations, me disaient : — « Vous, par exemple, vous devriez être

« Duc depuis longtemps. » — « Duc !... et de quoi ? » — « Mais, de Paris ! » — « Oh ! Paris n'est qu'un comté. Il « a, d'ailleurs, un titulaire, et de race royale. » — « Eh ! « bien, de Boulogne, de Vincennes, de la Dhuys... » — « De la Dhuys ? Mais, alors, Duc, ce ne serait pas « assez. » — « Que voulez-vous donc être ?... Prince ? » — « Non ; mais il faudrait me faire Aqueduc, et ce titre « ne figure pas dans la nomenclature nobiliaire. »

L'Empereur partit d'un éclat de rire, et ne pensa plus à créer Duc de n'importe quoi, l'homme qui ne prenait pas autrement au sérieux ces distinctions-là. Peu de temps après, au lieu de m'imposer le nom d'une de mes œuvres, il me fit l'honneur périlleux, que je ne pus éviter, cette fois, de donner le mien au boulevard qui le porte encore, aujourd'hui.

On comprend qu'issu d'une famille qui dut, pour garder sa foi, supporter de bien rudes épreuves ; élevé, d'ailleurs, dans une communion dissidente, au sein d'une majorité catholique, intolérante en bien des cas, j'aie appris, dès l'enfance, à détester la persécution, d'où qu'elle vienne et quel qu'en soit l'objet, et que je respecte, sans effort, chez les autres, toute croyance sincère, religieuse ou politique.

Mon grand-père, Nicolas Haussmann, est né à Colmar, en 1760.

Ses frères, avec lesquels on l'a confondu souvent, et dont l'un, fort savant chimiste, a son nom justement inscrit, à titre d'honneur, sur le Palais de l'Industrie, fondèrent, voilà bien plus d'un siècle déjà, dans une propriété de mon bisaïeul, au Logelbach, près Colmar, une manufacture de toiles peintes, la première de ces grandes usines qui firent la richesse de l'Alsace.

Lui, mon grand-père, habitait Versailles, lorsque la Révolution éclata. (Il s'était marié dans cette ville en 1786.) L'hôtel qu'il occupait, où mon père vint au monde, en 1787, se trouvait situé dans la rue Montbauron, entre les avenues de Paris et de Saint-Cloud. Il demeurait, l'été, dans la grande maison de campagne qu'il avait à Chaville, sur la route de Paris à Versailles, et en face de laquelle il en possédait une autre, plus petite, nommée Belle-Source, où je passai ma plus tendre enfance.

Il était tout acquis aux idées généreuses propagées par les écrits des philosophes du xviii° siècle, et fut entraîné facilement par le courant d'opinion qui renversa la Monarchie. Esprit large et libéral; ferme, résolu, mais pondéré; maître de lui-même, il ne voulait, tout d'abord, comme tant d'autres, que la réforme des abus et des gaspillages financiers de l'ancien régime. Son programme politique n'allait pas plus loin que la réalisation des « immortels principes » consacrés par la Déclaration des Droits de l'Homme.

Il n'avait pas trente ans, lorsque le choix de ses concitoyens le fit Administrateur du département de Seine-et-Oise.

Élu Représentant du Peuple à l'Assemblée Législative, en 1791, et à la Convention Nationale, en 1792, il ne prit pas longtemps part aux délibérations de celle-ci. Promptement, il s'était fait distinguer (surtout, dans les séances des comités) par son grand sens pratique et ses aptitudes administratives. Il dut à des amis, que la modération de ses opinions politiques et son indépendance courageuse à les manifester inquiétaient et qui profitèrent de la confiance inspirée par son caractère à tous ses collègues, le titre de Commissaire de la Convention, avec mandat spécial de faire rendre des comptes à tous les agents des services militaires, d'abord, à l'armée du Rhin (12 décembre 1792); puis, à celle du Nord; et enfin, à l'armée de Rhin-et-Moselle, qu'il suivit jusqu'en 1797, époque où, lassé de la vie publique, il se retira dans sa maison de Chaville, entouré de l'estime de tous ceux qui l'avaient connu.

Le fait capital de sa carrière fut l'annexion à la France et l'organisation administrative de la Belgique, dont il fut le promoteur et l'instrument.

Dans les intervalles de ses missions, il ne fut pas sans courir de grands dangers, au sein de la Convention, comme suspect de modérantisme, parce qu'il osa, plusieurs fois, et presque toujours sans succès, malheureusement, défendre devant cette redoutable assemblée, des généraux ou des fonctionnaires injustement dénoncés. Sans le 9 Thermidor, il eût été certainement victime de sa loyauté dans la déplorable affaire de l'infortuné général de Custine.

Loin de Paris, lors du procès du Roi Louis XVI, il ne prit aucune part à sa condamnation, quoi qu'en aient dit certains historiens, biographes et publicistes. Les procès-verbaux de la Convention Nationale constatent qu'à chacun des quatre appels nominaux, il fut noté comme : « absent, en mission. » Présent, je sais de lui qu'il n'eût pas voté la mort du Roi.

Pour qualifier mon grand-père de régicide, ces écrivains s'appuyaient sur deux dépêches, communiquées, suivant eux, à la Convention, pendant sa séance du

11 janvier 1793, présidée par Vergniaud, et publiées, dans son numéro du lendemain, par le *Moniteur Universel*, devenu seulement plus tard journal officiel : 1° une lettre datée de Mayence, le 6, par laquelle Merlin de Thionville, en mission à l'armée du Rhin, avec mon grand-père et Rewbell, revendiquait le droit d'envoyer son vote par écrit, et se prononçait d'avance pour « la mort de Capet » et la prompte exécution du jugement ; 2° un rapport à la Convention, daté de même, et signé : Haussmann, Rewbell, Merlin de Thionville, sur les opérations et les besoins de l'armée, se terminant par cette phrase : « Nous sommes entourés de « morts et de blessés ; c'est au nom de Louis Capet que « les tyrans égorgent nos frères, et cependant, Louis « Capet vit encore ! »

Mon grand-père ne connaissait pas ce numéro du *Moniteur Universel* avant 1816. Il a toujours désavoué formellement le rapport publié par ce journal, et déclaré que, pour rien au monde, il n'eût permis d'introduire, dans un document revêtu de sa signature, la phrase odieuse justement incriminée. Elle ne se liait, du reste, en aucune façon, aux phrases précédentes.

Cette remarque fit penser qu'une addition avait été faite, par Merlin de Thionville, au rapport déjà signé, pour confirmer le contenu de sa propre dépêche. Voici le résultat des recherches ordonnées.

Une lettre, dont j'ai copie, adressée, le 24 février 1816, au Ministre de la Police, par M. Daunou, Garde des Archives du Royaume, constate que, si le *Moniteur Universel* donne ce rapport comme lu dans la séance du 11 janvier 1793, cependant, le procès-verbal de cette séance n'en fait aucune mention, et qu'il n'est indiqué dans aucune partie des tables et inventaires des pièces déposées aux Archives.

« J'ai parcouru, » disait ensuite ce fonctionnaire, « outre les tables et inventaires, les liasses mêmes où « sont réunies les lettres écrites par des Députés en « mission, durant les mois de décembre 1792, jan-« vier et février 1793, et n'y ai rencontré aucune pièce « de cette nature. »

De nos jours, M. le baron Du Casse, écrivain militaire distingué, releva, dans le texte même du rapport apocryphe, des erreurs de fait impossibles de la part des prétendus signataires, et des énonciations inconciliables avec celles de leur correspondance, qu'on a conservée.

« Il existe, » ajoute M. le baron Du Casse, « une « très longue et très intéressante série de lettres du « Représentant et Commissaire Haussmann, lorsqu'il « était aux armées, de 1793 à 1797. On chercherait « vainement, dans cette curieuse correspondance, une « phrase ayant quelque analogie avec celle qu'on « attribue à lui et à ses collègues. Haussmann évite, « au contraire, dans ses lettres, tout ce qui a trait « à la politique. Il ne dénonce jamais que les vols et « les fraudes; il n'emploie, en aucune occasion, les « exagérations si fort à la mode à cette époque, même « parmi certains personnages élevés. »

Il faut donc voir, dans la publicité donnée à ce faux document, une manœuvre de la dernière heure, pour presser le jugement du Roi, dont le procès durait trop au gré des jacobins, et influencer les votes hésitants.

Quoi qu'il en soit, le Ministre de la Police, M. Decazes, n'attendit pas la fin des recherches qu'il avait demandées, pour inviter mon grand-père à quitter la France. La réaction royaliste n'y allait pas de main morte. Non seulement, elle appliquait indistinctement la loi de proscription du 12 janvier 1816 aux régicides de fait ou « d'intention »; mais encore, elle expulsait provisoirement du pays les anciens conventionnels soupçonnés d'avoir été de ceux-ci comme de ceux-là. — « Frappez « toujours : Dieu reconnaîtra les siens, » — commandait Blaise de Montluc à ses bourreaux. M. Decazes exilait, d'abord, sauf à rapporter sa décision, quand l'évidence ne lui permettait pas de la maintenir.

Mon grand-père, qui s'était fait conduire à Bâle, en Suisse, fut de retour au bout de quelques mois; il vendit ses propriétés de Seine-et-Oise, et vint se fixer à Paris, dans une maison de ma grand'mère, en haut du faubourg Saint-Honoré, dont cette partie s'appelait : Faubourg du Roule. C'est là qu'il vécut, vénéré des siens; honoré de tous les habitants de son quartier; ignoré du reste du monde; partageant ses loisirs entre les ouvrages de ses philosophes préférés, comme les *Essais* de Michel Montaigne, le *Livre de la Sagesse* de Pierre Charron, et les chefs-d'œuvre de l'art ancien, réunis au Musée du Louvre, que « cet homme cruel, ce buveur de sang » ne se lassait jamais de lire ou d'admirer. C'est là que, jusqu'à mon entrée dans l'Administration Départementale, je me rendais régulièrement pour le voir, l'entendre, écouter ses conseils, et qu'il mourut, plein de jours, en juin 1846.

Mon père, qui faisait partie de l'Administration de l'Armée sous le premier Empire, en qualité de Commissaire des Guerres, fut mis en demi-solde à la Restauration. Il y demeura jusqu'à la Révolution de Juillet, après laquelle on le rappela au service, dans l'Intendance Militaire. Mais, après une interruption de quinze années, nuisible, sous tous les rapports, à ses intérêts, — car elle lui permit de se livrer à son goût dispendieux pour les inventions nouvelles, — sa carrière ne pouvait se prolonger beaucoup. Il fit, avec le Duc d'Orléans, la campagne de Belgique, sous le Maréchal Gérard ; assista au siège de la citadelle d'Anvers, et, à la prise de cette forteresse, fut chargé d'en recevoir le matériel et les approvisionnements. Plusieurs années après, en Afrique, dont le Maréchal Vallée était Gouverneur Général, il se retrouva près de Son Altesse Royale, comme Intendant de l'armée qui fit l'expédition, dite des Portes de Fer, dirigée de Constantine sur Alger. Dans la relation de cette marche difficile, le Prince loue beaucoup sa prévoyance et la remarquable régularité des services organisés et dirigés par lui.

Un peu avant la Révolution de 1848, il prit sa retraite, et s'occupa de travaux et de publications se rattachant à l'administration et surtout à l'approvisionnement des armées, jusqu'à sa mort, arrivée en 1876.

Né dans le cours de septembre 1787, mon père n'était pas encore âgé de dix-neuf ans lorsqu'il épousa ma mère ; — elle n'en avait dix-sept que depuis peu de mois, — le 6 juin 1806.

En effet, elle vint au monde, en février 1789, à Landau, ville française alors, dans une famille luthérienne, comme la nôtre.

Son père, le général baron Dentzel, né à Durckheim, dans le Palatinat, en 1755, avait été compagnon d'armes de Rochambeau et de Lafayette, comme officier du régiment dit : Royal Deux-Ponts, dans la guerre d'indépendance des États-Unis d'Amérique. Il en revint Chevalier de Saint-Louis, et fut naturalisé Français par lettres-patentes du Roi Louis XVI, en 1784.

Parvenu au grade d'Adjudant Général, il faisait partie de l'État-Major de l'Empereur, et servait auprès du Prince Eugène, lors du mariage de mes parents, célébré à Versailles, dans un petit temple grec décorant le fond du parc de sa propriété de l'Hermitage, ancien domaine de la marquise de Pompadour, près Trianon.

Pendant la première campagne de Prusse, qui suivit de près cet événement de famille, le général Dentzel fut désigné (septembre 1806) pour occuper la ville de Weimar, où l'Empereur allait, bientôt après, établir le quartier général de la Grande Armée. Entré, dans cette « Athènes de l'Allemagne », à la tête de soldats vainqueurs, il réussit à la préserver de tout désordre, et à faire entièrement respecter le palais grand-ducal ; le célèbre théâtre où les tragédies de Schiller et de Gœthe firent leur première apparition ; la bibliothèque, les musées et les collections, qui renfermaient d'inestimables chefs-d'œuvre. Une lettre de Gœthe, alors Conseiller Intime du Grand-Duc de Saxe-Weimar, l'en remercia chaleureusement, et le Grand-Duc lui-même, remis en possession de ses États et devenu membre de la Confédération du Rhin, après le traité de Tilsitt, témoigna sa reconnaissance pour la protection dont mon grand-père avait couvert sa famille, par un autographe, accompagné d'une belle bague ornée de brillants, destinée à ma grand'mère. — Je possède le tout. — En 1809, après la prise de Vienne, l'Empereur, dont le quartier général fut établi, comme chacun sait, au palais de Schœnbrunn, nomma le général Dentzel, Gouverneur de la capitale de l'empire autrichien. Mon grand-père sut tellement se concilier la sympathie de la population, qu'à son départ, il en reçut un témoignage éclatant que je conserve. C'est une boîte en or, artistement ciselée, portant à l'intérieur cette inscription : *Au Consolateur des maux de la guerre, la Communauté des négotiants bourgeois de Vienne*, et contenant une médaille, dont la face représente une tête rayonnante du Christ : *Salvator mundi*, et le revers : *Munus R. P. Viennensis*, sous la perspective de la ville, très habilement gravée en relief, surmontée d'une seule aigle impériale, éployée, couronne en tête, tenant un rameau d'olivier, avec l'exergue : *Sub umbrâ alarum tuarum*.

Épuisé par la campagne de Russie, le Général prit sa retraite en 1816, et mourut, en 1828, à Versailles.

Quant à moi, j'ai vu le jour à Paris, le 27 mars 1809, dans un petit hôtel entre cour et jardin, qui dépendait de l'ancienne propriété du fermier général Beaujon, et que, Préfet de la Seine, je fis démolir, pour former la petite place où finit le boulevard Haussmann et commence l'avenue de Friedland, tout en haut du faubourg Saint-Honoré. Je fus baptisé, peu de jours après, au temple réformé de l'Oratoire, dégagé complètement du côté de la rue de Rivoli, puis, restauré par M. Baltard, suivant mes indications, cinquante ans après. L'Église de la Confession d'Augsbourg, à laquelle appartient ma famille, n'avait pas encore de lieu de culte à Paris.

Le Prince Eugène daigna, par considération pour mon grand-père maternel, m'accepter comme son filleul, et se fit représenter par lui dans la cérémonie du baptême. Ainsi doté de deux parrains, je reçus, par avance, à l'État-Civil, les prénoms de l'un et de l'autre : George, Eugène.

De même que ma sœur aînée, Mme Artaud, je fus nourri par ma mère. Celle-ci venait de compléter ses vingt ans lorsque je vins au monde. Elle était de nature très fine et très délicate, et me transmit une constitution nerveuse, exigeant d'autant plus de soins que ma croissance, exceptionnellement rapide, me fatiguait.

C'est pourquoi, dès la fin de ma seconde année, mon grand-père Haussmann et ma grand'mère, qui était ma marraine, m'emmenèrent à Chaville, où je demeurai presque toujours auprès d'eux, hiver comme été, jusqu'à leur départ pour la Suisse, en février 1816.

Mon père, quand il n'était pas à l'armée, y passait, avec ma mère, ma sœur et mon frère, plus jeune que moi d'environ deux ans, une partie de la belle saison. Ils allaient, pendant l'autre, à l'Hermitage, où ma grand'mère Dentzel restait toujours, même pendant que le général et son fils, colonel de Hussards, faisaient la guerre. On me conduisait, de temps à autre, dans ma famille maternelle, où je séjournais aussi, l'été, quelques semaines, dans de tout autres conditions d'existence.

J'appris à lire de bonne heure, chez une vieille demoiselle, qui tenait classe au petit Chaville, tout près de Belle-Source ; à écrire, chez l'instituteur de Ville-d'Avray, dont l'école était sur la route de Versailles, en face de la chaussée de l'étang inférieur, par laquelle j'arrivais, après avoir franchi le bois des Fausses-Reposes, sous la garde du fils de notre jardinier-chef, avec lequel je faisais de plus longues excursions dans les bois de Meudon et de Viroflay, d'une part, et dans ceux de Marnes, d'autre part, lorsque mon grand-père ne pouvait m'accompagner, comme il en avait coutume ; car, il s'occupait beaucoup de moi.

C'est lui qui m'a, je puis le dire, élevé. Je subis, grâce à la grande facilité d'impressions de tous les enfants, l'influence des habitudes méthodiques, des principes d'ordre régnant sans cesse dans la maison de ce véritable sage, comme dans son esprit clair, sensé, bien réglé. Je dois à son exemple, confirmant ses leçons et les conseils dont je n'oubliai jamais d'aller m'inspirer auprès de lui, le sentiment du devoir, la fermeté calme, la persévérance infatigable, qui m'ont donné raison de tant d'obstacles ; la modération de caractère, que la prudence m'interdisait de trop laisser voir, mais dont mes amis zélés purent seuls blâmer les inspirations, et le désintéressement personnel, qui me fit préférer, aux satisfactions de la fortune et des honneurs, celles, moins vaines, assurées, au malheur même, par une bonne conscience et la fierté légitime d'une grande tâche loyalement accomplie.

Un mot, par lequel, encore Étudiant en Droit, sans vocation précise, je l'entendis résumer le récit de certains faits, pesa très certainement, plus tard, sur le choix de ma carrière. — « On ne sait pas assez, » disait-il, « combien la « France renferme de ressources et combien elle deviendrait riche et puissante, si elle était bien gouvernée, bien « administrée, surtout ! » — N'y trouve-t-on pas, en termes moins éloquents, ce que, longtemps après, le Prince-Président, qui fut Napoléon III, déclarait dans le Programme de Bordeaux : « L'Empire, c'est la Paix ! » quand il traçait le tableau des conquêtes à faire, en France même, terminé par cet appel entraînant aux forces civiles du Pays : — « Et vous qui m'écoutez, vous serez mes soldats ! »

Comment les opinions avancées de la plupart de mes compagnons d'études m'auraient-elles séduit, lorsque je pouvais recueillir, de la bouche de cet ancien Conventionnel, des phrases telles que celle-ci : — « Je crus
« sincèrement à la République, ainsi que tant d'hommes
« à l'âme généreuse, à l'esprit libéral. Je l'avoue : un
« peuple éclairé, tel que le nôtre, me semblait capable de
« se gouverner lui-même sagement, comme le faisaient
« les États-Unis, à peine constitués, et, après avoir
« reformé les abus du passé, de donner au Monde
« l'exemple d'une administration intègre, habile, fé-
« conde. Mais, je dus reconnaître que cette forme phi-
« losophique de gouvernement ne convenait pas au
« génie de la France; au caractère de sa population,
« si mobile; aux mœurs de notre vieille société. »

— « Mon neveu, » disait-il, en interrompant un de mes cousins, qui vantait le patriotisme farouche des Danton, Saint-Just, Robespierre et autres héros de 93,
« si vous aviez, comme moi, vu de près les hommes
« dont vous parlez; si vous aviez été mêlé, comme moi,
« aux événements de cette terrible époque, j'aime à
« croire que vous penseriez autrement. Vous vous dites
« républicain ! Mais, commencez donc par changer, du
« tout au tout, votre vie d'oisif et d'homme de plaisir ! »

Si, dans ma jeunesse, on ne songea plus qu'à me préparer pour une carrière civile, enfant, sous l'Empire, je me savais déjà voué par avance à celle des armes, et je m'en sentais charmé.

Le séjour de la campagne, prolongé, m'avait tellement fortifié; les courses dans les bois et les exercices du corps m'avaient si vite développé, qu'on me donnait volontiers bien plus que mon âge. J'étais devenu, d'ailleurs, un garçon hardi, résolu, malgré ma vie tranquille et disciplinée.

Lorsque j'allais, de Chaville, passer quelque temps à l'Hermitage, et que je m'y trouvais dans un milieu tout militaire, il me tardait de pouvoir, à mon tour, servir mon pays. Le voisinage de Trianon; les revues de troupes; les foules énormes, venant de Paris, les dimanches de grandes eaux à Versailles, pour acclamer l'Empereur et l'Impératrice, qui se montraient dans le parc, en voiture découverte, à six chevaux, entourés de piqueurs, de pages et d'officiers, tout cela m'exaltait au plus haut point. J'attendais avec impatience le jour où je me verrais également à cheval, dans le cortège impérial, parmi ces pages à peine adultes, en uniforme, l'épée au côté, un chapeau d'officier sur la tête, et un flot de rubans sur l'épaule gauche, en attendant l'épaulette de Lieutenant de Cavalerie, assurée à chacun d'eux. En effet, mon parrain, le Prince Eugène, avait promis, depuis l'époque de ma naissance, à mon grand-père maternel, de m'y faire admettre, le moment venu!

Mais, je tenais bien mieux que cette promesse.

Quand j'étais bambin, mon grand-père, le Général, me conduisit pour voir le Prince, à Trianon. Avant son audience, nous nous promenions dans une allée du parc. L'Empereur y déboucha subitement. Il donnait le bras à son aide de camp, la tête inclinée, l'air soucieux. Nous nous rangeâmes vite contre la charmille, et, prenant la position du soldat sans arme, je fis le salut militaire, en criant : « Vive l'Empereur ! » Le Souverain, surpris, s'arrêta, demandant avec sévérité : — « Quel est « cet enfant, Général ? » — « Sire, c'est mon petit-fils, un « futur soldat du Roi de Rome. Il attend, avec moi, d'être « reçu par le Vice-Roi d'Italie, son parrain. » — L'Empereur, se déridant alors, dit : — « Ah ! bien. » — Puis, il me regarda fixement quelques secondes, pendant que je me tenais droit, les yeux attachés sur lui ; la main droite vissée à mon shako ; la gauche, à la couture de ma culotte ; car, j'étais en costume de hussard du régiment de mon oncle (le 6ᵉ), et mon grand-père, en uniforme, bien entendu : — « Comment ! » reprit-il, « tu veux déjà, « mon petit homme, entrer dans l'armée ? » — « Je veux, « d'abord, entrer dans les pages de l'Empereur ! » répondis-je, sans me douter de mon audace : je répétais ce que j'avais entendu bien souvent de mon grand-père lui-même, qui restait là, suffoqué. Sa Majesté sourit, et, me prenant le menton, daigna me dire : — « Tu n'as pas choisi « la plus mauvaise porte. Eh bien ! soit, mon garçon, « dépêche-toi de grandir et de savoir monter à cheval, « pour prendre ton service. » — « Vive l'Empereur ! » répétai-je, comme il reprenait sa promenade. Mon grand-père, tout à fait revenu de sa souleur, conta la chose au Prince Eugène, qu'elle amusa : — « C'est parfait, » répondit son Altesse Impériale ; « je vois avec plaisir que « mon filleul ne s'embrouillera pas dans les feux de file ! »

Depuis ce jour mémorable, je jouais au soldat plus que jamais, et je commençais à chevaucher dans mes récréations, quand nos désastres militaires, commencés en Russie, que paraissaient avoir réparés les victoires de Lutzen et de Bautzen, s'aggravant tout à coup, au lendemain de la bataille de Leipsick, amenèrent l'invasion de la France, en 1814. Malgré les prodigieuses manœuvres par lesquelles l'Empereur, après ses nouvelles victoires de Champaubert et de Montmirail, menaçait de couper la base d'opération de ses ennemis coalisés, la capitulation de Paris entraîna son abdication et le rétablissement de la Royauté.

Pendant ces luttes héroïques, suprêmes, où la valeur de nos armes, que la victoire semblait abandonner à regret, finit par succomber sous le nombre accablant de nos envahisseurs, j'étais dans la petite maison de Belle-Source, à Chaville, avec mes grands-parents paternels, qui l'habitaient de préférence, quand ils n'avaient personne à recevoir dans leur principale demeure, sise de l'autre côté de la grande route. Mon père et son frère, plus jeune, attaché récemment à l'Administration Militaire, se trouvaient à l'armée. Mon grand-père et mon oncle maternels faisaient campagne. Ma mère restait à Paris avec mon frère, tout petit encore ; et ma sœur, à l'Hermitage, avec notre grand'mère Dentzel, nos tantes et nos jeunes cousin et cousine de Graumann.

Je n'ai pas besoin de dire avec quelle anxiété tout le monde suivait le cours des événements qui se précipitaient, ni quelle impression profonde m'ont laissée les passages continuels de troupes ; les convois de blessés, de plus en plus fréquents, par lesquels s'annonçait l'approche graduelle de l'ennemi vainqueur, et, dans les derniers jours, les bruits de bataille qui nous arrivaient de toutes parts. Ce n'est pas de la peur qu'ils me causaient, mais une rage concentrée, de n'être pas assez grand pour me battre aussi. De nos jours, on parle de revanche ; ceux de mon âge en auraient deux à prendre !

Un engagement de cavalerie avait eu lieu, presque dans Versailles, devant l'Hermitage, aux champs de Glatigny ; dans la ville même, on s'était battu jusqu'à la rue des Réservoirs. Des combats d'avant-garde se livraient dans les bois au-dessus de nos propriétés de Chaville, qui bientôt furent occupées, comme ambulances, par les troupes étrangères marchant sur Paris. Je vois encore mon grand-père Haussmann, Maire de cette commune, astreint, pour en éviter le pillage, à faire droit en silence aux réquisitions des chefs ; ma grand'mère et ses femmes, obligées de panser les blessures d'officiers bavarois !

Une nuée de Cosaques s'abattit sur Viroflay, Chaville et Sèvres, pour s'y cantonner. J'ai donc pu contempler de près ces étranges cavaliers, juchés sur leurs montures à tous crins, comme eux-mêmes, avec leurs lances qui n'en finissaient pas et leur tenue inculte, pour ne pas dire dégoûtante. J'ai su, plus tard, que ma pauvre petite bonne, Jeannette, qui n'avait guère plus de quinze ans, les vit de plus près encore, ainsi que bien d'autres filles et femmes du pays, victimes de l'odieuse brutalité de ces barbares.

Quelque temps après la capitulation de Paris, j'y fus conduit pour voir ma mère, que ma sœur avait rejointe, et j'eus l'occasion d'assister, un soir, à la prière d'un bataillon de la Garde Impériale Russe, de service dans la cour de l'Élysée, où résidait le Czar Alexandre Ier. Il ne fallait rien de moins que ce spectacle imposant pour relever son armée dans mon estime.

Nous ne fûmes pas pillés, du moins par les ennemis. Si ma grand'mère fut volée de tous ses bijoux et de son argenterie, c'est pour avoir pris la malencontreuse précaution de les faire enfouir dans un massif du parc, et fort secrètement, par un jardinier du pays, qu'elle croyait de toute confiance. Quand les alliés se retirèrent, elle courut à sa cachette et la trouva complètement vide. Toutes les recherches opérées pour découvrir le voleur, furent vaines. Mais, elle n'en resta pas moins convaincue de l'innocence de son confident. Suivant elle, on devait imputer le vol à quelque invisible témoin de l'enfouissement opéré.

La Restauration ne pouvait, à beaucoup près, éveiller des sentiments de sympathie dans aucune branche de ma famille. Aussi, le retour de l'île d'Elbe y fut-il salué avec joie. Mais, bientôt, il fallut reprendre les armes et courir à la frontière. Tout le monde partit, même le Maire de Chaville, le vieux Représentant du Peuple, requis par le Ministre de la Guerre, pour donner son concours à je ne sais quelle concentration d'approvisionnements dans le Nord. Les angoisses des femmes recommencèrent.

Après la catastrophe de Waterloo, tous les nôtres revinrent, en plus ou moins bon état. Mon oncle, le colonel Dentzel, avait eu le bras labouré par une balle.

Cette fois, l'invasion étrangère fut moins violente, sinon moins pénible.

Lorsque je me reporte à cette époque terrible, et que j'en évoque les souvenirs, toujours vivants en moi, comme s'ils dataient seulement d'hier, je comprends et j'excuse, parce que j'en fus moi-même remué jusqu'au plus profond de mon être, le sentiment patriotique sous l'impulsion duquel, en 1870, la France entière se leva pour venger son double affront de 1814 et de 1815, et se précipita dans la guerre néfaste provoquée si légèrement par un ministère inconscient des périls de cette aventureuse entreprise, qui devait aggraver, par une perte de territoire nous frappant, cette fois, en deçà de nos anciennes limites, la première humiliation de notre malheureux pays, dont j'avais été le témoin dans mon enfance. Mais, ce que je considère comme impardonnable, c'est que des hommes, portés au Pouvoir, imposés au Souverain par la fallacieuse popularité de leur chef, n'aient pas reculé devant la responsabilité d'actes entraînant, d'une manière fatale, ce pays mal préparé pour la soutenir à l'improviste, dans les hasards d'une lutte suprême avec des adversaires complètement prêts à l'engager, comme le savait bien l'Empereur, dont les appréhensions auraient dû servir d'avertissements à des ministres ne relevant plus de lui seul, depuis l'altération de la Constitution de 1852.

Je donnerai, dans le cours de ce livre, des détails très précis à cet égard.

CHAPITRE II

MON ÉDUCATION. — MA JEUNESSE

J'approchais de sept ans, lorsqu'il me fallut, en février 1816, quitter Chaville, où je n'aurais pu, dans aucun cas, demeurer davantage. A Paris, je trouvai, chez mes parents, une petite sœur, née depuis un mois.

Je fus conduit, pendant quelques semaines, dans un externat du faubourg du Roule. Mais, on prit bientôt, pour ma sœur aînée, une institutrice, dont on me fit suivre les leçons. Ce régime féminin était peu de mon goût, et je demandai qu'on m'envoyât au collège, comme les garçons de mon âge.

L'air de Paris ne m'ayant pas aussi bien réussi que celui de la campagne, on me mit en pension, avec mon frère, à Bagneux, près de Sceaux, chez un ex-oratorien : M. Legal, qui réunissait une cinquantaine d'élèves, dans une très grande et très salubre propriété. — J'y restai deux ans. — C'est là que je connus le baron Théophile de Montour, mon plus ancien copain, devenu mon collègue, comme Préfet, sous le second Empire, encore vivant et bien portant, Dieu merci !

Notre vieux savant avait une méthode à lui, des plus originales : c'était de rendre l'étude agréable, en présentant son objet sous une forme intéressante et, si possible, amusante. C'était, en d'autres termes, de mettre en pratique la théorie du « travail attrayant ». Persuadé que la variété des occupations, en distrayant l'esprit, ravive ses facultés d'attention, il donnait, en quelque sorte, à son enseignement, un caractère encyclopédique, par la diversité des connaissances dont il nous présentait, comme autant de récréations, des aperçus appropriés à l'âge et à l'avancement de chaque groupe d'élèves. Il avait soin, d'ailleurs, suivant le précepte d'Horace, de s'adresser plutôt à nos yeux qu'à nos oreilles.

Le soir, par exemple, au lieu de rester claquemurés, sans merci, dans une étude, ceux qui savaient et récitaient leurs leçons à l'heure dite, assistaient, soit dans le cabinet de physique, soit dans le laboratoire de chimie, soit au milieu des collections d'histoire naturelle du Directeur, à des expériences ou à des exhibitions, combinées de manière à éveiller l'intelligence des plus petits, pendant que les plus grands s'instruisaient, en y prenant une part active. Les explications demandées, au sujet de tels ou tels phénomènes, devenaient des cours abrégés, d'un vif attrait.

Quand le temps était clair, il nous montrait, d'une grande terrasse, le spectacle du firmament ; nous apprenait à distinguer les planètes des étoiles fixes ; à trouver, parmi celles-ci, l'étoile polaire ; à reconnaître les signes du zodiaque ; à déterminer les principales constellations, et, sans en avoir l'air, il nous inculquait des idées générales sur la mécanique céleste.

Le jour, il veillait à ce que les récréations fussent employées à des exercices de corps. On ne connaissait pas alors la gymnastique. La course, le saut, les jeux de toute sorte, l'escrime ; en été, la natation ; en hiver, le patinage, se partageaient notre temps, avec la culture d'un jardin botanique, dont chacun avait un lopin à soigner, tantôt, dans une division, tantôt, dans une autre, pour apprendre le classement scientifique et les caractères extérieurs des plantes les plus importantes. Ceux qui finissaient promptement et bien tous leurs devoirs, entraient en récréation avant les moins laborieux, et c'était un stimulant énergique.

Les promenades au dehors nous donnaient des occasions d'herboriser ; de faire la chasse aux papillons ; de collectionner des insectes ; d'apprendre à discerner (ce que beaucoup de Parisiens ne sauraient faire) un champ de blé d'un champ de seigle ; une luzerne, d'un sainfoin, et à reconnaître les diverses essences d'arbres et d'arbrisseaux d'un bois.

L'étude des sciences abstraites était facilitée par une foule de procédés ingénieux.

Quant au grec et au latin, on les abordait en même temps, par l'explication alternative de textes choisis dans les deux langues, nous permettant, par comparaison, d'en saisir les caractères différents, et fournissant au Maître des occasions de nous faire connaître successivement la plupart des règles de l'une et de l'autre, de telle façon que, le moment venu de les classer méthodiquement dans l'esprit de l'élève, celui-ci ne se trouvait pas égaré, comme en pays inconnu, dans ces compilations indigestes de règles ahurissantes, qu'on nomme : grammaires, et qui rebutent les commençants. On nous habituait, en lisant, à observer la prosodie, seul moyen de la bien savoir, et quand nous avions des vers à traduire, on nous en expliquait incidemment la facture.

Nous apprenions le dessin, en nous essayant à reproduire des objets inertes ou des êtres animés, au lieu de copier des yeux, des nez et des bouches, sur des modèles gravés, et la musique, en la pratiquant, sans études théoriques préalables.

J'insiste sur mon séjour dans cet établissement exceptionnel, où, durant deux années, mon intelligence reçut l'impression du système d'éducation qu'on y suivait. Les notions recueillies là, sur une foule de choses, ouvrirent mon esprit, naturellement investigateur, aux études multiples qui l'attirèrent plus tard, et le meublèrent de connaissances variées, d'un grand secours dans ma carrière administrative.

Quand, redevenu solide, vers onze ans, je fus placé par mon père, comme interne, au collège Henri IV (Lycée Napoléon, sous le premier et le second Empire; Lycée Condorcet, aujourd'hui), le plus salubre de Paris, grâce à ses grandes cours et à sa belle terrasse plantée de grands arbres; j'entrai d'emblée en sixième, et je pris place de suite à la tête de ma classe. Je conservai ce rang, sans grand effort, pendant tout le cours de mes études, bien que j'aie dû les interrompre plusieurs fois, au milieu de l'année classique, surtout de treize à quinze ans, pour aller me refaire à la campagne. — Les personnes m'ayant connu dans la force de l'âge, souriront à l'idée que ma santé fût si délicate alors. Cependant, le fait est certain; ma poitrine se développa plus tardivement que ma taille, et donna des inquiétudes à ma famille, où, malheureusement, la phtisie n'était pas inconnue, jusqu'à l'époque où je résolus de vivre dans la laine, été comme hiver, depuis le cou jusqu'à la plante des pieds. — Mais, dans ces temps de repos à la campagne, au milieu de mes sœurs, de mes cousines, de leurs jeunes amies et des fleurs que je cultivais, je ne cessais pas de travailler mes auteurs classiques, mes livres d'histoire, etc., etc.

Vers mes seize ans, il fallut me retirer néanmoins de l'internat du collège Henri IV. Je terminai mes études, comme externe, au collège Bourbon (fondé sous le titre de : Lycée Bonaparte, qu'il a repris pendant le second Empire, pour devenir, enfin, Lycée Fontanes), et je fus reçu très facilement Bachelier ès Lettres, dans le cours de ma dix-septième année.

Pendant mon séjour au collège Henri IV, je me trouvai, dès la quatrième, condisciple de M. le Duc de Chartres, — depuis, Duc d'Orléans et Prince Royal, — père de M. le Comte de Paris. C'était un très bon élève, qui prenait souvent place dans les dix premiers, « au banc d'honneur », où se formèrent nos sympathiques relations personnelles, dont le caractère dut subir l'influence des événements, mais que n'oublia jamais ce Prince, de nature très affable.

Il me revoyait, comme voisin de table, au réfectoire. Son père, alors, Duc d'Orléans, et depuis, le Roi Louis-Philippe, l'avait mis au collège Henri IV, comme demi-pensionnaire. Son frère, M. le Duc de Nemours, entra, je crois, en sixième, pendant qu'il s'essayait lui-même en quatrième. Ces princes étaient accompagnés de leurs précepteurs : MM. de Boismilon et de Larnac, qui leur donnaient des répétitions dans une salle réservée, pendant l'intervalle des classes, quand les internes se tenaient dans leurs études. Ils dînaient avec nous, à midi ; mais avec un couvert à part, de vaisselle plate, pour eux et leurs précepteurs, tout en haut de la table, dont notre maître d'études occupait le bout, ayant, à sa droite et à sa gauche, les deux précepteurs. Les Princes prenaient place à côté de ceux-ci. Je venais après M. le Duc de Chartres. En face, après M. le Duc de Nemours, était celui de mes camarades, Édouard Perrot, qui prenait, avec moi, la tête de notre compagnie, rangée par ordre de tailles, dans les allées et venues intérieures et dans les promenades au dehors. — Il entra dans la Magistrature, et il finit sa carrière, comme Président de Chambre, à la Cour d'Appel de Nîmes.

Les autres élèves avec lesquels M. le Duc de Chartres, — que nous appelions « de Chartres » tout court, mais sans tutoiement, — entretenait des rapports familiers, se nommaient : La Borderie, Ferdinand Le Roy et Gabriel Bocher. Les deux premiers appartenaient à des familles ayant des attaches avec la maison de M. le Duc d'Orléans. Le dernier, fils d'un agent de change de Paris, était le frère aîné de M. Édouard Bocher, ancien Préfet du Calvados, sous le Gouvernement de Juillet ; aujourd'hui, Sénateur de la République et représentant des princes d'Orléans ; interne, en même temps que nous, mais au-dessous de nous d'une classe ou deux, au collège Henri IV.

Gabriel, mon voisin d'étude, était le plus excellent, le plus charmant de mes copains. L'étroite amitié qui nous liait ne se démentit jamais, bien que les circonstances nous aient souvent séparés, et mis, sous l'Empire, dans des camps tout à fait opposés. Il fut Sécrétaire-Bibliothécaire de notre ancien condisciple, devenu Prince Royal, et resta, jusqu'à sa fin, attaché à la famille d'Orléans.

La Borderie est mort jeune.

Quant à Ferdinand Le Roy, je le revis, bien après 1830, à Bordeaux, Secrétaire Général de la Préfecture de la Gironde, et gendre du Préfet, quand je fus nommé Sous-Préfet à Blaye. Il devint Préfet de l'Indre et de la Nièvre. Sous l'Empire, je le fis rentrer au service public, comme Directeur de Caisse des Travaux de Paris.

Nous eûmes, le Prince et moi, pour camarade de classe, mais externe, à partir de la quatrième, Alfred de Musset, en qui rien n'annonçait encore le grand poète. C'était un très joli garçon ; blondin, comme nous ; moins vigoureux ; mais, aussi, de taille élancée ; très recherché dans sa tenue ; plein d'afféterie dans ses manières. On l'appelait : « Mademoiselle de Musset » !

A cette époque, classiques et romantiques vivaient à l'état de guerre ouverte. Musset tenait pour ceux-ci, et les emprunts qu'il leur faisait, horripilaient nos professeurs plus que je ne saurais le dire.

Nous avions encore, avec nous, Jules de Lesseps, décédé l'an dernier, frère de Ferdinand de Lesseps, le perceur d'isthmes. Celui-ci faisait alors sa Philosophie.

Au collège Bourbon, je me suis trouvé camarade de classe de M. Legouvé, qui siège maintenant, à si juste titre, au nombre des Quarante de l'Académie Française. J'y fis connaissance, en même temps, d'une façon plus suivie, avec les deux fils de Casimir Périer, dont l'aîné fut Ministre de l'Intérieur, sous la Présidence républicaine de M. Thiers, et avec M. Béhic, devenu, depuis, mon collègue, comme Sénateur de l'Empire et Grand-Croix de la Légion d'Honneur, après une carrière brillante, accomplie, d'abord, dans l'Inspection des Finances, sous le Gouvernement de Juillet; puis, dans la grande industrie; enfin, dans la politique, à titre de Ministre de l'Agriculture, du Commerce et des Travaux Publics, sous Napoléon III.

A peine Bachelier ès Lettres, j'allai me faire inscrire à l'École de Droit, dont je suivis les cours avec autant de régularité que possible. J'y pus donc prendre mes grades sans perte de temps. Je terminai complètement mes études avant la fin de 1830, et je soutins ma dernière thèse de doctorat, au printemps de 1831.

Habitant beaucoup trop loin de l'École pour rentrer à mon domicile entre le cours du matin et celui de l'après-midi, j'étais l'abonné d'un cabinet de lecture, où j'avais, rue des Grés, une place attribuée, avec un tiroir pour serrer mes livres et papiers. Je faisais un premier déjeuner, avant de quitter la maison, à sept heures, et vers dix, j'en demandais un autre au quartier Latin; non pas, rue Saint-Jacques, chez Rousseau « l'aquatique », où jamais bouteille de vin ne fut débouchée; où l'ordinaire de beaucoup d'étudiants se composait de deux sous de pain; trois sous de haricots à l'huile; eau à discrétion; mais, chez Flicoteaux, place de la Sorbonne, qui servait de minces côtelettes et de prétendus biftecks, à six et huit sous, et versait un vin problématique aux clients qui ne craignaient pas de faire événement par cette consommation anormale; ou bien, chez Vigneron, le pâtissier du collège Louis-le-Grand (autrefois, Du Plessis), rue Saint-Jacques, où l'on trouvait des tranches de pâté, des tartelettes et du soi-disant madère.

On voyait, dans le voisinage, un coiffeur ayant, pour enseigne, des vers latins vantant sa dextérité, dus sans doute à quelque « pion » de sa clientèle. Je ne me les rappelle pas exactement. A quelques pas plus loin, un concurrent y répondait, avec dédain, par celle-ci, composée de quatre mots seulement, mais de quatre mots grecs : Κείρω τάχιστα καὶ σιωπῶ. « J'opère très promptement et je me tais. »

J'employais le temps que j'avais de reste, à suivre alternativement ceux des cours de la Sorbonne et du Collège de France qui m'intéressaient le plus. J'en pus fréquenter ainsi beaucoup, à tour de rôle, en plusieurs années. Je fus donc l'auditeur intermittent de MM. Villemain (Littérature) ; Cousin (Philosophie) ; Gay-Lussac et Pouyet (Physique) ; Thénard et Dulong (Chimie) ; Beudant (Minéralogie) ; Cauchy (Calcul différentiel et intégral) ; comme aussi, de M. Élie de Beaumont, qui professait la Géologie à l'École des Mines : sans parler de l'amphithéâtre de l'École de Médecine, où j'allais quelquefois.

Malgré tout, j'étais loin de négliger la Musique, à laquelle je m'adonnai de si bonne heure que je ne sais plus quand j'appris à la déchiffrer. Mais, je dois rectifier les biographes qui me représentent comme un artiste, infidèle à sa vocation première, pour entrer dans l'Administration, en expliquant le point de départ de cette étrange méprise.

Je faisais partie, au collège Henri IV, d'un orchestre d'élèves, où je jouais habituellement du violoncelle et tenais, au besoin, d'autres instruments moins pratiqués, lorsqu'ils manquaient d'exécutants; car, par curiosité, j'avais essayé de plusieurs. Les jours de fête, on nous demandait de nous faire entendre dans la grande tribune de la chapelle.

J'y rencontrai M. Choron, qui dirigeait l'École de Musique Religieuse, et qui produisait là ses élèves, parmi lesquels se trouvaient Dupré et Roger.

Il existait, au fond de cette tribune, un pauvre vieux petit orgue à quatre registres, que M. Choron touchait. Je regardai comment il s'y prenait, et, sachant un peu de piano (sans en avoir jamais reçu de leçons), à force d'en voir jouer dans ma famille, un beau jour, avec l'aide d'un de mes camarades, comme souffleur, je m'avisai de faire parler, à mon tour, cet orgue poussif. J'y parvins à peu près. Informé des premiers résultats de mon entreprise, M. Choron s'offrit à me donner des leçons d'Harmonie, pour la faciliter. Je fus assez bon élève pour arriver, en peu de temps, au bout du savoir de mon maître.

A ma sortie du collège, je m'enquis des moyens de m'en procurer un autre, qui put me mener plus loin dans la science musicale, et l'on m'envoya chez M. Reicha, Professeur de Contrepoint et de Fugue au Conservatoire, qui me déclara ne pas donner de leçons particulières; mais, qui me fit obtenir une carte d'auditeur, c'est-à-dire d'élève libre de sa classe.

Je suivis, deux ans, cette classe renommée, où Berlioz était élève artiste.

Rebelle aux règles du Contrepoint, ce grand musicien cherchait sa voie par ailleurs. Ai-je besoin d'ajouter qu'il avait peu la faveur du Maître, et encore moins la sympathie du vieux Cherubini, qui dirigeait le Conservatoire? Pensez donc! Il composait des ouvertures pour orchestre (celle dite des *Francs Juges,* entre autres), qu'il faisait exécuter par ses nombreux amis, avant de savoir à fond exposer, contre-exposer, et traiter « le sujet et les contre-sujets » d'une fugue!

Berlioz appartenait à l'école romantique, et sa musique pompeuse, assez incorrecte, bruyante plutôt que sonore, semblait s'inspirer de certaine poésie, fort admirée, en ce même temps. — On comprend bien que je parle ainsi de sa musique d'élève, tardivement couronnée par le prix de Rome, et non de ses œuvres magistrales, en pleine vogue de nos jours, où je retrouve, cependant, à côté de grandes beautés, ses imperfections classiques.

Il me souvient qu'un jour d'examen, Cherubini, voyant dans la partition de Berlioz, qu'il parcourait, une pause générale de deux mesures, lui dit, avec cet air grincheux qu'il ne quittait guère : — « Qu'est-ce « que cela? » — « Monsieur le Directeur, j'ai voulu, par « ce silence, produire un effet. » — « Ah! vous croyez « que cette suppression de deux mesures produirait un « bon effet sur les auditeurs? » — « Mais, oui, Mon« sieur. » — « Eh! bien, supprimez le reste : l'effet « sera meilleur encore! » lui dit le malicieux bonhomme, en lui rendant son cahier.

Les jours de classe, je quittais l'École de Droit après l'appel du matin, et j'y revenais, au besoin, pour le cours du soir. — Je conviens qu'il m'arrivait parfois, lorsque je n'avais pas à craindre l'appel de mon nom, de m'épargner ces allées et venues. — Je suivis de même les leçons de Cherubini, pour la Composition Musicale, et je fréquentai parallèlement les classes de plusieurs autres grands maîtres de la même époque. A la longue, je devins passablement fort; je puis même dire : aussi fort que beaucoup des élèves-artistes de ces professeurs, grâce à mes dispositions naturelles, et à l'avantage que me donnaient mes études littéraires, pour le développement d'une idée, même d'une idée musicale, et partant, pour la construction symétrique d'une symphonie ou d'un de ces fragments d'opéra qu'on nomme « cantates ». Jamais, je ne songeai que la Musique dût être, pour moi, plus qu'une distraction élevée de l'esprit, et, de tous les passe-temps, le plus agréable.

Quoique je n'eusse pas encore de carrière bien décidée, j'étais si loin, malgré mes goûts artistiques, de vouloir me vouer aux Beaux-Arts, que je passais quelques heures, tous les jours, avant ou après dîner, dans l'étude du notaire de ma famille, pour y voir comment se traduisaient, dans la pratique, les dispositions du Code Civil concernant la propriété, les successions, les donations, les testaments, les contrats de mariage, de vente, de locations ou d'obligation, les hypothèques, etc., etc., dont on m'enseignait les principes théoriques à l'École de Droit.

Assurément, je n'avais pas plus la pensée d'entrer dans la très honorable corporation des notaires, que de prendre la profession d'Artiste-Compositeur; mais, je pressentais que la connaissance des affaires me servirait grandement, un jour, et de fait, je m'en suis bien trouvé dans mes fonctions publiques. D'ailleurs, le style notarial, s'il manque d'élégance, donne l'habitude, très salutaire, de la précision des termes, dont témoigne utilement la rédaction de mes arrêtés préfectoraux.

Dans le langage du Droit, il n'existe pas de synonymes. Chaque mot a sa valeur propre, qu'il faut savoir.

On me demandera, sans doute, comment je pus trouver du temps pour tous ces travaux, si divers, et de plus, pour remplir mes devoirs de famille et du monde; pour aller, l'hiver, au bal, et durant toute l'année, au spectacle. Ajoutez : pour fréquenter le manège de la rue Cadet; la salle d'escrime de Mathieu Coulon; le tir au pistolet de Lepage; puis, selon la saison, l'école de natation Deligny, ou les réunions de patinage de la Glacière et du canal de l'Ourcq, et pour faire bien d'autres choses encore.

Je réponds d'avance : il tient plus de temps qu'on ne le croit généralement, en vingt-quatre heures; on peut caser bien des choses de six heures du matin à minuit et au delà, quand on a le corps actif; l'esprit alerte, très ouvert; la mémoire excellente; le travail facile et rapide, et surtout, quand on n'éprouve qu'un besoin modéré de sommeil. Et les dimanches? Rappelez-vous qu'il y en a cinquante-deux par an. Et les fêtes, pendant lesquelles je ne flânais guère!... Enfin, vous supposez bien que je ne me livrais pas, tous les jours, à toutes mes occupations. Au lieu de me fatiguer, leur grande variété m'amusait, et, par intervalles, je trouvais même des instants de reste pour faire des vers, comme durant toute ma vie, à temps perdu, pendant mes courses, en voyage, pendant mes insomnies, pour chasser quelque idée importune, quelque préoccupation fatigante, ou pour divertir ma pensée, — que je n'ai jamais su laisser chômer, — en la berçant de cette autre musique, sauf à laisser aller à tous les vents mes œuvres poétiques, ainsi que mes compositions musicales de toute nature.

Ce dont je me mêlais le moins, c'était de politique. Excepté mon grand-père Haussmann, le vieux Conventionnel, qui m'en approuvait fort, tous les miens s'en étonnaient, pour ne pas dire plus. Mais, je pensais qu'ils s'y trouvaient trop engagés et souvent mal.

Encore bien jeune, je vis mon oncle, le colonel Dentzel, affilié des sociétés secrètes que la Restauration fit naître, compromis dans toutes les conspirations du temps ; arrêté plusieurs fois et relâché, grâce à des influences puissantes ; forcé de quitter la France, et de rejoindre, en Grèce, le colonel Favier, pour consacrer, ainsi que lui, son épée, à la cause de l'indépendance hellénique. Devenu Général, toujours comme lui, dans l'armée régulière, mon oncle mourut loin des siens, en combattant contre les Turcs, dans l'Épire, et devenu grand alors, je m'affligeai doublement de cette fin d'une vie si brillamment commencée ; comme aussi, de la tache que, suivant moi, la participation de ce brave officier à de stériles complots, y faisait.

Mon grand-père maternel, dont il était l'unique fils, et qui m'avait, ainsi que je l'ai déjà dit, tenu sur les fonts baptismaux, comme représentant du Prince Eugène, me transféra les avantages de fortune qu'il lui réservait, et m'assura la succession de son titre, que je ne portai pas néanmoins de suite, quand le chagrin l'eut tué, ni pendant la majeure partie de ma carrière, parce que ma famille paternelle négligeait ceux qu'elle pouvait revendiquer. Je l'acceptai presque malgré moi, comme on a pu le lire ailleurs, après mon élévation au Sénat de l'Empire, qui se montrait fort jaloux des distinctions nobiliaires appartenant à ses membres, et ne manquait pas une occasion de les en qualifier.

Vers la fin du règne du Roi Charles X, mon père avait pris un intérêt et une part active dans l'administration du journal *Le Temps* (rue Richelieu, 92), qui ne contribua pas peu au renversement de la Légitimité. Il donnait même des articles à ce journal, sur les questions de sa compétence, et ce fut le motif de l'apposition de sa signature au bas de la fameuse Protestation des Journalistes, en juillet 1830.

Quant à moi, bien qu'âgé de mes vingt et un ans accomplis, jusqu'aux ordonnances liberticides contre lesquelles cette protestation s'éleva, je restai simple observateur des événements. Dès cette époque, j'avais acquis la conviction que le Gouvernement Parlementaire, inauguré chez nous, en 1828, par le Ministère de M. de Martignac, suffisait de reste pour amener la chute de la Restauration, si détestée de mes parents, et qu'il n'était pas besoin, à cet effet, de se rendre coupable de conspirations ni de menées secrètes; encore moins, de chanter, en famille, *la Marseillaise*, l'hymne de Riego, ni d'autres productions musicales de cet ordre. C'est pourquoi je gardais un calme qui passait pour de l'indifférence.

Aussi, fut-on surpris de la résolution avec laquelle j'allai, dès le lendemain des « Ordonnances », rejoindre mon père, afin de partager son sort, aux bureaux de la rédaction du *Temps*, dirigé par Coste, qui, d'accord avec celle du *National,* à la tête de laquelle figurait un publiciste plus connu, le célèbre Armand Carrel, organisait la résistance. Les journalistes, je le savais, comptaient faire une manifestation courageuse, qui devait appeler sur eux toutes les rigueurs du Pouvoir, et, faute de qualité pour y participer, je voulais m'associer aux conséquences de leur rébellion, que je considérais comme justifiée par ces violations flagrantes de la Charte Constitutionnelle.

Je pus lire, pendant qu'il l'écrivait sur sa table de rédaction, cette éloquente et concise convocation de Coste à Benjamin Constant : — « Ami, il se joue ici « un jeu terrible ; nos têtes servent d'enjeu : venez vite « apporter la vôtre ! » — et je vis bientôt Benjamin Constant, podagre, arriver sur cet appel.

Dès l'apparition de la Protestation dans les deux journaux, leurs presses furent saisies et mises hors de service ; mais le baron Baude, ancien Préfet du premier Empire, exerçant la haute main sur l'administration du *Temps,* s'était précautionné de presses de réserve, soustraites, par ses soins, aux recherches de la Police. On apprit alors que le Parquet de la Seine lançait des mandats d'amener contre tous les signataires, et j'entendis Coste raconter ce fait : chez Carrel, M. Thiers, un des rédacteurs du *National* menacés de poursuites, venait de leur proposer de supprimer la pièce originale et, partant, le corps du délit ; tous les autres avaient énergiquement refusé de laisser ainsi à découvert les gérants responsables des journaux, et il était parti pour la campagne.

Lorsque l'insurrection armée préserva de l'arrestation qu'ils attendaient avec sang-froid, Coste, le baron

Baude, mon père et leurs complices, nous étions bon nombre auprès d'eux, bien résolus à protéger, qu'ils le voulussent ou non, ces défenseurs de la Constitution violée. Mais, le Gouvernement eut, dès lors, bien assez à faire de se protéger, de se défendre lui-même contre la fureur des masses populaires.

De tous côtés, on accourait chercher des directions au *Temps*, et, du sien, des négociations actives s'engageaient, dès la soirée du 27 juillet, pour constituer un Gouvernement Provisoire. Elles n'aboutirent que le soir du 29, après le triomphe définitif de l'insurrection.

Toutefois, quand l'Hôtel de Ville fut au pouvoir de ses assaillants, c'est-à-dire à la fin de la journée du 28, le baron Baude en courut prendre possession, au nom et comme Secrétaire Général de ce Gouvernement Provisoire qui n'existait pas encore, et, le 29 au matin, il signa de sa propre autorité, mais au même nom, sans plus attendre, une proclamation au Peuple de Paris, dont l'effet immense fit cesser les hésitations des hommes que leur situation politique désignait pour diriger la révolution accomplie.

Je sais le fait de science certaine, comme on le verra ci-après. Il montre de quelle énergie était doué cet ancien Préfet de Napoléon Ier, qui fut Préfet de Police au début du Gouvernement de Juillet, et qu'on accusa, lors de la destruction de l'Archevêché de Paris, de faiblesses imputables seulement à M. Odilon Barrot, Préfet de la Seine.

Le 29, avant jour, je montai chercher ma jeune sœur, en pension tout en haut du faubourg du Roule, pour la ramener auprès de ma mère et je rencontrai, chemin faisant, le comte Pajol, général du premier Empire, qui m'interrogea sur la position des choses, et ne me parut point du tout prêt au moment de monter à cheval, comme il le fit le soir, pour prendre le commandement des forces populaires.

Arrivé, de bonne heure, dans les bureaux du *Temps*, j'acceptai la mission de porter, de la rue de Richelieu à l'Hôtel de Ville, à travers des quartiers où la lutte était dans son plein, une dépêche adressée au baron Baude et de rapporter ses communications. Je partis, avec un compagnon bénévole : M. Étienne Arago, si je ne me trompe, jeune alors, ainsi que moi. Nous marchions armés de fusils, bien entendu. C'est en cet équipage que j'entrai, pour la première fois de ma vie, dans le Palais Municipal.

Nous eûmes beaucoup de peine à parvenir jusqu'au baron Baude, au milieu d'un tohu-bohu d'allants et venants, et malgré les consignes de la garde improvisée par les vainqueurs de la veille. Mais, je pus lui remettre, en mains propres, ma dépêche, et je reçus, avec divers messages verbaux, copie de la proclamation qu'il venait de lancer, pour la faire imprimer au *Temps*, et répandre dans les quartiers de Paris dont l'Hôtel de Ville était coupé.

A notre retour, nous constations que le Louvre tenait encore : il ne fut pris qu'à midi.

Vers deux heures, la bataille se prolongeait, très vive, aux abords du Théâtre-Français, et je fus envoyé de ce côté, pour m'enquérir de ce qui s'y passait. J'eus la mauvaise inspiration de faire un détour par la rue des Moulins, où mon notaire demeurait, presque à l'angle de la rue des Petits-Champs. Je gagnai, de proche en proche, la rue Fontaine-Molière (alors rue Traversière); puis, par le passage Saint-Guillaume, la rue des Boucheries, qui n'existe plus; et, enfin, à travers une maison à deux issues, la rue du Rempart, supprimée également pour l'ouverture de l'avenue de l'Opéra. Elle suivait diagonalement, de la rue de Richelieu, prise en face de la rue Montpensier, à la rue Saint-Honoré, qu'elle joignait au droit de la rue de l'Échelle, l'emplacement de l'ancien rempart, devant lequel Jeanne d'Arc fut blessée, dit-on.

Là, je me trouvai parmi des insurgés que les Suisses postés aux fenêtres du Théâtre-Français, et les Gardes-Royaux tirant de celles des maisons de la rue Saint-Honoré, canardaient, et qui ripostaient de leur mieux, embusqués derrière des angles de boutiques et autres abris, tandis que le gros des Suisses, occupant le péristyle du théâtre, et le gros des Gardes-Royaux, garnissant les rues de Rohan et Saint-Honoré, s'efforçaient de repousser, par des salves de mousqueterie, les masses qui les attaquaient de toutes parts, et qu'une pièce d'artillerie, chargée à mitraille, balayait, de minute en minute, la rue de Richelieu.

J'eus à peine le temps de reconnaître la situation des choses et le désavantage du point stratégique où je m'étais fourvoyé. A la suite d'une décharge générale des troupes, je fus emporté, à travers la fumée, par le mouvement subit d'une foule sortant de toutes les portes, jusque sur le bataillon des Suisses, désarmé non sans peine après une lutte sanglante corps à corps, où, laissant mon fusil, devenu complètement inutile, je réussis à me garer des coups d'un officier, en le serrant de près, afin d'arracher de sa main le sabre dont il allait m'embrocher.

Je me tirai, dès que je le pus, de cette bagarre ; mais, en remontant la rue de Richelieu, je m'aperçus que j'étais, non blessé, mais atteint seulement : par une éraflure sans importance, au-dessus du genou droit ; par une balle, que je n'avais pas sentie dans l'échauffement du combat, au gras de la cuisse gauche, déchiré par son passage.

Cela saignait beaucoup, mais ne m'empêcha pas, une fois tamponné, de rentrer chez mon père, qui demeurait alors rue de Richelieu, près des bureaux du *Temps*, où je fis panser et bander ces bobos, et changeai de vêtements. Je pus ressortir vers six heures, et je reconnus, passant du boulevard Montmartre sur le boulevard des Italiens, en grand uniforme, à cheval, entouré d'un état-major improvisé, le même général Pajol qui semblait si peu résolu dans la matinée, et qu'acclamait une foule énorme. Il avait toutes les peines du monde à conduire son cheval à travers les grands arbres des boulevards, abattus sur la chaussée.

Je me rendis chez M. Laffitte, dont l'hôtel formait le coin de la rue qui porte son nom (alors rue d'Artois) et de la rue de Provence. Il dînait. Je vis, à sa table, les autres Députés désignés pour faire partie du Gouvernement Provisoire. On leur servait un melon à la glace, qui me fit grande envie. Je m'empressai de leur dire où les choses en étaient, et ce que je venais de constater ; puis, je me dirigeai sur le manège Cadet, où, je le savais, le colonel Bro, officier du premier Empire, réorganisait la légion de Garde Nationale de l'arrondissement. Nous dînâmes ensemble chez lui, rue des Martyrs, dans une maison où demeurait aussi le colonel de Lawoestine, qui fut, depuis, Général Commandant Supérieur de la Garde Nationale et Sénateur de l'Empire. Après, montant à cheval, nous gravîmes les hauteurs de Montmartre, où furent établis, suivant ses indications, des postes de défense, en cas de retour offensif des troupes royales de ce côté, dépourvu de toute fortification, comme le reste de Paris à cette époque.

Je rentrai, pour me mettre enfin au lit, et j'y restai plusieurs jours, à me rétablir tout à fait.

Pendant ce laps de temps, se passèrent des événements dont je n'ai pas à refaire l'histoire : l'installation d'un Gouvernement Provisoire à l'Hôtel de Ville ; le départ du Roi Charles X ; la ridicule expédition de Rambouillet ; la proclamation du Duc d'Orléans, comme Lieutenant Général du Royaume, etc., etc.

Dès que je le pus, je rejoignis le colonel Bro, et je l'accompagnai, quand, avec l'élite de ses hommes, il escorta le général Estève, chargé d'aller sommer le Commandant du fort de Vincennes, le marquis de Puyvert, de rendre cette place. Il n'y avait pas grand péril à courir, j'en conviens : le fort était presque entièrement dégarni de troupes. Quand nous rapportâmes la capitulation, dans la soirée, à travers le faubourg Saint-Antoine illuminé, et les flots pressés de la population, je me vois encore, en uniforme improvisé, conduisant notre avant-garde, à la tête d'un détachement d'artilleurs à cheval, presque tous Alsaciens, que nous ramenions.

Lorsque le Duc d'Orléans, élu Roi des Français, par les Députés, le 7 août 1830, prêta serment, le 9, dans la salle du Corps Législatif, je faisais partie de son escorte, toujours comme officier d'ordonnance du colonel Bro. J'assistai, sur un des gradins de l'estrade, à cette solennité, non loin du Duc de Chartres, alors colonel d'un régiment de Hussards, qu'il avait ramené de Joigny à Paris. Nous ne nous étions pas vus depuis longtemps : il parut heureux de retrouver, dans une telle circonstance, un ancien condisciple, dont le dévouement affectueux ne pouvait faire l'objet d'aucun doute pour lui.

Je suis représenté par un officier quelconque de la Garde Nationale, figurant au gradin même que j'occupais, dans le grand tableau d'Eugène Devéria, consacrant le souvenir de cette importante cérémonie.

J'avais quitté Paris pour la province, quand l'artiste entreprit cette œuvre considérable, pour faire pendant au grand tableau de Heim qu'on a pu voir au Palais des Beaux-Arts de l'Exposition universelle de 1889, et qui montre le Roi Louis-Philippe entouré de sa famille et recevant le Bureau de la Chambre des Députés, chargé de lui offrir la Couronne.

CHAPITRE III

MES DÉBUTS DANS L'ADMINISTRATION

Secrétariat Général de la Vienne. — Le Préfet, sa Famille et mes autres relations. — Mort de Casimir Périer. — Ma nomination comme Sous-Préfet.

Grâce au Prince Royal, je pouvais facilement aborder la vie publique dès les premiers temps de la Monarchie de Juillet. Si modeste que fût mon rôle pendant les « Glorieuses Journées », il m'avait mis suffisamment en évidence auprès des personnages qui venaient de monter au Pouvoir, pour me créer des titres à leurs yeux. Et puis, un rapport de la Commission des Récompenses Nationales exagérait singulièrement l'importance des très légères blessures rapportées de mon enquête, imprudemment poussée trop loin, au Théâtre-Français, aussi bien que la valeur dont, en bonne conscience, ne témoignait pas assez le sabre de l'officier Suisse qui voulait me tuer. Cette arme, restée en ma possession, prouvait seulement que, plus vigoureux, par bonheur, je pris le meilleur moyen de l'en empêcher. Bon gré, mal gré, d'homme pacifique, j'étais passé, tout à coup, « Héros » !

Cette Commission, un moment toute-puissante, me fit décorer, d'office, de la croix spéciale de Juillet, croix à trois branches, correspondant aux trois journées qu'elle consacrait; surmontée d'une couronne murale et attachée d'un ruban bleu-ciel, liséré de rouge. Elle portait, sur une face, le Coq Gaulois ; sur l'autre, 27, 28, 29 juillet 1830, et, en exergue : « Patrie et Liberté. »

Il me répugnait de me mêler à la tourbe qui se rua promptement à la curée des places. Puis, je ne savais pas encore bien ce que je voulais. Sous la Restauration, le Barreau, pour lequel j'avais un penchant fort modéré, me semblait, à la fin, la carrière me convenant le mieux, à défaut des fonctions publiques, inaccessibles aux membres des familles impérialistes. Mais, la Magistrature pouvait s'ouvrir devant moi désormais, et, avant tout, il me fallait passer mes derniers examens de Droit et mes thèses finales.

Le Prince Royal, pour m'attacher à sa personne, conçut l'idée de me faire attribuer une des sous-lieutenances créées, par une loi exceptionnelle, en faveur des Combattants de Juillet ; mais, outre que je ne me reconnaissais pas cette qualité, mes études juridiques ne m'avaient pas préparé du tout à la carrière des armes, et ne pouvaient m'y servir en aucune façon. Je me serais trouvé, d'ailleurs, à la suite de mon frère cadet, qui venait justement d'entrer à l'École de Saumur, comme officier de Cavalerie.

Je me tins donc à l'écart, tout le temps nécessaire au complément de mes études, sauf mon service dans la Garde Nationale, qui fut assez rude, à cause des mouvements tentés, dès cette époque, par le parti républicain.

Mon dernier diplôme obtenu, je retournai chez M. le Duc d'Orléans, pour me déclarer prêt à entrer dans la Magistrature, que je préférais décidément au Barreau.

Le Prince m'en dissuada. Selon lui, rien d'important n'était à faire dans cette branche du service public, tandis que l'administration du pays, confiée jusqu'alors à des fonctionnaires dont on n'exigeait qu'un dévouement aveugle au « Trône et à l'Autel », m'ouvrirait une voie inexplorée, où, travailleur et instruit, je saurais me signaler et marcher rapidement.

M. Casimir Périer, qui venait d'arriver, avec la Présidence du Conseil, au Ministère de l'Intérieur, reconnaissant la nécessité d'améliorer la première composition du nouveau personnel de l'Administration Départementale, s'en occupait, à point nommé.

Le Prince chargea le comte de Montalivet, un de nos anciens de Henri IV, Ministre de l'Instruction Publique, de me signaler tout particulièrement, de sa part, au nouveau Président du Conseil.

M. Casimir Périer me fit appeler. Il me connaissait, ainsi que ma famille. D'ailleurs, il siégeait à la table de M. Laffitte, au nombre des mangeurs de melon glacé, vers lesquels, le 29 juillet au soir, on m'avait envoyé, quelque peu détérioré, mal essuyé de la fumée de la poudre, et fort altéré par la chaleur, en attendant la fièvre qui me prit dans la nuit seulement, attester la fin de la lutte et le triomphe de la Révolution, dont ils ne s'étaient pas encore proclamés les chefs.

J'ajoute que mon père, déjà rentré dans l'armée, comme Sous-Intendant Militaire, se trouvait détaché près du Ministre de l'Intérieur, en cette qualité, pour l'organisation des services administratifs de la Garde Nationale.

Le Grand Ministre, dont j'eus toujours la bienveillance, me dit que, pour couvrir le Prince Royal, vis-à-vis de la Chambre, très jalouse des influences de Cour, il serait bien que ma candidature fût appuyée par quelques députés. Je revins, peu de temps après, escorté d'un groupe de ces honorables, à la tête desquels figurait M. Chevandier, Directeur des manufactures de Saint-Gobain, Député de la Meurthe, et ami de mon père.

Le fils de M. Chevandier, qui portait le nom de Chevandier de Valdrôme, fut, à son tour, Député, sous le second Empire. Il fit partie du néfaste Ministère Ollivier, auquel on doit la modification, prétendue libérale, de la Constitution de 1852, et la funeste guerre de 1870. Celle-ci précipita la chute de l'Empire, que celle-là, plus lentement et non moins sûrement, eût amenée, par le rétablissement du Régime Parlementaire en France.

Chargé du portefeuille de l'Intérieur, pour lequel aucune aptitude spéciale ne semblait le désigner, M. Chevandier de Valdrôme contre-signa le décret me relevant de mes fonctions de Préfet de la Seine.

Le père avait contribué de son mieux à me faire ouvrir la carrière administrative, en 1831 ; le fils servit d'instrument pour la clore derrière moi, comme on le verra finalement, en 1870, plus de trente-huit ans après. — Singulier contraste !

Pour commencer, je désirais un poste de Secrétaire Général de Préfecture, où je pusse me préparer à l'administration active, par un certain maniement d'affaires.

Le 22 mai 1831, je fus attaché, comme tel, à la Préfecture de la Vienne.

Vingt-deux ans et quelques jours plus tard, le 23 juin 1853, j'étais nommé Préfet de la Seine.

LE BARON HAUSSMANN

Sécretaire Général de Préfecture

1831

SECRÉTARIAT GÉNÉRAL DE LA VIENNE.

A Poitiers, où je succédai, comme Secrétaire Général, au comte de Traversay, vieux légitimiste, que la Révolution de 1830 épargna momentanément, et qui venait de prendre sa retraite, je me trouvai sous les ordres de M. Boullé (du Morbihan), fils d'un ancien Représentant du Peuple, devenu Préfet de l'Empereur Napoléon Ier, et lui-même, ancien Sous-Préfet de l'Empire. Il remplaçait le Préfet de la Restauration, M. le comte de Castéja.

C'était un homme d'une cinquantaine d'années, aux cheveux fort clairsemés, fort grisonnants, qui ne perdait pas un pouce de sa taille, un peu au-dessous de la moyenne, ni surtout une occasion de faire un discours, ce dont il s'acquittait généralement bien; grand travailleur, du reste, et tout à son affaire.

Évidemment, je devais me trouver à bonne école, auprès d'un tel chef, et mon zèle à le seconder pouvait, en retour, lui faire trouver un collaborateur utile dans le jeune auxiliaire que le Gouvernement lui envoyait. Malheureusement, sous mon prédécesseur, et par sa faute, on tenait le Secrétariat Général, où je venais le relever, pour la cinquième roue du carrosse préfectoral. M. Boullé s'était fait accompagner, à Poitiers, par un secrétaire particulier d'un âge mûr, très capable et très laborieux, et concentrait, grâce à lui, dans son cabinet, la direction du travail des bureaux, que le comte de Traversay n'avait jamais eue et ne se trouvait, sous aucun rapport, en état de prendre. Je me voyais donc réduit à m'occuper des affaires pour la forme en quelque sorte, à l'enregistrement et au départ, qui me revenaient sans conteste, mais dont un employé, placé sous les ordres du secrétaire particulier, s'occupait seul; car le pauvre comte de Traversay ne faisait plus qu'apposer sa signature au bas des légalisations et des expéditions de pièces, et n'exerçait qu'un contrôle nominal sur le service des Archives.

Peu à peu, lorsqu'il s'aperçut que son nouveau Secrétaire Général n'était pas précisément le premier venu, le Préfet changea du tout au tout, et, sans aucune réclamation de ma part, me fit, aussi largement que spontanément, la situation à laquelle j'avais droit de prétendre, en vertu de mon titre, dans son administration.

J'établis alors, sans retard, entre l'enregistrement et le départ, qui rentraient dans mes attributions officielles, et les diverses divisions de la Préfecture, un ordre de service permettant de suivre chaque affaire, depuis son entrée jusqu'à sa sortie, dans toutes les phases de l'instruction qu'elle devait subir, et de signaler les oublis ou négligences de nature à retarder la solution qu'elle comportait.

Les divers chefs de division venaient, d'eux-mêmes, conférer avec moi des questions de Droit qui les embarrassaient, afin de pouvoir, au besoin, s'appuyer de mon opinion auprès du Préfet. Enfin, plusieurs projets de rapports au Gouvernement, sur des sujets importants et compliqués, notamment sur la mise à exécution de la nouvelle loi municipale et de la loi de la Garde Nationale, dans le département, lui fournirent, tout au moins, des éléments complets et méthodiquement classés, pour son travail personnel.

Finalement, un partage d'attributions s'opéra tout naturellement entre le Cabinet et le Secrétariat Général : de mon côté, les affaires proprement dites ; de l'autre, la politique, fort occupante dans un pays où toute la haute société, presque toute la grande propriété, plus, une bonne partie de la Magistrature, appartenaient à la cause légitimiste, pendant que l'Opposition Libérale et même la République comptaient des partisans dans les autres classes, et de bruyants adhérents parmi les étudiants de la Faculté de Droit et ceux de l'École secondaire de Médecine.

La Vendée était en insurrection, et la partie du département qui touchait le Bocage, ne se montrait pas des plus calmes. Lors de l'aventureuse expédition de Mme la Duchesse de Berry, le Préfet ordonna, par mesure de Haute Police, de sévères perquisitions dans les châteaux d'un certain nombre de grands personnages : le Duc d'Escars, en tête. Il délégua, pour ces missions, délicates à tous égards, des Conseillers de Préfecture. Le Secrétaire Général, alors trop absorbé par la direction du travail des bureaux, en fut heureusement dispensé.

Mais, au début, la Préfecture ne me prenait pas assez de temps à mon gré. Je me sentais accordée par avance toute liberté de m'en désintéresser complètement, ainsi que mon prédécesseur, tant le courant des affaires se trouvait bien établi vers le Cabinet du Préfet.

L'annihilation du Secrétariat Général avait été poussée si loin, que le Chef du Cabinet et sa famille occupaient, dans l'hôtel de la Préfecture, ancien palais épiscopal, l'appartement réservé, sous les gouvernements antérieurs, à son titulaire, et laissé vacant, pour la première fois, par mon prédécesseur immédiat, le comte de Traversay, noble citoyen de Poitiers, qui possédait une habitation dans cette ville.

Je me gardai bien de faire la moindre observation à ce sujet. J'aurais, d'ailleurs, été fort empêché d'occuper seul un appartement complet, et moins libre de vivre à ma guise, dans l'hôtel de la Préfecture, à côté de la famille du Préfet, que partout ailleurs. Enfin, cet ancien Évêché attenait à la cathédrale, sise place Saint-Pierre, presque au bas du versant oriental de la ville, à l'opposite de l'emplacement où se trouve aujourd'hui la gare du chemin de fer de Paris à Bordeaux, dont il n'était pas question à cette époque, et qui s'ouvre au bas du versant occidental. — Depuis lors, un magnifique hôtel de Préfecture fut construit au centre de la ville.

Pour toutes les commodités de la vie, comme pour les relations du monde, il me convenait beaucoup mieux d'habiter les hauts quartiers, établis sur la croupe assez étendue qui sépare les deux versants, que cette place Saint-Pierre, sise loin de tout; car, on devait, de là, grimper à pied, faute de voitures de place, une pente abrupte, par des rues étroites, mal éclairées, et pavées de cailloux pointus, avec de rares bandes de grès le long des maisons, pour aller n'importe où le soir, et il était presque aussi difficile, et certes encore moins sûr, d'y redescendre, la nuit, par tous les temps.

Quelques jours passés à l'hôtel des Trois-Piliers, après ma descente de la malle-poste, et pendant lesquels eurent lieu mon installation et mes visites officielles, me permirent de faire choix, au centre de la ville, d'un logement tout meublé, chez d'honnêtes bourgeois, hébergeant déjà l'un de Messieurs de la Cour Royale. C'était dans une petite rue, voisine de la place du Marché, près du Palais de Justice et de la vieille église Notre-Dame, si curieuse et si renommée au double point de vue archéologique et architectural.

LE PRÉFET, SA FAMILLE ET MES AUTRES RELATIONS.

Le Préfet, auquel on m'avait recommandé tout particulièrement et de très haut, donna, dès mon arrivée, un dîner, en mon honneur, et m'ouvrit cordialement sa maison.

Il était marié, en secondes noces, avec une femme de trente ou trente-deux ans, originaire des Côtes-du-Nord ; beauté plantureuse, blonde, au teint frais ; aux yeux tranquilles, bleu-faïence, un peu saillants ; aux lèvres rouges, non moins saillantes ; bonne et aimable personne, sans prétentions ; ne cherchant pas midi à quatorze heures ; toute à son mari et à ses enfants : deux fillettes de sept à neuf ans, et un petit garçon plus jeune encore. — Un fils du premier mariage, qui faisait son Droit, à Paris, venait de temps à autre.

La famille se complétait d'une cousine, brune et maigre, de Madame la Préfète. Elle devait rester quelques mois à Poitiers, et ne parlait plus de retourner à Saint-Brieuc. Cette personne avait, depuis quelque temps déjà, coiffé résolument Sainte-Catherine, se sachant dépourvue de charmes, aussi bien que de fortune. Elle remplissait, avec beaucoup de tact, en qualité de parente et d'amie, un rôle qui, dans d'autres conditions, eût tenu, tout à la fois, de la dame de compagnie, de la gouvernante d'enfants et de la femme de charge. Du reste, elle faisait preuve d'un esprit bien plus éveillé, bien plus compréhensif et infiniment plus débrouillard, que la patronne.

Une grande intimité régnait, de longue date, entre la famille du Préfet et celle de son Chef de Cabinet, M. Maréchal, qui se composait, outre le mari et la femme, d'une charmante fille, fiancée à un jeune avocat breton, lequel faisait son stage à Poitiers, où je l'entendis plaider pour la première fois. Cet avocat entra bientôt dans la Magistrature. Il y fit un chemin rapide, sous le second Empire; car, après avoir dirigé de grands parquets de province, il devint Avocat Général à la Cour de Cassation, et mourut Président de Chambre : c'était M. Corentin Guyho.

Enfin, un autre Breton, également amené de Saint-Brieuc, travaillait, comme simple employé, sous les ordres du Chef de Cabinet.

Je connus, à Poitiers, plusieurs jeunes gens, alors étudiants en droit, qui marquèrent, comme M. Guyho, dans la Magistrature, notamment : **M. Talbot (d'Angers)**, — celui-ci tint à s'occuper quelque temps, à titre de secrétaire, auprès de moi : il devint Procureur Général. — **M. Métivier** (fils d'un Professeur de Droit de Poitiers), qui finit dignement sa carrière, comme Premier Président de la Cour d'Angers ; enfin, **M. Bourbeau**, depuis, Professeur de Droit, que l'Empereur Napoléon III fit Ministre de l'Instruction Publique et des Cultes : homme de grand mérite ; mais, « manquant de prestige ». Il succomba sous cette plaisanterie, malheureusement trop vraie, je suis forcé d'en convenir.

Je reçus un accueil plein de bienveillance dans le milieu provincial, très bourgeois, de la société qui frayait avec la Préfecture, depuis 1830; mais, je commençai par m'y trouver un peu dépaysé; car, j'étais ce qu'on appelait alors un fashionable, très soigneusement tenu, quoique de mise des plus simple, et de manières réservées autant que polies. Néanmoins, comme j'avais le caractère facile, je sus me résigner aux circonstances et me faire promptement bien accueillir de ce monde.

Le soir, je descendais presque toujours, après dîner, à la Préfecture, pour l'arrivée du courrier de Paris. Je me faisais battre de bonne grâce, s'il le fallait, dans une partie de carambolage, par mon chef, pour éviter son tric-trac, auquel je ne voulus jamais rien comprendre, et son échiquier, où j'aurais trop souvent gagné. Parfois, malgré mon peu de goût pour les cartes, je subissais un *robber*, comme quatrième, au whist de Madame la Préfète, ayant pour partner le Sous-Intendant Militaire, M. Millet, collègue et ami de mon père, contre elle et le général Rosetti, commandant la Subdivision militaire formée par le département.

Quand il ne venait pas d'étrangers, la cousine, qui m'inspirait de la sympathie, parce qu'elle était l'intelligence de la maison, et qu'elle m'avait pris de suite sous sa protection amicale, me demandait de lui chanter quelque romance à la mode ou de ma composition, et la patronne semblait m'écouter avec un certain plaisir; mais, elle aimait encore mieux se faire lire ou dire des vers, ce qui m'étonnait toujours; car, rien d'autre ne trahissait en elle des instincts poétiques. Mais, je touchais surtout son cœur, par la complaisance que je mettais à jouer avec ses fillettes, qui m'adoraient.

En cas de grand dîner, de grande soirée ou de bal, à la Préfecture, la cousine me faisait chercher dans mon cabinet, et je l'aidais à organiser la petite fête, ce dont Préfet et Préfète s'avouaient également incapables.

Du reste, comme je l'expliquais plus haut, pendant assez longtemps, mes fonctions, plus qu'amoindries, me laissèrent beaucoup de loisirs.

Avant tout, j'en profitai pour m'assurer des rapports en ville. Sans parler des principaux fonctionnaires, chez qui mon titre me donnait accès, naturellement, j'avais été recommandé très chaudement, de Paris, aux familles les plus considérables de Poitiers, et je fus bientôt fort répandu, non seulement dans le monde officiel et dans la Magistrature, qui faisait bande à part, avec le Barreau et l'École de Droit, mais encore dans la banque et le haut commerce, et même dans quelques maisons de l'aristocratie, où l'homme bien élevé faisait oublier l'adversaire politique.

Je me liai particulièrement avec les fils du Receveur Général, M. Chazaud, qui tenaient la tête de la jeunesse dorée locale, et avec quelques autres jeunes gens du même milieu. On se rencontrait à la salle d'armes, dans le jour, et, le soir, au spectacle, au bal ou dans les mêmes salons.

Aucune bonne fête sans nous. Dans l'hiver de 1831 à 1832, nous organisâmes ensemble des redoutes (bals d'abonnement) qui obtinrent le plus grand succès. Pour ma part, je dansais peu ; mais je valsais presque bien, et je conduisais, au besoin, un cotillon.

Je finis par me loger dans le quartier haut, le mieux habité de la ville, où j'eus la très bonne chance de trouver un appartement composé de trois pièces, meublées fort convenablement, qui formaient le premier étage d'une petite maison appartenant à M. Garreau, Conseiller de la Cour Royale, et contiguë à son hôtel, dont elle constituait une sorte d'annexe. Cette location me mettait chez lui, pour ainsi dire, bien que j'eusse mon entrée à part. Elle n'était possible qu'en raison de l'accueil empressé que, dès les premiers temps, j'avais reçu de lui, de tous les siens, et particulièrement de sa femme, laquelle connaissait mes parents de Colmar, amis de son père, longtemps Receveur Général du Haut-Rhin. Mon nom suffit pour me faire admettre dans l'intimité de cette famille, très nombreuse, très gaie, dont le salon comptait parmi les plus agréables. Pour un peu, je serais devenu son commensal.

Mais, ce nouveau domicile, sis rue Neuve, à côté des rues aristocratiques des Hautes et des Basses Treilles, se trouvait tout près de la Place d'Armes, où je prenais pension, pour ma nourriture, à raison de 120 francs par mois, chez un restaurateur en renom, tenant une table réservée aux fonctionnaires publics sans famille, qu'il présidait patriarcalement, afin de servir lui-même ses clients de distinction.

J'avais là, comme convives, deux conseillers à la Cour Royale; un avocat général; le Conservateur des Hypothèques; un professeur de Droit; des inspecteurs de services financiers, et fort exceptionnellement, deux étudiants en Droit, neveux d'un des conseillers : M. Bussière, ancien Avocat Général à Limoges, qui me témoignait une grande amitié, et avec qui je me promenais d'ordinaire.

C'était un homme instruit, aimant les lettres, curieux de recherches historiques, archéologiques et artistiques.

Lorsque nous eûmes passé en revue toutes les richesses que Poitiers nous offrait sous ces trois rapports, nous fîmes des pointes dans les parties les plus intéressantes du département. C'est ainsi que, Froissart en main, nous visitâmes, à l'ouest, et non loin de Poitiers, le champ de bataille où le Roi Jean fut fait prisonnier par le Prince Noir, à Vouillé. Une autre fois, après avoir recherché, près du confluent du Clain et de la Vienne, l'emplacement de l'ancienne ville romaine de Limonum, dont il ne reste que bien peu de vestiges, nous parcourûmes, près de Moussac-la-Bataille, les champs où Charles Martel défit les Sarrasins.

Ce fut, pour nous, une occasion de pousser jusqu'à Châtellerault, le pays des couteliers, afin d'y visiter la manufacture d'armes blanches du Gouvernement, que mettait en mouvement une chute d'eau produite par un beau barrage de la Vienne.

MORT DE CASIMIR PÉRIER.

J'eus l'occasion de parcourir, canton par canton, l'arrondissement de Poitiers, lorsque j'y fis, comme délégué du Préfet, au printemps de 1832, la tournée du Tirage au Sort de la classe appelée. Mais, je profitai de quelques invitations, pour visiter les autres arrondissements, dans l'été de 1831.

Pendant sa tournée de Révision, en 1831, mon Préfet me tenais en assez grande confiance déjà pour me donner mission de le suppléer à la Préfecture. Lors d'un congé qu'il prit, au commencement de 1832, le Ministre me chargea, sur sa proposition, de le remplacer par intérim, et quand j'obtins, à mon tour, d'aller voir ma famille, pendant une quinzaine, M. Casimir Périer me complimenta de la manière dont, très jeune encore, je me tirai de cette épreuve.

Durant une audience qu'il me fit indiquer pour cinq heures du matin, et me donna dans son cabinet de toilette, où ce grand homme, se rasait et éméchait ses rares et longs cheveux gris, après m'avoir interrogé sur une foule de sujets délicats, notamment, sur la situation des partis politiques dans le département et l'influence que l'Administration serait en mesure d'exercer, en cas d'élections législatives, il me témoigna tout son bon vouloir, dont il ne se montrait pas prodigue, et finit par de précieux conseils que je n'oubliai jamais. Comme je me retirais, il me rappela pour me dire : — « A pro-
« pos, un jeune fonctionnaire doit toujours trouver
« aimables et même jolies, quand c'est possible, les
« femmes et les filles des Députés. Les autres, aussi ;
« mais, je le crois moins nécessaire. »

En descendant l'escalier, je me rappelai m'être un peu moqué de la femme, aussi ennuyeuse que laide, d'un Député des Deux-Sèvres, qui demeurait, l'hiver, à Poitiers. Comment le Président du Conseil pouvait-il savoir ce détail et y mettre tant d'importance ?..... La leçon ne manqua pas de me profiter.

Dans le cours de la conversation, M. Casimir Périer m'avait parlé de la femme de mon Préfet, et comme je louais ses vertus domestiques, il me dit : — « Oui ! oui !
« mais elle est trop bourgeoise pour une ville qui ren-
« ferme, à la fois, tant de gens comme il faut et tant de
« gens instruits. » Il ajouta, en riant : « Je serai forcé
« d'établir, à côté de mon cabinet, un bureau de ma-
« riage pour mes fonctionnaires. Gare à vous ! »

Malheureusement pour le Pays et pour moi, bien peu de temps après, cet illustre Ministre, qu'on n'a jamais remplacé, mourut du choléra, qui décima Paris au printemps de 1832.

De Poitiers, nous suivions avec anxiété la marche du fléau. Notre contrée fut épargnée. Mais la mort de Casimir Périer y produisit une grande sensation.

Elle fut accueillie comme une délivrance, par ce qu'on appelait alors l'opinion avancée. Nos étudiants en Droit, toujours bruyants et même insolents, à l'occasion, le devinrent bien davantage.

J'avais eu plusieurs fois maille à partir avec cette jeunesse exaltée.

Au spectacle, lorsqu'on jouait *la Muette de Portici*, encore dans sa nouveauté, mais qu'on nous fit entendre abusivement trente-deux fois de suite, lorsqu'on arrivait au fameux duo : *Amour sacré de la Patrie*, le parterre montrait le poing à la loge du Préfet, en chantant : *Malheur à nos tyrans !*

Et puis, on demandait sans cesse *la Marseillaise*, et l'on criait : *Debout !* pour la troisième strophe. Une fois, deux fois, trois fois, cela pouvait passer ; mais, tous les soirs de représentation, c'était insupportable. Mes amis et moi, qui possédions une loge en commun, nous résistâmes à la fin. Après de violentes prises avec les étudiants, ceux-ci reconnurent bientôt que nous étions également bons, soit à l'épée, soit au pistolet, et nous laissèrent tranquilles.

Mais, un soir que je faisais visite à la femme d'un personnage, dans sa loge, pendant un entr'acte, et que, par inadvertance, je tournais le dos à la salle, on me cria d'en bas : « Face au parterre ! » Je regardai quelques instants les braillards, et je repris ma position primitive, sans m'inquiéter de leurs vociférations. Bientôt, un étudiant fit irruption dans la loge, et, le silence s'étant produit, il s'écria, gesticulant avec fureur : — « Mon« sieur, vous êtes donc sourd ? » — « Du tout ; j'entends, « au contraire, admirablement. » — « Eh bien ! faites « face au parterre ! » — « Je n'ai pas de leçon à recevoir « d'un polisson comme vous ! » — « Monsieur, avez« vous l'intention de m'insulter ? » — Je lui tournai le dos, pour adresser ma réponse à la salle : « Je lui dis « qu'il est un polisson, et il me demande si j'ai l'inten« tion de l'insulter !... » — Un éclat de rire général suivit. Le jeune cadet, décontenancé, se retira ; mais, il m'envoya ses témoins, et reçut, le lendemain matin, derrière un des massifs du beau jardin public de Blossac, un coup d'épée anodin, à la mesure de ses torts.

Une autre fois, à notre table de fonctionnaires, un jeune étudiant, que les neveux du Conseiller Bussière nous demandèrent la permission d'inviter à déjeuner, eut l'inconvenance d'émettre ses opinions, par trop libres, sur le Gouvernement du Roi. Je lui rappelai dans quel milieu, grâce à ses camarades, il se trouvait admis. Alors, cet exalté s'en prit à moi, et m'adressa je ne sais plus quelle grossièreté. Je me levai, posai ma serviette, et faisant le tour de la table, lui dis : — « Je vais vous donner « la gifle que vous méritez, méchant gamin ! » — Sursautant, il s'écria : — « Je l'accepte. » — « A votre aise ! » — « J'entends que je la tiens pour reçue. » — « Soit ! »

Dans l'après-midi même, nous étions au fond de Blossac, deux de mes amis et moi, avec un chirurgien, attendant le giflé complaisant et ses témoins, qui ne tardèrent pas à paraître. Ils avaient choisi, pour arme de combat, le pistolet de tir, sans doute, parce qu'ils me savaient d'une certaine force à l'épée. Mais, je me servais encore mieux du pistolet à double détente, indiqué par eux, et cela ne laissait pas de me préoccuper sérieusement. Même à trente-cinq pas, distance initiale en pareille occurrence, je me croyais absolument sûr de toucher mon adversaire, mais non point de le blesser modérément. D'un autre côté, si, par générosité, j'attendais le feu, plus ou moins rapproché, de ce novice, au lieu de le prévenir, je risquais de me voir estropié d'une balle, bien dirigée par hasard. Ce n'était pas un résultat sans exemples.

Je fus bientôt délivré complètement de cette très pénible alternative.

Mes témoins, qui s'étaient abouchés avec les siens, revinrent vers moi, souriants et dédaigneux, pour me dire que ceux-ci leur offraient de faire rétracter, par leur client, les paroles qui m'avaient justement froissé, dans le cas où je consentirais, de mon côté, à retirer le soufflet intervertissant les rôles, qui faisait, de l'offenseur, l'offensé. — « Je puis d'autant plus aisément retirer
« ce soufflet, » répondis-je, « qu'en réalité, je n'ai pas eu
« la peine de le donner. Si cela lui suffit, c'est son affaire
« et non la mienne. Quant à ses paroles inconvenantes,
« après cette reculade, je suis honteux, pour lui, des
« excuses qu'il offre : abrégez cela. »

Un de mes témoins, très irritable de caractère et très paresseux, d'ailleurs, me dit : — « N'empêche que ce po-
« lisson nous aura fait déplacer, vous et nous, et perdre
« notre temps, pour rien. J'ai bien envie d'aller lui flan-

« quer une vraie gifle, pour savoir s'il sentira celle-
« là. » — Allons, allons, » répliquai-je, « vous êtes trop
« fort aux armes pour ne pas comprendre qu'il faut user
« de mansuétude envers les faibles. »

Après cette dernière affaire, Messieurs les Étudiants me témoignèrent un certain respect.

Je le vis bien, un jour de revue de la Garde Nationale, où je descendais à la Préfecture, en costume officiel. Comme des étudiants, qui marchaient derrière moi, disaient entre eux : — « Il s'agit d'une revue de « Casimirs-Pompiers, » — je ne voulus pas laisser corner à mes oreilles cette expression, dont les journaux de l'extrême Opposition firent abus, après que le Maréchal de Lobau crut habile de dissiper une émeute, sur la place Vendôme, par le jeu d'une batterie de pompes à incendie. Je me retournai brusquement : — « Qu'est-ce que vous dites ? » m'écriai-je. — « Mais, Mon-« sieur, nous ne vous disons rien ! » — « C'est possible ; « mais, quand vous aurez envie de répéter la sottise que je « viens d'entendre, tenez-vous à quinze pas de distance, si « vous ne voulez pas que je la prenne pour moi. » — Et je continuai ma route, sans plus, laissant fort penauds mes interlocuteurs.

Aussi, quand mon frère, une mauvaise tête et un friand de la lame, informé, je ne sais comment, à Saumur, de l'agitation de cette jeunesse, vint en congé de quelques jours, afin de me faire ses offres de service, je n'eus qu'à l'en remercier. Il tint, néanmoins, à se promener à travers Poitiers avec moi, dans l'uniforme de l'École de Cavalerie, pour voir, comme il me le dit ensuite, si le plumet blanc, qu'on avait conservé jusqu'alors au shako des élèves, ferait loucher quelques-uns de « ces pékins-là ». Personne, on le comprend, d'après ce qui précède, ne s'en montra choqué.

Mais, après la mort de Casimir Périer, le Préfet ne pouvait plus se promener, avec sa femme et ses enfants, à Blossac, les dimanches, sans que des étudiants le suivissent, pour débiter derrière lui des propos ou des refrains déplacés, et quand je les accompagnais, en causant avec mon amie, la cousine, je dus souvent faire tête à ces gamins, pour les rappeler au sentiment des convenances.

Une des chansons d'alors, dont je ne puis faire connaître l'auteur à la postérité, se terminait ainsi :

> C'est la seringue
> Qui vous distingue,
> Partisans du Juste-Milieu.

Les émeutiers ne pouvaient pas prendre leur parti du mépris que le Maréchal de Lobau semblait avoir fait d'eux, en les douchant. Ils furent traités autrement rue Transnonnain, par le général Bugeaud.

MA NOMINATION COMME SOUS-PRÉFET.

La population de Poitiers, pour qui les étudiants en Droit et de Médecine étaient des consommateurs, voyait d'un œil indulgent l'agitation qu'ils causaient dans cette ville. Mais, au fond, la généralité des habitants était paisible, et sauf une révolte, bientôt réprimée, d'un faubourg, celui de Laqueille, peuplé de vignerons, contre la Régie des Contributions Indirectes, dont les bureaux furent saccagés et les registres jetés au vent, aucun désordre ne se manifesta, de mon temps du moins, ni dans le chef-lieu, ni dans le reste du département, plus heureux, sous ce rapport, que bien d'autres.

D'ailleurs, la majorité des électeurs (à 200 francs) était acquise au Gouvernement du Roi dans quatre arrondissements, sur cinq. Celui de Civray nommait le général Demarçay, lequel appartenait à la Gauche, mais n'en restait pas moins intéressé au maintien de l'ordre, par les grandes propriétés qu'il possédait près de Châtellerault. Voici les noms des autres députés : à Poitiers, M. Dupont-Minoret, riche banquier ; à Châtellerault, M. Martineau, riche industriel ; à Loudun, M. Millon, avocat, et à Montmorillon, M. Junyen, maître de forges.

Je ne vis, au surplus, aucune élection générale dans la Vienne. Vers la fin de la session de 1832, la Chambre des Députés, qui s'occupait déjà d'économies, vota la suppression, au budget de 1833, du traitement des Secrétaires Généraux de Préfecture, à l'exception de ceux d'un petit nombre de grands départements. On s'empressa, dans les bureaux du Ministère de l'Intérieur, de me faire nommer à la première Sous-Préfecture venue, pour m'éviter la concurrence des nombreux Secrétaires Généraux qui se trouveraient sans places en fin d'année. Celle d'Yssingeaux (Haute-Loire) était disponible. Du jour au lendemain, du 14 au 15 juin, j'appris que j'étais Sous-Préfet de cet arrondissement, dont je connaissais à peine le nom, d'orthographe douteuse, semblait-il ; car, beaucoup de géographes écrivaient Issingeaux : et d'autres : Issengeaux.

Dans le pays, on m'en a donné cette étymologie patoise, que je ne garantis pas le moins du monde : « *I cinq jaus* (les cinq coqs !) »

Je quittai mes relations de Poitiers avec regret ; mais j'étais jeune, et la carrière de l'administration active s'ouvrait devant moi. J'obéis, sans trop d'effort, à l'ordre de rejoindre de suite mon nouveau poste.

Évidemment, si mes amis du Ministère n'avaient pas jugé prudent de m'assurer, sans retard, une Sous-Préfecture quelconque, sauf à m'en faire attribuer une plus importante, à l'occasion ; s'ils s'étaient sentis assez puissants pour attendre jusqu'à l'époque extrême de la suppression réelle des Secrétariats Généraux, c'est-à-dire jusqu'au 31 décembre 1832, pour me choisir alors un nouveau poste parmi les plus désirables, j'eusse prolongé très volontiers mon séjour dans une ville où je jouissais d'une excellente situation, à côté d'un Préfet de valeur, qui m'accordait estime et confiance ; d'amis agréables et des mieux posés ; bien vu de tout le monde ; accueilli dans tous les salons, et, par surcroît, admis dans l'intimité de familles charmantes.

Mais, il me fallait quitter tout cela dans l'intérêt, bien calculé, de mon avenir, et cette résolution prise, l'idée de voir du pays ne manquait pas de séductions pour un fonctionnaire de mon âge, pour un esprit toujours en éveil.

CHAPITRE IV

LA SOUS-PRÉFECTURE D'YSSINGEAUX

Un laborieux voyage. — Mon installation. — Le pays. Sa population. Ses industries. — Excursions. — Changement de résidence.

UN LABORIEUX VOYAGE.

En 1832, il n'était pas aussi facile qu'aujourd'hui, de traverser le centre de la France. La génération présente ne soupçonne pas, bien certainement, toutes les lenteurs et fatigues d'une semblable entreprise. C'est pourquoi, je vais détailler les nombreuses étapes qu'il me fallut faire avant d'arriver à mon nouveau poste.

Pour aller de Poitiers au Puy, où je devais me rendre d'abord, afin d'y prêter serment entre les mains du Préfet de la Haute-Loire, en ma nouvelle qualité, j'avais à gagner Limoges; puis, Clermont-Ferrand. Mais, il n'existait aucun moyen de transport régulier entre Poitiers et Limoges. Je fus obligé, pour atteindre le chef-lieu de la Haute-Vienne, de commencer par prendre, à Poitiers, la diligence de Paris à Bordeaux, jusqu'à Angoulême, où l'on trouvait un voiturin faisant le service de la poste entre cette ville et Limoges, par La Rochefoucauld, Chabanais et Saint-Junien, et qui recevait des voyageurs. De Limoges, une patache partait quotidiennement pour

Clermont-Ferrand ; mais, elle dépensait deux jours à faire ce trajet limité maintenant à peu d'heures.

Ce détour me procura l'occasion de voir, pour la première fois, Angoulême, que je devais revoir si souvent, plus tard. Je trouvai même le temps d'aller visiter, dans les environs, une manufacture de papiers, pour le chef de laquelle l'imprimeur de la Préfecture de la Vienne m'avait remis une introduction, et la fonderie de canons de la Marine, à Ruelle, où j'attendis le passage du prétendu courrier dans la guimbarde duquel j'avais retenu ma place.

J'eus presque une journée pour visiter Limoges, ses monuments et une fabrique de porcelaine, d'où je dirigeai quelques objets, en cadeaux, sur Poitiers.

J'y pris gîte dans une diligence, bien mal nommée, puisqu'elle mettait plus de trente-six heures pour gagner Clermont-Ferrand : il est vrai qu'on couchait en route, à Sauviat.

Après Saint-Léonard, charmante oasis, le voyage fut sans aucun genre d'agrément. Le département de la Creuse, qu'il fallait traverser, abonde en paysages d'une monotonie désolante. Comme je montais, à pied, après un repas d'auberge on ne peut plus frugal, la côte de Bourganeuf, je bénissais le ciel de n'être pas Sous-Préfet de cette triste bourgade.

Aubusson, sis dans la vallée de la Creuse ; animé, d'ailleurs, par une certaine activité industrielle, me parut plus enviable.

Toute la journée du lendemain, nous eûmes en perspective la silhouette bleuâtre de la chaîne des Dômes d'Auvergne, dont nous nous rapprochions cahin-caha. Enfin, après avoir franchi les vallées pittoresques de

Pont-Au-Mur et de Pontgibaud, nous gravîmes le Puy de Dôme, et du haut du col que la route traverse, entre le cône de cette montagne et celui d'un autre dôme moins élevé, s'offrit, à mes yeux émerveillés, le splendide panorama de la Limagne, éclairé par le soleil à son déclin derrière moi. La ville de Clermont était à mes pieds, au bout d'un lacet interminable, que ma patache mit près d'une heure à descendre.

Je me fis conduire au principal hôtel, situé place de Jaude, et j'arrêtai le coupé du courrier qui devait partir pour le Puy, dans la journée suivante, après l'arrivée de la malle-poste de Paris.

Je pus employer, à parcourir Clermont, la matinée de mon cinquième jour.

De cette ville, je pris, enfin, la route du Puy-en-Velay, qui passe par Issoire et suit la vallée de l'Allier jusqu'à Brioude, l'une des deux Sous-Préfectures de la Haute-Loire. Mon véhicule franchit, de nuit, la chaîne des montagnes de Fix, séparant cette vallée de celle de la Loire, et me déposa, de bon matin, au Puy, sur la place du Breuil, dans une auberge qui faisait face à la Préfecture, alors de construction récente, et tout à fait isolée au milieu de cette grande esplanade, tout à la fois, promenade et champ de foire, au pied de la ville. — Celle-ci monte en amphithéâtre sur le « puy » de l'Anis, d'où lui vient son nom. Le rocher de Saint-Michel, surmonté d'une église conventuelle, qui se dresse, comme un immense phare, à peu de distance, donne à l'ensemble du pays occupé par cet étrange chef-lieu de département, l'aspect le plus pittoresque.
— Un peu remis de ma fatigue, je me rendis, après déjeuner, à la Préfecture, où m'attendait mon nouveau

chef, prévenu de mon arrivée par un mot de moi lui demandant l'heure où je pourrais me présenter officiellement dans son cabinet.

Ancien Colonel de Cavalerie, Officier de la Légion d'Honneur; attaché, je crois, vers la fin de sa carrière, au service de la Remonte ; devenu Préfet, je ne sais comment ; très affable, plein de bon vouloir ; mais n'entendant rien absolument à l'administration d'un département, il se nommait, — singulière coïncidence, — Du Puy ! Sa femme, qu'il avait épousée veuve et ornée d'une fille de dix-huit à vingt ans, était une excellente personne. La fille, ni grande ni petite, ni belle ni laide, avait un caractère aimable.

Le Préfet me reçut on ne peut mieux. Il m'invita, pour le jour même, à dîner.

Ma prestation de serment accomplie, j'allai présenter mes hommages à madame la Préfète ; puis, rendre ma visite officielle au Général Commandant de la Subdivision Militaire et à l'Évêque ; enfin, déposer des cartes chez les Conseillers de Préfecture, le Receveur Général et les Directeurs des principaux services.

Le soir, je vis à la Préfecture, réuni par le Préfet, à mon intention, presque tout le haut personnel administratif, et le lendemain, après avoir déjeuné, bien en famille, chez cet excellent homme, qui le voulut absolument, je partis pour Yssingeaux, dans un berlingot de louage.

Ce n'était pas une petite affaire de franchir l'épais massif de montagnes qui sépare le Puy de ce chef-lieu d'arrondissement, sis à 840 mètres au-dessus du niveau de la mer.

A peu de distance du Puy, on passait la Loire, qui n'est encore là qu'un ruisseau, par le pont de Brives, pour s'engager dans une suite de rampes ardues, en lacets, jusqu'au col de Perthuis, d'où l'on redescendait, par d'autres lacets un peu moins longs, à Bessamorel ; puis à Yssingeaux.

Les piétons et les cavaliers évitaient une partie de ces détours, en suivant des sentiers abrupts, étroits, qu'on appelle, dans le pays, des « coursières » ; mais, il est aussi fatigant de les descendre que de les monter, à cause des débris de pierres volcaniques dont ils sont semés, et qui roulent sous les pas des hommes et des chevaux. Les cavaliers doivent y dévaler à pied, fort gênés par leurs éperons.

Bien que le trajet ne fût que de 28 kilomètres, mon conducteur dut faire reposer ses chevaux, pendant une heure, à Saint-Hostien, sis à moitié route, près de Saint-Étienne-de-Lardeyrol, où se commit, bien des années après, l'assassinat de M. de Marcellange, à l'instigation de sa femme.

Aujourd'hui, le chemin de fer du Puy à Saint-Étienne conduit les voyageurs à Retournac, en 1 heure 5 minutes ; mais, de cette station à Yssingeaux, il reste 14 kilomètres de route, à parcourir en omnibus.

Il faisait nuit close quand nous arrivâmes dans Yssingeaux. C'était un soir de marché. En route, nous avions croisé des paysans, plus ou moins ivres, qui rentraient chez eux. Un grand tumulte obstruait, lorsque j'y parvins, les abords de l'hôtel de la Sous-Préfecture, par suite d'une rixe, où des coups de couteau venaient d'être échangés. — Mon premier acte d'administration fut de faire porter à l'hôpital un des combattants, qui gisait blessé devant ma porte, en laissant à la Justice l'appréciation des faits.

Il faut avouer que cette entrée en matière n'avait rien de réjouissant ; mais, elle me donna de suite une idée juste du caractère de mes nouveaux administrés, ivrognes et batailleurs, toujours prêts à jouer de la « coutelière » qu'ils portaient, en général, dans une poche de côté de leurs pantalons.

MON INSTALLATION.

L' « hôtel » de la Sous-Préfecture consistait en une maison bourgeoise assez modeste, avec cour et jardin.

Mon prédécesseur, nommé Daubin, un brave homme du pays, absolument incapable, n'avait jamais pu prendre la moindre autorité sur ses concitoyens. Il devait sa nomination, comme Sous-Préfet, à la Révolution de 1830, et venait d'être destitué pour une sotte affaire de localité, dans laquelle se trouvait compromis imprudemment son caractère de Magistrat.

Il avait remplacé M. de Sainte-Colombe, Sous-Préfet de la Restauration, resté dans la ville même, après sa retraite, et fort choyé par le parti légitimiste, dont lui, Daubin, était la fable.

La fille de M. de Sainte-Colombe, charmante et spirituelle personne, que j'ai retrouvée, à Paris, sous l'Empire, devint la femme de M. Boilay, publiciste distingué, puis, Secrétaire Général du Conseil d'État.

M. Daubin m'attendait, pour me proposer la cession, non seulement de ses fournitures de bureau, mais encore de son mobilier, fort modeste. Les hôtels de Sous-Préfectures, quand il en existait, ne possédaient pas de meubles, dans ce temps-là. Vingt ans plus tard, profitant de mes excellentes relations avec M. le comte de Persigny, Ministre de l'Intérieur, je lui suggérai le décret de 1853, qui divisa les Sous-Préfectures en trois classes, augmenta le traitement de leurs titulaires, et mit à la charge des Départements le logement et l'ameublement des Sous-Préfets, comme des Préfets.

Mon prédécesseur commença par m'offrir très obligeamment l'hospitalité.

Je n'avais pas de loisirs à perdre en arrangements quelconques ; car il me fallait commencer, dès le lendemain matin (un vendredi), la tournée du Tirage au Sort de la classe de 1831.

D'ordinaire, le tirage se faisait dans la belle saison : il fut retardé, en 1832, par la mise à exécution de la nouvelle loi sur le Recrutement.

Je devais consacrer également, à cette inopportune tournée, toute la journée du samedi, et certes, je n'aurais pas trop de la journée du dimanche, pour recevoir les visites officielles des fonctionnaires du chef-lieu d'arrondissement et rendre les principales. Je déclarai donc à ce brave M. Daubin, que je prenais tout, à dire d'expert ; que je gardais ses employés ; que je lui donnerais, à mon tour, l'hospitalité, jusqu'à son départ pour « sa localité », et j'allai me coucher.

J'amenais de Poitiers, comme secrétaire amateur, un charmant garçon, fils de mon aimable propriétaire, M. Garreau, Conseiller à la Cour. Il venait de passer des examens pour entrer dans l'administration des Contributions Directes, et me fut d'une agréable compagnie pendant deux mois. Ensuite, il alla prendre le poste de Surnuméraire, auquel cette administration l'avait nommé. Je le retrouvai, longtemps après, Contrôleur Principal, et je l'aidai, quand il fut en ligne, à passer Inspecteur ; puis, Directeur.

Je le chargeai de présider à l'estimation de tout ce que me cédait M. Daubin, et d'en arrêter le compte avec le pauvre homme, sans trop le discuter.

Au surplus, sachant que je ne resterais qu'un temps limité dans cet arrondissement, dont le séjour devait être dépourvu d'agréments, en hiver, je me gardai bien de faire plus qu'une installation sommaire dans la Sous-Préfecture.

Je conclus un arrangement avec le maître du principal hôtel d'Yssingeaux, non seulement, pour le service de ma table ; mais encore, pour la fourniture du linge de maison qui m'était nécessaire. Il me procura sans peine un jeune domestique, assez bien stylé ; car, le pays abonde en gentilhommières sans cachet, abusivement décorées du nom de châteaux, qu'habite l'aristocratie locale, généralement peu fortunée, mais dont le séjour dégrossit tout au moins les gens à gages qu'elle recrute autour d'elle.

Le seul castel ayant un certain caractère est celui de La Tour-Maubourg, dans la commune de Saint-Maurice-du-Lignon. Il appartenait alors à un vrai grand seigneur, le marquis de La Tour-Maubourg, Pair de France, dont le frère, le comte Septime, Pair de France, à son tour, était Ambassadeur à Rome.

M. de Romeuf, Substitut du Procureur du Roi (dont la famille appartenait à l'arrondissement de Brioude), jeune homme du meilleur monde, avec qui je me liai promptement, prenait ses repas chez mon hôtelier. Il me demanda la permission de les faire joindre aux miens, et devint ainsi mon commensal. Mais, cela ne dura guère : on le nomma bientôt Substitut à Moulins, chef-lieu de Cour d'Assises. Je ne le revis qu'à Paris, sous l'Empire. Sa carrière de Magistrat fut des plus brillantes. Il la termina, comme Premier Président de la Cour de Pau.

Un avocat d'Yssingeaux, plein d'esprit et de savoir, pour lequel j'eus également, de suite, une vive sympathie, M. Dumolin, devait aussi parvenir aux plus hauts rangs de la Magistrature. C'est seulement après mon départ qu'il y entra. Je le retrouvai de même à Paris, où il mourut Conseiller de la Cour de Cassation.

Il avait dix ans de plus que M. de Romeuf et moi. Cependant, il nous recherchait avec une certaine curiosité. Sceptique, ainsi que mon commensal, mais sans en avoir l'extrême tenue ; très libéral, dans un pays ultra-conservateur, il n'exerçait pas, sur l'arrondissement, l'influence que son talent de parole aurait pu lui conquérir. Le sérieux de mes croyances en toutes choses, avec une apparence mondaine, et mes opinions autoritaires et libérales, tout à la fois, qui ne trouvèrent complète satisfaction que bien des années après, sous le régime impérial, l'étonnaient et l'intéressaient.

La politique divisait la société de la ville et l'arrondissement entier, en deux camps.

Jusqu'en 1831, le parti légitimiste y régnait en maître. Yssingeaux avait Berryer pour député : c'est tout dire. Berryer garda son siège jusqu'en 1836. Alors, M. Cuoq, banquier à Paris, originaire de Tence, et déjà membre du Conseil Général de la Haute-Loire, le remplaça. Mais, dès 1831, la Loi Municipale permit au parti libéral d'arriver aux affaires dans les conseils communaux.

On sait que cette loi créait, dans toute commune, un corps d'électeurs municipaux en nombre proportionnel à celui de la population, composé des plus imposés, pris suivant l'ordre décroissant des contributions. Dans les pays pauvres, le cens descendait très bas.

Le Gouvernement pouvait donc nommer, presque partout, des Maires et Adjoints de son bord. C'est ainsi qu'Yssingeaux, notamment, avait pour Maire, au lieu de M. le comte de Choumouroux, le châtelain local, à qui cette ville semblait inféodée, un avoué, M. Bonnet, membre du Conseil Général du département, et deux Adjoints d'opinions libérales, comme lui.

Naturellement, je concentrai mes relations habituelles dans le milieu bourgeois; mais, ce que j'eus l'occasion de voir de la société légitimiste, ne me laissa pas des regrets bien vifs de son éloignement pour les fonctionnaires de la Monarchie de Juillet.

Du reste, j'étais arrivé dans le pays en pleine belle saison, et je devais le quitter avant la mauvaise, où les relations de société sont plus nécessaires : je résolus donc de vivre en plein air le plus possible.

A cet effet, une fois installé, je fis achat d'une pouliche de quatre ans, de race limousine, née à Monistrol. Elle n'était qu'à peu près dressée; mais elle avait le pied montagnard. Je m'en servais, non seulement, pour mes tournées; mais encore, pour des excursions et promenades en tous sens, lorsque mes fonctions m'en laissaient la liberté.

LE PAYS. SA POPULATION. SES INDUSTRIES.

Le lendemain de mon arrivée, dès la première heure, le Lieutenant de Gendarmerie vint me prendre avec une escorte, et des chevaux de selle procurés par lui.

Je partis en uniforme, accompagné par le Chef de Bureau de la Sous-Préfecture, porteur du rouleau contenant les tableaux de recensement et les autres papiers nécessaires, et du « sac à la malice », où se trouvaient les étuis dans lesquels se placent les numéros.

Nous allions commencer nos opérations dans le canton de Bas-en-Basset, qui s'étend sur la rive gauche de la Loire. Nous passâmes le fleuve à Retournac, point où ses eaux deviennent navigables.

Le samedi et les trois premiers jours de la semaine d'après, je me rendis successivement dans les cantons de Monistrol, de Saint-Didier-la-Séauve, de Montfaucon et de Tence, et je finis, le jeudi, jour de marché, par le canton d'Yssingeaux.

J'eus ainsi, dès mon entrée en fonctions et dans une huitaine, l'occasion de visiter toutes les parties de l'arrondissement et de constater les curieux contrastes qu'elles forment entre elles.

Composé de 6 cantons et de 41 communes seulement, cet arrondissement, perdu sur un des versants du massif septentrional des Cévennes, n'en était pas moins très peuplé ; car il possédait 90,000 habitants. Le chef-lieu, peu central, en groupait environ 8,000. Monistrol-sur-Loire, la ville la mieux située, centre d'une fabrication très active de serrurerie et de quincaillerie de pacotille, notamment, de sonnettes et de grelots de toute espèce, en comptait à peine 4,000.

Dans les cantons de Montfaucon et de Saint-Didier-la-Séauve, le voisinage de Saint-Étienne avait favorisé l'industrie du moulinage de la soie et l'introduction des métiers à rubans. Au Pont-Salomon, dernière commune du canton de Saint-Didier, ce voisinage s'accusait par la fabrication d'armes, de faux, de faucilles, etc.

L'industrie de la dentelle et de la blonde était la plus généralement répandue. Mais, dans les cantons montagneux d'Yssingeaux et de Tence, comme dans celui de Bas, moins accidenté, l'agriculture et surtout l'élevage des bestiaux et la fabrication des fromages prenaient le dessus. Dans celui de Tence, sis à la plus grande altitude, le commerce des bois de construction provenant des forêts qui garnissent les versants les plus abrupts des montagnes, acquérait une véritable importance.

Près d'Yssingeaux, on rencontre un gisement de galène (sulfure de plomb natif) argentifère, dont l'exploitation, peu fructueuse, restait abandonnée. A Retournac et à Bas, sont des sources ferrugineuses.

D'origine volcanique, le sol de l'arrondissement, formé de débris de basaltes et de trachytes, présente à l'œil du touriste des relèvements de roches de l'aspect le plus pittoresque et le plus inattendu. Pour un ancien auditeur des cours de Géologie et de Minéralogie de MM. Élie de Beaumont et Beudant, c'était un sujet incessant d'observations et de remarques, une mine presque inépuisable de curiosités naturelles intéressantes.

Ma première course au loin fut dirigée vers le mont Mézenc, qui forme le noyau de cette partie des Cévennes, et d'où partent, au nord-ouest, la chaîne de montagnes servant de limite aux arrondissements du **Puy et d'Yssingeaux**; au sud-ouest et au nord-est, celle des monts du Vivarais, qui sépare : le premier, de l'arrondissement de Largentière, et le second, de celui de Tournon (Ardèche); et au sud-est, celle des monts du Coiron, qui traverse l'arrondissement de Privas.

Un dimanche matin, je partis à cheval, de très bonne heure, pour aller, par Saint-Jeure, dans le haut du canton de Tence, à Saint-Voy-de-Bonas, gros bourg de 2,500 âmes, centre protestant de la contrée, où se trouvait un temple régulièrement desservi. J'étais attendu chez le Pasteur, membre de la famille Laroue, la plus considérable de l'endroit.

Après un déjeuner sommaire, j'assistai au service religieux, au « prêche », comme on dit dans le pays, et je me vis, à la sortie, entouré de mes coreligionnaires, qui n'avaient pas idée jusque-là d'un Sous-Préfet protestant, et me parurent, en général, un peu bien sauvages. Ceux de la campagne venaient au temple avec un fusil accroché à l'épaule, qu'ils déposaient en entrant, et qu'ils reprenaient en quittant l'office. Dans ce groupe de réformés, sans alliances avec le reste de l'arrondissement, on conservait encore alors un profond ressentiment des « dragonnades », auxquelles leurs pères n'eurent moyen d'échapper qu'en se réfugiant sur ces hauteurs, et des persécutions religieuses qui marquèrent le rétablissement des Bourbons, en 1815, et dont nous connaissons mal toute l'intensité.

Je gagnai dès onze heures, en bonne compagnie, **Fay-le-Froid**, chef-lieu de canton de l'arrondissement du Puy, d'où je me dirigeai vers le Mézenc, en remontant le val du Lignon, dont la source jaillit au pied de ce mont, d'une ascension facile. En effet, la cime n'en dépasse pas 1,800 mètres d'altitude. Néanmoins, on a, de son sommet, une vue splendide. On embrasse tous les massifs montagneux du centre de la France. De plus, on aperçoit distinctement les Alpes, à l'est, et même on s'étonne de s'en trouver relativement si rapproché. Dans le sud-ouest, à bien plus grande distance, on me fit discerner une ligne bleue ondulée, qu'on me dit être l'extrémité de la chaîne des Pyrénées orientales. Je me gardai bien d'y contredire, trop heureux de pouvoir me flatter d'avoir vu, d'un même point, dans la même minute, le mont Blanc et le Canigou.

Je ne m'y laissai pas attarder, curieux d'explorer, bien plus au midi, sur le sol de l'Ardèche, la source principale de la Loire, qui sort d'une montagne un peu moins élevée, dite le Gerbier-de-Joncs. Or, cela nécessitait un très long détour.

Le fleuve naissant coule, d'abord, au sud; mais, bientôt, il prend son cours vers le nord, et il entre dans l'arrondissement du Puy, près du Monastier, en se grossissant de nombreux ruisseaux, dont les plus considérables descendent du Mézenc. Il passe près du Puy, et pénètre, avant Retournac, dans l'arrondissement d'Yssingeaux, pour le quitter au-dessous d'Aurec, vers Saint-Rambert (Loire). J'ai dit que c'est à Retournac qu'il commence à porter bateaux.

Nous dînâmes en hâte, le soleil baissant, près de la source de la Loire et de la ferme du même nom, de quelques victuailles que mes compagnons tenaient en réserve, et je rentrai fort tard, pour souper, à Saint-Voy-de-Bonas, où je couchai.

Le Lignon descend du revers septentrional du Mézenc, comme je l'indique plus haut. C'est un cours d'eau de quelque importance, qui doit une certaine renommée aux poésies du marquis d'Urfé. Il traverse Fay-le-Froid, arrose le canton de Tence, puis, une partie de celui de Montfaucon ; il y reçoit la Dunière, autre joli cours d'eau baignant de gracieux vallons, et se jette dans la Loire, après le passage de la route nationale d'Yssingeaux à Monistrol, au lieu dit : le Pont du Lignon. Quelque temps avant mon arrivée, une lutte sanglante, suivie de mort d'hommes, s'était engagée là, entre des bandits attaquant une diligence chargée d'un envoi d'argent considérable, et les gendarmes qui l'occupaient, à l'insu de ces malfaiteurs.

Si l'on ne voit pas, à beaucoup près, sur ses rives, les bergers et bergères de Watteau qu'a chantés le marquis d'Urfé, le Lignon n'en reste pas moins une charmante rivière. Je me rappelle une partie de pêche des mieux réussies, grâce à la faveur d'un temps splendide, faite, justement au-dessus du Pont du Lignon, avec l'élite de la belle société d'Yssingeaux, où nous mangeâmes, dans le joyeux dîner sur l'herbe qui suivit, des truites et des ombres chevaliers, d'autant plus délicieux que nous étions censés les avoir pris nous-mêmes.

EXCURSIONS.

Je crois superflu de dire que je m'empressai, dès que cela me fut possible, d'aller visiter Saint-Étienne, ses manufactures d'armes, ses charbonnages, et son chemin de fer à traction de chevaux, encore dans sa nouveauté ! D'autres excursions moins faciles, et qui, — je ne le sus qu'assez longtemps après, — auraient pu très mal finir, me conduisirent dans l'Ardèche.

La première fois, une affaire grave appelait dans la ville d'Annonay M. Dumolin; il me proposa de faire avec lui cette course, à cheval, par la montagne. L'idée me séduisit, de voir un pays nouveau, comme aussi, de comparer les procédés de fabrication du papier d'Annonay, avec ceux que j'avais vus employés à Angoulême.

Nous franchîmes le col de Saint-Bonnet-le-Froid, la plus haute commune du canton de Montfaucon. — Ses habitants vivent, me dit-on, sous la neige, pendant plusieurs mois, chaque hiver, et communiquent entre eux par des galeries ouvertes à travers cet épais linceul. Il paraît que nombre d'autres villages se trouvent dans le même cas.

Notre voyage, aller et retour, par la vallée de la Cance, petite rivière, qui se jette dans le Rhône au-dessous d'Annonay, se fit sans le moindre incident.

La seconde fois, il s'agissait de gagner, dans une autre direction et bien plus loin, Aubenas, la ville la plus importante de l'Ardèche, quoique simple chef-lieu de canton de l'arrondissement de Privas, et ce fut encore M. Dumolin qui m'y décida.

Il nous fallut passer, non plus à Saint-Bonnet-le-Froid, mais à Tence. Nous chevauchâmes, par monts et par vaux, jusqu'à notre couchée : Sainte-Agrève. Le lendemain, après avoir traversé Le Cheylard, autre chef-lieu de canton de l'arrondissement de Tournon, et franchi la chaîne du Coiron, au-dessus de Mézilhac, nous descendîmes, en suivant le cours de la Volaine, par Antraigues, chef-lieu de canton de l'arrondissement de Privas, dans la vallée de l'Ardèche, qui nous conduisit rapidement à notre but.

J'emportai d'Aubenas, de son industrie séricicole, de sa situation et du pays qui l'environne, une impression des plus favorables.

Pour éviter de revenir monotonement par le même chemin, nous résolûmes de remonter le cours de l'Ardèche, en suivant la route de Clermont, qui franchit le petit massif de montagnes où cette rivière prend sa source, avant le village de Lanarce, et de rentrer dans la Haute-Loire par Pradelles, afin de pousser jusqu'au Puy, pour y coucher tout au moins.

Mais, nous ne partîmes d'Aubenas qu'après déjeuner, et le temps nous manqua pour atteindre, avant la nuit, Pradelles, où nous comptions dîner. D'ailleurs, la route est montueuse et fatigante, et nos coursiers, que plusieurs heures de cette ascension soutenue, par une journée chaude et lourde, avaient essoufflés, n'en pouvaient plus du tout.

Il était six heures du soir : nous prîmes, bien qu'à regret, le parti de nous arrêter, n'importe où, pour dîner et faire reposer nos chevaux. Ce fut dans une auberge isolée, sise au croisement de deux routes, sur un plateau nu, des plus mélancoliques.

La nuit vint, une nuit noire, où les étoiles ne suffisaient pas à faire bien voir le chemin. On nous décida, non sans peine, à coucher là. Mais, on étouffait dans la cuisine, qui servait aussi de salle à manger et de salon, et, pour prendre l'air sur la route, nous nous fîmes ouvrir la porte, déjà barricadée. — Une lueur apparaissait entre deux montagnes, et nous reconnûmes bientôt, et avec joie, celle de la lune, à son lever. — La pensée d'échapper aux lits, d'une propreté douteuse, déjà préparés pour nous, et d'aller en chercher ailleurs de moins suspects, si tard que ce fût, nous vint, en même temps, à tous deux. Vite, nous commandâmes de seller et brider nos chevaux, malgré toutes les sollicitations intéressées des hôtes, dont nous avions hâte de régler le compte. Minuit sonnait, quand nous arrivâmes exténués, comme nos montures, au Puy.

Huit mois après, Sous-Préfet de Nérac, je lus, dans mon *Journal des Débats*, le résumé d'un grand procès criminel jugé par la Cour d'Assises de l'Ardèche. Il s'agissait d'hôteliers, qui profitaient de l'isolement de leur auberge, pour assassiner les voyageurs bons à dépouiller, dont ils faisaient disparaître les cadavres, en les brûlant dans un four. Des querelles de femmes, pour le partage de bijoux volés aux victimes, en mettant la justice en éveil, amenèrent la découverte de ces abominables forfaits. Le nom de Peyrabelle, rapporté par le journaliste, comme celui de l'auberge qui, d'assez longue date, leur servait de théâtre, frappa mon attention. N'était-ce pas justement le nom de notre étape, au retour d'Aubenas? Assurément, oui! Mais, je fus bien autrement ému, quand je vis désigné, parmi les disparus, un gros marchand de bestiaux de mon ancien arrondissement, que nous rencontrâmes précisément dans l'auberge en question. M. Dumolin, mon compagnon, le connaissait, comme client, et je me rappelais avoir causé de son commerce avec lui, ce même soir, après dîner. Il venait de la foire de Saint-Ciergues-en-Montagne, canton de Montpezat, après vente de toutes ses têtes de bétail, pour en acheter d'autres, propres à l'élevage, dans diverses communes de l'Ardèche qu'il en croyait pourvues.

Était-ce dans la nuit de cet entretien ; était-ce à son retour ou dans quelque autre voyage qu'on l'avait tué, volé, calciné ? Je ne pus le comprendre. Mais, le souvenir de notre station dans ce lieu sauvage me terrifia Sans doute, on pouvait hésiter à faire disparaître des personnages tels que mon compagnon et moi. Nos chevaux eussent été, d'ailleurs, aussi difficiles à garder qu'à vendre. Mais, enfin, nous faillîmes coucher là !

CHANGEMENT DE RÉSIDENCE.

Mes autres excursions, renfermées dans les limites de l'arrondissement d'Yssingeaux, m'en firent si bien connaître les diverses parties, que le Préfet, dans le cours de sa tournée de Revision, se montra fort étonné des explications qu'après si peu de temps, je me trouvais en état de lui donner sur une foule de sujets. Un Sous-Préfet toujours prêt à monter à cheval, était fait pour plaire à cet ancien officier de Remonte.

Sa femme et sa fille le rejoignirent, à la fin des opérations, dans la commune de la Chapelle-d'Aurec, canton de Saint-Didier-la-Séauve, chez l'excellent général de Boudinhon, membre du Conseil Général de la Haute-Loire, commandant, à cette époque, la Subdivision Militaire de Montbrison, qui réunissait les Conseils de Revision de l'un et de l'autre département à dîner, dans son château. Pour faciliter cette double réception, j'avais d'avance et d'accord avec la Générale, assuré le logement confortable, chez des propriétaires du voisinage, de ceux des membres des deux conseils qui ne pouvaient trouver place au château même. Le dîner fut des plus gais, et la soirée se prolongea. — C'est ce jour-là que je fis la connaissance de **M. Bret**, Préfet de la Loire. Il devint Préfet du Rhône sous le second Empire, et, lors de sa retraite, membre du Sénat, où je le retrouvai. Sa fille épousa **M. Vuitry**, qui, dans les derniers temps, occupait le poste de Ministre président le Conseil d'État.

Le lendemain, chacun tira de son côté. Mon Préfet, sa femme et sa fille, arrivés ensemble à Yssingeaux dans l'après-midi, s'arrêtèrent, pour se reposer, à la Sous-Préfecture, où je les avais précédés, afin de leur faire préparer une collation. Au départ, je les accompagnai, à cheval, jusqu'au col de Perthuis. Là, ces dames me proposèrent de venir dîner à la Préfecture, où leur hospitalité m'était assurée. Comme le Préfet, qui remarquait, en connaisseur, les allures nerveuses de ma bête, partie, le matin, de la Chapelle-d'Aurec, c'est-à-dire de l'extrémité du département, semblait douter qu'elle pût aller jusqu'au Puy, je le rassurai. « Cette « pouliche fera mieux encore, » lui dis-je ; « elle m'en ra« mènera ce soir même, parce que des audiences à rece« voir me réclament pour demain matin. » En effet, avant minuit, nous étions revenus, l'une portant l'autre, à Yssingeaux, après un parcours de vingt lieues, en trois étapes.

Je n'eus pas le temps de faire beaucoup d'administration dans l'arrondissement d'Yssingeaux. Mais j'y traitai, cependant, quelques affaires importantes concernant des droits d'usage, de pacage et d'affouage. — Dans la session du Conseil d'Arrondissement, je me montrai bien au courant de tout ce que je venais lui soumettre, et même de questions industrielles que je n'avais pas eu l'occasion de rencontrer dans la Vienne. — Enfin, cette première étape d'administration active me permit de me familiariser avec l'exercice de l'autorité; comme aussi, de m'habituer à la tenue constante qu'impose aux jeunes fonctionnaires plus qu'à tous autres, l'occupation du premier rang dans une petite ville, où tous leurs actes sont observés et toutes leurs paroles recueillies, autour d'eux, avec moins de bienveillance que de curiosité.

Vers le milieu du mois d'octobre, je reçus avis de ma nomination, signée le 9, à la Sous-Préfecture de Nérac (Lot-et-Garonne), la ville des fameuses terrines, un vrai pays de Cocagne, m'écrivait-on. Pour moi, Nérac était surtout la ville de Jeanne d'Albret; le siège de la cour de Navarre; le théâtre des exploits de jeunesse de Henri IV.

Je puis dire que la nouvelle de mon départ, dès qu'elle fut connue, causa des regrets, même dans les rangs de mes adversaires politiques.

Cette fois, je me promis bien de ne pas me rendre directement à mon nouveau poste, par l'intérieur de la France : je n'éprouvais aucune envie de me faire trimballer de nouveau, de patache en patache.

Après avoir fait mes adieux à mon Préfet et à sa famille; après avoir serré la main de mes nombreux amis d'Yssingeaux, et chargé l'un d'eux, M. Bonnet, le Maire, de tirer le meilleur parti possible de mon mobilier, j'expédiai sur Nérac, à petites journées, ma jument, que je tenais à garder, et je partis pour Lyon, par Saint-Étienne, afin d'aller voir ma famille à Paris, et prendre l'air des bureaux du Ministère de l'Intérieur.

A Lyon, un retard de toute une journée me permit de prendre une idée générale de la ville. Je fus très désappointé, d'ailleurs, de ne trouver libre, pour le soir, qu'une place de « rotonde » dans la diligence des Messageries Royales. Je regrettais presque les guimbardes d'Angoulême au Puy. Dans ces cahotants véhicules, on pouvait, du moins, s'étendre et mouvoir ses jambes !

Le temps était mauvais, les routes défoncées, et nous mîmes trois nuits et deux jours pour faire le voyage de Lyon à Paris, où j'arrivai les jambes enflées et le corps tout courbaturé.

Je n'y fis, néanmoins, qu'un séjour très limité.

Je ne pouvais, on le comprend, passer à Poitiers, sans m'y arrêter vingt-quatre heures, pour voir mon ancien Préfet et mes anciens amis. Je n'y demeurai pas davantage, et je me pressai de gagner Bordeaux, où je dus rester un jour, avant de pouvoir prendre place, pour Agen, dans le courrier de Toulouse.

En visitant cette magnifique ville et son port, je ne me doutais guère que j'y serais, un jour, Préfet de l'Empire !

CHAPITRE V

LA SOUS-PRÉFECTURE DE NÉRAC

Mon entrée en fonctions. — Ma nouvelle résidence. — L'arrondissement. — Voies de communication. — Instruction primaire.

Le Préfet du département de Lot-et-Garonne, M. Croneau, avait rempli les fonctions de Secrétaire Général de la Préfecture de la Gironde, sous M. le comte de Tournon et sous d'autres Préfets de cette envergure. Grand travailleur, possédant à fond la triture des affaires administratives; bureaucrate émérite plutôt que Préfet; petit de taille, et cachant ses yeux fatigués sous des lunettes, il me représentait mon ancien Préfet de la Vienne, très vieilli; mais, sans rien de l'attitude autoritaire que savait prendre M. Boullé, pour se montrer officiellement en public, et surtout, pour prononcer quelque important discours. M. Croneau manquait de prestige, comme, plus tard, mon excellent ami, M. Bourbeau, devenu Ministre.

MON ENTRÉE EN FONCTIONS.

Je fus bien accueilli par ce vétéran de notre Administration. Je prêtai, pour la troisième fois, entre ses mains, serment de « Fidélité au Roi et Obéissance

« à la Charte Constitutionnelle et aux lois du Royaume », je me hâtai d'aller faire visite au Premier Président et au Procureur Général de la Cour Royale, à l'Évêque et au général baron de Séganville, commandant la Subdivision Militaire, qui se trouvait être un ancien ami de mon oncle, le colonel Dentzel. Il avait même servi sous les ordres de mon grand-père maternel : aussi, me reçut-il à bras ouverts.

Je vis ensuite le Receveur Général, M. Pernot de Fontenoy, — Lorrain, que je connaissais déjà ; — puis, le Recteur de l'Académie, et l'Ingénieur en Chef, M. Bourousse de Laffore, avec qui je devais traiter, plus ou moins d'accord, beaucoup d'affaires.

Celui-ci m'apprit qu'il n'existait pas encore de voie directe d'Agen à Nérac ! Une route départementale entre les deux villes était encore en projet !...

Pour pénétrer en voiture dans mon nouvel arrondissement, il me fallait rétrograder jusqu'à Port-Sainte-Marie, à 20 kilomètres en aval d'Agen, où je passerais la Garonne dans un bac, pour prendre, sur la rive gauche, à Saint-Laurent (une de mes communes), et suivre pendant 20 kilomètres, la route royale de Port-Sainte-Marie à Auch, par Nérac et Condom. Avec un bout de route départementale, allant de Nérac à Mézin, (un de mes chefs-lieux de canton), et quelques kilomètres exécutés entre Barbaste et Lausseignan, sur la route départementale de Nérac à Casteljaloux et à Bazas, et sur celle de Saint-Côme à Boussès, entre Port-de-Pascau et Damazan, (autre de mes chefs-lieux de canton), cette route royale constituait toute la grande voirie, normalement entretenue, de mon ressort. Une route d'étapes de Périgueux à Mont-de-Marsan, classée dès le premier

Empire, et qui devait traverser Casteljaloux et Houeillès, (encore deux de mes chefs-lieux de canton), n'existait toujours que sur le papier, comme la route départementale projetée d'Agen à Nérac. Quant aux chemins vicinaux, tous se trouvaient à l'état de sol naturel, c'est-à-dire : à peu près impraticables.

Ces révélations me firent l'effet d'autant de douches d'eau froide. Je sortais d'un pays réputé sauvage, mais sillonné de routes nombreuses, bien entretenues, et possédant une voirie vicinale passable, et je venais administrer un prétendu pays de Cocagne, presque dépourvu de moyens de communications! L'idée me passa par la tête, de retourner à Paris, pour y dire : « J'aime mieux « autre chose »; mais je réfléchis que, plus j'aurais à faire dans ce pays arriéré, plus il serait méritant de l'entreprendre et de le mener à bonne fin. Et sept ans après, — car je ne restai pas moins de sept ans à Nérac, — dans ce même arrondissement, complètement transformé par mes soins, on circulait partout en voiture, et la valeur du sol entier se trouvait considérablement accrue.

Je dînai dans la famille du Préfet. Le soir, quelques visites lui vinrent, entre autres, celle de M. le comte de Raymond, Maire d'Agen, avec qui je fus charmé de faire connaissance. Homme de très bonnes manières; bienveillant; fort bien posé dans sa ville, dont la haute classe était cléricale et légitimiste, il exerçait, parmi toutes, une action modératrice d'excellent effet. Sa plus jeune fille, toute petite alors, épousa M. Gavini de Campile, Préfet de l'Empire, et, depuis, Député de la Corse.

Le lendemain, je devais déjeuner chez le Général. Auparavant, je mis des cartes aux domiciles des Conseillers de Préfecture, et fis une visite, annoncée la veille, au comte de Raymond, qui m'était on ne peut plus sympathique.

L'excellente baronne de Séganville m'accueillit aussi bien que possible, et je devins, tout de suite, l'ami de ses deux très aimables filles, alors des enfants, et plus tard, des femmes charmantes. Leur frère, élève à Saint-Cyr, mort tout dernièrement, occupait, depuis plusieurs années déjà, la haute situation d'Intendant Général d'Armée.

En partant d'Agen pour Nérac, après déjeuner, j'étais, grâce à ce que je retenais de mes nombreuses conversations de la veille et du matin, très bien renseigné sur une foule de choses qu'il m'importait de connaître, et sur lesquelles je pus, tout à loisir, méditer en route ; car, mon voiturin fit une station de deux heures à Port-Sainte-Marie.

Voici ce que j'avais recueilli :

L'arrondissement de Nérac faisait bande à part dans le département. Sis en entier sur la rive gauche de la Garonne, sans rapports faciles avec les trois autres, il les voyait généralement coalisés contre lui, quand ses intérêts se trouvaient en jeu concurremment avec les leurs. De plus, sa population, en partie protestante, montrait des tendances libérales, qui n'existaient pas ailleurs au même degré. Tonneins, Clairac, La Parade, dans l'arrondissement de Marmande, et Laffite, dans l'arrondissement d'Agen, possédaient bien des églises réformées ; mais, sauf quelques rares communes, contenant quelques familles protestantes, le surplus de ces arrondissements et celui de Villeneuve-sur-Lot professaient exclusivement le culte catholique.

Je le dis tout de suite, je ne rencontrai pas les difficultés que j'appréhendais au début, comme Sous-Préfet protestant, au sein d'une population divisée de croyances. A Nérac, catholiques et protestants vivaient en bonne intelligence, et jamais, je n'eus aucun embarras sérieux motivé par des dissidences religieuses.

Le Député de Nérac, M. le marquis de Lusignan, un vrai grand seigneur, bien en Cour, devait surtout son élection, dans ce collège d'opinions peu royalistes, à ce que, sous l'Empire, enrôlé dans les Gardes d'Honneur, il avait été fait Lieutenant de Cavalerie par l'Empereur Napoléon Ier, qu'il servit très fidèlement jusqu'au bout. Il conservait un véritable culte pour la mémoire de ce Souverain.

Le Député de Marmande était M. le baron de Bastard, et celui de Villeneuve, le général Lafond de Blagnac, deux légitimistes ralliés.

Quant à l'arrondissement d'Agen, il avait deux représentants : M. Sylvain Dumon, avocat, pour le collège formé de la ville même, et M. Merle de Massonneau, Maire d'Aiguillon, pour celui que les cantons du dehors composaient.

Ce dernier, grand propriétaire, dont le fils, mon camarade de classe au collège, vivait en oisif, comptait parmi les « juste-milieu » renforcés.

M. Sylvain Dumon, un de mes anciens du collège Henri IV, originaire de l'arrondissement de Nérac, était l'aigle du barreau d'Agen. Beau-frère du principal banquier de cette ville, M. Rotch-Barsalou ; riche par sa femme, il avait l'ambition, justifiée par sa grande aptitude aux affaires et son talent de discussion hors ligne, de jouer un rôle politique important. Il comprenait qu'il y parviendrait plus facilement dans les rangs de la Majorité gouvernementale que dans ceux de l'Opposition. Un de ses frères aînés faisait encore le commerce des vins et eaux-de-vie à Pont-de-Bordes, commune de Lavardac. Ses anciens amis de Nérac, restés plus libéraux, le considéraient comme un renégat, et il en gardait rancune à l'arrondissement tout entier

Devenu bientôt, après mon arrivée dans le pays, Conseiller d'État, et, plus tard, Ministre, il prit tout naturellement, parmi ses collègues de la députation de Lot-et-Garonne, une situation prépondérante, et sur l'administration du département, une influence à laquelle rien ne résistait. On verra plus loin quelles conséquences elle eut à mon égard.

Je parvins dans Nérac, à la nuit, et je reconnus avec plaisir que la ville était éclairée par des lanternes, et assez bien même, ce qui lui constituait une supériorité notable sur Yssingeaux.

Mon voiturin me conduisit au principal hôtel, celui que tenait le sieur Tertre, le fabricant traditionnel des fameuses terrines de foies de canards et de perdreaux truffés. Ce vénérable disciple de Comus me reçut en costume blanc de chef de cuisine, et je fus conduit dans la belle chambre de la maison par son épouse, notablement plus jeune que lui, forte brune, qui ne se contentait pas de porter des moustaches : ses deux joues étaient ornées de véritables favoris. Je voyais, pour la première fois, à une femme, ces attributs virils, peu attrayants. — Inutile de dire qu'on me servit un dîner des plus recherchés.

MA NOUVELLE RÉSIDENCE.

Mon prédécesseur, M. de Vidaillan, avait quitté Nérac, après une démission dont la véritable cause fut, je crois, que ce Parisien, un peu mêlé au monde des lettres, reconnaissait que l'Administration n'était pas son affaire. Dans aucun cas, il n'y pouvait obtenir le rapide avancement sur lequel il comptait.

Je trouvai donc la Sous-Préfecture vacante.

Elle occupait, au centre de la ville, le corps principal d'un ancien couvent de Doctrinaires, dont l'aile droite appartenait à la Mairie; celle de gauche, au Tribunal de Première Instance et à la Justice de Paix. Entre ces bâtiments, une grande cour, ouvrant sur la Place d'Armes. Le premier tiers dégageait les entrées correspondantes du Tribunal et de la Mairie. Les deux autres dépendaient de la Sous-Préfecture. Au milieu, clos d'une haie de rosiers, un petit jardin à l'usage du Sous-Préfet, devant la façade de l'hôtel, garnie jusqu'au premier étage d'un espalier de jasmins. Dans une petite cour intérieure, débouchant sur une rue de derrière, l'écurie et la remise. Du côté de cette rue, deux pavillons d'angle, carrés, flanquaient les extrémités du corps de logis principal.

Je dus demeurer à l'auberge tout le temps nécessaire pour meubler convenablement les pièces les mieux situées de cette grande Sous-Préfecture dont je composai mon appartement, et pour monter mon ménage.

Fort heureusement, je fis la rencontre d'un vieux valet de chambre, connu jadis à Paris. Il avait épousé une cuisinière, également mûre, et qui possédait, à

Nérac, une maison, et aux environs, quelque bien. Tous deux, retirés chez elle, pour y vivre de leurs économies, sentaient l'oisiveté leur peser. Ils furent enchantés d'entrer chez moi. — Des gens sûrs, à toute épreuve, et d'excellents serviteurs, parfaitement stylés !

Nérac est dans la vallée de la Baïse, charmante rivière, encaissée entre des bords escarpés, très pittoresques, et coupée de barrages à écluses, qui la rendent navigable. Leurs chutes successives font mouvoir une série de moulins à farine constituant la principale industrie du pays.

La Baïse prend sa source à peu de distance de celle du Gers, au plateau de Lannemezan (Hautes-Pyrénées), et, se dirigeant du sud au nord, traverse les arrondissements de Condom et de Nérac. Elle se jette dans la Garonne, à Saint-Léger, presque en face d'Aiguillon, où se trouve le confluent du Lot.

La ville de Nérac, proprement dite, domine la rive occidentale de la Baïse. Sur le versant de la rive opposée, se trouve le Petit-Nérac, sorte de faubourg, pauvrement habité, relié à la ville par un très ancien pont, étroit, d'accès incommode, qui franchit le bief supérieur du barrage d'un grand moulin établi sur la rive gauche. Autour de ce faubourg, on voyait encore, en 1832, quelques vestiges d'anciennes murailles, notamment, une tour carrée, bordant la rivière du côté d'amont, qu'on nommait : la Tour de Calvin, parce que, disait-on, le célèbre réformateur, réfugié à la Cour de la Reine Jeanne d'Albret, y logeait.

Plus haut, un autre pont, non moins vieux, conduisait de l'ancien château royal au parc de la Garenne, situé sur la rive droite, et dont il ne reste qu'une large allée d'arbres magnifiques, remontant jusqu'au village de Nazareth; quelques pelouses, et des massifs de taillis garnissant le revers du plateau supérieur, livré à la culture.

Cet ancien pont, très bas, fut remplacé, pendant mon administration, par un pont moderne, d'une seule arche surbaissée, franchissant la Baïse au niveau le plus élevé qu'on put adopter, pour faire pénétrer en ville la nouvelle route venant directement d'Agen, et construit dans l'axe de la statue de Henri IV, érigée, sous la Restauration, aux frais du comte de Dijon, Député d'alors, au milieu de l'ancienne cour du château, dont une aile subsistait encore.

Voici le texte, un peu recherché, de la dédicace gravée sur le piédestal de cette statue, fort belle, du sculpteur Bosio, qui fut donné par l'Académie des Inscriptions et Belles-Lettres :

ALUMNO — MOX PATRI NOSTRO — HENRICO QUARTO.

Dans la Garenne, aujourd'hui promenade communale, on rencontre : d'abord, la fontaine, dite de Fleurette, dont l'eau délicieuse jaillit de la roche calcaire portant la colline, traverse l'allée, remplit un petit bassin rustique sis entre elle et la rivière, et se déverse dans celle-ci. Devant ce bassin, qui n'a pas un mètre de profondeur, on se demande comment Fleurette aurait pu s'y noyer. Mais, il existe, à Nérac, une chronique du temps, où l'on trouve, à sa date, cette mention laconique, mettant à néant la poétique légende qui mouilla les yeux de tant de personnes sensibles : « Au-« jourd'hui, est morte Fleurette, jardinière du Roi, âgée

« de 38 ans. » La jeune maîtresse du jeune Henri de Navarre avait-elle tenté (sans succès, on le comprend) de se noyer dans le bassin de la fontaine qui porte son nom? Il faut le croire, pour l'honneur de la tradition ; mais, il est évident qu'elle a survécu pas mal d'années à son désespoir.

Les Rois s'en vont ; les légendes, aussi.

Près de cette fontaine célèbre, sont les ruines d'une chapelle catholique à l'usage de la reine Marguerite de Valois. Deux vieux arbres, voisins, auraient été plantés par elle et son royal époux.

Plus loin, devant une assez belle pelouse, s'élève la Fontaine du Roi, construite en mémoire de la naissance du Prince qui fut Louis XIII, et alimentée par une dérivation de sources recueillies à la base du coteau.

La vallée de la Baïse abonde en sources excellentes. On en voit de magnifiques au village de Nazareth, auprès des ruines d'une commanderie de Templiers.

Elle est bordée, d'ailleurs, d'anciens châteaux auxquels se rattachent des souvenirs historiques. Je me borne à citer, au-dessous de Nérac, celui du Bournac, qui relevait de la famille du sire Hector de Galard, un des Valets de Gascogne, et celui de Séguinot, demeure du fameux La Hire, le compagnon d'armes de Jeanne d'Arc, sous Charles VII, dont nos fabricants de cartes ont fait le Valet de Cœur.

Sur une colline élevée, bordant la rive gauche de la Baïse, au-dessus de Lavardac, d'où l'on jouit d'une vue magnifique sur la plaine de la Garonne et les coteaux qui la limitent au nord, se dresse le vieux château de Poton de Xaintrailles, Maréchal de France sous

Charles VII, ami et frère d'armes de La Hire, appartenant alors, par une suite de nobles héritages, au Député de Nérac, M. le marquis de Lusignan.

C'est là que, suivant une légende malheureusement plus vraie que celle de Fleurette, un petit-fils du Maréchal, dont le portrait, au profil dur, se voit, dans cette résidence historique, à côté de ceux de toute son illustre lignée, aurait fait enfermer vivante et murer, dans un caveau, sa femme infidèle : Mathilde de Sabran. En effet, une fois que, passant par le bourg de Xaintrailles, en tournée de service, je fis étape au château, pour saluer la marquise de Lusignan, née de Château-Renard, personne aussi réservée que polie, — type complet de la Grande Dame d'autrefois, — qui vivait seule (car elle n'avait pas de famille) en cette antique et solennelle demeure, quand le Marquis était à Paris, je la trouvai tout émue, contrairement à son habitude. En reposant les dalles de la cour intérieure sise au premier étage du château, derrière le grand vestibule ouvert, où l'on montait par un perron double en fer à cheval, comme à Fontainebleau, des ouvriers venaient de mettre à jour un petit escalier descendant à l'entrée d'une sorte de cachot, sous le donjon, dans lequel se trouvaient les ossements d'un corps humain ; un crâne encore garni de quelques cheveux, et des lambeaux d'étoffe tramée d'or et d'argent. J'ai vu, de mes yeux, l'escalier, le caveau et les restes de la personne murée dans cette oubliette, que la Marquise fit inhumer pieusement en terre sainte.

La famille de Sabran-Pontevès est originaire des environs de Brignolles, en Provence ; mais, une de ses branches, transplantée en Guienne, a pour représentant, aujourd'hui, M. le marquis de Sabran, propriétaire près de Grignols, arrondissement de Bazas (Gironde).

En amont de Lavardac (où fonctionne maintenant une station du chemin de fer de Port-Sainte-Marie à Condom, par Nérac) et du village de Pont-de-Bordes, se jette, dans la Baïse, son principal affluent, la Gélise, qui reçoit elle-même, un peu plus haut, la rivière de Losse, prenant sa source, comme elle, aux confins du Gers et des Hautes-Pyrénées. On voit, sur la Gélise, l'ancien moulin fortifié de Barbaste, formant la tête d'un antique pont, plus qu'étroit, conduisant à ce bourg, où passe la route de Nérac à Casteljaloux et à Bazas, moulin qui fut la propriété du Roi. On le nomme aussi moulin des Quatre-Sœurs ou des Quatre-Tours, à cause des tours carrées, d'inégale hauteur, qui le flanquent, pour exprimer, dit-on, les différences d'âge de quatre sœurs qui l'auraient fait construire. Je me borne à rapporter cette légende.

Henri IV se qualifiait familièrement : « Meunier de Barbaste », et l'on raconte que, lors du siège de Paris, faisant la visite des abords de ses murs, ne les sachant pas minés, un soldat gascon, au service de la Ligue, l'avertit du danger qu'il courait, en lui criant du haut du rempart, dans le patois de son pays : « *Moulié de « Barbasto, prento garde à la gate che s'en ba gatoua.* » Cela veut dire : « Meunier de Barbaste, prends garde à « la chatte qui va faire des petits. » Pour comprendre l'avertissement contenu dans cette phrase, il faut savoir que le mot « *gate* » veut dire « mine » aussi bien que « chatte ».

Lors de mon arrivée à Nérac, on s'y montrait fort agité de la découverte qu'on venait de faire, dans la Garenne et sur le plateau qui la domine, de substructions romaines et de mosaïques très remarquables, attestant l'existence, oubliée, d'un vaste palais, attribué par certains savants à l'Empereur des Gaules, Tétricus, peu connu jusqu'alors de mes nouveaux administrés et de moi-même. Les archéologues affluaient, et leurs débats passionnaient le pays. Finalement, la Ville acheta la portion du périmètre des fouilles qu'elle ne possédait pas encore, et, en attendant mieux, fit de nouveau recouvrir de terre, pour en assurer la conservation, les vestiges de son glorieux passé, qu'elle ignorait quelques mois auparavant, comme je viens de le dire. J'ignore absolument ce que, depuis lors, on a décidé.

L'ARRONDISSEMENT.

Le territoire de l'arrondissement se divise, au point de vue agricole, en trois parties bien distinctes et de superficies à peu près égales.

La plus productive est celle qui se trouve dans la vallée de la Garonne, et se compose de deux zones parallèles, nommées : plaine basse et plaine haute. La première longe le fleuve, dont les débordements la couvrent et la fertilisent, grâce aux digues ou « mattes » entourant les propriétés, pour rompre le courant des eaux d'inondation. Lorsque leur hauteur est menaçante, on reçoit celles-ci lentement, par des canaux à clapets, dans les champs qu'on désespère d'en préserver, où le dépôt de leur limon compense, dans ce cas, la perte de récolte qu'elles causent. La seconde est à l'abri de toute inondation, et s'étend jusqu'au pied des hauteurs où commence la région des coteaux.

Dans les terrains d'alluvion de la plaine basse, on cultive le chanvre, qui prend là de très grandes proportions ; le tabac, produit très épuisant, et, en général, toutes les plantes de grand rapport, exigeant un sol meuble et profond. Les mattes y sont plantées, principalement, de peupliers suisses, qu'on nomme « brules ».

Dans la plaine haute, on cultive les gros blés, le maïs, les plantes fourragères, et aussi, le tabac.

Entre les deux plaines, a été creusé, pendant mon administration, le canal latéral de la Garonne, qui supplée à l'instabilité de la tenue d'eau de ce fleuve torrentiel, entre Toulouse et Castex (Gironde), où remontent les marées, et complète la jonction de la Méditerranée à l'Atlantique, en prolongeant le canal de Languedoc. C'est une des principales œuvres du règne du Roi Louis-Philippe, pendant la durée duquel il s'est fait beaucoup plus de grands travaux et de choses utiles qu'on ne le croit généralement. — Le pont-canal d'Agen est une merveille.

Dans la région des coteaux, mûrissent les blés fins, la vigne, et poussent quelques bois de chêne, occupant un sol de nature généralement argileuse et de fertilité très diverse. Les vins sont de médiocre qualité.

Le dernier tiers de l'arrondissement, séparé du reste par la Gélise, fait partie de la contrée des Petites Landes, que couvre une couche de sable pulvérulent, plus ou moins profonde, reposant parfois sur des argiles, mais, le plus souvent, sur un conglomérat ferrugineux, affectant la dureté de la pierre, qu'on nomme « terrebouc », et qui, de tous points, ressemble à l'alios du Médoc.

Dans les parties basses du sol, généralement ondulé, cet imperméable sous-sol formait des marécages infertiles et fiévreux, qu'on a successivement assainis et utilisés, grâce à des travaux opiniâtres de défonçage et de défrichement.

La contrée dont il s'agit, comme les parties similaires de la Gironde et des Landes, était couverte par la mer pendant la période géologique antérieure au soulèvement pyrénéen, qui la fit apparaître au jour.

Le chêne-liège (*quercus suber*), appelé communément « surrier », en occupe une zone de plusieurs kilomètres, qu'attriste l'aspect mélancolique de cet arbre, à feuilles persistantes d'un vert foncé, rappelant celles du chêne vert d'Italie (yeuse), et dont l'écorce rugueuse est mouchetée de touffes d'une mousse grisâtre, propre à cette essence. Quand on le dépouille de son écorce, tous les huit ou dix ans, le tronc du chêne-liège, dont le liber, de teinte brique, reste à découvert jusqu'à ce qu'elle repousse, présente un aspect d'autant plus malheureux que le sol des « surrèdes » est dénudé par les labours qu'on y pratique, ou couverts de seigles malvenants.

Au delà de cette zone, viennent d'immenses bois de pin maritime (*pinus terebintha*), dont on saigne, par de longues entailles, comme dans toutes les landes de Gascogne, la sève gluante, pour en extraire la résine produisant l'huile de térébenthine.

On y rencontre, comme autant d'oasis, des métairies, créées dans les terrains les moins rebelles à la culture, et produisant du seigle, du maïs, des mils et millades. De grandes mattes, plantées de chênes, d'ormes, de peupliers ou de « saucerine », nom local du saule Marsault, *salix caprea*, et bordées de fossés des deux parts, défendent leurs champs de l'invasion des bêtes à laine et des vaches qui paissent aux alentours, en troupeaux nombreux. Les bâtiments d'habitation et d'exploitation sont abrités par des groupes de chênes centenaires, donnant à ces métairies, le plus souvent isolées, un cachet tout particulier.

C'est depuis 1832 que les semis de pins maritimes ont graduellement envahi toutes les parties non cultivées du plateau des Petites Landes de Lot-et-Garonne formant le canton de Houeillès. Alors, ces vastes espaces n'offraient, à perte de vue, que des plaines couvertes de bruyères et d'ajoncs, et sillonnées de frayés allant dans tous les sens, parmi lesquels il était difficile de se retrouver. La première fois que je me rendis au chef-lieu de ce canton, l'agent-voyer qui me guidait, se dirigeait au moyen d'une boussole !... J'appris bien vite à me reconnaître dans ces mornes solitudes, grâce à des points de repère lointains et, avant tout, à la position du soleil, jusqu'à ce que j'eusse fait ouvrir partout des chemins réguliers, bien entretenus.

Le plateau de Houeillès donne naissance à une petite rivière, l'Avance, qui présente un singulier phénomène. Le principal des ruisseaux dont elle s'alimente, après avoir fait tourner les meules du petit moulin de Poumeyrot, commune de Sainte-Pompogne, répand ses eaux dans une sorte de prairie sablonneuse, qui les absorbe. Il reparaît, à deux lieues plus loin, près de Casteljaloux, en neuf sources fournissant une chute qu'utilisaient les forges de Neuffons. Au-dessous de Casteljaloux, l'Avance met en mouvement de beaux moulins, et pénètre dans l'arrondissement de Marmande, pour aller se jeter dans la Garonne, au delà de Bouglon, presque en face de Marmande même, à Gaujac.

Une autre petite rivière, le Ciron, qui prend sa source à Lubbon (Landes), entre aussitôt dans le canton de Houeillès; fournit des chutes d'eau motrices à deux petits moulins de lande, dont le premier dépend de la propriété que je possède en ce pays peu connu; passe dans le département de la Gironde; traverse l'arrondissement de Bazas, et, après Villandraut, se jette aussi dans la Garonne, à Barsac, aux confins des arrondissements de Bazas et de Bordeaux.

Au delà du Ciron, dans la dernière commune de Lot-et-Garonne, de ce côté, — Allons, — on voit la Tour-Neuve et Capchicot, deux anciens domaines relevant du duché d'Albret, comme toutes les landes du pays. Henri IV s'y reposait, quand il venait chasser le lièvre, et aussi, dit-on, les bergères, dans cette contrée, fort éloignée de Nérac. Si l'on en juge par les bergères de nos jours, le futur amant de Corisandre d'Andouins, de Gabrielle d'Estrées et de la marquise de Verneuil, Henriette d'Effiat, avait, dans sa jeunesse, des goûts moins raffinés que dans son âge mur.

Une tradition du pays le démontrerait surabondamment.

Un jour, revenant de Capchicot, pour rentrer à Nérac, le Roi vit, sur la lande de Durance, petit bourg qui garde encore des vestiges de fortifications, une « pastoure » à l'œil vif et à la tournure accorte. Il fit signe à l'un de ses affidés, et puis, continua sa route vers Barbaste, laissant Durance sur sa droite. Le lendemain, lorsque la pastoure, baignée, savonnée, décrassée, peignée, pommadée, parfumée et revêtue de riches atours, lui fut amenée, le Roi demanda quelle était cette jeune fille, et quand on lui répondit : « c'est « celle que Votre Majesté a daigné remarquer hier, sur « la lande : » — « Les malheureux ! » s'écria-t-il, en levant les bras, « ils me l'ont gâtée ! »

J'ai dit que la meunerie était la principale industrie de l'arrondissement de Nérac. On y voyait, en grand nombre, des moulins très considérables, dotés des procédés de mouture et de bluterie les plus perfectionnés. J'y fus initié aux mystères de la fabrication du minot, sorte de farine-fleur, expédiée en barils aux colonies, et j'appris à distinguer le gros blé, des fins ; les blés durs, des tendres ; le gluten, des gruaux blancs et gris, et les farines de diverses qualités, de la repasse ; sans parler des sons, plus ou moins travaillés. Cela me servit, bien des années après, quand il s'agit de monter une meunerie à la boulangerie des hospices de Paris.

Le liège procure du travail à beaucoup de petits ateliers. Celui des environs de Nérac a des qualités de finesse et d'élasticité qui le font préférer, pour la fabrication des bouchons, aux lièges de Catalogne, de Sicile et d'ailleurs.

On distille la résine sur plusieurs points, notamment, à Casteljaloux.

Une grande partie des vins de l'arrondissement se transforme en eaux-de-vie, classées, dans le commerce, au même titre que celles du bas Armagnac.

L'élève du bétail est générale. On recherche, à Bordeaux, pour le charriage des fardeaux pesants, les bœufs, très forts, de la plaine de la Garonne. Néanmoins, la grande culture ne se pratique nulle part.

La division de la propriété ne s'y prêterait pas. —Beaucoup de petits propriétaires sont leurs propres fermiers. Les autres donnent leurs terres à des colons ; ils en partagent les produits avec ceux-ci, dans des proportions variables, et reçoivent, en sus, des redevances ou faisances, consistant surtout en œufs, volailles et quartiers de porcs.

C'étaient les voies de communication qui manquaient à ce fortuné pays, où la vie restait à bon marché, précisément parce qu'il n'avait pas les mêmes facilités qu'aujourd'hui pour le transport quotidien de ses produits alimentaires vers les grands centres de consommation de la contrée.

D'ailleurs, nous vivions encore sous le régime des foires et des marchés périodiques, où l'abondance habituelle des denrées offertes en vente maintenait la modération générale des prix.

VOIES DE COMMUNICATION.

Dans le « Terrefort », — on distingue par cette qualification, du terrain mouvant des Petites Landes, celui du reste de l'arrondissement, — le sol argileux des chemins vicinaux était défoncé par le passage des charettes à bœufs, très chargées. Par les temps de pluie, les chemins devenaient des cloaques de fange visqueuse. Dans les temps secs, les rebords des ornières profondes, cuits par un soleil torride, se transformaient en écueils. Aucune voiture suspendue ne pouvait circuler sur de telles voies de locomotion.

Pendant la saison mauvaise, les cavaliers, pour ne pas être abîmés de boue par le pataugis de leurs montures, se voyaient obligés de chausser de grandes guêtres à pieds, en droguet, sorte de drap grossier de chanvre et de bourre de laine, gris bleuâtre, dont les paysans s'habillent, dans lesquelles on entrait tout botté, et qui se boutonnaient jusqu'au milieu de la cuisse. Il ne s'y trouvait d'ouvertures que pour le passage des éperons !

Parfois, le cheval, enlisé, englué jusqu'au poitrail dans un mauvais pas, ne pouvait plus avancer. Il fallait en descendre à tout risque, pour l'aider à se tirer d'embarras. Et, pas moyen de chercher une issue ou, tout au moins, un point d'appui dans les propriétés voisines, généralement fermées d'épaisses haies d'aubépine !

Me voit-on parcourant, dans ces conditions, mon arrondissement, avec de pareilles guêtres aux jambes, un manteau de toile cirée enroulé sur le devant de ma selle, quand il ne reposait pas sur mes épaules, et, de plus, une coiffure imperméable sur la tête ? — Les étoffes imprégnées de caoutchouc n'étaient pas inventées.

Il faut connaître les pluies torrentielles du Midi et les cataractes que les orages y font tomber du ciel, pour comprendre qu'un fort manteau de drap, trop lourd et trop chaud, d'ailleurs, n'en puisse préserver longtemps. Un pauvre lieutenant de Gendarmerie, couvert de ses vêtements d'ordonnance, qui recevait, en ma compagnie, un vrai déluge, avait le sien tellement transpercé, que l'eau du ciel lui coulait tout le long du dos, sous son uniforme. Pour exprimer toute la profondeur de son inondation, il me disait : — « La selle se mouille ! »

Dans la lande, contrairement à ce qui se passe dans le terrefort, la pluie raffermit la surface du pays. Mais, sous l'action du soleil, le sable se désagrège et redevient pulvérulent. Parfois, des chemins, dont le sol n'était protégé par aucune sorte de végétation, y formaient des espèces de fondrières sèches, que bêtes et gens franchissaient avec difficulté. Mais, le plus souvent, on pouvait les tourner, en passant sur la bruyère couvrant les dessous des bois voisins. Cette assimilation du sable mouvant à la boue se trouve consacrée, dans le patois du pays, qui désigne les deux choses, si différentes qu'elles soient, en réalité, par le même mot : *hang* (fange).

J'entrepris, avec la conviction la plus complète de son urgence, la transformation des voies vicinales de l'arrondissement, et j'y montrai la même volonté persévérante que, plus tard, dans la transformation de Paris, avec toute l'ardeur de ma jeunesse, en plus. C'est mon vif désir de la mener à fin qui me fit refuser, plusieurs fois, des postes plus importants que Nérac et plus rapprochés de Paris. D'ailleurs, au point de vue de l'avancement, toutes les Sous-Préfectures se valant alors, je n'avais réellement pas de motif sérieux pour m'imposer les ennuis, les fatigues et les dépenses de nouveaux déplacements.

Si les moyens d'action étaient petits, le zèle était grand.

Je commençai par examiner avec soin, en les revisant pour les soumettre à l'approbation du Préfet, les comptes administratifs et les budgets des 67 communes de l'arrondissement, afin de constater les ressources qu'elles pouvaient affecter à l'amélioration de leurs chemins, travail analogue à celui que je fis sur le budget de Paris, dès mon entrée à l'Hôtel de Ville. Je le reconnus bien vite : dans la plupart des communes, le rôle des prestations constituait la seule ressource dont on pût faire sérieusement état.

J'étudiai donc le meilleur parti qu'on en pouvait tirer, et, si je n'inventai pas le système de la conversion des journées de prestations en tâches fixes, je fus un des premiers à l'appliquer.

Je favorisai, par tous les moyens, la libération en argent des journées de travail, pour faire face à la construction des ouvrages d'art et aux achats de matériaux d'empierrement.

Et, à force de démarches, j'obtins de la Préfecture, que je finis par intéresser à ma croisade contre les chemins fangeux, des subventions pour des travaux déterminés, imputables : tantôt sur les fonds du Département ; tantôt sur la portion réservée des amendes de Police Correctionnelle.

Il fallait voir avec quelle sollicitude je surveillais l'emploi de ces précieuses ressources ! J'avais combiné moi-même et je faisais exécuter, avec les matériaux les moins chers, des types de ponceaux et d'aqueducs aussi peu dispendieux que possible.

Quant aux terrains nécessaires pour l'élargissement ou le redressement de certains chemins, ne pouvant les payer, je posai, comme un principe, que les riverains devaient les abandonner à la voie publique, sans indemnité. Cette doctrine était discutable au point de vue de l'équité stricte ; mais, nécessité fait loi. Je parvins à lui donner cours, à force de prodiges de patience, et aussi, par une générosité de bonnes paroles qui suppléait, tant bien que mal, à ma pénurie trop véritable d'autre monnaie.

J'eus, enfin, un puissant auxiliaire dans la loi du 21 mai 1836, sur les Chemins Vicinaux, qui rendit obligatoire, pour les communes dépourvues de ressources budgétaires suffisantes au bon entretien des leurs, une surimposition annuelle de cinq centimes additionnels aux quatre contributions directes, spécialement réservée à cette affectation, et mit à la disposition du Conseil Général de chaque département, le produit de cinq autres centimes, à répartir entre les chemins qu'il jugerait à propos de classer comme « Chemins de Grande Communication », et tous autres pouvant motiver des subventions exceptionnelles. Jamais, vote des Chambres ne me causa plus vive satisfaction : cette loi m'apportait, en effet, la certitude absolue du succès de mon entreprise.

On peut dire que cette loi de 1836, toujours en vigueur, a créé chez nous la « Voirie Vicinale ». Elle constitue l'un des plus grands titres du Gouvernement de Juillet à la reconnaissance du Pays.

Il serait oiseux d'entrer ici dans l'énumération des chemins de grande communication, d'intérêt commun et de petite vicinalité, que je réussis à faire mettre à l'état d'entretien régulier : j'ai déjà dit, et cela suffit, de reste, qu'on pouvait, au terme de mon administration, aller en voiture dans toutes les communes de l'arrondissement, résultat dont je puis me montrer fier, si, comme le disait plaisamment un de mes collègues, homme d'esprit, surtout, devant qui l'on discutait sur l'allure la plus naturelle du cheval : « celle de l'homme « est incontestablement la voiture. »

Parallèlement à cette transformation de la vicinalité, je poursuivais sans relâche l'allocation, par l'État et par le Département, des crédits nécessaires à l'exécution des routes, en projet, devant compléter le réseau des grandes voies de communication, dans lequel mes chemins vicinaux, rendus praticables, viendraient s'encadrer. J'eus la satisfaction de voir commencer et terminer toutes les routes départementales classées, et conduire de Marmande à Casteljaloux, et au delà, jusqu'à moitié chemin de Houeillès, à Sainte-Pompogne, la route royale de Périgueux à Mont-de-Marsan, achevée depuis lors.

L'Ingénieur Ordinaire de mon arrondissement était M. Maillebiau, gendre de M. de Baudre, Inspecteur Général des Ponts et Chaussées. Bien des années après, pour le récompenser du concours actif qu'il m'avait prêté, je le fis placer, comme Ingénieur en Chef, à la tête du service des routes et chemins du département de la Seine, le plus envié dans son corps.

Je vis également s'accomplir, au compte de l'État, un travail très intéressant pour le commerce de Nérac : la prolongation, au-dessus de cette ville, jusqu'à Condom, de la canalisation de la Baïse, par la construction de nouveaux barrages éclusés, dont le premier, en amont de celui du moulin de Nérac, fut établi devant le village de Nazareth.

Une entreprise, bien moins importante et d'ordre purement communal, fut encore exécutée par les soins de l'Ingénieur Ordinaire de mon arrondissement. Elle avait pour objet le dessèchement des marais pestilentiels et fiévreux que formait l'Avance autour de Casteljaloux, et l'endiguement local de cette rivière. Il me fallut surmonter une très vive opposition des pêcheurs de tanches, d'anguilles, de brochetins et d'écrevisses. J'obtins, d'ailleurs, de l'État, une subvention que rendait nécessaire le peu d'empressement du Conseil Municipal, à trouver, dans son budget, les ressources convenables.

Je suis obligé d'avouer que, pendant les travaux et la première mise en culture des terrains desséchés, les fièvres estivales, au lieu de diminuer d'intensité, devinrent plus malignes, ce que les opposants ne manquèrent pas de relever ; mais, bientôt, l'état sanitaire de la ville s'améliora beaucoup, et sa population fut approvisionnée de produits maraîchers abondants.

Je ne dois pas oublier de noter la construction de trois ponts suspendus, à péage, qui remplacèrent trois bacs, sur la Garonne : le premier, dès le commencement de mon administration, à Port-Sainte-Marie, sur la route royale de cette ville à Auch ; le second, à Marmande, sur la route royale de Périgueux à Mont-de-Marsan, et le troisième, à Port-de-Pascau, commune de Saint-Léger, sur la route départementale de Saint-Cosme à Houeillès, qui relie les villes d'Aiguillon et de Damazan. Le Gouvernement fit concession directe de ces entreprises, à des sociétés. J'eus donc seulement à surveiller, du côté de mon arrondissement, les travaux des ponts de Port-Sainte-Marie et de Port-de-Pascau. Celui de Marmande n'intéressait pas autant mes administrés.

Le pont de Port-Sainte-Marie, très hardi, très élégant, ne résista pas, d'abord, aux épreuves de réception : il fallut le rétablir dans de meilleures conditions de solidité.

La levée conduisant, de la rive gauche, au pont de Marmande, coupée par une inondation, dut être refaite et revêtue de perrés de défense.

INSTRUCTION PRIMAIRE.

Il ne faudrait pas croire que les travaux publics prissent mon temps au point de me faire négliger les autres branches de l'administration. Je m'occupais de toutes, au contraire, avec la même sollicitude. Pas une des questions traitées dans mes bureaux n'échappait à mon examen personnel. Je consacrais les samedis, jours du marché de Nérac, à recevoir les Maires et les particuliers qui demandaient à m'entretenir. Toujours prêt à partir, j'allais me faire rendre compte, sur place, des affaires difficiles, et je les arrangeais, le plus souvent. On ne saurait croire à l'influence qu'un Sous-Préfet peut acquérir, par ce contact incessant avec ses administrés de toutes les opinions !

Aussi, quand la loi organique du 28 juin 1835, sur l'Instruction Primaire, vint me charger de nouveaux devoirs, me trouva-t-elle tout entraîné pour la campagne que sa première mise à exécution nécessitait.

Certes, je n'attendis pas cette loi pour m'intéresser au développement des écoles populaires. Malheureusement, les ressources me faisaient absolument défaut, et, malgré mon bon vouloir, je n'y pouvais rien : la plupart de mes communes étaient bien trop pauvres pour entretenir un instituteur. Mais, dès qu'en s'imposant trois centimes additionnels spéciaux au principal des quatre contributions directes, elles eurent le droit de faire supporter, d'abord, par le Département, et, au besoin, par l'État, la portion des dépenses de l'École Communale insuffisamment couverte par tout le produit, fort souvent très médiocres, de cette surimposition, aucun obstacle ne s'opposa plus à ce que chacune possédât la sienne. Je ne devais pas d'ailleurs, craindre de voir le Maire et le Curé manquer l'occasion de trouver, à bon compte, dans ce nouveau fonctionnaire, le premier, un secrétaire, et le second, un chantre. Le tout se résumait à bien faire comprendre au Conseil Municipal, que la Commune ne serait tenue de rien au delà du montant de ces miraculeux trois centimes ! C'est ce dont je m'occupai sans aucun retard, en me transportant, à cet effet, successivement, dans chacune des communes composant mes sept cantons : Casteljaloux, Damazan, Francescas, Houeillès, Lavardac, Mézin et, enfin, Nérac.

Avant le terme des vacances de 1835, l'organisation régulière d'une école communale fut assurée dans toutes ; les surimpositions, votées ; le local, choisi, loué, quand la commune ne pouvait le fournir ; le mobilier scolaire, acheté ou commandé ; l'instituteur, nommé par le Comité d'Arrondissement et prêt à entrer en fonctions ; la rétribution scolaire fixée, et la liste des élèves admis gratuitement, arrêtée par le Conseil Municipal. Je m'étais hâté de recruter mon personnel d'instituteurs parmi les meilleurs de ceux que l'arrondissement comptait dans ses écoles et les candidats que m'offraient les départements voisins : surtout, celui des Basses-Pyrénées, possédant la spécialité d'en produire.

Dès l'année 1836, tout marchait à merveille, sous la surveillance des comités locaux et des membres du Comité d'Arrondissement. Je me faisais accompagner par ceux-ci, dans leurs cantons respectifs, pendant les inspections de trimestre auxquelles je m'assujétissais, pour les obliger, par ce moyen, à visiter les écoles de leurs circonscriptions, et qui se terminaient par une conférence cantonale d'instituteurs, à laquelle assistaient les Maires, sous ma présidence.

A l'époque de la grande foire annuelle de Nérac, une conférence générale avait lieu dans cette ville, en présence du Comité d'Arrondissement.

Curés et Pasteurs rivalisaient de bon vouloir pour me seconder dans la croisade que je dirigeais, cette fois, contre l'ignorance, cette fange de l'esprit, et toutes les difficultés pouvant naître de l'admission simultanée d'enfants catholiques et protestants, dans la plupart des écoles communales, étaient prévenues ou levées, grâce à leur bon accord avec moi.

Tout cela ne pouvait manquer d'avoir quelque retentissement au dehors. Je n'en fus pas moins fort étonné quand, le 20 juillet 1837, en ouvrant mon courrier, le matin, je tombai sur une lettre de M. le comte de Montalivet, devenu Ministre de l'Intérieur, datée du 17, m'annonçant ma nomination, signée le même jour, comme Chevalier de la Légion d'Honneur, « pour services exceptionnels ». Rien ne me faisait prévoir une telle récompense à vingt-huit ans ! car, dans la carrière administrative, il était plus que rare, à cette époque, de la recevoir si tôt.

Ainsi que je l'appris ensuite, M. Guizot, Ministre de l'Instruction publique, — auteur de la loi de 1835, — très frappé, dans son examen des cartes de France, couvertes de teintes graduées, qu'on lui soumettait, pour le tenir au courant de l'organisation progressive du service scolaire dans les divers arrondissements, du point blanc par lequel celui de Nérac tranchait sur l'obscurité de la région du sud-ouest, s'informa de la cause de ce phénomène. Apprenant qu'il devait l'attribuer au zèle, hors ligne, d'un jeune Sous-Préfet ne plaignant pas sa peine, il crut d'un bon exemple, d'en signaler l'auteur, d'une manière toute spéciale, au chef hiérarchique de celui-ci : le Ministre de l'Intérieur, qui, seul, pouvait le faire décorer.

M. de Montalivet, on s'en souvient, avait secondé mon entrée dans l'Administration, sous le Ministère Casimir Périer : il n'eut garde, par ce motif, de négliger la haute recommandation dont, sans le savoir, je me trouvais exceptionnellement honoré de la part de son collègue, le Grand-Maître de l'Université, l'un de nos plus illustres hommes d'État, et que les notes accumulées dans mon dossier étaient loin de contredire.

Voilà, telle que je la reçus confidentiellement, l'explication de mon admission prématurée dans l'Ordre, il y a plus de cinquante-deux ans aujourd'hui.

C'est vingt-cinq ans et plus, en ça, que, le 7 décembre 1862, à l'inauguration solennelle du boulevard du Prince-Eugène (boulevard Voltaire, maintenant), j'appris ma promotion à la dignité suprême de Grand'-Croix, par l'Empereur même, qui m'en remit les insignes devant tous les Grands Corps de l'État, aux acclamations d'une foule innombrable, en pleine place du Trône ! — Il est des souvenirs ineffaçables. Celui-là, qui date de vingt-sept ans passés, demeure, pour moi, le plus glorieux de ma vie publique à son apogée.

Ma nomination, comme Chevalier, pouvait sembler un peu hâtive, je le reconnais, malgré les circonstances auxquelles je la dus, en 1837. En effet, le Gouvernement se montrait alors bien moins facile que depuis, et surtout de nos jours, à décerner prématurément, pour services plus ou moins exceptionnels, aux jeunes fonctionnaires ou employés ambitieux d'en fleurir leurs boutonnières, cette décoration de la Légion d'Honneur, qui devrait être jalousement réservée aux serviteurs émérites de l'État, militaires ou civils; aux savants, aux grands artistes, mis, par leurs travaux, hors de pair; suivant le programme de l'Institution, tracé par son immortel fondateur, Napoléon Ier! Mais, justement, en 1837, parce qu'on n'abusait guère des services exceptionnels, en faveur de simples protégés, cette nomination me rendit on ne peut plus heureux. Elle grandit beaucoup, d'ailleurs, la considération que mes administrés avaient déjà pour moi.

Au surplus, entré dans l'Ordre, sans avoir, à beaucoup près, le nombre d'années de service normalement exigé, je puis dire que mon avancement s'y fit, de grade en grade, jusqu'au plus élevé, dans des conditions absolument régulières.

Chevalier en juillet 1837, je ne devins officier, comme Sous-Préfet à Blaye, que plus de neuf ans après, en février 1847, et commandeur, à titre de Préfet de la Gironde, que cinq ans et demi plus tard, à la fin de 1852.

Préfet de la Seine, l'Empereur me promut à la dignité de Grand Officier après un nouveau délai de trois ans et demi, en juillet 1856, et à celle de Grand-Croix, cinq années et demie au delà.

Je suis aujourd'hui le doyen des Grands Dignitaires civils.

CHAPITRE VI

LA SOUS-PRÉFECTURE DE NÉRAC

Personnel administratif du département. — Mon intérieur et mes relations. — George Sand à Nérac. — Mon mariage. — Le Duc et la Duchesse d'Orléans. — Une élection politique.

C'est dans l'arrondissement de Nérac que je complétai mon éducation administrative et mon apprentissage de la vie publique. En le quittant, j'étais déjà mûr pour les fonctions de Préfet, que j'ai remplies dix années après, seulement. Je m'y suis attardé longtemps, en vue de ce résultat. Il ne faut donc pas s'étonner si je donne un développement exceptionnel au récit de certaines particularités, comme à l'exposé des faits saillants de mon séjour dans cette Sous-Préfecture.

PERSONNEL ADMINISTRATIF DU DÉPARTEMENT.

Je n'eus pas longtemps, pour Préfet, l'excellent M. Croneau. Il fut remplacé par M. Adrien Brun, Sous-Préfet de Bazas, fils du Maire de Bordeaux, qui sut obtenir, pour ce jeune fonctionnaire, la Préfecture de Lot-et-Garonne, en retour des services, fort appréciés, que lui-même rendait au Gouvernement.

M. Adrien Brun était un homme instruit ; de bonnes façons ; de caractère froid ; de santé délicate ; peu fait pour la vie publique. Il aimait son intérieur, et il en avait toute raison ; car, il devait à sa femme, d'une famille protestante de Bordeaux, comme lui, très belle et très excellente personne, deux charmantes filles, toutes petites alors, mariées, sous l'Empire, à deux Sous-Préfets, qui devinrent Préfets, à leur tour : M. Garnier et M. le baron de Saint-Priest. Mais, il montrait peu de goût pour l'administration ; préférait son jardin, dont il s'occupait beaucoup, à son cabinet, où rien ne captivait son esprit, et donnait le plus de temps possible à la poésie, à la miniature et à son piano.

Sous l'Empire, M. Brun devint Préfet d'Indre-et-Loire. Lors de la grande inondation qui motiva le voyage de l'Empereur, à Tours, il parut à Sa Majesté n'avoir pas déployé toute l'activité désirable dans la direction des mesures urgentes que les circonstances commandaient, et sa disgrâce s'ensuivit.

Mon collègue de Marmande, M. Dugué, ancien Sous-Préfet de la Restauration, maintenu dans son poste, parce qu'il était fort sympathique à tous les partis, me disait un jour : — « Pourquoi vous obstinez-vous à parler de vos « affaires au Préfet ? Vous l'ennuyez. Allez donc régler « tout cela dans les bureaux. Moi, je m'arrange pour ne « jamais lui soumettre de difficultés. Je cultive des camé-« lias, et je lui procure, à l'occasion, des variétés nouvelles. « Puisque vous êtes musicien, parlez-lui Musique. »

Le conseil avait du bon ; je le suivis, et je m'en trouvai bien. J'apprenais l'Harmonie à mon Préfet, quand je venais au chef-lieu de département, et je lui envoyais, de Nérac, le résumé de chacune de mes leçons verbales, qu'il utilisa pour écrire quelques motifs de sa composition, notés sous mon contrôle.

M. Dugué, qui n'était pas sans valeur administrative, fut Préfet de la Manche, sous l'Empire, et prit sa retraite en cette qualité. Il avait épousé, sur le tard, Mlle Mac-Carthy, de Bordeaux.

Mon collègue de Villeneuve-sur-Lot, M. de Reignac, ne venait pas souvent à Agen. Il n'avait pas, comme celui de Marmande, un service quotidien de bateaux à vapeur, pour lui faciliter ses voyages au chef-lieu, et les affranchir de toute fatigue. Bien moins jeune que moi, sept lieues de cheval ou de voiture pour aller, et autant pour revenir, le forçaient à réfléchir davantage. Il dirigeait, d'ailleurs, un arrondissement peu maniable, où le parti légitimiste, qui ne pouvait pardonner à ce gentillâtre de servir le Roi Louis-Philippe, lui faisait une opposition personnelle.

Dans une des très rares occasions où je le rencontrai chez le Préfet, il me raconta, pour me donner une idée de l'attitude des hobereaux du pays à son égard, qu'un de ces Messieurs, venant dans son cabinet, lui porter, d'un ton altier, je ne sais plus quelle plainte, s'était assis, le chapeau sur la tête, ainsi qu'un paysan ; et que lui, Sous-Préfet, après un geste signifiant : « Veuillez attendre une minute », avait dû, pour ne pas relever cette grossièreté comme elle le méritait, sonner son domestique ; lui dire : « Apportez-moi mon chapeau ! » et puis, s'étant coiffé, se tourner vers son interlocuteur, en ajoutant : « Je puis maintenant vous écouter. »

Ma bonne intelligence avec le Préfet fut troublée par un incident très passager, mais très désagréable pour lui.

M. le marquis de Lusignan, mon Député, profitant d'une révolution ministérielle, qui fit pâlir, un moment, l'étoile politique de M. Sylvain Dumon, le Député d'Agen, dont M. Brun était l'homme lige, obtint que celui-ci fût envoyé dans les Vosges, et remplacé, dans le département de Lot-et-Garonne, par le Préfet dont il devenait lui-même le successeur : M. de la Rougerie, ancien Sous-Préfet de Nérac, sous la Restauration. Je n'ai pas besoin de dire que mes administrés accueillirent ce changement comme un triomphe pour leur arrondissement, et que, le fait accompli, j'entretins, avec mon nouveau chef, les rapports les meilleurs.

Mais, son séjour à Agen n'eut pas une longue durée : bientôt, vint un autre Ministère, dont M. Dumon faisait partie, lequel renvoya M. de la Rougerie dans la Préfecture d'Épinal, et réinstalla, dans celle d'Agen, M. Brun.

Ce dernier me voua fort injustement une portion de la rancune, fort concevable, qu'il garda toujours à mon Député, de cette aventure ennuyeuse.

Je prenais occasion de mes visites à la Préfecture, assez fréquentes, pour cultiver mes relations dans Agen, où les meilleures maisons m'étaient ouvertes.

Parmi les plus agréables, figurait celle d'un ancien Préfet du premier Empire, Président de Chambre à la Cour Royale, M. de Bergognié, dont la femme tenait, on ne peut mieux, son salon. Ils avaient deux charmantes filles et deux fils, dont l'un fut Préfet, sous le second Empire. L'autre, Magistrat, comme son père, devint Avocat Général à la Cour Impériale de Paris.

MON INTÉRIEUR. — MES RELATIONS.

A Nérac, il n'existait pas, à proprement parler, de rapports de société. L'habitude générale de dîner à une heure, de souper à huit, et de se mettre au lit de neuf à dix, ne s'y prêtait guère. D'ailleurs, les principales familles habitaient presque toujours la campagne, et ne venaient ordinairement en ville que le dimanche, pour assister aux offices. Ce jour-là, toutes les maisons s'ouvraient. Car, l'usage était de se visiter après vêpres, et les Dames de tout rang se montraient en grande tenue, chez elles ou dehors, en visites ou en promenade à la Garenne, quand il faisait beau.

Le reste de la semaine, si l'on s'avisait de se présenter dans une des autres maisons de la ville, une servante ahurie s'empressait de vous introduire dans le « salon de compagnie »; en ouvrait les volets, pour y « faire lumière »; allumait du feu, quand la saison le voulait, avant d'aller prévenir sa maîtresse, occupée à des soins de ménage, qui se hâtait d'improviser un bout de toilette et venait, tout essoufflée, s'excuser de vous avoir fait attendre. La lessive mensuelle constituait la grande affaire de toutes; puis, la direction des ouvrières en journée; la confection des confitures, pendant l'été; du confit d'oie, à l'automne! On était visiblement importun.

Je tournai cette difficulté par un moyen bien simple. Quand je croyais opportun d'aller faire visite à quelque Dame, sur semaine, je lui faisais demander, le matin, l'heure de ses convenances.

J'allais quelquefois visiter familièrement, pendant leur souper : le Président du Tribunal, M. Lafitte, et le Procureur du Roi, M. Lesueur de Pérès; tous deux originaires du pays; vieux magistrats de bon conseil.

Chez un avoué, qui dînait exceptionnellement à cinq heures, j'étais toujours sûr, en m'y présentant vers neuf, d'être mis au courant de la chronique locale, par sa femme.

Mais, j'avais encore la ressource de prendre une tasse de thé dans une des familles de la colonie anglaise qui trouvait, à Nérac, pays protestant, un culte régulier, avec le climat du Midi, tout aussi doux, et la vie moins chère, qu'à Pau. Là, je faisais échange de leçons de langage usuel et de bonne prononciation, avec de jeunes « misses ». Elles me lisaient à haute voix du français, en prose ou en vers, et je leur rendais la pareille, dans quelque journal ou livre anglais, à leur grande joie ; car, si nous trouvons ridicule ou comique la manière dont nos voisins d'outre-mer prononcent notre langue, il paraît que notre façon de nous exprimer, dans la leur, est originale, sinon déplaisante. Toujours est-il qu'à la fin, je parlais assez couramment l'anglais usuel, et que je le comprenais, résultat plus difficile.

Les dimanches, j'invitais ordinairement à dîner un des pasteurs protestants, alsacien de naissance, fort instruit ; — connaissant à fond les œuvres des philosophes allemands, dont j'aimais à l'entendre définir et comparer les doctrines ; — facile à l'enthousiasme ; plein d'esprit, d'ailleurs, et d'un caractère très gai, malgré tout. Mais, cette ressource me fit défaut quand il se maria, comme les autres, pour donner plus de poids à son ministère, en se créant un intérieur.

J'employais mes fins de soirée, quand j'en avais pu remplir ainsi le commencement, à lire tout ce qui pouvait me tenir au courant du mouvement des idées à Paris et à l'étranger : revues littéraires, scientifiques et des beaux-arts ; recueils de jurisprudence ; bulletins des académies ; ouvrages nouveaux à sensation, etc.

Je me couchais tard, n'ayant jamais eu besoin de beaucoup de sommeil, et quand je m'éveillais, la nuit, j'allumais une petite lampe portative, et je lisais, pour me rendormir, les Mémoires sur l'Histoire de France, — toute la collection finit par y passer ! — ou bien j'écrivais, au moyen du papier et du crayon placés toujours à portée de main, quelque chose dont l'idée me venait.

Au dehors, j'entretenais des relations suivies avec les familles qui, presque toute l'année, habitaient leurs prétendus châteaux, sis à plus ou moins grande distance de Nérac, dont l'installation, dépourvue de tout luxe, en général, ne présentait guère plus de confortable.

Pendant mes tournées, je prenais gîte dans des résidences lointaines, où j'étais toujours le très bienvenu. De là, je rayonnais aux alentours, suivant les exigences de mon service. Je trouvais, chez mes hôtes, des habitudes plus policées que chez les citadins, et souvent, des soirées agréables ; car ma présence devenait ordinairement l'occasion d'accroître le cercle de la famille, d'invités de ma connaissance.

Mais, en ville ou bien ailleurs, me souvenant de la recommandation, si sage, du tant regretté Casimir Périer ; la généralisant même par excès de prudence, je me montrais toujours empressé, galant au besoin, près des Dames, vieilles ou jeunes, laides ou belles, ennuyeuses ou spirituelles. Je savais que cette moitié du genre humain mène l'autre à petit bruit, et que, si je parvenais à la mettre de mon côté, j'aurais grande chance de voir fort affaiblies, tout au moins, les mauvaises dispositions politiques ou purement administratives, rencontrées dans le sexe fort.

Par bonheur, j'aimais toujours beaucoup les enfants.

Dès Poitiers, j'avais éprouvé qu'en s'occupant d'eux, on est assuré de la faveur des mères. On n'oserait pas, surtout quand on le croit, dire à toute provinciale qu'elle est charmante ; mais, aucune d'elles ne se formalise jamais d'entendre déclarer ses enfants adorables : loin de là.

Dans les familles bourgeoises fortunées, il restait de mode, alors, d'envoyer les jeunes **garçons aux** collèges de Bordeaux, d'Agen ou de Sorèze, et les petites filles, dans les pensionnats, extrêmement nombreux, d'Angoulême, ville réputée, en Gascogne, pour son bon air et pour la pureté de la prononciation française de ses habitants. On y enseignait à « parler pointu », comme on disait à Nérac, pour exprimer le langage prétentieux, à lèvres pincées, fort admiré chez les élèves de ces pensionnats lointains.

Chaque fois que je me rendais à Paris, je prenais soin de me charger des commissions de toutes les mères de ma connaissance, pour les jeunes victimes de la mode régnante, et j'allais voir celles-ci dans leurs « boîtes » respectives. Les directrices, dument autorisées, me confiaient mes petites administrées, que je faisais promener ; que je bourrais de gâteaux et de bonbons, et qu'après dîner, je répartissais entre leurs divers pensionnats, situés, du reste, dans le même quartier.

A mon retour, je leur apportais, de Paris, quelques menus objets de toilette, choisis par mes sœurs, et qui faisaient merveille. Cela me coûtait encore une journée. employée à dévaliser les pâtissiers et les confiseurs Mais, ce n'était pas du temps perdu. Quelles joies je causais à ce petit peuple ! Quel accueil me réservaient les mamans, auxquelles je donnais des nouvelles fraîches de leurs progénitures, et combien les papas eussent été gênés pour me causer quelque ennui !

Je ne parle pas de toutes les conférences intéressantes des grand'mamans avec ma vieille ménagère, afin de pouvoir me témoigner, à leur façon, la sollicitude attendrie que mon isolement leur inspirait, et leur vif désir de m'être utiles en quelque chose.

Cet isolement fut interrompu durant près d'une année, lorsque mon père, sa mission au Ministère de l'Intérieur accomplie, se vit attacher à la Division Militaire de Constantine, pour l'organisation de la campagne dite des Portes-de-Fer. Ma mère et mes sœurs vinrent occuper, dans ma Sous-Préfecture, un appartement que j'ajoutai, pour elles, au mien, et que je fis meubler, comme celui-ci, convenablement et simplement.

Le séjour de ces « Parisiennes » fit événement à Nérac. On se réunissait ; on dansait ; on faisait de la musique. Mon piano, dissimulé jusque-là, tant j'avais lieu de craindre qu'il empêchât mes administrés de me prendre au sérieux, parut au jour. Mes sœurs, dont l'aînée possédait un talent d'artiste, en faisaient les honneurs. Au dehors, on organisait des parties et des excursions.

Mais, cela finit trop tôt. Mon père, à son retour d'Afrique, fut envoyé prendre résidence au Mans, où ma mère et mes sœurs durent le rejoindre.

Peu de temps après, ma sœur aînée se mariait avec M. Artaud, Inspecteur Général des Études, à qui, depuis longtemps, elle était fiancée.

M. Artaud, Élève de l'École Normale, Professeur au Collège Louis-le-Grand, sous la Restauration, écrivait dans le *Courrier Français*, journal d'opposition libérale. Quand le ministère de Villèle expulsa MM. Guizot, Villemain et Cousin de leurs chaires à la Sorbonne, M. Artaud, destitué de la sienne, comme son collègue du Collège Charlemagne : M. Dubois (de la Loire-Inférieure), devint le collaborateur de ce dernier, au *Globe*. Après 1830, M. Guizot le fit nommer Inspecteur de l'Académie de Paris; puis, Inspecteur Général des Études. Sous l'Empire, il fut Vice-Recteur de l'Académie de Paris, membre du Conseil Municipal, Commandeur de la Légion d'Honneur, et mourut en 1861.

C'était un savant helléniste et un écrivain distingué.

Replongé dans ma solitude, je devins plus que jamais l'objet de l'intérêt général. C'était à qui me marierait. Tous les pasteurs du département s'en occupaient avec une ardeur spontanée, parfois embarrassante. Je n'allais nulle part sans me trouver, comme par hasard, en face de riches héritières, de bonnes familles protestantes, qu'on me faisait rencontrer, à leur insu, je pense, comme au mien. On me proposait, d'un autre côté, de beaux partis catholiques : or, je ne pouvais, dans ma position, accepter même l'idée d'un mariage mixte. Au fond, je n'étais pas du tout pressé de prendre femme. Je pensais qu'auparavant, il serait à propos de clore mon stage administratif, comme Sous-Préfet, et d'obtenir n'importe quelle Préfecture, où je pusse offrir, à mon épousée, une installation plus confortable que celle dont mon vieux couvent de Doctrinaires, à Nérac, était susceptible. D'ailleurs, je n'avais pas trente ans, à beaucoup près.

Mais j'avais beau croire juste ma façon de voir à ce sujet; peu à peu, je me trouvai si gêné par l'insistance affectueuse et non moins indiscrète de tous ceux dont la sollicitude inquiète et le zèle inconsidéré m'entouraient, que je sentis la nécessité d'y couper court : non, par un changement de résidence ; car, il aurait interrompu mes entreprises avant leur achèvement complet et compromis les droits à l'avancement que je comptais y fonder ; mais par la recherche, ailleurs, d'une compagne me convenant mieux, sous tous les rapports, que les jeunes filles, très bien à beaucoup d'égards, dont on m'avait fait passer la revue, bon gré, mal gré.

GEORGE SAND A NÉRAC.

Avant de dire ce qui s'ensuivit, je dois raconter un assez curieux épisode survenu pendant les derniers temps de mon existence de garçon.

J'avais été présenté jadis, par M. le marquis de Lusignan, à Mme la baronne Dudevant, veuve d'un colonel du premier Empire, beau-père de la femme de lettres, justement illustre, qui, sous le pseudonyme de George Sand, publia tant d'écrits universellement admirés.

La baronne Dudevant, issue d'une noble et riche famille de l'Anjou, vivait seule, avec une dame de compagnie, très mûre, comme elle, au château et sur le domaine de Guillery, — sis commune de Pompiey, au delà de Barbaste, à la bordure de la zone, couverte de chênes-lièges, où commencent les Petites Landes, — dont elle jouissait par testament du défunt colonel. Jusqu'au décès de cette respectable et très aimable douairière, je m'arrêtais chez elle d'habitude, soit à l'aller soit au retour de Houeillès ou de Casteljaloux, dont les routes se bifurquaient justement devant son château.

J'y dînais, d'ailleurs, presque toutes les semaines.

A défaut d'enfant de son union avec le Colonel, la Baronne Dudevant, avait toléré, par bonté d'âme, l'installation et l'éducation, dans le domicile conjugal, d'un fils naturel de celui-ci, né précédemment de quelque pastoure ou fille de service, qu'il réussit à faire accepter comme époux de Mlle Aurore Dupin, de Nohant (Indre), descendante irrégulière du Maréchal de Saxe, mais fortunée : — Mme George Sand.

Quand, après son mariage, cette jeune femme vint demeurer à Guillery, elle ignorait, paraît-il que la Baronne ne fût pas sa belle-mère. C'est par le bavardage d'une servante qu'elle sut la basse extraction de son mari. De plus, toujours suivant son dire, ce dernier, chassant de race, montrait les goûts peu distingués qu'avait eus le baron, son père, dans ses amours très éclectiques, — à l'exemple du jeune Roi de Navarre. — Il était, d'ailleurs, grossier, brutal même, envers sa jeune femme, et (pour ce dernier motif, qu'après des vicissitudes d'existence inutiles à mentionner, elle invoqua) fut prononcé, contre le mari, qui s'en défendait, un jugement de séparation de corps, laissant à la mère la garde de leurs deux enfants. Je fus très surpris, sans le laisser voir, lorsque Mme George Sand m'apprit cette particularité.

La pauvre baronne Dudevant morte, le fils du Baron, qui portait déjà son titre, et dont, je le suppose, la situation et les droits héréditaires avaient été régularisés d'une façon quelconque, prit possession de Guillery, pour en faire sa résidence.

Il s'y trouvait depuis quelque temps, et venait d'être investi des modestes fonctions de Maire de Pompiey, jadis exercées par son père, quand se produisit, tout à coup, l'incident que voici.

Un matin, comme je faisais ma toilette, de très bonne heure, selon mon habitude, j'entendis le fracas d'une calèche de poste qui s'arrêtait sur la place d'Armes, devant la Sous-Préfecture. On me remit bientôt une carte portant le nom d'un avoué de Paris. Je m'empressai d'aller le recevoir dans mon cabinet. Il m'annonça qu'il accompagnait Mme la baronne Dudevant, plus connue sous son nom littéraire de George Sand, autorisée, par une ordonnance de référé du Président du Tribunal Civil de la Seine, M. Debelleyme, à rechercher et à reprendre sa fille Solange, — depuis, Mme Clésinger, — enlevée de Nohant pendant son absence, par le baron, qui devait l'avoir conduite à Guillery, mais qu'on soupçonnait du dessein de l'emmener en Espagne, pour la soustraire à l'action de la Justice française.

Comme je lui demandais en quoi cette affaire pouvait me concerner, il me remit une lettre écrite de la main du Ministre de l'Intérieur, m'invitant à prêter mon concours le plus entier à l'entreprise de Mme George Sand, et un billet de ma sœur, Mme Artaud, me priant d'accueillir cette mère désolée, comme une amie littéraire de son mari.

Je commençai par me rendre auprès de l'amie de mon beau-frère, et la prier de venir se reposer chez moi. Je la remis aux soins de ma ménagère ; puis, je courus, avec son avoué, chez notre Procureur du Roi, pour lequel il avait une lettre du Garde des Sceaux, et que nous prîmes au saut du lit. Malgré sa répugnance visible à procéder contre un grand propriétaire du pays, il ne put se dispenser de mander un huissier audiencier, auquel il remit la réquisition écrite, que celui-ci réclama, de prêter son ministère à l'exécution de l'ordonnance de référé de Paris, en se faisant assister, au besoin, par la Force Publique.

J'avais eu soin d'envoyer prévenir le Lieutenant de Gendarmerie, et, dès notre retour à la Sous-Préfecture, nous le trouvâmes prêt à partir avec une brigade.

L'expédition se mit en mouvement sans retard, et bon train, grâce à la calèche de poste, attelée de chevaux frais.

Bientôt, Mme George Sand, ne pouvant plus contenir son impatiente agitation, me demanda de faire préparer ma voiture, pour qu'elle pût aller recevoir sa fille, dès que l'huissier, porteur de pièces, accompagné par son conseil, en aurait, avec ou sans l'aide de son escorte, obtenu la remise. Je pris le parti de la suivre, afin de prévenir les complications auxquelles son intervention pourrait donner lieu.

En route, elle me dit le but probable de l'acte de son mari : ce devait être de la contraindre à maintenir la pension alimentaire qu'elle lui servait depuis leur séparation, et qu'elle se refusait à continuer désormais, en se basant sur la fortune considérable dont il avait hérité de son père.

Au moment où nous arrivâmes devant la grille de Guillery, l'huissier achevait d'accomplir son mandat. Il en était temps ; car on avait fait demander des chevaux au maître de poste de Pompiey, qui s'apprêtait à les envoyer au château, quand un gendarme vint le lui défendre.

Mme George Sand, descendue de voiture, voulait courir au-devant de Solange, qu'elle voyait au fond de l'avenue, entre son père et l'huissier, se dirigeant vers la route. Je l'en empêchai. Séparée de corps, elle ne devait pas franchir le seuil du domicile de son époux : il lui fallut attendre en deçà.

Le baron Dudevant tenait l'enfant par la main. Il dit en la remettant à la mère : — « Madame, je dois céder à « la violence qui m'est faite ! » — « Monsieur, » interrompit-elle, « je n'ai jamais refusé de vous laisser voir « votre fille ; mais vous avez voulu me la ravir, et j'ai dû « régler ma conduite d'après la vôtre. » — Je m'avançai pour dire au baron : — « Monsieur, je suis ici, confor« mément à des instructions reçues directement de M. le « Ministre de l'Intérieur, ce matin même, pour m'as« surer de l'accomplissement régulier, qui vient d'avoir « lieu, d'une décision de Justice. Je vous demande la « permission d'arrêter un débat aussi pénible qu'inutile. »

Au retour, à peine en voiture, Solange, me montrant du doigt à sa mère, demanda : — « Qu'est-ce que celui-« là ? » — Puis, elle se prit à me tutoyer !

Pour faire honneur aux recommandations de ma sœur, je mis à la disposition de Mme Sand et de sa suite les meilleurs logements dont je pusse disposer dans ma Sous-Préfecture. Elle y demeura deux jours à se remettre de ses émotions, et revit, à ma table et dans mon salon, les personnes de Nérac qu'elle avait connues et qui, désireuses de saluer sa gloire littéraire, se montrèrent empressées auprès d'elle.

Bien reposée, elle conçut l'idée de faire une pointe sur les Pyrénées, que son avoué ne connaissait pas.

En revenant de cette excursion, elle s'arrêta deux autres jours chez moi ; ensuite, je la conduisis à Agen, où je dus la présenter à mon Préfet, désireux de la voir, et elle reprit la route de Paris.

Il me faudrait un chapitre entier pour résumer l'ensemble de mes conversations, très intéressantes et très curieuses, avec cette femme remarquable, assez différente, me sembla-t-il, à certains égards, de ce qu'elle voulait paraître, et systématiquement révoltée contre la Société, pour ne pas se déjuger, plutôt que pour obéir à des convictions bien profondes.

Elle avait été fort étonnée de rencontrer, cantonné derrière les murs d'un vieux monastère de ce fond de province, dans un petit appartement coquet, fleuri, bien modeste, malgré tout; vivant intellectuellement de la vie parisienne, au milieu d'occupations des plus réalistes, un jeune fonctionnaire capable de lui tenir tête sur beaucoup de questions philosophiques, religieuses, politiques ou sociales, et ne se lassait pas plus de nos causeries changeant de sujets à tout propos, que d'observer mon installation et mes habitudes d'existence.

Ce dont elle ne revenait pas, c'est que je pusse rester chrétien sincère et vivre en homme du monde comprenant toutes les élégances; en artiste, ami du Bien, comme du Beau.

Mme Sand accusait alors plus de trente ans. Petite de taille, très brune de cheveux, avec un profil et un teint espagnols, elle était visiblement dépourvue de toute coquetterie, et j'ose dire que, par cette raison ou par l'effet du travail constant de sa pensée, elle manquait, à mes yeux, de tout charme féminin.

Je la plaisantais sur l'affectation qu'elle mettait à fumer, lorsqu'elle ne consommait, en fin de compte, que du tabac d'Orient parfumé, en cigarettes imperceptibles, allumées au moyen d'un briquet-bijou, qui tirait des étincelles d'une agate.

Parodiant un mot de Pie VII à Napoléon Ier, je lui disais, dans un de ces moments-là : « *Commediante!* » sauf à lui dire : « *Tragediante!* » à la fin d'une de ses déclamations socialistes.

Au départ, elle me donna son briquet élégant, à moi, qui ne fumais pas !... — « Est-ce une épigramme ? » lui demandai-je, en riant. — « Lorsque vous viendrez me voir, « à Nohant », me répondit-elle, « je vous donnerai le « reste : un narghilé ! La fumée fraîche, à l'eau de rose, « voilà bien votre affaire. » — C'était complet. — « Vous « dites peut-être encore plus vrai que vous ne le pen- « sez, » répliquai-je, sans m'en émouvoir davantage.

Nous échangeâmes, pendant quelque temps, des lettres amicales. Mais, je n'allai pas à Nohant. Une fois, à Paris, je sus qu'elle était chez Mme Mariani, femme du Consul d'Espagne. Je m'y présentai : je ne fus pas reçu. Le lendemain, me parvint une lettre de regrets, se terminant par ces mots : — « Je suis visible, comme les « étoiles, de minuit à quatre heures du matin. » — Je répondis : « C'est votre droit de vivre à la façon des « étoiles, vos sœurs. Quant à moi, je n'ai qu'une seule « ressemblance avec le soleil : c'est de me coucher le « soir, pour me lever le matin. »

Sur une invitation de Mme Mariani, j'acceptai cependant un dîner, où se trouvaient, entre autres célébrités malsonnantes, l'abbé de Lamennais, Pierre Leroux, Michel (de Bourges)... On appelait mon illustre amie « George » tout court ; on la tutoyait !

Après 1848, lorsqu'elle était toute-puissante au Ministère de l'Intérieur, auprès de Ledru-Rollin, elle s'informa de moi, chez mon beau-frère, et je la fis remercier de son bon vouloir. On verra plus loin ce que je faisais alors.

A l'Hôtel de Ville de Paris, j'accueillis volontiers plusieurs de ses recommandations.

La dernière fois que je la vis, — pendant la répétition générale d'une de ses pièces au Vaudeville, je crois, — elle était bien vieillie ; mais, elle avait toujours présent, comme, du reste, ses mémoires en font foi, son bon souvenir de la Sous-Préfecture de Nérac.

MON MARIAGE.

Il me tarde, on le comprend, de revenir à cette résidence, pour dire quelle fut l'issue des obsessions matrimoniales dont je m'y trouvais assailli.

Je m'étais lié fort intimement avec M. Henri de Laharpe, jeune Ministre du Saint-Évangile, habitant Bordeaux, où son père, riche négociant, d'origine suisse, s'était fixé jadis et marié. Mon ami, libre de son temps, en consacrait partie à l'étude, partie à la visite des églises protestantes où l'on désirait sa prédication.

Dans un de mes voyages à Bordeaux, pendant l'été de 1837, il voulut me présenter à sa famille, et l'accueil que je reçus dans ce milieu patriarcal, me toucha profondément. Sa sœur, très aimable, très gracieuse et même très jolie personne, avait, me confia-t-il, refusé successivement nombre de beaux partis, pour demeurer auprès de ses parents, inconsolables de la perte d'une autre fille. Aussi, l'agréable et sympathique impression que j'emportai de Mlle Octavie, — c'était son nom, — resta-t-elle dégagée de toute arrière-pensée. Il en fut de même, après deux visites que je fis à ses père et mère, dans la fin du printemps de 1838, à l'aller et au retour d'un voyage au Mans et à Paris.

Mais, cette fois, un pasteur de Clairac, M. Emmanuel Frossard, très ami de la famille, s'avisa de savoir ce qu'on y pouvait bien penser à mon sujet. Or, voici le résultat fort inattendu, très heureux, de sa curiosité : la résolution attribuée à Mlle de Laharpe, de ne pas se marier, n'avait point un caractère tellement absolu qu'elle ne pût en changer, et, si je me mettais sur les rangs, je serais, selon toute apparence, plus favorablement traité qu'aucun des prétendants jusqu'alors découragés par elle.

Avant tout, je pris conseil de mes parents, et, leur agrément assuré, j'écrivis à Genève, où M. Henri de Laharpe remplaçait un professeur d'Hébreu, que l'École de Théologie avait perdu.

Déjà prévenu sans doute, mon ami, dans une réponse très affectueuse, m'annonça l'intention de retenir sans retard sa place à la diligence, pour venir signer au contrat. « Le mariage, disait-il, est une de ces choses qu'il « faut faire, comme qui se brûle la cervelle, dès qu'on « s'y décide ». Ce partisan du célibat finit cependant par y renoncer, quelque dix ans plus tard.

M'inspirant de son aphorisme, je partis pour Bordeaux avec mon complice, le pasteur Frossard, et, le 4 septembre, dans la maison de campagne habitée par la famille, aux portes de la ville, — au Bouscat, — je fis ma demande, qu'on attendait certainement, et qui fut agréée, d'abord, par M. et Mme de Laharpe, avec une confiance expansive ; puis, par Mlle Octavie, sans hésitation, sans embarras, de la manière la plus simple et la plus charmante. Évidemment, elle connaissait d'avance, par le frère qu'elle aimait tant, celui qui recevait sa main.

Durant un mois, je partageai mon temps entre Nérac, où je m'occupais de faire subir une nouvelle organisation à mon intérieur, et Le Bouscat, où je passais plusieurs jours, toutes les semaines, auprès de ma fiancée. Au commencement d'octobre, mon futur beau-frère, arrivé de Suisse, vint me tenir compagnie à Nérac, d'où nous repartîmes pour la signature du contrat, fixée au 10. Mon père, qui, jusqu'au dernier moment, avait espéré nous amener ma mère, souffrante, parut le lendemain, avec ma plus jeune sœur.

Le mariage eut lieu le 17. — Le service religieux fut célébré, le même jour, au temple des Chartrons.

Je passe sur les circonstances particulières qui précédèrent, accompagnèrent, suivirent cet acte capital de ma vie. Elles ne seraient d'aucun intérêt pour mes lecteurs. Je me borne à dire que, peu de jours après, je profitai d'un congé pour aller présenter ma femme à ma mère, auprès de laquelle nous restâmes une semaine, au Mans; puis, à mon grand-père et à ma grand'mère paternels, qui vivaient encore ; à ma sœur et à mon beau-frère, et à mes autres parents, assez nombreux de Paris; comme aussi, pour lui faire faire connaissance avec cette grande ville, avec ses monuments, ses musées, ses théâtres. — C'était beaucoup exiger d'une nouvelle mariée! — La pauvre femme en tomba malade, et garda la chambre assez longtemps pour retarder, jusqu'en janvier, notre retour à Bordeaux, fait à petites journées.

Je dus la confier aux soins de sa famille, et regagner mon poste au plus vite. C'est seulement au commencement d'avril, que je pus l'amener enfin chez moi, complètement rétablie.

Alors, ma Sous-Préfecture retrouva l'animation dont elle avait été le théâtre pendant le séjour de ma mère et de mes sœurs.

Je conduisis naturellement ma femme à Agen, chez Mme Brun, qu'elle connaissait; chez la baronne de Séganville, etc., etc.; puis, à Tonneins et à Clairac, où elle comptait des parents, et dans les diverses parties de mon arrondissement, pour y rendre des visites.

LE DUC ET LA DUCHESSE D'ORLÉANS.

Sur ces entrefaites, s'accomplit le voyage du Duc et de la Duchesse d'Orléans, dans le Midi de la France.

Je courus saluer le Prince Royal à Bordeaux, et prendre ses ordres; car, son itinéraire devait le conduire à Nérac, où je retournai vite faire tout disposer pour sa réception, notamment, pour la mise en état de deux grandes salles de mon ancien couvent, restées en friche, à côté de mon appartement personnel, et qui pouvaient servir de grand salon et de grande salle à manger, dans la circonstance. — J'eus grand'peine à me faire indemniser ensuite, par le Département, de la dépense de cette annexion, exécutée « sans crédit préalable ». — Je meublai, tant bien que mal, mes deux nouvelles pièces, et nous nous rendîmes à Agen, ma femme et moi, pour assister officiellement à la très belle fête que donna le Préfet aux Augustes voyageurs.

Nous rentrâmes dans la nuit, et, le lendemain, le Prince, la Princesse et leur suite, après une promenade dans la Garenne, la visite des restes du château, de la statue de Henri IV, et de tous les points de Nérac où pouvaient leur être signalés quelques vestiges ou quelques particularités se rattachant à leur aïeul, déjeunèrent à la Sous-Préfecture, avec toutes les autorités locales et les personnages notables compris dans la liste d'invitations arrêtée par le Prince lui-même.

Le départ, pour Condom et Auch, eut lieu tard, dans l'après-midi. Tout s'était bien passé.

UNE ÉLECTION POLITIQUE.

Nous comptions vivre en paix à Nérac, en attendant mon envoi dans une Préfecture, que le Prince Royal m'avait annoncé comme très prochain, — il se trompait de près de dix ans! — lorsqu'un événement, heureux en apparence, l'élévation de mon Député, M. le marquis de Lusignan, à la Chambre des Pairs, vint me susciter des embarras politiques inattendus.

Précédemment, je n'en avais pas eu de bien graves.
A mon arrivée, l'administration municipale de Nérac était désorganisée. Le Maire, M. Duthil, un libéral modéré, venait de se retirer, par suite de mésintelligence avec le Conseil Municipal, où l'Opposition avancée possédait la majorité. Le Premier Adjoint, qui pactisait avec elle, occupait le pouvoir, assisté du Second Adjoint, républicain déclaré. Ces Messieurs essayèrent bien de me causer des ennuis; mais, je pus déjouer leur mauvais vouloir, et les maintenir eux-mêmes dans l'observation des lois de la hiérarchie, jusqu'au moment où, sûr de mon affaire, je provoquai soudainement la dissolution du Conseil Municipal et de nouvelles

élections, qui rendirent le dessus à l'opinion conservatrice. Alors, je fis nommer Maire de Nérac un vieux négociant en farines, retiré des affaires après fortune faite, et justement considéré : M. Mauvezin, catholique ; avec un premier adjoint protestant : M. Detrois, riche propriétaire ; et un second adjoint catholique : M. Larroze, notaire. Plus tard, M. Detrois remplaça, comme Maire, M. Mauvezin, fatigué par l'âge et le travail.

Dans les autres communes de l'arrondissement, jamais de sérieuses difficultés.

Depuis la mise à exécution de la loi du 22 juin 1833, sur l'élection des conseils généraux et des conseils d'arrondissement, les sept cantons choisissaient, à de grandes majorités, les candidats qui possédaient mes préférences.

Quant aux élections politiques, M. le marquis de Lusignan n'eut jamais de concurrent sérieux. Nous nous trouvions sous le régime des électeurs censitaires à 200 francs. Le parti légitimiste groupait, à grand'peine, 80 voix sur le nom du baron de Batz de Trenquelléon ; l'Opposition de Gauche pouvait disposer de 100 à 120 ; les conservateurs en apportaient au scrutin de 300 à 350.

Quand survint inopinément la vacance du siège du Marquis, à la Chambre des Députés, M. le comte Duchâtel dirigeait le Ministère de l'Intérieur, dans le Cabinet du 12 mai 1839, dit : « de transaction », présidé par le Maréchal Soult. — Après une combinaison éphémère, ce Cabinet avait remplacé le Ministère du comte Molé, renversé par la coalition Guizot-Thiers.

M. Duchâtel me demanda lui-même, directement, un rapport confidentiel sur les candidats possibles et leurs chances respectives.

Je lui fis savoir, sans retard, qu'une seule candidature était encore posée, celle de M. Duthil, ancien Maire de Nérac, très grand et très riche propriétaire, protestant, libéral avancé, naguère, ouvertement rallié, par les excès de l'Opposition, à la cause du Gouvernement. Il n'aurait pas, néanmoins, ajoutais-je pour des raisons étrangères à la politique, toutes les voix réunies par M. le marquis de Lusignan; une forte portion du parti conservateur préférerait la candidature, encore indécise, de M. de Vigier, catholique, ancien officier d'artillerie, membre du Conseil Général pour le canton de Mézin, possesseur d'une très belle fortune territoriale, avec qui je vivais en assez bons termes pour descendre chez lui, pendant mes tournées dans son canton; et, si M. de Vigier, plus sympathique à M. de Lusignan, se présentait, les voix conservatrices seraient partagées, au premier tour de scrutin, entre M. Duthil et lui, dans des proportions difficiles à prévoir, tandis que les voix légitimistes et celles de l'Opposition libérale se compteraient à part, comme d'habitude. Qu'au second, la majorité dépendrait du nombre des libéraux qui se rallieraient à M. Duthil et de celui des légitimistes qui se décideraient, par des considérations religieuses, à reporter leurs voix sur M. de Vigier; mais, alors, l'Administration, sans trop se découvrir, prendrait parti pour celui des deux candidats favorables au Gouvernement, sur lesquels, se grouperaient, d'après les premiers résultats, le plus de chances de succès. Cette ligne de conduite n'aurait, sans doute, rien de chevaleresque; mais, je la croyais la plus politique, et j'en proposais l'adoption.

Courrier pour courrier, le Ministre me répondit, sans aucune hésitation, que mon ami, M. de Vigier, par son caractère absolument sûr, lui paraissait un Député très préférable à M. Duthil, et qu'il fallait, dès avant le premier tour de scrutin, où l'appui du marquis de Lusignan et le mien ne pouvaient manquer de lui donner l'avantage, intervenir en sa faveur, comme je me réservais de faire seulement au second.

Cette résolution, prématurée tout au moins, était, sans aucun doute, inspirée à M. Duchâtel par M. Sylvain Dumon, qui savait M. Duthil absolument inaccessible à son influence, comme le marquis de Lusignan, et pensait avoir plus aisément raison du caractère facile de M. de Vigier. — Il se trompait.

J'essayai vainement de démontrer, à mon grand chef, l'imprudence de la candidature « officielle » de M. de Vigier, qui ferait porter de suite, du côté de son concurrent, les voix de l'Opposition libérale, et donnerait, au succès possible de celui-ci, le caractère d'un échec du Gouvernement. Je reçus, avec force compliments sur ce que pouvait mon action personnelle, l'invitation très nette, de promettre à M. de Vigier l'appui du Ministère, s'il se présentait.

Je levai facilement les dernières hésitations de ce personnage irrésolu, qui s'empressa d'adresser aux électeurs sa profession de foi politique, et de se mettre en campagne, comme candidat « officiel ».

L'effet prévu se produisit immédiatement, et bientôt, le Préfet m'appela pour me déclarer que, M. de Vigier ne semblant pas de taille à lutter contre la coalition des amis de M. Duthil et des opposants de Gauche, le Gouvernement se décidait à mettre en avant le propre beau-frère de M. Sylvain Dumon : M. Rotch-Barsalou, banquier d'Agen, propriétaire du château du Saumon, dans mon arrondissement, pour qui l'Évêché ne pouvait manquer d'obtenir bon nombre des voix légitimistes, contre le protestant Duthil.

J'eus beau dire : — « Mais c'est une guerre de religion
« que vous risquez d'allumer dans un pays où, jusqu'à
« présent, catholiques et protestants vivent en paix !
« Vous allez réveiller, d'ailleurs, par une candidature
« agenaise, des rivalités locales que je me suis toujours
« efforcé d'amortir ! » — Rien n'y fit.

De Nérac, j'écrivis à M. Duchâtel le résumé de cette entrevue, et je finis ma lettre ainsi : — « M. le Préfet
« vient de me donner, au nom de Votre Excellence, des
« instructions me paraissant inconciliables avec celles
« que j'ai reçues d'Elle directement et suivies de point
« en point. Je La prie de m'accorder un changement de
« résidence, et d'envoyer, à Nérac, un Sous-Préfet plus
« libre de faire ce dont il s'agit maintenant. »

Le Ministre me répondit que mon départ serait un coup funeste pour la nouvelle candidature substituée à celle de M. de Vigier, afin d'écarter sûrement M. Duthil, contre lequel il existait, dans sa conviction, de justes sujets de défiance ; qu'il comptait sur mon dévouement au Roi, dont une ardente Opposition battait le pouvoir en brèche, pour prêter, au contraire, à son Gouvernement, dans une circonstance si délicate, « le concours
« de l'habileté politique témoignée par ma correspon-
« dance », tout en gardant la réserve extrême que m'imposaient les faits passés, et qu'il admettait complètement.

Je pus l'aviser, en retour de sa lettre, « autographe », comme les précédentes, du désistement de M. de Vigier, retiré sous sa tente, avec un ressentiment implacable (*in alta mente repostum*) contre M. Sylvain Dumon, et j'y joignis un dépouillement anticipé du scrutin, établissant que, si M. Barsalou passait, ce serait au troisième tour, en ballottage, avec une majorité de fort peu de voix; mais, ajoutai-je, rien n'était moins sûr, en somme, qu'un tel résultat.

Quand vint me voir ce candidat, avec lequel j'avais toujours eu de bons rapports à Agen, pour bien établir ma situation à son égard, je lui lus ma correspondance avec le Ministre, le concernant. Il savait déjà, me dit-il, ne pouvoir compter que sur ma neutralité. — « Si « vous me voyez à Nérac », lui répondis-je, « c'est que « j'entends y faire mon devoir, dans la limite fixée par « le Ministre, mais sans en rien omettre. »

M. Barsalou, très ouvertement appuyé par tous les fonctionnaires, notamment, par le nouveau Procureur du Roi, M. Lafitte fils, et les Juges de Paix; secrètement servi par le Clergé, parcourut l'arrondissement, en y prodiguant dons et promesses, et tint table ouverte, à Nérac, aux approches et pendant toute la durée de l'élection, qui dura trois jours, suivant mes prévisions.

Aux deux premiers tours de scrutin, les voix se répartirent, presque exactement, comme je l'avais annoncé.

Pendant le ballottage, les deux candidats, venus, chacun de son côté, pour me remercier de la correction de mon attitude, se rencontrèrent dans mon cabinet.

On m'apportait, par séries, les noms des électeurs, à mesure qu'ils votaient, et je les distribuais en deux listes, tenues secrètes.

Il n'était pas permis, alors, de voter par bulletins imprimés ou faits d'avance. Il fallait écrire soi-même son vote, en séance, ou le faire écrire par un électeur de son choix, à l'abri d'un immense carton, sur un bulletin remis par le Président du Bureau. Cela rendait les opérations interminables, bien qu'aucun collège ne pût comprendre plus de 600 électeurs.

Lorsque le scrutin fut clos, le résultat de mes appréciations me fit demander à ces Messieurs, très courtois l'un envers l'autre : — Le Diable n'y perdait rien ! — « Quel est le plus âgé de vous ? » — Tous deux frissonnèrent. M. Duthil était l'aîné.

Un moment après, on nous informa qu'au dépouillement des votes, apparaissaient quelques rares bulletins blancs, et je dis à M. Barsalou : — « Vous voilà nommé ! »

C'étaient, en effet, des bulletins d'électeurs qui, résolus à ne pas donner leurs voix à « l'Agenais », n'avaient pu se décider à les reporter sur M. Duthil, au moment suprême.

M. Barsalou, grâce à ce concours indirect, l'emporta sur son concurrent, qui l'eût battu, sans cela, de quelques voix.

Le soir même, en annonçant le résultat de l'élection au Ministre de l'Intérieur, je le priai de me retirer de l'arrondissement de Nérac.

CHAPITRE VII

LA SOUS-PRÉFECTURE DE SAINT-GIRONS

Au Ministère de l'Intérieur. — De Paris à mon nouveau poste. — Le pays et sa population. — Recherches hydrologiques. — L'Asile de Saint-Lizier.

Nous étions à la fin de l'automne de 1839.

M. Duchâtel, heureux de se voir, tant bien que mal, hors de l'aventure où, dans un intérêt tout personnel, M. Dumon l'avait engagé, ne me marchanda pas l'expression du contentement qu'il en éprouvait, ni l'assurance de son bon vouloir pour moi.

Dans les derniers jours de décembre, je conduisis à Bordeaux ma femme, *in family way*, comme disent les Anglaises pudibondes, et désireuse de voir l'heureux événement s'accomplir chez elle, par les soins de praticiens connus. Je revins de suite à Nérac, d'où je retournai près d'elle, le 12 janvier, pour attendre la solution. Mais, je fus obligé de rentrer le 16 à mon poste, et c'est le 17, à cinq heures du soir, que naquit ma fille Marie-Henriette : — Mme Camille Dollfus.

Pendant plusieurs semaines, je fis la navette entre les deux villes, plus occupé des petits accidents qui se produisaient dans l'état de santé de la mère ou de l'enfant, que de l'intérêt de ma carrière, et j'étais à Bordeaux, vers la fin de février 1840, préparant la translation de l'une et de l'autre à Nérac, lorsque survint la chute du Ministère de transaction du 12 mai 1839, dont M. Duchâtel faisait partie, et qu'on me renvoya de mes bureaux, par exprès, un pli du Ministère de l'Intérieur, contenant l'avis de ma nomination à la Sous-Préfecture de Saint-Girons (Ariège), par une ordonnance royale datée du 19.

M. Dumon, craignant une dissolution de la Chambre par le nouveau Ministère, encore inconnu, devait avoir pesé sur M. Duchâtel, au dernier moment, pour avoir, à Nérac, un Sous-Préfet à sa dévotion.

Je me hâte de consigner ici que, malgré tous ses efforts, M. Sylvain Dumon ne put contenir la réaction qui se fit dans l'arrondissement, après mon départ. Nérac ne se résigna jamais à considérer « l'Agenais », comme son Député : M. Duthil remplaça M. Barsalou, lors des élections générales de 1842.

Indigné de la manière dont M. Duchâtel s'acquittait de ses belles promesses, je n'hésitai pas à le témoigner dans ma réponse, terminée par ces lignes : — « S'il est
« d'usage qu'un Ministre démissionnaire se serve encore
« du pouvoir afin de récompenser *in extremis* des ser-
« vices particulièrement connus de lui, c'est la première
« fois que, dans ces conditions, un fonctionnaire dé-
« claré méritant se voit frappé d'une véritable dis-
« grâce ! »

Dans le Ministère du 1ᵉʳ mars 1840, constitué sous la présidence de M. Thiers, le portefeuille de l'Intérieur échut à M. le comte de Rémusat, doublé d'un Sous-Secrétaire d'État, M. Léon de Maleville, que je connaissais. Avant d'être Député de Tarn-et-Garonne, il avait occupé le poste de Secrétaire Général de la Préfecture de la Gironde, sous M. le comte de Preissac, son oncle, nommé Préfet à Bordeaux, lors de la révolution de 1830.

Je résolus d'aller à Paris, tandis que ma femme se rendrait à Nérac, avec une de ses cousines, pour faire notre déménagement.

AU MINISTÈRE DE L'INTÉRIEUR.

A Paris, je commençai mes démarches au Ministère par le bureau du Personnel, dont chef et sous-chef m'étaient bienveillants. Je les trouvai réunis. Ma façon, plus que vive, de prendre mon envoi de Nérac à Saint-Girons, les étonnait. Comment! dès le soir de l'élection Barsalou, je me montre désireux de quitter Nérac, et, quand le Ministre, bienveillant à mon égard, mais impuissant à me tirer, de suite, d'une position difficile, fausse même, selon moi, profite d'une circonstance favorable pour le faire avant son départ, je me plains! On m'avait donné Saint-Girons, comme autrefois Yssingeaux, en attendant mieux. On me réservait, en effet, Libourne, la plus forte Sous-Préfecture de la Gironde, qu'on savait être à ma convenance depuis mon mariage, et dont on prévoyait la vacance. Mais, Saint-Girons ne méritait pas mon dédain. Le général carliste Cabrera parcourait la Catalogne, à la tête d'une armée véritable, qui faisait subir aux troupes de la Reine d'Espagne des échecs inquiétants, et cette Sous-Préfecture de frontière en acquérait une grande importance. Il y fallait un titulaire vigilant, énergique, actif, pour rendre impossibles les renforts en hommes, chevaux, armes, munitions, etc., que le comité carliste de Toulouse fournissait à ce chef, précisément par les nombreux « ports », difficiles à surveiller, faisant brèche à la chaîne des Pyrénées, au-dessus de Saint-Girons.

— « N'est-ce pas pour me dorer une pilule amère que « vous voulez bien me dire toutes ces choses? » demandai-je à mes interlocuteurs. — « Non, » me fut-il répondu : « c'est uniquement afin que vous voyiez notre « nouveau Ministre en pleine connaissance de cause. « Vous obtiendrez, sans difficulté, nous le pensons, « de lui faire donner ostensiblement, à votre envoi dans « l'Ariège, le caractère de mission temporaire, qu'il « avait dans la pensée de son prédécesseur, comme nous « pouvons l'attester. Il consentira, de plus, à vous pro« mettre Libourne, s'il est vacant à votre retour. Dans « ces termes, nous pourrons formuler une réponse à « votre lettre, où, sans relever ce qu'elle contient de « personnel pour l'ancien Ministre, nous expliquerons « l'acte contresigné par ce dernier, de manière à vous « donner toute satisfaction. »

Comme on peut le croire, je remerciai cordialement ces Messieurs de leurs bons conseils, et de l'aide précieux dont ils me donnaient l'assurance.

M. de Maleville me reçut à merveille. Mais, c'était un ardent adversaire de M. Duchâtel; il voulait donc, à toute force, avoir ses lettres confidentielles, relatives à l'élection de Nérac. Je lui répondis qu'à ma place, si maltraité qu'il pût se trouver de la part d'un Ministre, il ne se croirait pas autorisé, pour se venger, à trahir le secret d'instructions concernant une affaire de service.

Nous nous quittâmes en désaccord sur ce point ; mais, il ne m'en promit pas moins de prévenir M. de Rémusat de ma visite, et de me faire accorder la réparation qui m'était due.

On le comprend : si la divulgation de ces instructions confidentielles et de mes réponses n'a d'intérêt aujourd'hui qu'au point de l'histoire du Régime Parlementaire en France, alors, elle pouvait recevoir une toute autre portée.

La première parole du Ministre, à mon entrée, fut qu'il ne me demandait point ma correspondance avec M. Duchâtel : j'avais eu raison de ne pas la livrer à M. de Maleville, et, dans les circonstances où je me trouvais, ce refus me donnait un titre de plus à son estime. Il se déclara tout disposé, d'ailleurs, à régler mon affaire au mieux de mes intérêts d'avenir. Mon désir d'aller à Libourne, après les quelques mois qu'on me demandait de passer à Saint-Girons, pays très pittoresque et très agréable, voisin de l'arrondissement de Muret, qu'il représentait à la Chambre des Députés, lui paraissait bien modeste. Il aimerait à satisfaire une ambition plus élevée, chez un fonctionnaire noté comme il avait vu que je l'étais, dans mon dossier.

Je crus devoir me présenter chez M. Thiers, Président du Conseil, au Ministère des Affaires Étrangères, occupant encore alors, à l'angle du boulevard et de la rue des Capucines, l'ancien palais du Prince de Neuchâtel (le Maréchal Berthier) que, Préfet de la Seine, je fis démolir et vendre par lots, très chèrement, pour le compte de l'État. — Les terrains qu'il recouvrait et ses jardins s'étendaient, sur le boulevard, jusqu'à la rue Neuve-Saint-Augustin, aujourd'hui, rue Daunou. — J'étais connu de M. Thiers depuis 1830. Il m'avait vu dans les bureaux du *National*, le 26 juillet, avant la Révolution, et le 29 au soir, chez M. Lafitte ; puis, en 1832, au Ministère de l'Intérieur, quand il y remplaçait Casimir Périer, à mon retour d'Yssingeaux. J'en reçus bon accueil. Il me loua de la netteté de ma conduite dans l'élection de Nérac, sujet de quelque rumeur, quand on l'apprit à la Chambre des Députés.

Ensuite, j'allai voir M. Pagès (de l'Ariège), Député de Saint-Girons : un vieux libéral ; jadis, intime ami de Benjamin Constant, et collaborateur, à l'ancien *Courrier Français*, de mon beau-frère, M. Artaud, qui m'accompagna chez lui.

C'était un type curieux de Méridional, devenu Parisien depuis longtemps ; sceptique, à peu près en toutes choses ; fin comme ambre, sous une apparence de rondeur aimable ; fort accommodant, au fond, malgré son opposition farouche « au Pouvoir », et ménageant la chèvre et le chou, pour conserver son siège à la Chambre, auquel il devait son importance, beaucoup plus qu'à ses écrits, un peu démodés. Il faisait, tous les ans, un grand discours contre « le Ministère », quel qu'il fût, à l'occasion de l'adresse ou du budget, et votait peut-être pour lui dans les grandes occasions ; car, les scrutins étaient alors absolument secrets. En me parlant de ce discours annuel, il me dit : — « C'est pour mes gens de « là-bas ! » — Je n'eus, d'ailleurs, qu'à me louer de sa réception et de nos rapports. Il me promit de m'annoncer à ses amis (ses gens de là-bas !) de manière à m'épargner toute hostilité de leur part, et me donna même beaucoup d'indications utiles.

Comme je me trouvais dans le cabinet de M. de Rémusat, la veille de mon départ, M. Thiers y entra. Je voulus me retirer : il me retint et me fit, entre autres questions, celle-ci : — « Quel est donc votre Député ? » — « M. Pagès. » — « L'avez-vous vu ? » — Oui, Mon« sieur le Président ! » — « Quelle impression vous a-t-il « faite ? » me dit malignement M. Thiers, qui le connaissait à fond, sans doute. — « Celle, » répondis-je, « qu'un « montagnard des Pyrénées est un Gascon élevé à la « seconde puissance. » — Les deux Ministres partirent d'un éclat de rire, et, après quelques recommandations touchant mon rôle, politique plus qu'administratif, « là-bas », ils me laissèrent aller.

DE PARIS A MON NOUVEAU POSTE.

Lorsque je revins à Bordeaux, nanti de la lettre ministérielle préparée dans le bureau du Personnel administratif, j'y trouvai ma femme, rentrée de son expédition de Nérac, après vente de toute la portion de notre mobilier qu'elle ne désirait pas conserver, et envoi du reste sur une dépendance de la maison de campagne que ses parents possédaient au Bouscat, dans la banlieue de Bordeaux, pour l'y entreposer.

Elle avait congédié provisoirement nos deux vieux serviteurs, Joseph et Marianne, retirés dans leur petite maison de Nérac. Nos chevaux et voitures, recueillis chez un ami complaisant, y restaient, avec le cocher Dominique et ses bêtes, en attendant mes instructions.

C'est le cas de dire un mot de ce Dominique, un gascon pur sang ! Neveu de ma cuisinière ; fils d'un brave et honnête maçon, il servit quelque temps à Paris, d'abord, dans la même maison que sa tante. Après mon mariage, quand je sentis plus souvent le besoin de chevaux attelés que de chevaux de selle, je remplaçai mes anciens coursiers, trop légers pour mener une calèche, par une paire de fortes juments à deux fins, et je pris Dominique chez moi.

C'était un gars de vingt-quatre ans à peine.

Il profita des loisirs que lui faisait mon absence, pour réaliser son propre mariage, projeté depuis longtemps, avec une jeune et belle fille de Nérac, issue, comme lui, d'une souche de braves gens, et lorsque, de Bordeaux, où je touchai barres à peine, je lui donnai l'ordre de se trouver tel jour à Toulouse, pour l'arrivée de la malle-poste où je serais, ma lettre lui parvint juste le lendemain de ses noces ! Il n'hésita pas une minute. Informé de ce contretemps, je crus devoir en marquer mon regret. Il me répondit : — « Que voulez-vous, Monsieur ? « Le service avant tout ! J'avais promis à cette fille de « l'épouser ; j'ai tenu parole : c'est l'important. Elle « m'attendra, mari, comme elle m'attendait, fiancé, tout « le temps nécessaire. »

Afin que je pusse reprendre, dans l'Ariège, mes chevauchées par monts et par vaux de la Haute-Loire, auxquelles mes juments percheronnes se trouvaient absolument impropres, mon ami consentit à garder celles-ci pendant le peu de mois que durerait ma mission, au dire du Ministre. De son côté, Dominique dirigea sur la Sous-Préfecture de Saint-Girons, selles, brides, couvertures, licols et objets d'écurie, pour les chevaux de montagne que je comptais m'y procurer.

Ma femme et ma petite fille surabondamment recommandées à mes beaux-parents, je pris la route de Toulouse, où je débarquai de grand matin, le jour dit. M. Louis Borel, un cousin de ma femme, banquier dans cette ville, dont j'avais accepté d'avance l'hospitalité, me reçut à la descente de la malle-poste. Dominique était là. Je lui fis retenir de suite, pour le lendemain, le coupé de la diligence de Foix, et je consacrai ma journée à visiter, en compagnie de mon hôte et de son aimable femme, qui s'appelait Isaure, Toulouse, son Capitole, son Musée, son Château-d'Eau, ses boulevards, son bassin de jonction du canal de Languedoc à la Garonne, etc...

Mon voyage, de Toulouse à Foix, absorba toute la journée suivante, qui fut magnifique. La route, que le chemin de fer suit parallèlement aujourd'hui, franchit la Garonne au-dessus du confluent de l'Ariège, et longe la rive gauche de ce cours d'eau, en laissant, sur la rive droite, les petites villes d'Auterive, patrie du général Clausel, et de Cintegabelle, pour entrer dans le département auquel il a donné son nom, un peu au-dessous de Saverdun, où l'on passe sur le bord opposé, pour ne plus le quitter. On traverse Pamiers, siège d'un Évêché, chef-lieu de Sous-Préfecture, sis au fond d'une sorte d'hémicycle, encaissé curieusement dans la plaine haute qui l'entoure, et ouvert du côté de la rivière. Après Varilles, on entre dans la contrée montagneuse, et la route remonte le cours torrentiel de l'Ariège jusqu'à Foix, dont l'aspect est saisissant, par son caractère étrange et pittoresque.

Cette ville occupe, en effet, entre l'Ariège et le Large, qui s'y réunissent, le pied d'un rocher conique, sur lequel ses maisons s'étagent de tous côtés, et dont le faîte est couronné par l'ancien château des comtes de Foix, qui servait de prison. La Préfecture, agréablement posée tout en bas, domine le confluent des deux rivières, dont les eaux limpides et bruyantes baignent ses jardins.

Je pris une chambre dans l'hôtel où s'arrêtait la diligence, avant de continuer sa route vers Tarascon-sur-Ariège et Ussat, où se trouve une station d'eaux minérales très fréquentée. Cet hôtel faisait face au pont conduisant en ville. Il était six heures passées. Je me débarrassai de la poussière du voyage; m'habillai; dînai; puis, me fis conduire, vers huit heures et demie, à la Préfecture.

Le Préfet de l'Ariège, M. Petit de Bantel, un vrai Parisien, et du meilleur monde, ayant, dans sa jeunesse, mené la vie à grandes guides, et marié, vers la quarantaine, à une jolie femme, aussi gracieuse qu'élégante, apparentée au *Journal des Débats*, bénéficiait de l'influence de cette feuille, toute-puissante sous le règne du Roi Louis-Philippe. Il fut, pour moi, d'une courtoisie parfaite.

Je m'extasiais, sans m'en lasser, sur le site charmant de l'hôtel de Préfecture. M. de Bantel convint que cette résidence était, en effet, très enviable pendant la belle saison; mais l'hiver, à Foix, était fort dur à passer, sous tous les rapports, et il comptait bien ne pas en faire une nouvelle épreuve. Il quitta l'Ariège, en effet, peu de mois après, et M. Pascal vint l'y remplacer.

Le **Préfet me** donna rendez-vous au lendemain matin, pour **ma prestation** de serment, et, comme il approuvait mon dessein de me rendre à Saint-Girons sans retard, il ajouta qu'il m'en donnerait licence, mais après déjeuner seulement. Il voulait me mettre en rapport avec les membres du Conseil de Préfecture, et les en fit immédiatement prévenir. J'acceptai sa gracieuse invitation, qui me permit de m'excuser, auprès de ces Messieurs, de ne pas leur faire visite, cette fois.

Aucun autre devoir ne pouvait retarder mon départ, Foix n'étant pas la résidence d'un Commandant de Subdivision Militaire, et l'Évêque ayant, comme je l'ai dit plus haut, son siège à Pamiers.

Lorsque je revins au chef-lieu du département pour affaire de service; je pus visiter, d'abord, un peu au-dessus de Foix, la grande usine métallurgique de Saint-Antoine, alimentée par l'excellent minerai de fer extrait, par des procédés rudimentaires, des gisements de la vallée de Vic-Dessos, arrosée par le Gave de ce nom, qui se jette dans l'Ariège à Tarascon; puis, au delà de cette ville, l'établissement des bains minéraux d'Ussat, où M. François, très habile Ingénieur des Mines, s'occupait d'intéressants travaux de captation de nouvelles sources; enfin, beaucoup plus loin, sur la route de Puycerda (Espagne), après les Cabannes, Ax, station d'eaux thermales; l'Hospitalet, dernière commune de France, de ce côté; le val d'Andorre, où l'on pénètre par le col de Puymorin. C'est dans cet état neutre, régi par un de nos Conseillers de Préfecture, M. de Saint-André, « le Viguier » d'alors, que, tout près de la frontière, le principal bras de l'Ariège prend sa source.

Le val d'Andorre, en dépit de sa mise en musique par Halévy, ne vaut pas le long et fatigant voyage qu'il faut faire pour y monter. On ne saurait en rien le comparer aux admirables vallées de l'arrondissement de Saint-Girons. Mais, cette excursion me permit de constater la différence de celles-ci, dont la plupart des roches sont de marbre, avec la vallée de l'Ariège, dont la formation tout entière est granitique : aussi, l'aspect des constructions, comme celui du pays même, change-t-il absolument, d'une contrée à l'autre.

De Foix à Saint-Girons, par la route de Bayonne à Perpignan, on ne compte pas moins de quarante-quatre kilomètres. Pour les parcourir, cette première fois, je m'étais assuré d'une voiture bien attelée, pouvant porter mes bagages. Elle fit la route en deux étapes : l'une, rendue très pénible par le massif de montagnes qui sépare la vallée de l'Ariège de celle de l'Arize, petite rivière allant se jeter dans la Garonne au-dessus de Muret, passé laquelle nous nous arrêtâmes, deux heures, à la Bastide de Sérou, pour faire reposer nos chevaux ; l'autre, plus facile dès qu'on entre dans l'arrondissement de Saint-Girons, à Castelnau-Durban. On s'engage, en effet, après Rimont, très gros bourg, dans une étroite vallée toute riante, où serpente le Baup, un petit cours d'eau, qui va joindre le Salat, entre Saint-Girons et Saint-Lizier. La route de Foix rencontre celle de Pamiers au-dessous d'Audinac, station d'eaux minérales, et plus loin, à quatre kilomètres, on entre dans Saint-Girons.

Nous y arrivâmes vers six heures du soir, lorsque tombait le jour. Mon voiturier me conduisit à l'Hôtel de France, sur la principale place, où je pris gîte, quoique la Sous-Préfecture, maison bourgeoise d'assez bonne apparence, précédée d'une petite cour sur la Grande

Rue, et suivie d'un jardin terminé par des écuries et remises donnant sur un boulevard extérieur, fût, depuis plusieurs semaines, à ma disposition : mon prédécesseur, M. Cambon, nommé Sous-Préfet de Jonzac (Charente-Inférieure), avait mis un empressement extrême à gagner son nouveau poste.

Natif de Toulouse, ancien avoué, devenu Sous-Préfet en 1830, M. Cambon était le très proche parent d'un riche propriétaire et maître de forges de Saint-Girons, M. Trinqué, membre du Conseil Général pour le canton de Saint-Lizier, plus libéral au fond que M. Pagès, et pouvant aspirer à la députation. Devais-je attribuer son déplacement à cette circonstance? Je ne le sus jamais. Toutefois, pour que M. Duchâtel prît un inconnu de préférence à moi, dans son propre arrondissement électoral, il fallait bien qu'il eût un motif de le faire.

Sauf les bureaux, exceptionnellement dotés d'un mobilier, la Sous-Préfecture de Saint-Girons était absolument vide. Ne devant pas y faire d'installation durable, je conclus un arrangement avec le riche propriétaire de l'Hôtel de France, cuisinier fort renommé, brocanteur en tous genres, comme la plupart des capitalistes du pays, pour l'ameublement, à loyer, d'un salon, d'une salle à manger, d'une chambre à coucher et d'une chambre de domestique, et pour la fourniture du linge de maison nécessaire. Je prenais mes repas, matin et soir, dans son établissement, en compagnie du Procureur du Roi, du Juge d'Instruction et de l'Inspecteur des Eaux et Forêts de l'arrondissement, qui n'avaient pas non plus de maisons montées.

LE PAYS ET SA POPULATION.

Un de mes premiers soins fut de prier le Lieutenant de Gendarmerie, fort au courant de l'élevage des chevaux de Remonte, branche importante de l'industrie locale, de composer mon écurie, et je fus bientôt à la tête de deux très jolies et très vigoureuses pouliches de quatre ans, issues de juments navarrines, et provenant d'étalons arabes du haras de Tarbes; un peu trop ardentes, au gré de Dominique, mais ayant les jambes fines, nerveuses, et le pied montagnard.

Dès mes visites officielles reçues et rendues, une tournée de Recrutement me fournit l'occasion de parcourir les six cantons de l'arrondissement de Saint-Girons, entre lesquels ses 83 communes et sa population de plus de 80,000 âmes se répartissaient, et de constater que la plupart forment, en quelque sorte, autant de pays distincts, séparant des chaînes de montagnes abruptes, à peu près impraticables aux communications, descendant presque parallèlement du massif central des Pyrénées, et se ramifiant à l'infini dans toutes les directions.

Les plus considérables de ces cantons comprennent plusieurs vallées convergeant vers leurs chefs-lieux, où elles se confondent, et dont la physionomie générale, les produits, les industries, et jusqu'au type des habitants, sont presque toujours dissemblables.

Chaque vallée, grande ou petite, a son thalweg sillonné par un cours d'eau ne tarissant pas, mais d'un débit proportionnel au périmètre du bassin qu'elle constitue. C'est le témoin permanent des grands courants diluviens qui l'ont creusée, depuis le soulèvement pyrénéen. Par leur réunion, les ruisseaux font des rivières, — c'est proverbial, — et toutes celles de l'arrondissement se jettent, en amont de la ville de Saint-Girons ou sur son territoire même, dans la plus importante, le Salat, et lui donnent finalement, en aval, un volume d'eau qui la rend considérable.

Le Salat prend sa source tout en haut de la vallée de Conflens, canton d'Oust, près du port de Salau, par lequel on franchit la grande chaîne des Pyrénées, à 2,052 mètres d'altitude, pour descendre dans la vallée espagnole d'Arreu. Il traverse tout l'arrondissement, du sud au nord, jusqu'à Saint-Girons, et là, se dirigeant vers l'ouest, va se jeter dans la Garonne, au-dessus de Saint-Martory.

Son affluent principal, le Lez, vient aussi de l'extrême frontière, tout en haut de la vallée de Biros, canton de Castillon, où se trouvent, aux altitudes 2,363 mètres et 2,525 mètres, les ports d'Orle et de la Hourquette. Au delà de ces deux passages, on est en Espagne, dans la vallée d'Aran.

J'ai relevé les chiffres qui précèdent, et beaucoup d'autres, pour l'exactitude desquels je ne pouvais me fier à ma mémoire, sur la carte de l'État-Major, qui m'a servi, d'ailleurs, à contrôler, sous d'autres rapports, mes souvenirs, et en a justifié la précision.

A Saint-Girons même, se trouve le confluent du Lez et du Salat, et, je l'ai dit, un peu plus bas, hors ville, celui du Baup.

Des autres cours d'eau tributaires du Salat, très nombreux au-dessus du chef-lieu d'arrondissement, trois méritent seuls d'être mentionnés.

C'est, d'abord, au pont de la Taule, la rivière d'Aleth, qui réunit tous les ruisseaux de la vallée d'Ustou ; puis, à Oust, le Garbet, qui vient du lac de ce nom, sis au point culminant de la belle vallée d'Ercé, au-dessus d'Aulus, station d'eaux minérales très fréquentée depuis quelque temps, et reliée, par le port de Saleix, à la vallée de Vic-Dessos ; — le Garbet s'accroît, en route, d'une foule de petits ruisseaux ; — enfin, au pont de Kercabanac, près des forges de Lacour, l'Arac, la rivière de la vallée de Massat, vallée formant, à elle seule, un grand canton, entouré d'un immense cirque de montagnes. On y pénètre par une sorte de goulot rocheux, où court à grand bruit l'Arac sur le côté gauche duquel la route est entaillée dans la pierre. Impossible d'en sortir, autrement que par la même voie, à moins de suivre un sentier difficile, pour aller, par le col de Port, dans la vallée de Tarascon.

Ces trois rivières, comme celle de la petite vallée de Riverenert, canton de Saint-Girons, se jettent dans le Salat, sur sa rive droite.

Avant de constituer, à la fin, un grand cours d'eau, celui-ci reçoit directement, sur sa rive gauche, une foule de ruisseaux issus des revers tourmentés d'une chaîne de montagnes partant du mont Vallier, un des plus hauts pics du massif central des Pyrénées, et séparant les cantons d'Oust et de Castillon. Il suit le pied de cette chaîne, qui se termine, en vue de Saint-Girons, par le mont Sous-Roc, dont la masse pittoresque rappelle, dans de moindres dimensions, la forme aplatie du sommet de la Maladetta.

Le Lez coule, dans la vallée de Castillon, aux revers opposés de la même chaîne. Il reçoit, en amont de cette ville, sur sa droite, la rivière d'Orle; puis, la Ribeira, sortant de l'Étang Rond, et grossie par le ruisseau de Peyrelade; enfin, la rivière de Bethmale, descendant, à travers la vallée de ce nom, d'un petit lac sis près du col de la Core, seul passage possible d'un canton à l'autre; et en aval, sur sa gauche, à Audressein, la Bouignane, venant de la vallée justement appelée la Bellelongue, d'où l'on peut passer, par le col de Portet, au-dessus de Saint-Lary, dans l'arrondissement de Saint-Gaudens.

Le Lez s'accroît, près de sa source, des eaux du lac d'Areins, ancien cratère, dit-on, bien que je n'aie aperçu, dans les alentours, aucune trace de coulée de lave, ni la moindre pierre volcanique; mais qui se trouve au pied de la grande chaîne des Pyrénées, à 1,880 mètres d'altitude, dans un hémicycle, où se dresse la roche dite « la Bande de Cristal », et aux extrémités duquel s'élancent deux immenses pics : celui de Canéja et celui de Crabère, limite de l'Ariège et de la Haute-Garonne. On voit, au sommet de ce dernier, une tour en pierre sèche, signal de la carte de Cassini. La chute des eaux du lac dans un ravin allant au Lez forme une belle cascade.

Le Lez même a son origine à l'est de la Serre (Sierra) d'Areins, appuyée sur le pic de Canéja, dans le petit étang d'Albe, à près de 2,500 mètres d'altitude, au-dessous du portillon d'Albe, qu'il ne faut pas confondre avec celui de Bagnères-de-Luchon. A peu de distance, est une cascade : l'eau tombe de si haut qu'elle arrive à l'état de brouillard dans la prairie verdoyante où se reforme le ruisseau.

Les explications qui précèdent ont pour but de faire comprendre que, de Saint-Girons, on rayonne vers tous les points élevés, soit du canton d'Oust, soit de celui de Castillon, par nombre de vallées qui semblent comme autant de branches de deux immenses éventails, remontant jusqu'aux faîtes des Pyrénées. C'était, en effet, dans ces deux directions que devait se porter ma vigilance.

Les cantons de Saint-Lizier et de Sainte-Croix, au nord de Saint-Girons, très dignes de ma sollicitude sous beaucoup de rapports, ne pouvaient m'inspirer aucune inquiétude au point de vue de la contrebande de guerre. Montueux, plutôt que montagneux, ils semblent comme des transitions ménagées entre les vallées pyrénéennes et les plaines de l'arrondissement de Muret. Le premier occupe les deux rives du Salat, au-dessous de Saint-Girons ; le second, qu'il sépare de cette rivière, s'arrose des eaux du Volp, petit affluent de la Garonne. Dans l'un et l'autre, l'agriculture trouve plus libre carrière que dans le reste du pays, où, généralement, tout ce qui n'est pas forêt de sapins ou de hêtres, devient prairie ou pacage : prairie, dans le fond des vallées ou sur les pentes arrosables des montagnes ; pacages, sur les croupes et dans les « combes » de celles-ci, neigeuses en hiver, revêtues d'une courte végétation herbacée, le reste du temps.

Cela n'empêche pas qu'on rencontre encore des forêts dans ces deux cantons. Celle de Sainte-Croix, peuplée de hauts sapins droits et forts comme des mâts de vaisseaux, me frappa d'admiration. Mais, on commence à revoir, par-ci par-là, des chênes, et aussi, des étendues ensemencées de céréales.

Dans les parties basses, irriguées, des plaines, comme dans les vallées des autres cantons, des prés verdoyants réjouissent les yeux.

L'industrie la plus répandue partout, mais plus particulièrement dans la région montagneuse, est l'élève des bêtes à laine ; puis, des vaches ; enfin, des chevaux : ceux-ci, de race navarrine, croisée d'arabe ; les vaches, petites ; — leur lait, comme celui des brebis, et aussi, des chèvres (effroi des forestiers), dont on voit quelques troupeaux sur les cimes, sert à la fabrication de fromages ; — la race ovine, de belle et fine espèce, donne de la laine recherchée.

Les foires sont très nombreuses. Il y en a douze, dont plusieurs de deux jours, à Saint-Girons, où se tient, d'ailleurs, tous les samedis, un marché très actif. Il en résulte une grande animation dans cette ville de 5,000 âmes, qui doit à sa situation, bien centrale, sa prépondérance sur les villes de Massat, Seix, Ercé, presque aussi peuplées qu'elle.

On comptait, dans l'arrondissement, plusieurs forges à la Catalane, mues par ses cours d'eau ; consommant ses charbons de hêtre ; mais l'exploitation du marbre y dépassait de beaucoup en importance le travail du fer. Sauf le blanc, dont les carrières sont à Saint-Béat (Haute-Garonne), on y trouve toutes les variétés de marbre possibles : noir pur ou porte-or, rouge griotte ou cervelas, vert, gris de toutes nuances. Une belle scierie, exploitée par un membre de la famille Cabarrus, de Bayonne, fonctionnait, sur le Lez, à Angomer, canton de Castillon.

J'ai visité, dans la commune de Mercenac, canton de Saint-Lizier, la verrerie de Pointis, fondée par la famille de La Frégère, d'origine suisse, et assisté curieusement au travail de ces « gentilshommes verriers », les seuls protestants de l'arrondissement de Saint-Girons, où la dévotion catholique se traduit par des chapelles semées de tous côtés, dont plusieurs sont l'objet de pèlerinages annuels, suivis de fêtes foraines, dites « romérages », où l'on banquète ; où l'on danse ; où l'on campe même, et le plus souvent, plusieurs jours.

Quoi qu'il en soit, l'arrondissement, surtout dans sa partie montagneuse, ne saurait nourrir toute sa population. Aussi, la plupart des hommes vont-ils chercher du travail ou quelque industrie au dehors ; mais, généralement, avec esprit de retour. Ils rapportent au pays les gains acquis par eux d'une manière ou d'une autre, avarement économisés, en vue des besoins de leurs familles, et, quand ils le peuvent, de l'agrandissement de leurs modestes patrimoines, ce qui, dans certaines vallées, porte le prix du terrain fort au-dessus de sa valeur réelle, tant on l'y convoite ardemment. Pendant ces émigrations périodiques, les femmes ne se contentent pas de garder la maison, de soigner leurs ménages et d'élever leurs enfants. Elles remplacent les hommes absents, dans la culture de la terre, et c'est un sujet d'étonnement, pour l'étranger, que de voir bien plus de femmes que d'hommes, aux travaux des champs.

Les professions auxquelles se vouent certains des indigènes qui vont chercher fortune au loin sont très diverses ; mais, la plus bizarre et la plus productive, dit-on, celle de montreurs d'ours et d'autres animaux dressés, a plus particulièrement les préférences des hommes de la vallée d'Ustou. Ce n'est pas chose facile ni sans danger, que d'aller ravir les oursons à leurs tanières, pour les apprivoiser, les élever et les préparer au rôle de saltimbanques. On disait, en plaisantant, qu'il existait une école communale d'ours dans le bourg d'Ustou ; mais, j'y pus contempler, sur un grand nombre de pas de portes, de petits oursons, jouant avec les enfants, familiers avec les chiens, avec les chats, et donnant une physionomie singulière à cette localité.

La mendicité même, avec simulation d'infirmités, ne se voit pas dédaignée, en tant que métier fructueux, par certains de ces montagnards. On m'a cité l'ancien Maire (fort à son aise) d'une grosse commune, qui s'était enrichi en l'exerçant dans les villes d'eaux, pendant la saison des bains. Comme une personne, qui l'avait reconnu, lui faisait honte de recourir, dans sa position, à la charité publique, il répondit : — « Mais, « Monsieur, ma position, voilà comment je l'ai gagnée ! »

RECHERCHES HYDROLOGIQUES.

L'arrondissement de Saint-Girons me fut un vaste champ pour mes études, sérieusement commencées depuis plusieurs années, sur l'intéressant sujet des eaux, considérées au point de vue de l'alimentation humaine. Un mémoire du Docteur Terme, de Lyon, touchant les divers moyens proposés pour doter cette ville, dont il était Maire et Député, d'un bon service d'eaux publiques, avait grandement éveillé mon attention, et je ne rencontrais jamais de cours d'eau, sans m'enquérir de la formation géologique du sol d'où leurs sources provenaient ; sans rechercher la composition chimique de l'eau de chacune, et sans observer son influence hygiénique sur les populations qui la buvaient.

Lorsque le Docteur Ferrus, Inspecteur Général du service des Aliénés, vint visiter l'Asile départemental de Saint-Lizier, dont je m'occupais beaucoup, il constata que ses 250 lits n'étaient pas tous affectés à des aliénés proprement dits ou à des aliénés épileptiques, presque toujours incurables; qu'on y recevait, à titre hospitalier, des crétins, des goitreux et des idiots, de familles indigentes, et il apprit que ces malheureux provenaient de la plus splendide vallée de l'arrondissement.

Il voulut aller rechercher les causes de ce phénomène. Je l'accompagnai. Nous nous arrêtâmes, pour déjeuner, à l'entrée de la Bellelongue, dans le bourg d'Audressein. Il s'empressa d'attribuer l'existence de crétins et de goitreux dans cette localité basse, à sa position abritée de grands arbres, qui, tout en la protégeant, y maintenaient une humidité constante, et s'opposaient, disait-il, au renouvellement convenable de l'air. Je lui fis observer qu'Audressein se trouvait au confluent de deux rivières : le Lez, dont les eaux provenaient des vallées de Biros et de Bethmale, contrées de formation calcaire, pays de marbre, où les populations étaient magnifiques; et la Bouignane, sortant de la Bellelongue, vallée au sol exclusivement alumineux, où les eaux, suintant à travers des couches d'ardoises stratifiées, ne contenaient en dissolution ni phosphates ni carbonates de chaux, et dont les habitants avaient une constitution d'aspect rachitique, due, selon mon avis, à cette particularité. Il lui fallut bien constater que tous les crétins et goitreux étaient riverains de la Bouignane et buvaient ses eaux, et qu'il n'en existait pas un sur les bords du Lez. Notre aubergiste lui certifia, d'ailleurs, que les délicieuses truites dont il nous servait avec orgueil la chair ferme et savoureuse, venaient du Lez, et qu'on négligeait celle de la Bouignane, à cause de la qualité fort médiocre de leur chair molle et sans goût.

Durant notre visite des villages de la Bellelongue, qui se touchent pour ainsi dire, et où, devant presque toutes les portes, des crétins ou goitreux, assis dans de petites chaises, offraient aux passants le plus triste spectacle, je le forçai de reconnaître, dans la coupe des terrains surplombant le chemin, des stratifications alumineuses, à l'appui de mon opinion. Il put ensuite parcourir quelques villages des vallées de Biros et de Bethmale, et admirer le beau type de leurs habitants, hommes et femmes, buveurs d'eaux calcaires.

Je ne suis pas bien sûr d'avoir convaincu ce savant émérite. Un vieux praticien, pouvait-il, d'ailleurs, convenir de suite qu'un jeune Sous-Préfet, sans compétence, eût ébranlé, du premier coup, dans son esprit, la thèse qu'il professait depuis longtemps? Mais, à partir de ce jour, entre le modeste fonctionnaire et le célèbre aliéniste, s'établirent des relations qui, bientôt amicales, me furent précieuses à Auxerre, d'abord, et à Paris, ensuite, pour la création de grands asiles d'aliénés du type conçu par lui.

Le docteur Ferrus avait exercé les fonctions de médecin par quartier de l'Empereur Napoléon Ier. Il comptait M. Thiers dans ses clients et amis. C'était un vieillard aimable, pétillant d'esprit, un peu trop sceptique, à force d'avoir vécu. C'est lui qui me fit cette singulière recommandation : — « Méfiez-vous des hommes gras! » — et qui, me parlant d'un personnage dont je n'avais pas à me louer, me disait : — « Il s'est mal conduit « envers vous? Il ne vous le pardonnera jamais. »

J'ai reconnu la justesse de ce dernier jugement, et la bizarrerie de sa mise des hommes gras à l'index m'a fait remarquer plusieurs exemples à l'appui.

ASILE DE SAINT-LIZIER.

C'est à Saint-Girons que s'affermirent, en moi, les convictions, désormais inébranlables, auxquelles Paris doit un service d'eau de sources dérivées, pures et salubres.

C'est à Saint-Lizier que la question des asiles d'aliénés me devint familière.

Celui dont j'avais la surveillance, était plus que médiocrement installé dans les bâtiments fatigués d'un ancien palais épiscopal ; car, autrefois, Saint-Lizier fut le siège d'un Évêché, partageant, avec celui de Pamiers, la direction ecclésiastique du comté de Foix. Cette fondation possédait par elle-même des ressources fort limitées, et le département de l'Ariège, auquel la loi du 20 juin 1838 imposait la charge de ses aliénés dangereux, indigents, ne pouvait les compléter qu'avec parcimonie. On y tirait donc le plus grand parti possible du travail de tous. Nous pratiquions le système d'Esquirol, autant par nécessité que par conviction doctrinale.

On y voyait des ateliers de tailleurs, de couturières et de cordonniers, où se confectionnaient les vêtements et les chaussures des divers pensionnaires. Nous utilisions les maçons, charpentiers, couvreurs, menuisiers, etc., qui se trouvaient au nombre de nos malades, à l'entretien des bâtiments ; les jardiniers, au potager, au verger. Le quartier des femmes fournissait les cuisinières, servantes, lingères, blanchisseuses et repasseuses. Enfin, des escouades de manouvriers allaient entreprendre, au dehors, des travaux agricoles, pour le compte de tiers.

Peu à peu, tous les gens à gages avaient disparu. Sauf le Médecin-Directeur, l'Économe et les Sœurs, il ne restait plus guère, dans l'établissement, que des aliénés et quelques êtres destitués de raison. Les surveillants et les surveillantes des diverses divisions d'hommes et de femmes se prenaient parmi les malades les plus calmes de chacune, et s'acquittaient à merveille de leurs fonctions : ils ne se montraient plus fous que pour leur compte personnel.

Ce petit peuple d'aliénés ne marchait pas beaucoup plus mal, en somme, que bien des grandes nations modernes, où les droits de la raison, proclamés, invoqués de toutes parts, donneraient à penser qu'elle est la règle commune, toujours obéie. Or, dans celles-ci, comme dans celui-là, je croyais reconnaître que l'ordre formait la résultante de l'antagonisme heureux d'éléments de désordre se pondérant, se neutralisant les uns les autres. Les passions multiples qui s'agitent et se combattent dans la Société, ne peuvent-elles pas s'assimiler aux cas d'aliénation correspondants : folie religieuse; délire ambitieux; manie des grandeurs, de la richesse, de la puissance; délire de la persécution; affolement de liberté; fureur de toute contrainte; démence d'amour et tant d'autres? Chacun d'eux n'est-il pas le produit de l'exaltation, poussée au dernier paroxysme, d'une passion déréglée? Et, si la Société peut imposer à toutes un frein efficace, et, partant, maintenir l'équilibre d'un tel milieu, n'est-ce point parce qu'elle a pour auxiliaires, contre chaque aberration, ceux de ses membres qui n'en sont pas atteints, et que la raison guide tant qu'il ne s'agit point de leur propre manie?

Équilibre essentiellement instable, hélas!... Vienne un concours de circonstances qui jettent dans le même courant passionnel des masses populaires, et la nation entière semblera prise de vertige et de folie. Parfois même, il suffit de la fureur d'une minorité violente, intimidant les gens paisibles, déconcertés, ahuris de terreur, pour ébranler, pour renverser l'échafaudage qu'on avait si prudemment combiné. Ce n'est plus seulement du désordre; c'est une révolution!

Je reçus, à Saint-Girons, la visite d'un pasteur protestant du centre de la France, qui venait me saluer, après une cure à n'importe quelle station d'eaux, en allant au Mas-d'Azil et à Saverdun (arrondissement de Pamiers), sièges d'églises consistoriales réformées. Il me demanda l'autorisation de visiter l'Asile de Saint-Lizier, afin d'y voir un exemple de l'application, encore bien récente en France, du régime de la vie en commun des aliénés. Je l'y conduisis. Prévenu de ce qu'il allait voir, il ne pouvait cependant se persuader que cette cuisinière en chef, qui surveillait ses fourneaux avec tant de soin, et lui détaillait, avec tant de complaisance, la composition de ses menus; que ces surveillants et surveillantes, pleins d'intelligence, qui savaient expliquer si bien la nature de la manie de chacun ou de chacune, fussent autant de fous. Il me fallut pour l'en convaincre entièrement, prendre à part un surveillant, et le mettre sur un sujet qui le fît divaguer.

— « Mais alors, » me dit, en revenant, cet excellent Ministre de Dieu, « beaucoup de ceux avec qui nous vivons
« et que nous tenons pour raisonnables, sont peut-être
« fous, au fond, comme celui-là? » — « Ne dites pas : peut-
« être, » lui répondis-je, « mais : sûrement, en ajoutant
« ce correctif : à certains égards. Sans parler des petites
« manies qu'on peut observer chez presque tous les êtres

« humains, chacun d'eux a, dans son esprit, quand ce n'est
« pas dans son cœur, plus ou moins d'*interdit*. — J'em-
« ploie un mot scripturaire, pour me faire mieux com-
« prendre de vous. — Au lieu de chercher à s'affranchir
« de cette *possession*, beaucoup s'y complaisent. Ils cares-
« sent leur marotte, que les uns cachent habilement; que
« les autres ont l'imprudence de laisser voir. Au point
« de vue légal, ces derniers sont des aliénés ; les pre-
« miers, des gens raisonnables. Mais, au point de vue
« philosophique, et j'ose ajouter : au point de vue reli-
« gieux, cette distinction, purement pratique, s'efface. A
« des degrés différents, les uns et les autres sont fous. Sans
« doute, je force un peu la note, pour la rendre plus sen-
« sible, au risque de vous paraître paradoxal. Mais, le
« paradoxe, lorsqu'il n'existe que dans la forme, a du bon.
« C'est un instrument qui frappe, et dont le choc fait en-
« trer les vérités, comme des clous, dans les cerveaux,
« où ses empreintes restent profondes et durables. »

Venu dans l'Ariège pour toute autre chose, assurément,
qu'y donner carrière, sur un nouveau terrain, à mon
esprit d'investigation toujours excité, je ne comptais
même pas y faire sérieusement, comme à Nérac, de l'administration. Mais, la mission spéciale qui m'incombait,
très absorbante, très fatigante au début, n'était pas de nature à m'occuper ensuite d'une manière constante. Que
pouvais-je de mieux, afin d'employer mes loisirs, de plus
en plus fréquents, à la fin, sinon chercher à bien remplir
accessoirement les fonctions administratives dont je me
trouvais officiellement titulaire? N'avais-je pas là, d'ailleurs, un excellent moyen pour détourner l'attention
publique des mesures de Haute Police dont je devais

assurer l'exécution? Et ma curiosité de géologue et d'hydrologue, elle-même, ne me servait-elle pas à bien expliquer mes courses fréquentes dans les montagnes; mes ascensions aux points les plus élevés de la grande chaîne; mes recherches et mon inspection de toutes les brèches accessibles? On me voyait, en effet, aussi souvent escorté, dans ces excursions, par l'Inspecteur des Eaux et Forêts ou par un Ingénieur, que par le Capitaine des Douanes ou le Lieutenant de Gendarmerie, et je profitais de tous les prétextes que me fournissaient des intérêts locaux, pour me faire accompagner par les Maires des communes ayant ces hauteurs dans leurs territoires.

Des droits d'usage et de dépaissance soulevaient incessamment des débats entre ces magistrats et l'administration des Eaux et Forêts, qui prenait aussi beaucoup de peine à régler au mieux l'emploi des eaux d'arrosage, objet constant de discussions entre les intéressés.

Je note ici, comme un fait curieux que m'apprit l'Inspecteur, un jour que nous traversâmes successivement de superbes forêts de sapins et de hêtres, provenant, à l'État, d'anciennes abbayes, que, d'après des titres de propriété remontant à 400 ans, certaines forêts de sapins étaient alors peuplées de hêtres, et réciproquement, que certaines forêts de hêtres avaient été garnies de sapins, ce qui semblait indiquer une loi d'alternance séculaire de ces essences entre elles, soit, d'assolement naturel des terrains forestiers! — Je constate quelque chose d'analogue dans les landes de Gascogne, où le chêne noir succède graduellement au pin maritime, son avant-garde.

CHAPITRE VIII

LA SOUS-PRÉFECTURE DE SAINT-GIRONS

Surveillance de la Frontière. — Excursions en montagne. — Congé. Voyage à Paris. — Nouveau séjour dans l'Ariège. — Fin de ma mission.

SURVEILLANCE DE LA FRONTIÈRE.

J'avais commencé la campagne dont la contrebande de guerre était l'objectif, dès la fonte des neiges qui rendent les ports de la frontière impraticables pendant la mauvaise saison, et encombrent encore bien souvent les plus élevés, durant une partie de la belle.

Remontant le val du Salat, j'avais reconnu, d'abord, la position du principal, le port de Salau, de beaucoup plus fréquenté que les autres, parce que son altitude n'excède guère 2,000 mètres, et parce qu'une voie régulière y conduit des deux côtés ; mais, la double surveillance permanente des douaniers français et des « carabineros » espagnols, en font un passage peu propice à la fraude, quel qu'en soit l'objet.

De ce port, au mont Vallier, qui forme barrière, à l'ouest, entre le val du Salat et celui du Lez, il ne fallait tenir compte que du petit port d'Aula, sis à 2,237 mètres d'altitude, où l'on monte par un sentier qui s'embranche, à mi-distance de Seix et de Conflens, sur la route de Salau, et qui suit le ruisseau d'Artigues, issu de l'étang de Prat, et le ravin de son affluent, le Ribet, alimenté par l'étang voisin d'Areau. Je mentionne, pour mémoire seulement, le passage plus que difficile de Berbègue, à 2,485 mètres, où l'on grimpe, de Conflens, par le ravin de l'Angoult.

A l'est du port de Salau, se trouve, à 2,300 mètres, au delà des pics du mont Rouch, le col de Servi, d'où l'on descend au village espagnol de ce nom. Un chemin passable, suivant le ruisseau d'Anglade, y conduit du village de Salau. Sur ce chemin, prend un sentier qui mène à un passage plus difficile, derrière le pic de Montareing; puis, vient le port de Martelat, à 2,200 mètres, en haut de la vallée d'Ustou, près de la source du ruiseau de Bielle, affluent de l'Aleth; enfin, au-dessus d'Aulus, on accède aux ports de Sounou et de Guilou, très voisins l'un de l'autre, à 2,400 mètres d'altitude, en remontant le cours de l'Ars, affluent du Garbet, qu'une série de lacs et de cascades accidente.

Après ces derniers, le massif des pics de Monte-Farme sépare le val du Salat, de celui de l'Ariège, et l'arrondissement de Saint-Girons, de celui de Foix.

On descend du port d'Aula, comme du port de Salau, dans la vallée d'Arreu, sur les bords de la Noguera-Pallaresa, qui prend sa source en haut de cette vallée, au-dessus de la chapelle de Montgarri, pour aller, après sa jonction avec la Sègre, se jeter dans l'Èbre au-dessous de Lerida. Les autres ports conduisent dans un embranchement de la même vallée, d'où sort le premier affluent de la Noguera.

La plus importante brèche des Pyrénées, dans le val du Lez, est le port d'Orle, à l'est duquel sont le port de la Hourquette et le portillon d'Albe. J'ai déjà parlé de ces trois passages, assez difficiles, dans le cours du chapitre précédent.

De celui d'Orle à celui de la Hourquette, on trouve, à 2,500 mètres au-dessus des sources de deux petits ruisseaux tributaires du Lez, le col de Tartereau ; à 2,547 mètres, le port d'Uzets, séparé du premier par le pic de Maubermé ; puis, à 2,607 mètres, la col de Villenave. Après le port d'Orle, au delà du pic de Girette, est le port de ce nom, à 2,620 mètres. On y grimpe en côtoyant, d'abord, la Ribeira ; puis, le ruisseau de Peyrelade, sous le pic de Serraille, entre le sommet des Trois-Comtés et le revers occidental du mont Vallier. La Ribeira va se jeter dans le Lez, au-dessous du confluent de la rivière d'Orle, avant le village de Bordes, où se voit celui de la rivière de Bethmale, qui descend, je l'ai déjà constaté, du beau lac de ce nom.

Tous ces passages donnent dans la vallée d'Aran, par des chemins suivant le cours d'affluents de la Garonne, qui prend sa source en haut de ce petit pays, et qui pénètre en France au Pont-du-Roi. Or, si la vallée d'Aran appartient à l'Espagne, sa position géographique la rattache à la France ; car, elle est détachée de la province de Lerida par la grande chaîne des Pyrénées, qui tourne brusquement au sud, à partir du massif du mont Vallier, et va rejoindre, par une courbe, celui de la Maladetta, pour y reprendre sa direction première, et qu'il faut franchir, par le col d'Espos ou de Biella, quand on veut aller, de cette vallée espagnole, dans la véritable Espagne. La contrebande de guerre présentait donc plus de difficultés, à tous égards, du côté du Lez que du côté du Salat.

Néanmoins, je m'étais entendu, sans retard, avec le Capitaine de Douanes, pour que tous les passages à l'est ou à l'ouest du mont Vallier, ce pivot de la grande chaîne, fussent surveillés avec une égale vigilance, et pour qu'il signalât spécialement à l'attention de ses lieutenants et brigadiers, les plus difficiles d'accès, par où l'on pouvait espérer la tromper le plus sûrement.

Des postes, placés à Conflens, Ustou, Aulus, d'une part; à Bethmale, Seintein et Saint-Lary, de l'autre, fournissaient tout à la fois : des sentinelles allant, deux par deux, camper, durant plusieurs jours et nuits de suite, sur la frontière, près de chaque port ou col; des vigies, plantées sur les points culminants, d'où l'on pouvait observer tous les mouvements suspects, et des patrouilles parcourant les parties boisées, sous le couvert desquelles on devait craindre que des fraudeurs abritassent leur approche de passages plus ou moins accessibles.

Des brigades de soutien, établies aux chefs-lieux des cantons d'Oust et de Castillon, où des compagnies d'Infanterie se trouvaient cantonnées, pour les appuyer au besoin, formaient un service de seconde ligne.

De leur côté, les gardes forestiers avaient pour consigne d'aviser leurs chefs, sans retard, de ce qu'ils remarqueraient d'anormal dans leurs triages respectifs, et de prêter main forte aux douaniers, à l'occasion.

Enfin, la Gendarmerie, à pied et à cheval, multipliait ses rondes, de jour et de nuit.

Au moyen de cette organisation, la contrebande de guerre devint bientôt impossible par mon arrondissement. Tout ce qui s'engageait dans le rayon douanier, était pris à coup sûr. J'ajoute que des mesures de police bien combinées permettaient au Ministère de suivre, des lieux de fabrique à Toulouse, les expéditions d'armes et de munitions, et de les signaler d'avance.

Je ne saurais détailler toutes les captures ainsi faites ; mais, je veux mentionner celle d'un convoi de 1,000 fusils, pour avoir l'occasion de rapporter la réponse que me fit, en cette circonstance, le Capitaine des Douanes de ma résidence. Je le prévins de ce convoi, déjà parvenu sur un point hors zone que je lui désignais. Obligé de renoncer aux chemins d'usage, trop bien gardés, il devait nécessairement passer, à dos d'homme, par les revers boisés de telle chaîne de montagnes, pour gagner de proche en proche, la nuit, tel ou tel port d'accès abrupt. Il calcula qu'il fallait cent contrebandiers au moins pour cette entreprise aventureuse, et me dit qu'il ferait embusquer dix hommes, commandés par un brigadier, sur chacun des deux seuls points par lesquels la caravane, une fois entrée dans la zone de douane, pouvait être dirigée. — « Dix hommes, » m'écriai-je ; « mais il convient que je fasse appuyer chaque embus-« cade par un détachement d'Infanterie, ou, tout au « moins, par un bon renfort de Gendarmerie, en cas de « lutte. » — « C'est inutile, Monsieur le Sous-Préfet, » me répondit-il, « dix hommes, qui font leur devoir, « sont plus forts que cent qui font la fraude. »

Les choses se passèrent comme il le prévoyait. Le convoi tomba dans une de ses embuscades. A la première sommation du brigadier, tous les porteurs de fusils se débarrassèrent de leurs fardeaux et décampèrent dans toutes les directions, suivis des hommes d'escorte, qui n'essayèrent même pas de forcer le passage, ne sachant point, du reste, à combien de nos braves douaniers ils avaient affaire. Le chef de l'expédition et plu-

sieurs de ses complices furent arrêtés, sans coup férir.
— Mon brave Capitaine des Douanes prit sa retraite bien des années après. A sa mort, je m'occupai de sa veuve et de ses enfants. J'aime à consigner ici que cet excellent serviteur s'appelait Goulard.

EXCURSIONS EN MONTAGNE.

Je fis, avec lui, deux grandes excursions. Je crois devoir les raconter, parce que l'une, très difficile, périlleuse même, fut des plus intéressantes, et que l'autre, beaucoup moins laborieuse, et divertissante en somme, se distingua par un incident curieux.

La première fois, nous avions campé, non loin du col de Girette, au pied du mont Vallier, entre l'Étang-Rond et l'Étang-Long, plus rapproché de la frontière : couchés sur l'herbe dans des sacs de douaniers, en peaux de mouton; la tête et les épaules enveloppées de nos manteaux; ayant, pour oreillers, les selles de nos chevaux au pacage, — avec des entraves aux pieds de devant, — et gardés par des feux qu'entretenaient les vigies prises, à tour de rôle, dans une escouade de préposés, qui nous servit d'escorte jusque-là. Cette manière de passer la nuit commençait à ne plus m'étonner.

Après une journée d'inspection de la frontière, qui nous avait conduits dans ces parages, nous voulions, le lendemain, non pas descendre en Espagne, mais, au contraire, escalader et suivre, aussi loin que cela nous serait possible, les crêtes de la sierra qui part du mont Vallier pour aller à la Maladetta, afin de voir, de ces hauteurs, les points d'où la Garonne et la Noguera-

Pallaresa, sourdant, à l'ouest et à l'est, du gigantesque mur mitoyen des vallées d'Aran et d'Arreu, prennent leur cours, l'une, vers l'Océan ; l'autre, vers la Méditerranée ; puis, revenir sur nos pas et, longeant la frontière à la base méridionale, espagnole, du pic du mont Vallier, gagner, par le port d'Aula, un ravin français dévalant vers le chemin qui va, le long du ruisseau de l'Artigue, de ce port, à Conflens.

Nous étions munis de fortes chaussures ; et armés, non pas d'un bâton ferré ; mais, de deux. Un de nos douaniers devait nous accompagner, porteur de provisions ; un autre, conduire Dominique et nos chevaux à Conflens, en contournant, au nord, le mont Vallier, par la voie la plus courte, mais la plus accidentée, qui remonte le ravin de Marcadet, passe le col de Craberon et redescend le ravin du Lameza, tributaire de l'Artigue. On devait nous annoncer, pour le soir, à M. Faur-Coni, membre du Conseil Général pour le canton d'Oust, riche propriétaire, possédant de si nombreux troupeaux, qu'on l'avait surnommé : « le marquis de Mille-Vaches ». Nous comptions lui demander l'hospitalité.

Dès le soleil levant, nous nous lestâmes d'un repas frugal, avant d'escalader la frontière, entre le sommet des Trois-Comtés et le pic du mont Vallier.

Nous pûmes exécuter, non sans peine, mais à peu près bien, le premier article de notre programme, et grimper sur un sommet espagnol assez avancé pour nous permettre de voir se dessiner, à notre droite et à notre gauche, les méandres des deux rivières partant des revers opposés de notre sierra, beaucoup plus haute que large en cet endroit, et dont les cimes partagent, entre les deux mers, leurs eaux pluviales et le produit de la fonte de leurs neiges. Au bout de la courbe qu'elle décrit, la Maladetta, frappée des rayons du soleil du matin, nous apparut dans toute sa massive et splendide majesté.

Quand nous eûmes regagné la frontière, à plus de onze heures, nous nous reposâmes une demi-heure, à l'ombre d'un rocher, pour déjeuner sommairement. Déjà passablement fatigués, nous pensions, du moins, avoir fait le plus difficile. C'était une erreur, bientôt dissipée.

Lorsque nous en vînmes à l'exécution du second article de notre programme : la prise à revers de la base méridionale du pic du mont Vallier, sillonnée d'arêtes rocheuses et de ravins formant autant de précipices, ce fut bien autre chose. Les bâtons ferrés ne se trouvaient pas de trop pour assurer nos pas sur certains escarpements semés de pierres roulantes, et pour nous aider à gravir et surtout à descendre, presque à pic, les frayés de chèvres dont nous devions suivre tous les caprices.

Nous étions exténués, trempés de sueur ; avec les pieds meurtris, ampoulés ; bras et jambes moulus, quand, vers la fin de la journée, ayant enfin tourné le pic et dégringolé, par le ravin auquel nous tendions, jusqu'au chemin descendant à Conflens, du port d'Aula, nous nous sentîmes, pour la première fois depuis le matin, sur un sol praticable. Cela nous rendit la force de gagner notre confortable gîte.

La seconde expédition dont il me reste à parler, fut bien plutôt une promenade qu'une tournée de service ;

car déjà, la surveillance de la frontière se trouvait régulièrement organisée. Je voulais surtout faire faire une excursion agréable à quelques amis que j'avais en visite.

Notre première étape s'accomplit de Saint-Girons à Castillon, par la vallée du Lez, très large et très pittoresque entre ces deux villes. Après avoir déjeuné chez l'aimable Maire de Castillon, nous le prîmes avec nous, et, dans une seconde étape, nous remontâmes la Bellelongue jusqu'à Saint-Lary. Là, devait commencer l'ascension du col de Nédey, qu'il nous fallait franchir pour passer dans la vallée de Biros, où nous devions dîner et loger chez le Maire de Seintein, le père Subra, riche meunier. Or, les chemins sont on ne peut plus escarpés des deux côtés. Nous dûmes, au delà du col, faire une pose, afin de laisser souffler nos chevaux, avant d'aborder notre troisième étape, curieuse à plusieurs égards. On trouve notamment, au village d'Antras, une fontaine, très ferrugineuse et très abondante, dont l'eau tombe le long d'un immense rocher, qu'elle rougit du haut en bas : on croit voir une cascade de sang.

Le Capitaine des Douanes nous attendait à Seintein, chez le Maire, dont l'hospitalité, cordialement empressée, fut des plus larges.

Le lendemain, de bonne heure, nous partîmes sous sa conduite, avec une escorte de douaniers, pour le lac d'Areins, accompagnés du Maire de Castillon et du maire de Seintein, notre hôte.

Je n'ai pas besoin de dire que la caravane comprenait deux mulets du Maire-meunier, chargés de provisions et d'objets de campement.

A quelque distance au-dessus de Seintein, elle s'engagea dans le sentier étroit, caillouteux et surtout abrupt, qui remonte le cours du ruisseau d'Areins. La matinée était fort avancée, quand nous parvînmes au pied de la cascade tombant du lac, dans un endroit charmant, où le ravin s'élargit, pour former, autour du bassin creusé par la chute, une enceinte de rochers dominée par de hauts massifs de sapins, et décorée de rhododendrons de montagne, et d'une foule de plantes pyrénéennes, en fleurs. C'était une journée de juillet étouffante. Nous avions eu presque toujours le soleil en face, dans le ravin. La proposition d'un déjeuner sur l'herbe, en cette fraîche oasis, reçut une approbation unanime. La réfection fut longue, et suivie d'un repos que nos chevaux et mulets éreintés réclamaient encore plus que nous.

Pour monter du bas de la cascade au lac, par des sentiers très difficiles, nous ne mîmes pas moins d'une heure de fatigue inouïe, pour les bêtes et les gens. Dans certains passages, les douaniers devaient pousser nos chevaux; il en fallait un à la tête, et un autre en queue des mulets chargés.

Vers trois heures, nous débouchâmes devant le merveilleux hémicycle de montagnes, neigeuses toute l'année, encadrant le fond du lac. Ce vaste réservoir est alimenté par divers ruisseaux glacés et, principalement, par celui qui sort d'un petit bassin creusé sous le milieu de la muraille rocheuse dite : « la Bande de Cristal », que terminent les cônes des monts Crabère et Canéja.

Pendant qu'on s'occupait de notre installation au bord du lac; que des hommes allaient faire des provisions de branches de sapin et de brassées de rhododendrons pour les feux de nuit; qu'un douanier pêchait des truites pour notre dîner ; qu'on déchargeait les mulets et mettait les chevaux solidement entravés au pacage sur une grande pelouse où le réglisse blanc verdoyait, je partis avec le Capitaine, un brigadier et un sous-brigadier de Douanes, pour monter au sommet du Crabère, afin de vérifier quelque chose de là-haut.

Dominique me suivit. Ma femme lui avait écrit, pour lui recommander de bien veiller sur moi dans toutes nos courses, et puisque j'allais encore « risquer de me casser le cou », cette fois, il voulait en être. Il disait au Capitaine : — « Qu'est-ce que j'aurais à répondre à « *cette femme*, s'il me fallait revenir sans Monsieur? »

Avant de parvenir au pied du cône, on perd une heure et demie de marche, lente et pénible, à gravir, en la contournant, par un ravin long et difficile, dévalant sur la droite du lac d'Areins, la serre en haut de laquelle le pic se dresse, et dont la crête en pente n'est pas moins longue et difficile à parcourir. Dans ce trajet, nous aperçûmes des isards bondissant au loin, et nous fîmes lever des perdrix blanches (lagopèdes).

Quant à l'ascension du cône, elle fut on ne peut plus essoufflante. Mes compagnons y procédaient, patiemment, par zigzags. Moi, j'aimais mieux grimper droit par à-coups, entre deux coulées de neige, et m'arrêter pour reprendre haleine, pendant qu'ils louvoyaient, jusqu'à ce que leurs embardées me les ramenassent. De temps en temps, je mettais un peu de neige dans ma bouche pour rafraîchir ma respiration brûlante. Enfin, à six heures du soir, nous arrivâmes sur l'étroit sommet, à côté de la petite tour-signal de Cassini. La neige me montait jusqu'à mi-cuisse, et le soleil était encore assez fort pour me brûler la figure.

Mais, quel magique panorama ! Au sud, devant nous, de l'autre côté de la vallée d'Aran, la Maladetta se présentait, au soleil couchant, sous un nouvel aspect. On voyait se profiler après elle, à l'ouest, la série des pics renommés de la grande chaîne des Pyrénées : le Cylindre, le mont Perdu, le Vignemale, le pic d'Ossau, et, s'en détachant au nord, comme un colonel devant sa troupe, le Pic du Midi de Bigorre. En effet, le Crabère forme l'extrémité d'une chaîne secondaire, continuant, au nord de la vallée d'Aran, la direction de l'est à l'ouest, que la grande quitte brusquement, au mont Vallier, pour aller la reprendre plus au sud. Nous nous y trouvions donc admirablement postés pour suivre des yeux la ligne des Hautes Pyrénées, fuyant vers l'horizon lointain. Au nord, la vue embrassait un immense espace. On suivait le cours de la Garonne au delà de Toulouse, jusqu'à la ligne de coteaux qui la borde, dès qu'elle prend son cours au nord-ouest, vers Agen et Bordeaux. Le Capitaine prétendit même, au moyen d'une longue-vue qu'il tira de sa poche, me faire discerner le pont de Toulouse.

A l'ouest, au delà du sol tourmenté des départements des Hautes-Pyrénées et du Gers, une ligne noire semblait indiquer le plateau des landes de Gascogne. A l'est, nous avions la masse des montagnes de l'Ariège, bien connues de nous. Et sous nos pieds, pour ainsi dire, à 1,200 mètres de profondeur, le lac d'Areins, et, sur ses bords, nos compagnons, petits, petits, qui gesticulaient, mais dont les appels n'arrivaient pas jusqu'à nous, on le comprend.

Après avoir reconnu ce que nous voulions vérifier : la nécessité de faire observer un passage entre le Crabère et le Pont-du-Roi (Haute-Garonne), le Capitaine grava la date de notre ascension, avec nos noms et qualités, sur les pierres de la tour, et offrit à Dominique d'ajouter son nom aux nôtres. — « Mettez : Dominique « Élie, » répondit-il, « et puis, cocher du Sous-Préfet. « *Ils* croiront que nous sommes venus avec la calèche ! » — *Ils* ne pouvaient guère s'adresser qu'aux isards, les pèlerins les plus probables de ce haut lieu.

Une heure suffit à notre descente, moins fatigante, mais plus dangereuse que notre montée. Mon coup de soleil en plein visage me causait une vive cuisson, accompagnée de mal de tête et d'un peu de fièvre. Je ne fis donc pas grand honneur au festin qui nous attendait. Indépendamment des abondantes victuailles apportées à dos de mulet, et de belles truites pêchées dans le lac et grillées en sortant de l'eau, un douanier faisait rôtir, devant un brasier ardent, autour d'une branche d'arbre servant de broche, comme aux temps héroïques, un mouton entier, acheté d'un pâtre installé sur la serre du Canéja.

Ce pâtre avait bien prévenu l'acheteur que notre campement était justement établi sur un point où passait, presque toutes les nuits, un couple d'ours, auquel son troupeau devait payer, de temps en temps, le tribut d'un mouton. Car, à la différence des loups qui étrangleraient tout un troupeau, pour peu qu'on leur en laissât le temps, avant d'en rien emporter, les ours, plus discrets, plus ménagers, se contentent, paraît-il, de pourvoir périodiquement à leurs besoins et à ceux de leurs petits. On rit beaucoup, à dîner, du dérangement que notre camp pourrait causer à la promenade nocturne de cet intéressant ménage, et après le dessert, le café, les liqueurs, — rien ne manquait, — lorsque nous fûmes étendus, côte à côte, dans nos sacs respectifs, ainsi que je l'ai décrit plus haut, sur une épaisse litière recouvrant de grandes pierres plates, on causa longtemps de chasses et de rencontres d'ours, et j'entendis raconter, à ce sujet, les choses les plus étonnantes ; mais, de l'aveu de tous, les plus braves sont fortement émus en présence des ours de grande espèce.

Cela me remit en mémoire un fait que m'avait rapporté le Maire d'Ustou lui-même, et qui, n'étant pas absolument à son honneur, méritait créance. Grand chasseur d'ours, renommé pour sa hardiesse, il se tenait à l'affût dans la montagne dominant son village, un fusil éprouvé dans la main ; son coutelas à la ceinture ; et guettait, assis sur le bord d'un rocher, le point par lequel devait paraître son gros gibier, lorsque, tout à coup, une énorme patte pesa sur son épaule. Se dresser, brusquement, bondir en avant dans le vide, après avoir lâché son arme, et dégringoler la montagne à toutes jambes, sans perdre un moment à regarder en arrière, s'entendant suivi, ce fut tout ce qui vint à l'idée de notre homme, tant l'instinct de la conservation l'emportait chez lui sur tout le reste. Il ne s'arrêta que dans sa maison, pour tomber, plus mort que vif, sur un siège. Presque aussitôt, son chien, de grande et forte race, fit de même sa rentrée tout haletant. La grosse patte appartenait à cet animal, fatigué de le voir immobile, ou voulant peut-être l'avertir de quelque chose. C'était son chien qui l'avait suivi dans sa fuite insensée ! — Je le répète, je ne tiens pas cette aventure d'un tiers, mais bien du chasseur à qui le contact inattendu, mais heureusement imaginaire, de l'ours qu'il affûtait avec patience, avait soudainement fait perdre la tête.

Je m'endormis le dernier, à cause de l'inflammation douloureuse de ma figure, que n'avait pu calmer complètement une onction de graisse fraîche. Néanmoins, je reposais enfin, quand, au milieu de la nuit, nos feux de garde s'étant éteints par suite de la négligence d'une vigie somnolente, nous fûmes réveillés en sursaut par un grand bruit de chevaux hennissant de frayeur et galopant affolés sur les rochers, suivi d'un coup de fusil, de cris : « A l'ours !... A l'ours !... » poussés par la sentinelle, et de grognements formidables.

Tout le monde fut vite sur pied ; mais, à quoi bon ? Il faisait noir comme dans un four, malgré la neige, malgré les étoiles, et point d'armes !

Heureusement, le danger n'existait plus.

On ralluma les feux ; on courut après les chevaux : deux revinrent tout griffés, dont un, assez gravement, à la cuisse, et finalement, on se compta. Dominique manquait à l'appel. Avait-il roulé dans quelque précipice, à la recherche de nos chevaux ? On le hélait en vain, et je devenais fort inquiet, lorsque le Capitaine des Douanes faillit choir en trébuchant sur un colis. C'était Dominique, enfoui dans son sac de peau de mouton, « sous » la litière, qui dormait à poings fermés. Il n'avait rien entendu ! Mal réveillé, quand le Capitaine lui conta ce qui venait de se passer, il crut à quelque mystification, et se rendormit. Le lendemain, il fallut, pour le convaincre, la vue des chevaux blessés et des traces irrécusables laissées par nos importuns visiteurs, sur les bords humides du lac. Mais, alors, il changea de gamme, et dès

Saint-Girons, c'était un ours, et non plus le Capitaine, qui troublait son lourd sommeil, en le heurtant. Il finit même par en être convaincu. Le caractère gascon avait entièrement repris ses droits.

La nuit se termina sans nouvelle alerte, et, le matin, vers six heures, à la suite d'ablutions au ruisseau de neige fondue qui descendait de la serre du Canéja, nous franchîmes celle-ci, pour aller à la source du Lez ou plutôt du Lezard, comme on l'appelle au début, près du portillon d'Albe. Notre route, coupée de glaciers, offrait un passage plus que difficile à nos chevaux, même conduits à la main. Nous fîmes halte au point d'où le ruisseau tombe en cascade, pour devenir rivière, dans le fond de la vallée. Nous y descendîmes, à notre tour, après déjeuner, mais en dévidant, pendant plusieurs heures, l'interminable lacet d'un sentier raide et pierreux, où chacun de nous, à pied, dut se tenir à la tête de son cheval. Nous arrivâmes, dans l'après-midi seulement, au village d'Aylie, le plus élevé de la vallée, au milieu duquel nous nous étendîmes, en sybarites, sur une pelouse plantée d'arbres.

La population mâle de ce village, partie depuis le commencement de la semaine, pour aller faire les « fauches » en Espagne, ne devait rentrer que le soir, — c'était un samedi, — afin de prendre part, le lendemain, à la fête votive de Seintein, et la population féminine, très effrayée d'abord, de notre invasion, reconnut bientôt, dans M. Subra, « Monsieur le Maire », et vint obligeamment nous offrir ses services.

Nous rentrâmes bien reposés à Seintein, pour dîner, et nous y assistâmes, le lendemain, à la fête, où nous vîmes, endimanchés, les habitants et habitantes des diverses communes de la vallée de Biros, dont les types sont très beaux, et les costumes, très curieux.

CONGÉ. VOYAGE A PARIS.

Vers le milieu d'octobre, considérant ma mission comme remplie, je demandai mon congé. Mes préparatifs de départ ne furent pas longs. Dominique s'en réjouit fort. L'Ariège n'était pas son fait. — « Ils appel-
« lent cela des pays !... » disait-il ; « Allons donc !... des
« perchoirs ! Il faut toujours monter ou descendre. Pas
« un endroit de niveau, pour s'y promener tranquille-
« ment ! » — « Mais, » lui dis-je en riant, « il s'en trouve
« où l'on dort bien tout de même. » — « Oh ! je sais, Mon-
« sieur, à la fraîche ; mais, quand on n'a pas toujours un
« œil ouvert, on risque d'être réveillé par un ours. Car,
« on voit plus d'ours que de lapins, dans leurs satanés
« bois qui n'en finissent jamais. Et puis, quelle nourri-
« ture ! On croit vous régaler avec de la bête sauvage. » —
« De l'isard ? » — « Oui, Monsieur. » — « Mais, l'isard n'est
« pas plus sauvage que le lièvre ! » — « Oh ! Monsieur,
« quelle différence ! Le lièvre, au moins, *il* se laisse ap-
« procher. On peut lui tirer un coup de fusil ; mais, l'au-
« tre ?... Il part à une lieue de distance. Il faut grimper
« sur des rochers, dans les nuages, au risque de sa vie,
« pour aller, en traître, l'attendre dans un coin. Ce n'est
« pas de la chasse ! »

Quelque chose l'horripilait encore plus, si possible : c'était le langage des habitants, qui choquait ses oreilles, gâtées par le gascon harmonieux dont Jasmin, le poète agenais, a tiré si grand parti. Et l'espagnol ! — « Quel

« patois ! » disait-il, avec dédain, « c'est tout au plus si
« j'en comprends la moitié. »

Je le chargeai de conduire à petites journées, en prenant la voie la plus directe, passant par Lombez, Auch et Condom, mes deux juments de selle, à Nérac, où je me rendis par Toulouse et Agen.

On venait de réaliser pour moi, dans le canton de Houeillès, l'acquisition, projetée depuis quelque temps, de propriétés importantes où je comptais utiliser, comme poulinières, ces deux jolies bêtes, et où, déjà, mes juments de voiture avaient été conduites.

Après une rapide visite de ces propriétés, faite avec mon beau-frère, M. Henri de Laharpe, alors en vacances, nous rentrâmes tous deux à Bordeaux, où je restai quelques jours avec les miens.

Le Cabinet Thiers venait de faire place à celui du 29 octobre, qui devait avoir une si longue durée, sous la présidence de M. Guizot. M. de Résumat rendit le portefeuille de l'Intérieur à M. le comte Duchâtel. Quelle allait être ma situation vis-à-vis de celui-ci ? Je résolus d'aller à Paris, pour le lui demander nettement.

Il me reçut tellement bien que, tout d'abord, j'en éprouvai quelque appréhension. — « Méfiez-vous des « hommes gras, » m'avait dit le docteur Ferrus. — Mais, je m'aperçus bientôt que mon Ministre, plutôt bouffi que gras, me parlait sincèrement. D'ailleurs, pourquoi se serait-il donné la peine de m'abuser ?...

Oubliait-il ma lettre incongrue ? Ne parvint-elle au Ministère qu'après son départ ? Mes amis du Personnel la mirent-ils de côté ? Mystère. Quoi qu'il en fût, au fond, M. Duchâtel, d'un esprit essentiellement pratique et d'un tempérament peu sanguin, ne gardait ni haines inutiles, ni très ardentes amitiés. — C'est un double bagage fatigant. — Il ne s'émouvait guère de rien, quand son intérêt politique ou privé ne se trouvait pas en jeu. Mais, cet épicurien n'aimait pas seulement le bien-être : il avait le goût des arts, des lettres, de la causerie intime. Son intelligence, très éclairée, était moins paresseuse que son corps, volontiers inactif.

Il me voyait pour la première fois, et je lui convins sans doute ; car il se mit en confiance avec moi tout de suite. Après une série d'interrogations fort attentives sur ce que j'avais fait à Saint-Girons et sur ce que je pensais de l'insurrection carliste en Catalogne, il m'entretint assez longuement de la situation politique de l'Ariège, représenté par trois Députés de l'Opposition. — « Il faut que cela change, » ajouta-t-il.

Je fus très étonné de recevoir, dès le lendemain, un mot de lui, m'invitant à dîner pour le soir même. A part M. Leclerc, son Chef de Cabinet, j'étais le seul convive étranger à sa famille, réunie en assez grand nombre.

Mme la comtesse Eglé Duchâtel, — que je désigne ainsi, pour la distinguer de sa belle-mère, ancienne Dame du Palais de l'Impératrice Joséphine, qui vivait encore et résidait ordinairement au château de Mirambeau (Charente-Inférieure) auprès du vieux Comte, ancien Conseiller d'État et Directeur Général des Domaines de Napoléon Ier, — possédait une très grosse fortune, du chef de son père décédé, M. Paulet, gros négociant en grains du département du Nord, sous l'Empire.

Sa mère, — fille du munitionnaire Vanlerberghe, — fort liée autrefois avec la mienne, avait, après un long veuvage, épousé, en secondes noces, le général Jacqueminot, Commandant Supérieur de la Garde Nationale de Paris, un ancien frère d'armes de mon oncle, le colonel Dentzel. Je me trouvai donc immédiatement en connaissance avec ce vieux couple, à la grande surprise du Ministre, dont la femme revoyait en moi, soudainement, un compagnon de son enfance et un danseur de sa jeunesse.

M. le vicomte Napoléon Duchâtel, **Préfet de la Haute-Garonne**, avec qui je venais d'avoir des rapports directs de service, dont il pouvait rendre le meilleur compte à mon grand chef, assistait à ce dîner, avec sa jeune femme, originaire de Toulouse.

On me fit raconter mes pérégrinations en montagne, dans le pays d'ours, — et non pas de loups seulement, — d'où j'arrivais, et après le café, le Ministre et son frère me prirent à part et m'entretinrent du projet de préparer l'élection d'un allié très proche de celui-ci, dans l'arrondissement de Pamiers, où le personnage en question était grand propriétaire. Tout s'expliquait.

Le Ministre, vantant beaucoup la justesse de mes appréciations en matière électorale, désirait qu'avant de prendre le poste qu'il me réservait dans la Gironde, je consentisse à retourner dans l'Ariège, non pas tout de suite, mais vers la fin de l'hiver, sous prétexte de l'internement de l'armée du général Cabrera, qui ne manquerait pas, selon lui, de chercher un refuge en France, par tous les points de la frontière, à cette époque, et, en réalité, pour me ménager l'occasion de visiter l'arrondissement de Pamiers, et notamment les centres protestants où j'avais des amis, et pour juger des chances de réussite de la candidature projetée. Plus tard, M. le vicomte Duchâtel me dit, en particulier, que le Préfet de l'Ariège ne paraissait pas de force à bien mener la campagne électorale méditée. A bon entendeur, salut!

Je ne fus pas dupe de cette ouverture; mais je ne pouvais refuser un service personnel à mon Ministre. D'ailleurs, après avoir pu craindre une assez fâcheuse issue de mon voyage, je me trouvais introduit chez l'arbitre de mon avenir, dans des conditions exceptionnellement favorables, semblant bien l'assurer. Je promis ce qu'on me demandait, et je repris le chemin de Bordeaux.

NOUVEAU SÉJOUR DANS L'ARIÈGE.

Je retournai seul à Saint-Girons, avant l'époque de la tournée annuelle de Recrutement, et je me logeai purement et simplement à l'Hôtel de France, où je restai jusqu'à l'arrivée de ma femme, à qui j'avais proposé de la faire venir en villégiature dans l'Ariège, pendant une partie de la belle saison, et qui s'était empressée d'accueillir cet arrangement. Je fis meubler à loyer, en l'attendant, ce qu'il fallait de la Sous-Préfecture pour nous y camper à peu près bien, et, voulant nous éviter tout embarras de ménage, je traitai avec mon hôte, pour qu'il se chargeât de notre cuisine à forfait.

Ma femme se rendit, avec sa fille, âgée seulement de quinze à seize mois, et la bonne de celle-ci, d'abord, à Nérac. Là, Dominique se tenait tout prêt, pour la conduire par étapes, à Saint-Girons, dans notre calèche, attelée de mes juments percheronnes, qui devaient nous être très utiles pour les tournées d'un nouveau genre que nous comptions faire ensemble, du côté de Pamiers, notamment. Cette voiture pouvait se fermer. Elle était disposée pour porter une (vache) et des caisses de voyage, et convenait parfaitement au trajet de trois jours qu'il s'agissait de faire. Tout se passa bien.

Ma chère femme fut ravie de cette diversion apportée à l'existence toujours inquiète qu'elle menait depuis plus d'un an. Le pays l'enchantait. Nos promenades à pied autour de Saint-Girons et jusqu'à Saint-Lizier lui faisaient désirer des excursions plus sérieuses.

Je commençai par la conduire à Foix, pour la présenter à Madame la Préfète, qui tint à nous donner la plus gracieuse hospitalité.

Le Préfet, M. Pascal, appartenait au Midi. Cela se voyait à son attitude; cela s'entendait à son accent. Plein de son importance, et le verbe haut, il posait toujours un peu. Mais, en paraissant croire que « c'était arrivé », l'on pouvait avoir facilement raison du reste. Au fond, excellent homme; assez bon administrateur.

Nous connûmes alors son fils, jeune garçon très bien doué, qui vient d'achever, à soixante ans, de la façon la plus regrettable, une carrière administrative trop rapide et une vie politique très mouvementée, faute, chez lui, je le crois, de convictions sérieuses pouvant guider l'emploi de ses facultés remarquables.

Je profitai de la tournée du Conseil de Revision pour montrer à ma femme les trois cantons montagneux de Massat, d'Oust et de Castillon, dans une circonstance qui mettait la population en mouvement, et qui lui donna lieu de comparer beaucoup de figures différentes et de costumes variés.

Elle fit au Conseil les honneurs d'un grand dîner à la Sous-Préfecture, que je réussis, comme l'année précédente, à rendre très beau, grâce au Vatel de l'Hôtel de France.

Ce dîner fut répété, toujours comme l'année précédente, à l'occasion de la session du Conseil d'Arrondissement, et j'y réunis, du même coup, les représentants de l'arrondissement au Conseil Général, et les principaux fonctionnaires.

Dans l'intervalle, nous étions allés explorer Sainte-Croix et sa belle forêt; puis, le Mas-d'Azil et sa grotte, et visiter les nombreux amis que la famille de Laharpe comptait dans l'arrondissement de Pamiers, spécialement, à Saverdun. J'avais, sans laisser pressentir en rien le projet de la famille Duchâtel, constaté que son candidat aux élections prochaines de ce collège, n'avait aucune chance d'y réussir. Ma conviction à cet égard s'affermit, lorsque, me trouvant à Foix pour la session du Conseil Général, j'y pus entretenir successivement les représentants de l'arrondissement de Pamiers sur l'esprit de leurs cantons respectifs, comme on parle de choses et d'autres, aucun d'eux ne pouvant soupçonner mon intérêt particulier à bien le connaître.

Pour terminer la série d'excursions agréables promises à ma femme, il me restait à lui montrer la vallée de Bethmale, la Bellelongue et la vallée de Biros. A cet effet, nous pouvions aller en voiture jusqu'au pied de Castillon; mais, à partir de ce point, sauf la traversée de la Bellelongue, qu'il fallait accomplir en carriole, on devait chevaucher, où qu'on allât. J'y fis réunir des montures pour nous et pour un fonctionnaire de Saint-Girons et sa jeune femme, qui désiraient nous accompagner, afin de commencer par refaire avec eux ma course de l'année passée, c'est-à-dire : remonter toute la Bellelongue jusqu'à Saint-Lary ; franchir le col de Nedey ; puis, descendre dans la vallée de Biros, par Antras, jusqu'à Seintein, où nous prendrions gîte. La traversée de ce col fut particulièrement difficile pour les deux Dames. — Sauf Mme Mazères, fille du peintre Gérard et femme d'un Préfet de l'Ariège, aucune n'avait, jusque-là, tenté ce passage.

Il ne pouvait être question, pour elles, de pousser jusqu'au lac d'Areins, ni surtout de faire l'ascension du Crabère. Dominique ne le déclarait-il pas d'avance ? — « Mesdames, » avait-il dit, « vous voyez ce mur ? Eh bien ! « c'est un kilomètre comme cela qu'il faut grimper. « Quand une femme y montera, je perdrai mon nom ! »

Mais, le lendemain était justement le dimanche auquel tombait la fête votive de Seintein. Les danses du pays et surtout le costume des danseuses, noir brodé de rouge vif, avec des jupons et des bas rouges, et des mantilles noires, intéressèrent beaucoup nos Dames.

Après l'abondant festin du Maire, où les truites du Lez, les perdrix blanches en salmis, les rôtis de « cordaire », — brebis qui n'a point porté, — de jeune isard, de lièvre, et les brochettes d'ortolans défilèrent devant nous, avec bien d'autres mets et une foule d'entremets, suivis de plats de dessert innombrables, et arrosés de tous les vins et liqueurs possibles, nous nous remîmes en route, malgré les supplications de nos hôtes, qui voulaient nous garder et nous objectaient, avec raison, l'approche d'un gros orage.

Nous espérions qu'il n'éclaterait pas avant notre arrivée à Castillon. Mais il nous prit à moitié route, et nous dûmes nous abriter à Bordes, déjà complètement inondés par un « abat-d'eau », expression méridionale signifiant plus qu'averse, accompagné d'éclairs aveuglants et de coups de tonnerre semblant ébranler même les montagnes, et durant depuis une demi-heure. Cette fois, toutes les selles étaient mouillées ! Quand il ne tomba plus qu'une pluie normale, nous continuâmes notre route, trempés jusqu'aux os, pour gagner le bon gîte nous attendant à Castillon.

Il n'y paraissait plus, le lundi, quand nous retournâmes à Saint-Girons, en voiture.

La première partie de l'excursion de Bethmale s'accomplit très bien. Arrivés au village d'Ayet, centre de la commune, nous rencontrâmes le Curé, prêtre d'une trentaine d'années, gros réjoui, que son Evêque avait envoyé, disait-on, sur ces hauteurs, pour y faire pénitence, et qui, surtout, y faisait bonne chère. Il se hâta de prendre et de seller le cheval d'une de ses ouailles, pour nous escorter, et nous l'invitâmes à partager le dîner agreste, ou plutôt sylvestre, que nous fîmes sur les bords du lac, au milieu d'une forêt de beaux hêtres, assez clairsemés.

Avant d'arriver à ce plateau, nous dûmes passer par un pont jeté sur le ruisseau qui sort du lac, en travers duquel deux belles filles (blondes !) tenaient un large ruban rouge. Nous voyant monter de loin, elles avaient revêtu le costume que portent, le dimanche, les femmes de cette vallée : casaque rouge ponceau, jupe bleue, bas blancs, bonnet phrygien rouge et capeline de laine blanche. Nous payâmes le droit de passage. On pouvait embrasser les receveuses, par-dessus le marché, nous dit le Curé, qui, pendant le dîner, fut très amusant. Pour suivre l'usage du pays, il buvait « à la régalade » du vin qu'il faisait jaillir, en mince filet, d'une outre tenue à bras tendus, aussi loin que possible, dans sa bouche ouverte. — On peut n'absorber, par ce moyen, paraît-il, qu'une petite quantité de liquide, pendant le temps, assez long, mis à se rafraîchir. — C'était un drôle de Curé; mais, peut-être, au fond, pas plus mauvais qu'un autre. Dans tous les cas, ses allures sans façon ne choquaient pas ses paroissiens, qui l'aimaient beaucoup.

Au retour, près de Castillon, dans la descente au pas d'une côte, la sangle du cheval de ma femme se détacha; la selle tourna sous le poids de l'écuyère, et celle-ci, dans sa chute, se meurtrit une hanche. On put la remettre en selle et lui faire achever l'excursion charmante, si gaiement accomplie jusque-là. Pendant assez longtemps, elle souffrit de ce choc.

FIN DE MA MISSION.

Entre temps, l'événement que le Ministre attendait avec impatience, la défaite de l'armée carliste de Catalogne, avait eu lieu. J'étais allé jusqu'au port de Salau, avec un demi-bataillon d'Infanterie, pour y recevoir le brigadier Simon Torrès et sa troupe, dont je savais l'arrivée dans la vallée d'Arreu et l'intention de gagner la frontière, pour se réfugier en France. Le reste des débris de l'armée de Cabrera se dirigeait, en même temps, sur les Pyrénées-Orientales.

Les troupes de la Reine, à la poursuite du Brigadier, vinrent l'attaquer dans son campement, et ne cessèrent de harceler ses soldats dans leur fuite vers le port, qu'à la vue des pantalons rouges. Je fis avancer mon détachement jusqu'à notre extrême limite, et même au delà, par une erreur volontaire, afin de terminer une lutte inutile. Quelques coups de fusil d'avertissement, tirés de notre côté, signifiaient : « Vos balles arrivent jus-« que sur notre territoire : arrêtez le feu ! »

Les malheureux carlistes se voyaient désarmés par nous, à mesure qu'ils se présentaient au port. Beaucoup d'eux, apprenant que leurs fusils seraient remis aux autorités espagnoles, les brisaient ou les jetaient dans des précipices.

C'étaient de fiers soldats et de fameux marcheurs ; car, une fois réunis en colonne, le Brigadier me certifia que, tout harassés qu'ils fussent, ils iraient bien à Saint-Girons, sans étape.

Je rencontrai de grands embarras pour loger cette nombreuse troupe, pour la nourrir et pour la maintenir dans l'ordre, jusqu'à ce que je l'eusse expédiée tout entière, par détachements successifs, avec feuilles de route, sur les différents points d'internements indiqués longtemps à l'avance par le Ministre de l'Intérieur.

Cette opération dura pas mal de temps. Dès qu'elle fut achevée, je priai le Ministre d'autoriser ma rentrée à Bordeaux, en attendant la désignation de ma nouvelle résidence. Par une lettre confidentielle, je lui promettais de lui adresser, de Bordeaux, un rapport détaillé sur la question de Pamiers. Je reçus aussitôt le congé que je demandais, et je quittai définitivement l'Ariège, au commencement d'octobre 1841.

Ma femme, partie depuis la fin d'août, pour Nérac, à petites journées, comme elle en était venue, avait reconduit, de là, notre enfant et sa bonne, au **Bouscat**. Elle attendit là, dans sa famille, l'avis de venir me rejoindre à Nérac, pour aller, avant que rien ne s'y opposât, visiter nos propriétés de Houeillès qu'elle ne connaissait pas encore, où Dominique était retourné, avec la voiture et les chevaux.

Les souvenirs se rattachant à cette visite n'ont aucun intérêt : je ne m'y arrête donc pas.

Nous laissâmes à Houeillès, comme surveillant, jusqu'à nouvel ordre, des travaux divers que j'y faisais exécuter, Dominique, avec Marie, son épousée. Celle-ci l'avait retrouvé définitivement, cette fois. Il conserva les deux percheronnes, qui, tout en faisant le service de nos domaines, devinrent des poulinières, comme les deux belles pouliches de race ramenées par lui de Saint-Girons, l'année précédente.

De retour à Bordeaux, je fis tenir à M. Duchâtel mon rapport touchant la candidature, impossible, à mon sens, qu'il songeait à produire, le moment venu, dans l'arrondissement de Pamiers. J'y posais nettement ces prémisses : le candidat recommandé par son frère, appartenant à l'aristocratie toulousaine, avait toutes ses attaches dans le parti légitimiste de l'Ariège, et ses convictions catholiques, très prononcées, le classaient irrémédiablement dans ce qu'on appelle aujourd'hui : « le parti clérical ». Or, le Député sortant, à évincer, pour lui faire place, M. le vicomte de Saintenac, élu sous le patronage du même camp politique et religieux, garderait assurément, s'il se représentait, les voix des légitimistes et l'appui de l'Évêché de Pamiers, en face de ce candidat nouveau, compromis par une récente alliance de famille avec le **Ministre de l'Intérieur** du Gouvernement de Juillet, devenu plus odieux que jamais à Toulouse, depuis le concours décisif qu'il venait de prêter à la cause de la Reine d'Espagne contre celle du « vrai Roi », don Carlos. — La position du vicomte Duchâtel dans cette ville s'en ressentait même au point de lui faire désirer d'en sortir. — Quant à faire voter les libéraux et les protestants, conservateurs ou non, pour un légitimiste, pour un clérical avéré, même rattaché d'apparence à la Monarchie de 1830, il ne fallait pas y songer. Pour un inconnu, ce serait moins difficile !

Désintéresser le possesseur du siège à la Chambre, pour écarter sa concurrence, ainsi que je l'avais entendu projeter à Paris, était sans doute un moyen, mais, suivant mon avis, un moyen trop peu sûr, de recueillir sa succession. Le nouveau candidat ne pourrait évidemment pas, dans cette hypothèse, hériter de ses électeurs, sans se placer sous le même drapeau ; mais, cela ne conviendrait certes pas au Ministre, qui devait vouloir, avant tout, un triomphe électoral pour la politique du Cabinet dont il faisait partie. Et, s'il se posait en candidat agréable au Gouvernement, ou pour peu qu'il parût tel, il éprouverait de fortes défections dans les rangs de la population catholique, sans faire des recrues équivalentes, à beaucoup près, parmi les électeurs ministériels, assez peu nombreux, ni surtout au milieu des protestants, conservateurs en majorité, mais trop prévenus contre le personnage en question.

A ma place, un autre, plus habile, n'eût peut-être pas expliqué l'état des choses d'une manière si nette. Il se serait contenté de présenter l'entreprise comme très ardue, mais bien moins inabordable sous sa direction qu'avec le concours de n'importe quel catholique, et il aurait commencé par aller à Paris, avec le vicomte Duchâtel, pour se faire nommer Préfet de l'Ariège, sauf à voir venir ensuite les événements. Mais, je ne pensai même pas un instant à cacher la moindre partie de la vérité, telle que je la voyais, à qui m'avait demandé de le renseigner loyalement.

D'ailleurs, le rôle d'agent électoral me répugna toujours. Bien administrer, en son nom, était le moyen très légitime et le seul efficace, selon moi, de conquérir des suffrages au Gouvernement que je servais.

Je restai donc Gros-Jean, comme devant.

A la vérité, je comptais que cela ne durerait pas trop. Les bonnes dispositions de M. Duchâtel en ma faveur devaient s'accroître, à mon sens, du fait même de la droiture de ma conduite. M. Guizot, Président du Conseil, me voulait beaucoup de bien. Et puis, j'avais les promesses du Prince Royal! Dans ces conditions, comment supposer que mon stage, comme Préfet, allât se prolonger encore pendant bien des années?

CHAPITRE IX

LA SOUS-PRÉFECTURE DE BLAYE

Mon installation dans ce poste d'attente. — Blaye et Bordeaux. — L'Arrondissement et ses marais. — Un grand seigneur. — Établissement de relations importantes.

M. Duchâtel m'informa qu'en attendant la vacance de la Sous-Préfecture de Libourne, retardée par un concours de circonstances regrettables, il m'offrait de suite Bazas ou Blaye, à mon choix. Je lui répondis : « A cause « du voisinage de nos propriétés de Houeillès, Bazas « paraît bien mieux me convenir que Blaye. » Mais, je crus devoir aller prévenir de ce qui se passait, M. le baron Sers, Préfet de la Gironde, un vrai Préfet, celui-là, fils d'un ancien Sénateur de l'Empire, entré dans la carrière, sous ses auspices, comme Auditeur au Conseil d'État, et puis, Sous-Préfet à Spire, sous l'Empereur Napoléon Ier. J'avais l'honneur d'être connu dès longtemps de cet éminent administrateur, grâce à mon ancien camarade au collège Henri IV, M. Ferdinand Le Roy, son Secrétaire Général, devenu son gendre.

Je crois que M. le baron Sers était d'origine saintongeaise. Dans tous les cas, il existait des liens de parenté proche entre plusieurs excellentes maisons protestantes, très anciennes, de Bordeaux, alliées à des familles de Saintonge, et la sienne. Protestant lui-même, il se trouvait, par elles, un peu cousin de ma belle-mère.

Il me dit, avec un intérêt visible, que l'arrondissement de Bazas lui semblait trop voisin de celui de Nérac, où je figurais, comme électeur, depuis mes acquisitions de Houeillès; que j'y ferais peut-être loucher M. Sylvain Dumon et les siens, à cause de l'approche des élections de 1842, et qu'il m'engageait à voir, avant tout, M. Galos, négociant à Bordeaux, Député doctrinaire de Bazas, grand ami de M. Dumon. Il ajouta que Blaye avait un Député charmant, M. le marquis de la Grange, avec qui je m'entendrais à merveille; qu'on était là, d'ailleurs, tout près de Mirambeau, résidence du comte et de la comtesse Duchâtel, père et mère du Ministre, lequel venait y recevoir, tous les ans, ses électeurs de Jonzac.

Je me rendis chez M. Galos. Je le trouvai dans son comptoir, gourmé, compassé, glacialement froid, et je compris, à première vue, que j'éprouverais peu d'agrément avec un Député pareil. Je lui déclarai donc, sans plus, qu'après avoir consulté mon nouveau Préfet, je venais lui faire connaître mon intention de demander au Ministre Blaye au lieu de Bazas, et je le priai de m'excuser de cette préférence, inattendue peut-être, pour un arrondissement autre que le sien.

Il parut soulagé par cette entrée en matière, et me dit, courtoisement, regretter pour Bazas un Sous-Préfet de ma valeur. Cependant, il croyait ma résolution sage, et m'en savait gré. Nous nous quittâmes en termes polis.

Je me hâtai d'écrire au Ministre ces détails. Il fit remplacer l'ordonnance, déjà rendue, me nommant Sous-Préfet de Bazas, par une autre, qui me transférait à Blaye (23 novembre 1841).

MON INSTALLATION DANS CE POSTE D'ATTENTE.

Quand M. Sers me félicita de ma résolution, si vite prise, je le remerciai de ses sages et bienveillants conseils donnés si fort à propos, et nous nous trouvâmes en complète sympathie, à partir de ce moment. Il me dit que la Sous-Préfecture de Blaye allait me paraître une bague au doigt. L'arrondissement était petit, médiocrement peuplé; les habitants, paisibles, faciles à conduire. Si je voulais venir conférer avec lui directement du peu d'affaires sérieuses que j'y pourrais découvrir, il l'aurait toujours pour agréable, et cela me serait très facile et très commode, au moyen du service des bateaux à vapeur du bas de la rivière. De plus, je m'assurerais, par ce moyen, une raison de passer à Bordeaux les jours où je ne croirais pas nécessaire ma présence à Blaye. Il me dit encore qu'il m'autoriserait, toutes les fois que je le lui demanderais, à me rendre à Houeillès, pour y demeurer le temps utile à mes affaires, sauf à me rappeler, s'il avait besoin de moi. Dans sa pensée, il ne me fallait pas quitter Blaye pour Libourne, mais pour la Préfecture qu'on me devait bien, et il entendait me traiter en futur et prochain collègue. On ne pouvait pas être meilleur ni plus gracieux.

En réalité, je trouvai si commode la situation qu'il m'avait faite ainsi, dès le premier jour, et la bonne volonté croissante de M. Duchâtel pour moi semblait me garantir un si prompt avancement, qu'à l'époque où la Sous-Préfecture de Libourne devint enfin vacante et me fut offerte, j'y renonçai. Libourne était à plus de huit lieues de Bordeaux, par une route montueuse, franchissant l'Entre-Deux-Mers; j'aurais, d'ailleurs, dans un grand arrondissement, laborieux à conduire, beaucoup de travail, désormais inutile à ma carrière, et peu de liberté, comme peu de facilités, pour aller à Bordeaux et surtout à Houeillès. Mais, je ne supposais pas que mon rôle de futur Préfet, en subsistance à Blaye, durerait plus de six années, c'est-à-dire jusqu'au 24 février 1848, c'est-à-dire jusqu'à la chute, si **peu prévue**, si brusque, de la Monarchie de 1830.

Ma nouvelle prestation de serment accomplie, je pris le bateau du matin, pour aller prendre possession de ma nouvelle Sous-Préfecture. Favorisé par la marée, il ne mit que deux heures et demie à faire la descente de Bordeaux à Blaye, malgré ses nombreuses escales. A marée contraire, le voyage dure trois heures et demie et même quatre heures, suivant la force du courant. De même, à la montée, de Blaye à Bordeaux.

Mon prédécesseur, M. Laumond, m'attendait, pour me céder son matériel et ses fournitures de bureaux. Je ne me rappelle plus s'il avait été contraint à donner sa démission ou révoqué. Mais, je suis parfaitement certain que tout le monde, à Blaye, s'accordait à considérer le départ de cet étrange Sous-Préfet, comme une nécessité.

C'était un gros petit homme, d'âge déjà mûr; blondasse, aux cheveux plus que rares; au visage pléthorique, trahissant sa prédilection pour la bonne chère et le bon vin; grand parleur, hâbleur même, visant à l'esprit; en somme, un important grotesque, ne s'apercevant pas qu'on s'amusait de lui; sans la moindre suite dans les idées, ce dont il ne s'inquiétait guère;

mais d'un aplomb superbe, impossible à démonter. Originaire de la Charente, — quoiqu'il fût bien digne d'appartenir à la race gasconne, — fils unique d'un homme de loi relativement riche, il avait fait quelques études de Droit, et tant de sottises, que ce père, avant de mourir, mettait sa fortune entière à l'abri, sous le nom de sa femme. Or, celle-ci, disait-on, tint sans faiblir, le cher prodigue serré de si près, qu'il entra dans l'Administration, grâce à je ne sais quelles coupables complaisances, pour y chercher un complément de ressources. Du reste, il cachait si peu son impatience de recueillir la succession de sa vieille mère, qu'il dit devant moi cette odieuse parole, dont il riait comme d'un bon mot : — « J'avais bien entendu parler du Père « Éternel ; mais, de la mère éternelle, jamais ! »

Délivré de ce personnage encombrant, je fis venir, de la campagne du Bouscat, notre ancien mobilier de Nérac, qui s'y trouvait emmagasiné, pour l'installer dans l'hôtel de la Sous-Préfecture de Blaye, maison d'assez bonne apparence, sise dans une rue paisible aboutissant à la campagne, où sa façade principale prenait jour, au nord, tandis que l'autre avait vue, au midi, sur un vaste jardin, en contre-bas de tout un étage. De ce côté, le sous-sol devenait rez-de-chaussée, et le rez-de-chaussée vrai se transformait en premier étage.

Afin d'expliquer cette disposition, très commode pour l'éclairage et l'aération de la cuisine, de ses dépendances, de la salle de bain, et pour tout le service du sous-sol, il faut dire qu'un ravin profond, creusé par une petite rivière, descendant de l'est à l'ouest, jusqu'à l'extrémité supérieure du port, qui s'y prolongeait en retour, autrefois, coupe la ville en deux bandes formant deux quartiers parallèles au fleuve : l'un, compris entre les prairies d'alluvion qui le bordent et le revers méridional de ce ravin ; l'autre, s'élevant, du revers septentrional, vers les hauteurs du Monteil. Le port actuel sépare la ville du massif de la citadelle, que tourne la route de Saintonge, en partant des quais, auxquels aboutit la jetée du débarcadère des bateaux à vapeur, pour prendre ensuite la direction du nord, par le faubourg de Paris. Suivant, d'aval en amont, le bord des alluvions du fleuve, un autre faubourg, le Bugeaud, habité surtout par les capitaines de navires et les marins, donne passage au chemin de Bourg.

Une rue nouvelle, destinée à mettre en communication les deux quartiers principaux, à travers le ravin, bordait le jardin de la Sous-Préfecture, qui dépassait la rivière, pour devenir potager au delà, sur une largeur égale à celle de l'habitation. En deçà, le jardin occupait une largeur double, et formait une manière de petit parc, coupé de gazons et de massifs assez bien plantés.

Quant à l'hôtel même, j'ai déjà dit qu'il avait de beaux, clairs et salubres sous-sols. Je dois ajouter qu'ils donnaient sur une sorte de petite cour dallée, encadrée par deux pavillons en retour, et qu'on franchissait par un perron à double révolution, descendant, du rez-de-chaussée-premier-étage, dans le jardin.

Une partie de ce rez-de-chaussée, du côté de l'est, avec une entrée à part sur la rue, était affectée aux bureaux. Mon cabinet se trouvait à la suite, dans le pavillon de ce côté. L'autre partie contenait une belle salle à manger, avec une vaste office, et, à la suite, dans le pavillon de l'ouest, la chambre de la bonne et de l'enfant, reliée au sous-sol et au vrai premier étage par un étroit escalier de service. Au milieu, le vestibule d'entrée, se terminant sur le perron du jardin.

Un grand escalier en pierre, à rampe de fer forgé, montait aux appartements du Sous-Préfet, composés, à droite, d'un beau salon, au-dessus des bureaux, et d'une autre pièce dans le pavillon, au-dessus de mon cabinet, avec petit escalier de service y descendant; et à gauche, de deux fort belles chambres à coucher, rendues indépendantes par un corridor; puis, d'une troisième chambre, dans le pavillon, au-dessus de celle de la bonne et de l'enfant. Cela nous suffisait. On le comprendra, si l'on pense que nous avions, à Bordeaux, un appartement chez mon beau-père et ma belle-mère, et au Bouscat, un autre appartement dans leur maison de campagne, où nous étions si bien munis de tout, que nous n'éprouvions le besoin de rien emporter d'une de nos trois résidences à l'autre.

La Sous-Préfecture ne possédait pas d'écuries et remises. On aurait pu facilement en établir dans le fond du potager, avec une entrée sur la rue nouvelle, par où se faisait déjà le service du jardin. Mais, à quoi bon ? La moitié des communications, sinon plus, se faisaient par le fleuve, et, pour les autres, on trouvait, à Blaye, un assez bon loueur de voitures de toutes sortes.

BLAYE ET BORDEAUX.

Ma femme était presque toujours avec notre petite fille, chez mes beaux-parents. Elle ne venait guère à

Blaye que pour les grandes occasions : nos dîners et soirées dansantes d'hiver ; le dîner du Conseil d'Arrondissement et celui du Conseil de Revision ; puis, des visites à faire, soit, dans les environs, notamment à Mirambeau ; soit, en Médoc, de l'autre côté de la Gironde, où nous avions, pendant l'automne, des parents et amis, en vendanges dans leurs crus.

Pour moi, je partais ordinairement de Blaye, la canne à la main, tous les samedis, quand ce n'était pas les vendredis, par le bateau montant, vers midi, pour Bordeaux, et je rentrais le mardi matin. En route, je rencontrais nombre de mes administrés, s'embarquant aux escales qui font un long chapelet tout le long de la côte, de Blaye à Bourg, et j'en voyais autant, au retour, qui revenaient avec moi.

J'ai traité bien des questions et arrangé bien des affaires, sur le pont du bateau. Avec combien de propriétaires de l'arrondissement de Lesparre, embarqués au Verdon, à Pauillac, à Beychevelle, n'ai-je pas ainsi lié connaissance pendant mes six années de Blayais ?

A partir du Bec d'Ambès, c'était à des Bordelais, propriétaires sur les deux rives de la Garonne, que j'avais à faire !

Ces voyages, peu fatigants, formaient plutôt des promenades, en général, agréables ; car le mauvais temps n'est vraiment pénible, en rivière, qu'au-dessous de Pauillac. Du Bec d'Ambès à Blaye, la Gironde a bien 4 kilomètres de largeur, mais en deux bras, séparés par l'île Cazeaux, l'île Verte, l'île du Nord, celle du Pâté, où s'élève, entre la citadelle de Blaye et le fort du Médoc, un fortin complétant la défense du fleuve, et enfin, celle de Patiras.

Dès mon arrivée à Bordeaux, j'allais me montrer au Préfet; causer un brin avec lui, de politique ou d'affaires. Il voulait m'avoir à dîner une fois, durant chacun de mes voyages, et c'est ainsi que je devins très intime avec tous les siens et les habitués de ses salons.

Quand sa famille résidait à Paris ou à Metz, il me convoquait à de petites dégustations de grands crus, avec MM. Guestier et Wustemberg, Députés de la Gironde, puis, Pairs de France; M. Duffour-Dubergier, le célèbre Maire de Bordeaux; M. Scott, consul d'Angleterre; M. Nathaniel Johnston, beau-frère de MM. Guestier et Scott; tous, Princes du Commerce de Vin, et M. Biarnès, le premier courtier d'alors! J'appris là ce qui me permit, plus tard, de faire, de ma cave, la première de Paris, au dire des invités de l'Hôtel de Ville.

Je ne perdais pas mon temps à Bordeaux. J'y fondais de bonnes relations, qui ne me furent pas inutiles à d'autres époques. Je faisais partie de la Société Philomathique de cette ville; de la Société d'Agriculture de la Gironde; et je fus, avec le duc Decazes et M. Duffour-Dubergier, un des premiers membres de la Société d'Horticulture de Bordeaux. Les capitaines de nos collègues armateurs se plaisaient à nous rapporter, de loin, pour celle-ci, des plantes tropicales nouvelles, ou pour mieux dire, peu connues des simples amateurs; notamment, des orchidées, et surtout, ces belles plantes vertes dont j'ai doté les parcs et jardins publics de Paris, avec le concours de MM. Alphand et Barillier-Deschamps, deux Bordelais, tandis qu'à l'Hôtel de Ville, je donnais l'exemple du luxe des fleurs, qui fait aujourd'hui l'objet d'un commerce extrêmement considérable dans cette grande capitale.

J'occupais à peine depuis sept ou huit mois cette paisible et très supportable situation d'expectative, quand, le 13 juillet 1842, la mort accidentelle de l'Héritier présomptif du Trône, si fatale à la Monarchie de Juillet, vint me frapper au cœur, aussi bien que mon ancien camarade, Ferdinand Le Roy, cet autre compagnon d'études et de jeux de l'infortuné Prince Royal.

Pour moi, le Duc d'Orléans n'était pas seulement le plus haut et le plus puissant des protecteurs. Depuis le collège Henri IV, il m'avait témoigné la plus amicale et la plus constante sympathie. Chaque fois que j'allais à Paris, il me recevait avec bienveillance, s'informait de ma carrière et me faisait offre de ses services. Mais, heureux de prendre ses conseils, je réservais son intervention pour le jour où mon avancement ne dépendrait plus que d'un suprême effort.

Je séjournais à la campagne, au Bouscat, lorsque je reçus la nouvelle de la terrible catastrophe mettant la France en deuil ; car, le Prince Royal était personnellement très populaire, et l'Armée s'honorait de compter ce brillant soldat parmi ses chefs.

Pour l'avenir de ma carrière, la mort de cet affectueux protecteur était une perte irréparable. J'en ressentis d'autant plus de reconnaissance envers l'excellent baron Sers, qui m'avait fait, de si bonne grâce, une position, exceptionnellement favorable entre tous ses collaborateurs, et qui me rendait la patience plus aisée qu'à bien d'autres. Mais, c'était un motif nouveau pour ne pas abuser de sa complaisante bienveillance, et pour m'attacher à remplir consciencieusement les devoirs faciles, à tous égards, que m'imposaient, après tout, les fonctions secondaires, peu exigeantes, dont j'avais charge.

L'ARRONDISSEMENT ET SES MARAIS.

L'arrondissement de Blaye ne comprend pas plus de 4 cantons (Blaye, Bourg, Saint-Ciers-la-Lande, Saint-Savin) et de 56 communes plus ou moins peuplées ; il n'avait, en tout, que 60,000 habitants. La ville chef-lieu en comptait 5,000, à peine.

Le canton de Bourg repose sur une roche de calcaire marin. Dans tous les autres, on se trouve sur un sol lacustre. Particularité bien curieuse : dans ce canton de Bourg, sis autrefois en Guienne, le patois bordelais se parle couramment encore ; partout ailleurs, c'est le français, avec l'accent traînard de la Saintonge, qu'on entend. Il n'y a pas de transition : un petit cours d'eau, qui se jette dans la Gironde au pied de la Roque-de-Tau, sépare les deux idiomes. En deçà, du côté de Blaye, sur le calcaire d'eau douce, la langue d'oil ; au delà, du côté de Bourg, sur le calcaire marin, la langue d'oc. Les habitudes des populations se montrent aussi tranchées.

Au point de vue agricole, l'arrondissement est coupé non moins nettement, en trois zones :

Dans celle des coteaux, de beaucoup la plus importante, qui borde la Gironde et la Dordogne, en remontant de Blaye jusqu'à la limite du canton de Bourg, vers Saint-André-de-Cubzac, la vigne garnit les sommets et les pentes de son sol, fortement argileux. Des champs et des prés, surtout dans la vallée du Morin, qui forme cette limite, occupent les parties basses.

La vigne provient de plants d'abondance ; cultivée à la main, elle est fructueuse. Les vins du Blayais, peu corsés, valent un prix médiocre. Ils ont un goût de terroir.

Ceux du Bourgeais, très généreux, souvent fins, sont beaucoup plus estimés.

La zone des plateaux, sise en arrière, s'étend vers l'arrondissement de Jonzac. Son sol, de nature sablonneuse, qui produit surtout le pin maritime et fournit des échalas aux contrées vinicoles, rappelle celui des landes de Gascogne. Mais, ses sables superficiels, qu'on retrouve sur quelques sommets de la zone des coteaux, sont d'eau douce; ils appartiennent à la formation géologique dite de Fontainebleau, comme le prouvent leurs coquillages.

Celle des marais s'étend au-dessous de Blaye, le long du fleuve, jusqu'à Port-Maubert (Charente-Inférieure). Cette dernière zone, très fertile et très bien cultivée, grâce aux travaux d'endiguement et de desséchement exécutés par des entrepreneurs hollandais qu'avait fait venir le Duc de Saint-Simon, père de l'auteur des célèbres mémoires, et Gouverneur de Blaye, sous le règne de Louis XIII, en vertu d'une concession obtenue du Roi par ce grand seigneur, attira mon attention tout spécialement. Elle comprend le petit et le grand marais de Blaye, dans le canton de ce nom ; les marais de Saint-Louis et de Saint-Simon, dans celui de Saint-Ciers-la-Lande; plus, un marais dit : la Vergne, sis entre les deux groupes, conservé comme débouché nécessaire de cours d'eau venant s'y déverser de beaucoup de points de l'arrondissement.

Voici le système de ces Hollandais, système très intelligent et très simple, au fond, comme toute invention de génie, et tellement facile à comprendre qu'on n'en apprécie même pas, au premier aspect, tout le mérite.

Il reposait, en principe, sur cette observation :

Le sol naturel des marais, inférieur au niveau de la haute mer, était cependant supérieur à celui de la mer basse, bien qu'il ne fût jamais découvert, au descendant. Les eaux des grandes marées s'y trouvaient retenues, en effet, par un rudiment de digue, qu'avait formé, sur le bord du fleuve, l'amoncellement de vases, charriées par les crues de la Garonne et de la Dordogne et refoulées par les marées, qui s'y déposaient à la mer « étale ».

Le premier travail des Hollandais fut d'élever, au moyen d'autres vases, empruntées au lit du fleuve, cette digue naturelle, au-dessus du niveau des plus hautes marées ; le second, d'enceindre chaque marais à dessécher, d'un large fossé, recevant les eaux de tous les pays d'alentour, et les conduisant à la Gironde par des pentes calculées de façon à les y faire écouler, à basse mer, aux points de rattachement, amont et aval, de la digue riveraine, avec les terrains insubmersibles.

Pour empêcher l'entrée du « flot » dans le marais, à ces deux débouchés du fossé de ceinture, ils les munirent de clapets automatiques, fermés par le « montant », qui se fait, par ce moyen, obstacle à lui-même, et ouverts, au « descendant », sous l'effort des eaux terriennes, accumulées derrière eux durant la marée.

Restait à débarrasser le sol des eaux pluviales qui pouvaient seules désormais l'inonder. Il suffit, pour cela, d'employer le même procédé : l'ouverture de fossés perpendiculaires au fleuve, allant y déverser les eaux d'inondation, à marée basse, par dessous la digue riveraine, et munis également de clapets automatiques. D'autres fossés, parallèles au fleuve, coupant transversalement les premiers, et se dégorgeant dans le grand fossé de ceinture, plus profond, complétèrent le dessèchement.

Les terres extraites de tous ces fossés relevèrent sensiblement les carrés de terrain assainis, qui forment autant de fermes, et dont, chose étrange, le sol tourbeux devint si vite sec et pulvérulent, sous les ardeurs du soleil d'été, que les syndicats préposés à l'administration des marais durent autoriser bientôt la levée périodique des clapets, pendant les grandes chaleurs, pour arroser les cultures par imbibition, au moyen des eaux du fleuve admises dans les fossés à la montée du flot, jusqu'à certaine hauteur.

Mais, il était facile de prévoir que des eaux si vaseuses combleraient les canaux à la longue, et que tout le travail intérieur serait à refaire, si l'on n'avisait à ce danger indubitable.

On y para de la manière suivante :

Des bateaux, ayant à peu près la largeur des fossés à curer, furent armées de vannes pouvant obstruer, en s'abaissant, toute leur section mouillée, au moment où l'eau du fleuve, introduite par l'ouverture des clapets terminaux, s'y trouve à son plein, et pénétrer légèrement dans la vase, liquide encore, dont on n'attend pas, d'ailleurs, la trop grande accumulation.

Les eaux, retenues derrière un de ces bateaux-vannes en action, le poussent, à mesure que les eaux inférieures s'écoulent devant lui, au descendant, et alors, tout, y compris la couche de vase entamée, s'en va dans le courant du fleuve.

On recommence la même opération jusqu'à parfait curage à vif fond de chaque fossé, que deux hommes mènent à fin en peu de marées, lorsqu'il faudrait, certes, le concours de milliers d'ouvriers, pour l'accomplir à la pelle, dans le même délai.

Je fus très vivement frappé de ce spectacle, et je m'en suis souvenu, quand il s'est agi d'aviser au nettoyage économique des principaux égouts parisiens.

UN GRAND SEIGNEUR.

La majeure partie des marais de Saint-Louis et de Saint-Simon, une plus petite des marais de Blaye, et toute la Vergne étaient demeurées la propriété des héritiers du Duc de Saint-Simon, représentés par M. le marquis de Lamoignon, Pair de France, qui, toute l'année, habitait, à Saint-Ciers-la-Lande, sa résidence de La Cassine. De ce chef, M. le marquis de Lamoignon possédait une soixantaine de fermes, louées de 2,000 à 4,000 francs, l'une ; plus, le revenu de la Vergne, dont la « bauge », provenant de la coupe fréquente des joncs et roseaux qui la couvraient : — joncs utilisés au liage de la vigne ; roseaux recherchés comme éléments d'engrais ; — se vendait couramment à de bons prix.

Je n'ai pas besoin de dire qu'on jalousait, de bien des côtés, sa fortune territoriale.

Cependant, l'ensemble des propriétaires des marais lui devait une grande reconnaissance.

En effet, au retour de l'émigration, il avait trouvé l'œuvre des Hollandais dans un abandon presque entier. Après maints efforts inutiles, afin d'obtenir, pour la restaurer, tous les concours nécessaires, il profita de l'arrivée de M. le comte Molé, son neveu, à la Direction Générale des Ponts et Chaussées, sous le premier Empire, pour provoquer et faire rendre la loi du 16 septembre 1807, sur le Desséchement des Marais, dont l'application lui permit d'atteindre enfin son but, et de reconstituer les revenus de ses fermes et de celles de ses voisins.

Néanmoins, on ne lui en tenait pas toujours compte.

Je me rappelle que, présidant la réunion du Syndicat du Grand Marais de Blaye, à l'occasion d'un travail important, qui devait améliorer notablement le produit de toutes les fermes, j'entendis le Maire de la commune d'Anglade, un Monsieur cependant, et un riche propriétaire, bien pensant, m'objecter : — « Mais, Monsieur le « Sous-Préfet, M. le marquis de Lamoignon va gagner à « cela 25 ou 30,000 francs de rente de plus ! » — « Je « l'ignore, » répondis-je ; « mais, dans ce cas, vous en « gagnerez vous-même de 5 à 6,000. » — « C'est possible ; « toujours est-il que ce travail va profiter à M. de La« moignon plus qu'à personne. » — « Mais, il contribuera « dans la dépense, comme vous, pour une somme pro« portionnelle à son accroissement de revenu. » — « N'empêche qu'il y gagnera de 25 à 30,000 francs de « rente ! » — Je ne pus pas le tirer de là. Fort heureusement, les campagnards qui faisaient partie du Syndicat, se montrèrent plus raisonnables, et la cotisation nécessaire à l'exécution du travail fut votée.

M. le marquis de Lamoignon était Maire de Saint-Ciers-la-Lande. Il exigeait, par exemple, que j'allasse, une fois par semaine, lui donner mes instructions, en dînant avec lui.

Son grand âge et les soins de sa santé ne lui permettaient plus de siéger à la Chambre des Pairs, ni de faire grand honneur à sa table, toujours dressée à deux services très complets, même quand il n'attendait personne. Ses amis savaient, en effet, qu'ils pouvaient venir y prendre place sans invitation, et il était bien rare qu'on n'en vît arriver aucun. Dans tous les cas, seul, aussi bien qu'accompagné, il passait gravement, à l'heure dite, dans sa salle à manger, entre deux haies de valets en livrée, poudrés à l'anglaise. — Il avait rapporté de l'émigration cette habitude. — Son maître d'hôtel lui présentait tous les plats et lui offrait de tous les vins; mais, il refusait tout, car il ne prenait qu'un potage et des gelées, et ne buvait jamais que de l'eau sucrée. Il quittait la table avec le même cérémonial.

Le service était fait en vaisselle plate, qu'après chaque desserte, des femmes d'office lavaient, rinçaient, repolissaient, et remettaient en ordre dans ses étuis.

Il tenait également, de l'Angleterre, sa passion pour les chevaux. Ses écuries en contenaient toujours nombre de paires, qu'il renouvelait à la moindre tare. Aussi, les maquignons du pays le considéraient-ils comme leur meilleur client.

Sa matinée était consacrée à voir promener ses chevaux, en mains, autour d'une cour de manège. Il réglait, avec son chef d'écurie, l'emploi de tous pendant la journée, trop heureux, quand je descendais chez lui pour faire quelques tournées dans les environs, de me fournir une victoria des mieux attelées.

Lui-même sortait tous les jours à quatre, et passait deux heures à observer son attelage, pour reprendre la moindre faute.

Il réglait de même tous les services de sa maison, avec le chef de chacun. Quand il attendait du monde, il allait visiter, dans tous les détails, les appartements qu'il avait donné l'ordre de préparer, et me di-

sait, à cette occasion : — « Mon bon ami, ne vous con-
« tentez jamais de donner un ordre. Voyez, de vos yeux,
« comment on l'exécute. Il n'y a pas de maison bien
« tenue sans cela. » — Je m'en suis toujours souvenu.

Les domestiques savaient qu'au premier manquement, il les ferait mettre à la porte de chez lui, tandis que son testament assurait une rente à tous ceux qui seraient à son service lors de sa mort. Aussi, quel personnel bien stylé !

M. de Lamoignon était, malgré toute cette raideur, on ne peut plus bienfaisant.

Un jour, il reçut la visite d'une noble Dame, sur la demande de laquelle il avait fait envoyer une vache à je ne sais plus quelle maison de Sœurs élevant des jeunes filles. Elle venait, cette fois, lui dire qu'il faudrait bien un petit pré pour nourrir la vache. Il fit appeler son intendant, et lui donna l'ordre de concéder aux Sœurs la jouissance de tel barrail.

L'année suivante, la même Dame revint lui faire savoir l'accroissement du nombre des enfants admis. — « Je comprends, » reprit-il, « les Bonnes Sœurs ont besoin
« d'une seconde vache. » — « Hélas ! oui, Monsieur le
« Marquis. » — « Fort bien ; mais j'y songe : pendant que
« nous y sommes, et pour vous éviter la peine de revenir
« encore, il faut sans doute également un second barrail
« de pré ?... Bien, bien ! je vais le dire à M. David. » —
C'était l'intendant.

ÉTABLISSEMENT DE RELATIONS IMPORTANTES.

Je dis tout de suite que, dans les dernières années de mon administration, quand M. le marquis de Lamoi-

gnon mourut, il institua, pour héritier, son neveu :
M. le comte de Caumont-la-Force, issu du mariage
d'une de ses sœurs avec le Duc de la Force, Pair de
France. Ce neveu, devenu Duc de la Force, à son tour,
fut Sénateur du second Empire.

Par cette institution, Mme la marquise de la Grange,
unique sœur de M. le comte de Caumont, se trouvait
déshéritée, aussi bien que M. le comte Molé. L'oubli
des droits de l'auteur de la loi de 1807, au bon souvenir
de son oncle, pouvait s'expliquer par la grande fortune
qu'il possédait et par la situation, bien moins brillante,
de l'héritier du grand nom de la Force, malgré son
mariage avec la fille du comte de Celles, Sénateur belge
(gendre de Mme de Genlis). L'omission de Mme la marquise
de La Grange, encore moins riche que son frère, tenait
sans doute à ce qu'elle n'avait aucun enfant à pourvoir.

Invoquant des circonstances, très curieuses, qui lui
permettaient de revenir utilement, quoique bien tardivement, sur la dévolution entière, obtenue jadis par M. le
marquis de Lamoignon, des propriétés de sa famille dans
le Blayais, Mme de la Grange put le faire avec assez de
bonheur pour contraindre son frère, en appel devant la
Première Chambre de la Cour de Paris, présidée par
M. le Premier Président baron Séguier, à lui délaisser,
par transaction, la moitié des propriétés sur lesquelles
ses revendications portaient.

La position de M. le marquis de La Grange, son
mari, comme Député de l'arrondissement de Blaye, en
reçut une force nouvelle, et M. le comte de Caumont-la-Force, possesseur de la résidence de Saint-Ciers-la-Lande, tenta vainement de lui disputer son siège aux
élections de 1847.

M. le marquis de La Grange, ainsi que me l'avait dit M. le baron Sers, était un homme charmant, de rapports faciles, agréables. La Marquise, fort grande Dame, le prenant de plus haut, se montrait exigeante, mais bonne, au fond, pour ses amis, quoique son esprit mordant fût toujours en éveil. Nous lui convînmes heureusement tout de suite, ma femme et moi. Jamais, le moindre nuage n'altéra les bons rapports de la Sous-Préfecture avec le château de la Grange, acheté par le Marquis et la Marquise, probablement à cause du nom, aux portes de la ville, sur le fleuve, derrière la Citadelle, près de l'entrée du petit marais. Ils habitaient là, dans l'intervalle des sessions, plus qu'au château que le Marquis possédait dans l'Allier, son pays d'origine.

M. de La Grange, ancien Secrétaire d'Ambassade, s'était intimement lié, dans le cours de sa carrière diplomatique, avec M. de Lamartine, que j'ai vu souvent chez lui, soit avant, soit après 1848, à Paris. Il s'occupait de belles-lettres et de numismatique, et faisait partie de l'Académie des Inscriptions et Belles-Lettres. Mme de La Grange ne dédaigna pas d'écrire, dans ce milieu, quelques nouvelles pleines de sentiment et de grâce.

Il n'existait pas de sympathie profonde entre elle et les dames Duchâtel ; mais, je pus maintenir toujours en bonne intelligence La Grange et Mirambeau, grâce à mes fréquentes visites chez la Comtesse-Mère, la meilleure personne du monde, qui nous aimait beaucoup, ma femme et moi.

J'appartenais, par ma famille maternelle, à l'Empire, et c'était assez pour cette ancienne Dame du Palais, animée d'un véritable culte pour la mémoire de l'Empereur. Elle avait, à l'extrémité d'un de ses salons, le buste de ce Souverain, par Canova, sur une sorte d'autel, toujours garni de fleurs fraîches très soigneusement groupées, devant lequel je ne la vis jamais passer, sans faire un signe de croix discret.

Quand elle recevait ses enfants, le château regorgeait de monde. Ce n'étaient que grands déjeuners et grands dîners, réceptions et fêtes, dont elle me constituait l'organisateur. Je préludais à Mirambeau, dans ces occasions, à de bien autres splendeurs, que l'avenir devait m'imposer à Paris.

Quant à mon collègue de Jonzac, M. Cambon, sur le terrain duquel je semblais empiéter, il ne se sentait aucune des aptitudes voulues pour cet office de Grand Maréchal du Palais : il ne m'en enviait donc pas les responsabilités. Toute son ambition, qui fut satisfaite, se bornait à la Recette Particulière de Blaye. Bientôt, il prit place, dans ce poste modeste, sous mon administration.

Le Sous-Préfet de Saintes, le comte de Tanlay, mon camarade de classe au collège Henri IV, venait, de temps à autre, rendre ses devoirs aux châtelains de Mirambeau ; mais il n'y recevait pas un accueil empressé : j'ignore pourquoi. Je le retrouvai Préfet, sous l'Empire. Il mourut dans le Pas-de-Calais, à la suite d'une commotion du cerveau, suite d'un accident de chemin de fer.

La Bonne Comtesse admirait la parfaite harmonie qui régnait entre ma femme et moi. — « Comme ils « s'entendent, ces deux-là ! » — disait-elle. Dans les moments de presse, elle en concluait qu'une chambre pouvait nous suffire.

Le peuple de Blaye partageait l'impression de la Comtesse-Mère. Quand nous passions ensemble sur le port, bras dessus, bras dessous, serrés l'un contre l'autre, ou tenant, entre nous deux, notre petite fille, blonde, blanche et rose, aux yeux bleus — comme sa mère, — pour aller de la Sous-Préfecture à l'embarcadère ou bien en revenir, à travers les éventaires des marchandes en plein vent, combien de fois avons-nous entendu cette sympathique exclamation : — « Quel gentil mé- « nage ! » — A la vérité, nous paraissions beaucoup plus jeunes que nous ne l'étions alors.

Le vieux Comte ne sortait guère de ses appartements. J'eus cependant, avec ce Conseiller d'État de l'Empire, des conversations intéressantes. Il mourut plein de jours, et nous lui fîmes des obsèques magnifiques.

Lorsque le comte Tanneguy, mon Ministre, acheta le cru de Château-Lagrange, commune de Saint-Julien, Médoc, — rien de commun avec le Château de La Grange, en Blayais, — après avoir été son utile négociateur dans cette excellente affaire, je fus chargé, par la comtesse Églé, de surveiller la restauration de ce prétendu château, qui n'offrait rien de seigneurial, et de faire transformer : en parc, de superbes futaies, sises des deux côtés ; en pelouses et pièces d'eau, les terrains vacants, traversés d'un rivulet, alimenté par une source abondante, qui les séparait.

Cela me conduisit très fréquemment dans l'arrondissement de Lesparre, où je passais en nombre d'occasions déjà, pour aller, avec ou sans ma femme, selon qu'elle était ou n'était pas à Blaye en temps de vendange : à

Château-Laroze, chez nos cousins, le baron et la baronne Sarget ; au château de Beychevelle, dans la famille Guestier, et dans bien d'autres crus, appartenant à d'autres de nos parents ou amis de Bordeaux.

J'eus besoin de mettre en œuvre toute mon imagination de décorateur, à l'occasion de deux excursions princières en Gironde, organisées par mon Préfet : la première, pour le Duc et la Duchesse de Nemours ; la seconde, pour le Duc de Montpensier et l'Infante d'Espagne qu'il venait d'épouser et qu'il amenait en France.

Dès la première, en vue du retour de la Pointe de Grave, le soir, je m'ingéniai pour éclairer tout le bord du fleuve, dans la longueur de mon arrondissement. Mais, ce n'était pas une petite affaire. Je m'entendis aisément avec le Maire de Blaye et ceux des autres communes riveraines, pour que les lampions et les verres de couleur classiques ne manquassent nulle part aux façades des maisons en vue, et avec la Compagnie des Bateaux à Vapeur, pour l'illumination des embarcadères de leurs diverses escales. Mais, tout cela devait laisser de longs intervalles obscurs. Il me vint à l'idée de faire allumer un cordon de petits barils de galipot, espacés régulièrement, sur toute la ligne des hauteurs dominant la Gironde, et de faire accrocher des fanaux de navires aux ailes en mouvement des nombreux moulins à vent qui s'y trouvent, notamment au-dessus de Blaye. J'obtins ainsi, pour bien peu de dépense, un effet de lointain prodigieux, grâce aux reflets de toutes ces lumières sur l'eau.

J'avais, d'ailleurs, suggéré au Commandant de la Citadelle, qui s'était mis à ma disposition, de ne pas se borner à garnir de pots-à-feu les créneaux de celle-ci, du Pâté et du fort du Médoc; mais, de placer, sur leurs remparts, des compagnies de fusiliers, munies de cartouches étoilées à tirer, par salves, lors du passage du paquebot princier, tandis qu'il simulerait des bouquets de feux d'artifice, au moyen d'un mortier lançant vers le ciel des gerbes de fusées, de bombes lumineuses et de serpenteaux.

« J'ai vu bien des illuminations, » dit un des augustes voyageurs, « mais pas de dix lieues de long, « comme celle-ci. »

J'avais atteint mon but, et sans grands frais.

C'est, je crois, dans une de ces excursions que M. Guestier, alors Pair de France, qui la dirigeait comme Président de la Compagnie des Bateaux du Bas de la Rivière, faisant verser un des plus précieux vins de ses chaix, au déjeuner offert aux royaux passagers, porta ce toast, resté célèbre, au Roi Louis-Philippe : — « Sur le plus beau fleuve du monde, avec le meilleur « des vins, je bois au meilleur des Rois! »

CHAPITRE X

LA SOUS-PRÉFECTURE DE BLAYE

Routes. Chemins. Écoles. — Préfet, enfin. Catastrophe.
La Révolution de Février. — Départ de Blaye. — Mon remplacement.

Il convient maintenant de dire quelques mots touchant mon administration dans l'arrondissement de Blaye. Si j'en ai peu parlé jusqu'à présent, il ne faudrait pas croire qu'elle ne me tînt pas à cœur. Il n'était pas dans ma nature de négliger en rien ce dont m'incombait la charge. Mais, M. le baron Sers voyait juste, quand il me prévint que je ne trouverais pas assez d'affaires, dans cette Sous-Préfecture, pour employer tout mon temps et défrayer mon activité. D'ailleurs, je connaissais trop bien mon métier de Sous-Préfet, pour ne pas achever, en deux ou trois heures, ce qui pouvait absorber la journée entière d'un novice.

ROUTES. CHEMINS. ÉCOLES.

Je trouvai l'arrondissement de Blaye presque aussi médiocrement pourvu de voies de communications régulièrement praticables, que l'arrondissement de Nérac, aux débuts de ma carrière, et cela me parut absolument inadmissible, surtout, dans la Gironde.

Car, les temps étaient bien changés. Depuis plusieurs années, la loi dotait les communes et les départements de ressources convenables pour faire cesser un tel état de choses : il n'accusait, dès lors, que l'incurie des administrateurs.

Je pus dresser promptement à seconder mon action, les deux Agents Voyers d'Arrondissement placés sous mes ordres directs, en les initiant aux procédés les meilleurs pour faire l'emploi le plus utile de ces ressources, et, par dessus tout, des prestations en nature, devenus extrêmement familiers pour moi. Je méritai donc finalement, sans trop de peine, le compliment qu'après bien des années, Préfet de la Gironde, présidant le Conseil de Revision, à Bourg, je reçus du vieux Maire, presque infirme, d'une des plus petites communes du canton, simple cultivateur, qui s'était fait conduire à la séance, pour me revoir.

« Vous ne m'avez donc pas oublié? » lui demandai-je. — « Comment serait-ce possible? Monsieur le Préfet, » me répondit-il, « vous avez écrit votre nom, en chemins « vicinaux, sur tout le sol de notre arrondissement!... »

Une route de poste montait, du port de Blaye vers Saintes, par Étauliers, Mirambeau, Pons, etc. Une autre venait à Blaye, de Saint-André-de-Cubzac (relais de la grande route de Paris à Bordeaux) à travers la vallée du Moron, qu'elle franchissait au pont de Magrigne, et par Pugnac. Une route départementale grimpait, de Bourg, par monts et par vaux, jusqu'à ce dernier relais. Un chemin de Grande Communication, passablement entretenu, mais bien mal tracé, allait de Blaye à Saint-Savin ; un autre, de la route de

Saintes à Saint-Ciers-la-Lande; et puis, c'était tout. — La route de Bourg à Pugnac, prolongée, fut conduite à Saint-Savin, et, de là, par Donnezac, aux limites de l'arrondissement de Jonzac. Je fis ouvrir un magnifique chemin de Grande Communication entre Blaye et Bourg, par le faubourg du Bugeaud et le long des rives de la Gironde et de la Dordogne; puis, de Bourg, jusqu'à Saint-André-de-Cubzac, où des communications régulières avec Libourne étaient assurées. Le chemin de Blaye à Saint-Savin, mené, d'abord, à Cavignac (autre relais de la grande route de Paris à Bordeaux), fut ensuite continué jusqu'à Guitres, chef-lieu de canton relié à Libourne. Un nouveau chemin de même ordre alla de Bourg à Étauliers, par les revers des plus fertiles coteaux de l'arrondissement. Enfin, j'en fis percer un autre, d'Étauliers à la limite de l'arrondissement de Jonzac, par les plateaux boisés de Marcillac.

Je ne mentionne pas les chemins de Petite Vicinalité, qui devinrent partout circulables pour les charrois, et rendirent facile, en toute saison, l'exportation des produits encombrants, et d'une valeur relativement médiocre, de ces pays essentiellement vinicoles et forestiers, par les routes et les chemins de grande communication.

Pas besoin de dire que, pour ceux-ci, je dus, comme à Nérac, me déplacer beaucoup et dépenser bien des paroles. Il était encore plus difficile, ici que là, de faire abandonner gratuitement, à la voie publique, des terrains encore plus productifs, et arracher des haies encore mieux tenues, pour élargir ou redresser les chemins, quelque désir qu'eussent les propriétaires de les voir mettre en bon état.

Une fois, il ne me fallait pas seulement demander le sacrifice d'une haie : il s'agissait d'une charmille ! Or, celui qui n'a pas vécu dans le Midi, ne sait pas le prix qu'on y met à ces affreux berceaux taillés, et aux « ca-« binets de verdure » grotesques dont on borde les chemins, pour voir les passants, à l'abri du soleil.

Le propriétaire était un Capitaine au Long Cours. Il vint, furieux, me déclarer qu'il se posterait, avec son fusil, derrière sa charmille, et que le premier qui se présenterait pour y toucher, aurait un mauvais moment.

« Mais, personne, Monsieur », lui répondis-je avec le plus grand calme, « n'y portera la sape sans votre con-« sentement. »

Le lendemain, un agent voyer plantait une ligne de piquets à travers sa plus belle pièce de vigne. Retour du Capitaine, exaspéré.

« Mais, Monsieur, » lui dis-je alors, « puisque vous ne « voulez pas me permettre d'élargir et rectifier, aux dé-« pens de votre charmille, la courbe regrettable du che-« min contournant votre propriété ; puisqu'il faut vous « exproprier, autant vaut substituer, à cette courbe, « une ligne droite, et faire profiter ainsi le tracé du che-« min, de la dépense que je ne puis éviter, comme je « l'espérais. »

Il n'avait rien à répondre.

J'eus la portion qu'il me fallait de la charmille, et pour rien. Le malheureux, sur mon conseil, alla passer une huitaine à Bordeaux, pendant laquelle le travail se fit. Le dégât réparé, je reçus sa visite de remerciement, et, par la suite, aucun autre de mes administrés ne me fut aussi dévoué que lui. Bien plus, il me seconda, par une propagande active, auprès des autres propriétaires :

— « Moi aussi, « disait-il », je refusais, et maintenant, « je suis enchanté d'avoir cédé. »

Mon Préfet, le baron Sers, qui, dans ses tournées de Revision, aimait à parcourir, en voiture découverte, avec moi, nos nouveaux chemins, au prix de quelques détours, ne pouvait se lasser de constater les efforts dont témoignaient visiblement de si grands résultats, obtenus avec des moyens comparativement très faibles, et d'admirer combien de loisirs je savais trouver, néanmoins, pour m'occuper de tant d'autres choses.

Car, j'avais eu, d'ailleurs, à mettre en bon état l'organisation des écoles communales, presque aussi négligées, dans le passé, que les chemins vicinaux. Mais, je possédais encore, sur ce terrain, des thèmes tout faits, et dans une grande et solennelle réunion électorale, où je me rendis à Bourg, en 1885, pour y soutenir, en plein vent, la liste des candidats de l'Alliance Conservatrice de la Gironde, je trouvai nombre de gens, plus que mûrs, se rappelant que je les interrogeais, tout jeunes, dans leurs écoles respectives, quarante ans plus tôt, et, prêts à témoigner que l'arrondissement de Blaye n'attendit pas la République, pour jouir d'un service scolaire attentivement surveillé par les autorités administratives. — Je rencontrai même là bien des vieillards que j'avais fait tirer au sort, de 1842 à 1848, et qui se montraient singulièrement émus de me revoir vivant, bien portant, et capable encore de défendre en public, sans trop de fatigue, la cause de l'ordre social.

Il existait à Blaye, sous mon administration, deux pensions médiocres : une, laïque ; l'autre, dirigée par un prêtre. Ni l'une ni l'autre ne poussait les enfants plus loin que la quatrième. Je décidai la Ville à fonder un Collège Communal, où l'on pût faire des études complètes. Cet établissement absorba la pension laïque, et l'autre y mena ses élèves, tout au moins pour les classes supérieures qui lui manquaient.

PRÉFET, ENFIN. CATASTROPHE.

En 1847 (20 février), je dus sans doute à la bienveillance persévérante du baron Sers, ma promotion au grade d'Officier de la Légion d'Honneur, consécration publique donnée à ma candidature, depuis longtemps admise déjà par le Ministre, au poste de **Préfet**. M. Duchâtel ne demandait pas mieux que de m'y faire arriver. Tout le monde y poussait autour de lui; mais, il se sentait toujours si peu pressé de ce qui ne le touchait pas personnellement ou ne se rattachait pas à quelque pressante combinaison politique! Et puis, je ne le gênais pas à Blaye : au contraire.

La même année j'eus le très grand chagrin de perdre mon grand-père paternel.

C'est aussi pendant mon séjour à Blaye, que se maria mon oncle, M. André Haussmann, seul frère de mon père. Il semblait voué au célibat, quand il épousa une veuve, déjà mûre, ayant deux filles bientôt bonnes à marier. Il possédait une belle fortune, et elle, aussi. Je ne pus qu'aller féliciter, pour ma femme et moi, l'un et l'autre, et j'en profitai pour rendre visite à mes parents : ils habitaient Metz, où mon père continuait son service.

Nous reçûmes, de notre mieux, notre nouvelle tante à Bordeaux, dans un voyage qu'elle fit aux Pyrénées, pour mener sa fille aînée aux eaux. Nous la présentâmes à M. et Mme de Laharpe, et nous lui fîmes voir, à cette occasion, notre petite famille, doublée par la naissance de notre seconde fille : Fanny-Valentine, arrivée le 1er décembre 1843, à Bordeaux.

La politique ne me donna pas grand souci, dans l'arrondissement de Blaye.

La réélection de M. le marquis de la Grange n'offrit jamais de difficultés. Il était fort soigneux des petites affaires de ses électeurs, et fort aimé d'eux. Il représentait bien, d'ailleurs, l'opinion de la grande majorité, comme les autres membres du Conseil Général, tous favorables à la politique du Gouvernement. L'élection d'aucun d'eux ne fut jamais laborieuse, non plus que celle des Conseillers d'Arrondissement, à la tête desquels figurait le vénérable M. Pastoureau, Président du Tribunal de Première Instance.

Son fils, jeune avocat de Bordeaux, entra dans l'Administration postérieurement au 10 décembre 1848; fut un de mes successeurs, comme Préfet du Var, et parcourut une carrière aussi tourmentée que brillante.

A la mort du Président Pastoureau, son neveu, M. Gellibert, de Bourg, avocat de grand talent, fixé à Blaye par un riche mariage, et avec qui je me liai d'une cordiale amitié, le remplaça dans le Conseil d'Arrondissement, et, un peu plus tard, à la Présidence du Tribunal.

Les conseils municipaux, sagement composés, en général, se renfermaient dans leurs attributions administratives, et je pus toujours présenter au choix du Préfet, des Maires et Adjoints convenables.

Celui de Blaye était, au début, M. de Beaupoil Saint-Aulaire, légitimiste rallié ; homme de manières parfaites, trop parfaites même ; soucieux, par-dessus tout, de sauvegarder sa popularité ; craignant tout ce qui pouvait soulever des débats. Je le peindrai d'un mot, en disant qu'il se faisait malade lorsqu'une affaire devait susciter des difficultés dans le sein du Conseil Municipal.

« Monsieur le Sous-Préfet, voulez-vous que j'aille me « mettre au lit ? » — me proposa-t-il, un jour où je lui manifestais le désir de faire ajourner une question qui ne me paraissait pas mûre !

Il remplaçait M. Brun, avocat, gendre du Président Pastoureau, homme d'affaires consommé, très laborieux, très actif, mais d'un caractère difficile, processif, et d'un jugement que l'esprit de système faussait parfois. Ses façons impérieuses envers ses subordonnés et ses objections incessantes aux instructions préfectorales, rendirent son administration insupportable à tout le monde. Il conserva, néanmoins, sa situation de Conseiller Général, et je réussis à bien vivre avec ce mal commode représentant du canton chef-lieu. Très catholique, il alliait des tendances légitimistes à des tendances d'opposition parlementaire. Je le maintins, malgré tout, dans le parti gouvernemental, à force de le traiter comme un de ses chefs influents, et de lui témoigner des égards personnels.

M. de Beaupoil Saint-Aulaire ne se montrait pas un moins fervent catholique. Mais, comme il n'existait pas un seul protestant dans l'arrondissement de Blaye, les questions religieuses n'y prenaient pas d'importance. — Mes rapports avec l'Archevêque de Bordeaux, Mgr Donnet, furent toujours faciles, et je devins son ami, grâce au bon vouloir que je mettais à faire réparer les églises; surmonter les clochers des flèches qu'il affectionnaît, et améliorer le service des sonneries de cloches. — M. de Beaupoil Saint-Aulaire, après le mariage de sa fille unique avec M. Darmaing, Procureur du Roi, qui remplaça quelque temps M. Pastoureau, comme Président du Tribunal, et fut transféré bientôt dans un autre siège, pour faire place à M. Gellibert, se retira, fatigué des inquiétudes fébriles, permanentes, de l'Administration, qui troublaient sa vie.

Son successeur fut M. Sebileau jeune, avocat de médiocre valeur, mais fort zélé pour les affaires locales, à qui sa qualité de membre du Conseil d'Arrondissement, toujours prêt à donner pour moi les signatures urgentes, pendant mes fréquentes absences, ne me permettait de préférer personne. La suite montra qu'il ne possédait pas la fermeté de caractère qu'on lui croyait.

Vers la fin de 1847, j'appris que ma nomination, comme Préfet, allait enfin se faire. On me la promettait pour mes étrennes.

Je voyais donc s'ouvrir, devant moi, la carrière dont je n'avais encore fait qu'un long apprentissage, rendu laborieux, presque toujours, pénible, souvent, par les circonstances, et, dans l'avenir, les brillantes perspectives que, désormais, il me serait possible d'atteindre !

Le 1ᵉʳ janvier s'accomplit sans résultat ; mais le mouvement venait d'arriver à la signature du Roi, et j'étais averti, par le Ministre, de me préparer à partir pour Angoulême, en qualité de Préfet de la Charente,.... quand éclata la Révolution du 24 février 1848.

Au moment de l'atteindre, j'échouais au port ! Mais, mon malheur était bien secondaire, à côté de ceux qui menaçaient de fondre sur le pays entier !

LA RÉVOLUTION DE FÉVRIER.

C'est au cri de : *Vive la réforme !* que s'écroula soudain le trône du Roi Louis-Philippe, et, du même coup, **la Monarchie de Juillet**.

Je garde la conviction profonde que cette catastrophe, dont la conséquence immédiate fut la proclamation de la République et l'établissement du Suffrage Universel, aussi large que possible, aurait été facilement conjurée par une certaine extension du droit de vote, au moyen de l'abaissement du cens électoral, déjà réduit de 300 à 200 francs, en 1830, sans qu'aucun changement appréciable en fût résulté dans l'esprit de la plupart des collèges. On pouvait encore le diminuer, avec confiance dans la sagesse des censitaires, pour ôter aux orateurs de la Gauche le prétexte de l'agitation qu'ils propageaient dans le pays.

Sans doute, cette concession, — de moitié du cens, par exemple, — ne les eût désarmés que pour un temps ; mais l'opinion, satisfaite, ne se serait pas mise à leur suite dans une nouvelle campagne, avant une période de quinze à vingt ans de tranquillité, sur cette question. Or, que fallait-il pour raffermir la Monarchie de Juillet, ébranlée depuis la mort, à jamais regrettable, du Prince Royal, Duc d'Orléans, par les appréhensions que faisaient naître l'âge du Souverain et la perspective d'une Régence après sa mort ? Précisément, un calme politique assez long pour que pussent s'accomplir, d'abord, la majorité du jeune Héritier du Trône, M. le comte de Paris, et, le moment venu, la transmission de la Couronne Royale sur sa tête !

J'avais eu de longs entretiens à ce sujet, avec mon Ministre, M. le comte Tanneguy Duchâtel, pendant son séjour en Médoc, aux vendanges de 1847.

Quand il visitait Château-Lagrange, dont les améliorations l'intéressaient beaucoup, il s'y faisait ordinairement accompagner par moi, pour s'aider de mon expérience viticole, dans l'inspection successive des diverses pièces de son cru. Les excellentes récoltes de 1844 et 1846 couvraient déjà la plus grosse part, tout au moins, de son prix d'acquisition, grâce aux travaux de drainage résolument entrepris, sur mon conseil, et sans aucun retard, dans toutes les parties basses de son vignoble, et, lors du séjour dont il s'agit, celle de 1847 promettait aussi d'être fructueuse. Mais, l'état politique du pays se présentait moins riant : il ne craignit pas de s'en ouvrir à moi, dans nos promenades à travers vignes.

J'occupais une position administrative encore trop modeste pour ne pas apporter la plus grande réserve dans l'expression de ma manière d'envisager les gros problèmes politiques dont il se montrait préoccupé. J'osai cependant lui dire, en fin de compte, que, depuis longtemps, j'avais recueilli, sur la question du cens électoral, des observations pratiques, et trouvé presque toujours la même proportion de gens déraisonnables, — soit qu'ils fussent aveuglés par la passion ou par l'ambition ; soit qu'ils eussent le jugement faux par nature ou faussé par de mauvais milieux, — parmi les plus gros contribuables que parmi les plus petits.

J'ajoutai que les résultats des élections municipales, dans mes divers arrondissements de Sous-Préfectures, constituaient de bien curieux enseignements à cet égard ; qu'en effet, les listes spéciales qui servaient à ces élections, devant toujours contenir un nombre d'électeurs proportionnel au chiffre de la population, pris dans l'ordre décroissant des impositions de toute nature payées par eux, le cens municipal descendait parfois à quelques francs, et que ce n'étaient pas les communes où le chiffre en tombait le plus bas, qui faisaient les élections les moins sages.

J'en tirais cette conséquence : que les sentiments conservateurs tenaient moins à l'importance de la possession, qu'à l'instinct défensif dont se sent animé le possesseur de quoi que ce soit ; mais, qu'il fallait aussi faire état de l'influence des conditions sociales et des habitudes prises.

A mon avis, un abaissement du cens, devant faire entrer, dans les collèges électoraux, plus de propriétaires, plus de ruraux, que de citadins, industriels et commerçants, eût relevé notablement, au lieu de les affaiblir, les forces conservatrices. Quant aux « capacités » dont l'Opposition réclamait les droits à grand bruit, c'étaient, selon moi, ce qu'on appelle aujourd'hui des « quantités négligeables », surtout, en présence des centaines de mille censitaires que je ne craignais pas de voir ajouter aux listes électorales. Quelques avocats, officiers ministériels, médecins et professeurs de plus ou de moins : la belle affaire !

Certes, il y avait loin de ce système de concessions échelonnées par périodes, à ce que nous allions voir à très bref délai : la suppression complète, absolue du cens électoral ; la dispense de toute justification sérieuse de domicile, et la réduction de la majorité politique, de 25 à 21 ans ; c'est-à-dire, en somme, l'abandon complet de toutes les garanties pouvant résulter d'une possession quelconque, de la fixité de l'existence et de la maturité d'esprit.

D'après la Charte de 1814, on ne pouvait être électeur avant 30 ans passés. C'est en 1830 que la majorité politique avait été ramenée à l'âge de la grande majorité civile : 25 ans.

De nos jours, on contribue à décider, par son vote, du sort du Pays, quand on ne peut pas encore disposer de soi-même par le mariage, sans le consentement préalable de « Papa et Maman ».

Et dire que ces couches d'électeurs de 21 à 25 ans concourent, pour un quart environ, à la composition des listes électorales !

Je me rappelle que nous nous promenions, M. Duchâtel et moi, par le milieu d'une grande et belle pièce de vigne dite « la Sirène », à l'ouest de son habitation de Lagrange, quand j'énonçais de telles idées, si nouvelles pour lui, de la part d'un homme dont les convictions autoritaires n'étaient pas douteuses, et dont il avait éprouvé, d'ailleurs, dans plusieurs occasions déjà, le jugement froid et pratique en matière électorale. Il s'arrêtait, me regardait fixement, et reprenait sa marche, en m'engageant, par une question ou par une objection, à poursuivre le développement de mon système et de ses conséquences probables. Il envoya brusquement à tous les diables son valet de chambre, qui venait, en hâte, l'informer de la visite du Premier Président de la Cour Royale de Bordeaux, et ne voulut rentrer qu'après le complet achèvement de mon assez long exposé. Plusieurs fois, durant la saison, il me remit sur la même thèse, avec un intérêt visible.

Peut-être, ébranlé-je alors, dans son esprit, le parti pris du *statu quo*. Peut-être, rencontra-t-il chez le vieux Roi, mais plus encore chez M. Guizot, — cette intelligence élevée, si singulièrement vouée à l'immobilité politique, — une résistance à toute concession, même plus apparente que réelle, au parti libéral. Toujours est-il que la « réforme électorale », mot de ralliement des opposants de toutes nuances, à laquelle, en fin de compte, le Ministère du 29 octobre, dont le véritable tort était de durer trop, ne sut opposer qu'un refus obstiné de toute transaction, fut sa pierre d'achoppement.

Ah! si le Duc d'Orléans eût vécu!... Mais, il était dans la tombe depuis plus de cinq ans, et avec lui, toute influence libérale, non suspecte, auprès du Roi Louis-Philippe.

Après la campagne, plus bruyante que dangereuse des banquets, menée par les Députés de la Gauche, le Maréchal Bugeaud, investi du commandement supérieur des forces militaires à Paris, se trouvait en mesure d'y réprimer les tentatives de soulèvement provoquées par les sociétés secrètes dans les quartiers populeux, quand des manifestations hostiles, parties, dans la cour même des Tuileries, des rangs de cette Garde Nationale bourgeoise que le Roi-Citoyen comblait de tant de témoignages de sa confiance, de tant de marques de sa faveur, jetèrent le découragement dans son âme et déterminèrent son abdication.

Je n'ai pas à refaire l'histoire des faits lamentables qui s'ensuivirent, ni de ce départ de Paris, si précipité, si tristement humble, du Roi et de la Reine, ni de leur douloureux voyage sur la terre d'exil !

On a tout dit à cet égard.

On le voit, par ce qui précède : je ne considère pas le cens électoral comme une garantie certaine de la sagesse des votes. Selon moi, dans toutes les couches sociales (auxquelles je n'assimile point le bas-fonds des gens sans aveu, des déclassés), on rencontre, à peu près, dans la même proportion, les sentiments bons et mauvais, et par suite, il est assez indifférent de relever ou d'abaisser la limite du droit de vote. C'est pourquoi j'accepte pour base de notre organisation politique présente et à venir, le Suffrage Universel, sans condition de cens, qui, dans ma conviction, s'impose comme une inéluctable nécessité ; comme le seul moyen de donner aux institutions, aux décisions qu'il consacrera, par Plébiscite ou sur « Referendum », le caractère légitime, indéniable, d'actes émanés de la Volonté Nationale.

L'inscription de l'électeur dans un rôle quelconque de contributions, a du prix, comme preuve de la durée du domicile, condition indispensable, à mon avis, de toute participation aux élections « locales ». Sous ce rapport la loi du 31 mai 1850 était pleine de sagesse. Mais, elle avait le tort de ne pas restreindre son application au choix des Députés, des Conseillers Généraux d'arrondissements et municipaux. C'est la cause de son abandon lors de l'Appel au Peuple de Décembre 1851. On comprend que, pour un Plébiscite, il importe peu que les votes à réunir par un recensement général aient eu lieu dans telle commune ou dans telle autre, et qu'on doive faciliter partout l'accès du scrutin, pour donner à son résultat la plus grande autorité possible.

Quant à l'âge, c'est autre chose. Mais on pourrait, en s'inspirant des dispositions relatives au service militaire obligatoire pour tous, et à la suspension du droit de vote des militaires au service, subordonner l'exercice de ce droit à la libération définitive de l'électeur. — Avant tout, le *devoir sacré* de servir la Patrie. Ensuite, les *droits politiques,* ainsi mérités : c'est d'une logique absolue.

DÉPART DE BLAYE. — MON REMPLACEMENT.

Le 26 février 1848, au matin, lorsque j'appris la révolution du 24, dont une dépêche télégraphique, retardée par l'état de l'atmosphère, avait porté la nouvelle, dans la journée du 25, à Bordeaux, je me trouvais au château de La Grange, près Blaye, transformé depuis peu sous la propre direction de la Marquise, pour y surveiller, à sa demande, la plantation d'un parterre et d'un boulingrin devant égayer un peu les abords de ce manoir bas et triste, auquel toute vue manquait, même du côté du fleuve, dont un massif de grands arbres (les seuls de la propriété), suivi de prairies d'alluvion impraticables, cachait l'immense nappe d'eau.

Je me hâtai de revenir à la Sous-Préfecture, pour prendre, sans retard, toutes les mesures propres à maintenir l'ordre dans Blaye et sur les points, très rares, de l'arrondissement, qui m'inspiraient quelque défiance. La pensée de déserter mon poste ne pouvait me venir, et j'étais parfaitement résolu, d'autre part, à ne m'en laisser déposséder que régulièrement. J'installai, dans une dépendance de l'hôtel, un piquet de Garde Nationale, relié à celui dont je prescrivis l'établissement à la Mairie, et je m'entendis avec le Commandant de Place, pour que la garnison de la citadelle, consignée, fît, concurremment avec ces détachements assez nombreux, des patrouilles de jour et principalement de nuit, dans la ville, afin de prévenir toute manifestation offensive de la part des hommes d'opinion avancée. Du reste, ceux-ci comptaient dans leurs rangs, une bien plus grande proportion de bourgeois ambitieux ou déclassés, que d'ouvriers et surtout de marins.

Une lettre de M. le baron Sers me confirma dans ma ligne de conduite, en m'apprenant qu'il resterait à son poste jusqu'à ce qu'il en fût relevé par un nouveau Gouvernement contre l'établissement duquel il ne lui resterait plus aucun espoir de réaction efficace, sinon du côté du Roi ; du moins, de la part de la Régente. Il se montrait certain d'avance que j'agirais de même dans mon arrondissement.

Donc, je me gardai bien de quitter Blaye, même une heure, tant que je ne pus pas aller remettre mes pouvoirs au remplaçant, quel qu'il fût, de mon Préfet. Mais, je n'en préparai pas moins, sans aucune illusion, mon départ, triant et classant mes papiers et mettant toutes mes affaires en bon ordre. J'employai, du reste, une grande partie de mon temps, à réconforter les Maires, qui venaient me consulter de tous les points de l'arrondissement, et nulle part, la République ne fut proclamée pendant les longs jours que dura, dans la Gironde, cet état d'expectative.

Cependant, nous apprenions, par les journaux de Paris, les adhésions quotidiennes des plus grands corps de l'État, des plus hauts fonctionnaires de la Royauté de Juillet, à la nouvelle forme de Gouvernement, et la reconnaissance de son autorité dans les plus grandes villes de France. Le voyage du Roi, de Paris à

Dreux, d'abord; son embarquement secret, au Havre, pour l'Angleterre, ensuite; le départ de la Régente et des Princes, enfin, ne laissaient plus la moindre espérance à ceux qui s'étaient fait un cas de conscience, comme le baron Sers et moi, de garder leur serment de fidélité jusqu'à la dernière heure, et qui pouvaient se rendre le témoignage d'avoir maintenu leurs subordonnés dans le devoir, en attendant l'investiture régulière des nouveaux chefs dont ils devraient ensuite prendre les directions.

C'est le 14 mars seulement, que M. le baron Sers remit l'administration du département au Commissaire envoyé par le Gouvernement Provisoire pour en prendre possession. J'en fus informé, sans retard, par mon ancien chef.

Dès le lendemain matin, je partis pour Bordeaux, après avoir désigné M. Sebileau, membre du Conseil d'Arrondissement, Maire de Blaye, afin de me suppléer pendant mon absence, et je mis sous sa protection ma femme, qui restait à Blaye, comme autrefois à Nérac, pour régler nos comptes et diriger notre déménagement, avec l'aide de Joseph et de Marianne. Elle voulut garder auprès d'elle nos petites filles, que je lui proposais de conduire, avec leur bonne, chez ses parents.

A la Préfecture, je sus que M. le baron Sers n'avait pas encore quitté Bordeaux, et qu'il était logé chez des amis, tandis que M. Dosquet, son ancien Chef de Cabinet, devenu Secrétaire Général depuis la nomination de mon camarade de classe, Ferdinand Le Roy, comme Préfet, en 1846, restait encore en fonctions. Je montai sans retard l'interroger. Il me dit que le Commissaire du Gouvernement, auquel je venais apporter ma démission, s'appelait Chevallier; qu'il paraissait animé de sentiments républicains bien modérés pour un délégué de Ledru-Rollin; qu'il avait, en effet, commencé par lui demander son concours, tout au moins temporaire, afin de préserver, de son mieux, des effets de la révolution accomplie, le cours régulier des choses, et qu'il entendait rendre aussi peu dommageable que possible, pour les intérêts privés, le changement de régime consommé dans l'ordre politique.

Averti de ma présence, le Commissaire-Préfet me fit introduire immédiatement auprès de lui par l'huissier Baptiste, ahuri de tout ce qu'il voyait, et vint à moi, les mains tendues, en me disant qu'il était décoré de Juillet; qu'il avait connu mon père au *Temps*, en 1830, et qu'il n'acceptait pas la démission que je venais lui donner; qu'il avait reçu de Paris, le matin même, l'indication du nouveau Sous-Préfet à nommer pour Blaye; mais qu'il faisait son affaire de mon maintien, vis-à-vis du nouveau Gouvernement.

Je lui répondis que je ne pouvais absolument pas, sans déshonneur, devenir le représentant de la politique du Gouvernement Républicain, après avoir servi, durant dix-sept ans, celle de la Monarchie de Juillet à peine écroulée.

Il me cita de très hauts fonctionnaires, notamment M. Dupin aîné, Procureur Général à la Cour de Cassation, ami personnel du Roi Louis-Philippe, membre de son Conseil Privé, qui se mettaient à la disposition du Gouvernement de l'Hôtel de Ville. Mais, je n'en maintins pas moins ma démission.

Alors, il m'offrit la Présidence du Conseil de Préfecture de la Gironde. Il devait le reconstituer, par suite de la démission des titulaires, et me fit observer justement qu'il ne s'agissait pas là de politique, mais de pure administration, et spécialement, de contentieux administratif. Nous pourrions, ajouta-t-il, M. Dosquet et moi, l'aider puissamment à résister aux démagogues bordelais, qui le poussaient à tout bouleverser dans le pays, en lui fournissant les moyens d'opposer les règles, à leurs passions, afin d'en contenir l'effort.

Certes, je ne pouvais, pour reconnaître cet extrême bon vouloir à mon égard, faire moins de lui demander quelques heures de réflexion. Il m'accorda. J'employai ce délai, tout d'abord, à me rendre chez M. le baron Sers, pour lui conter l'accueil, tout à fait inattendu, que je venais de recevoir, et lui soumettre ma répugnance extrême à participer, sous quelque titre que ce fût, à l'action d'une administration révolutionnaire. Que penseraient de moi, d'ailleurs, les Conseillers de Préfecture démissionnaires, si j'acceptais ainsi d'occuper la place de l'un d'eux?

M. le baron Sers n'approuva pas mes scrupules. C'était sur son avis que M. Dosquet gardait la position de Secrétaire Général, et que l'ancien Sous-Préfet de La Réole, M. Armand Ducos, frère du conventionnel de ce nom et père de M. Théodore Ducos, Député bordelais de l'Opposition de Gauche, qui l'avait chaudement recommandé à M. Chevallier, devait rester au service, précisément comme Conseiller de Préfecture. Il voyait un très grand intérêt, pour le maintien de l'ordre, à faire entourer convenablement le nouveau représentant de l'autorité dans Bordeaux, et se faisait fort de me couvrir vis-à-vis de tous, à commencer par les membres de la Famille Royale et du Ministère Guizot-Duchâtel, en prenant sur lui-même la responsabilité du parti qu'il me conseillait et qu'il me prescrivait, au besoin, d'adopter.

Je sortis, néanmoins, fort perplexe de chez mon chef. Il fallut, pour me décider, que son avis me fût confirmé par celui de deux Conseillers de Préfecture démissionnaires. Ceux-ci me dirent qu'ils seraient demeurés à leurs postes, s'ils avaient eu la moindre chance de prendre, sur le Commissaire du Gouvernement, l'action modératrice que j'étais en passe d'exercer.

Je demandai à M. Chevallier, quand je le revis, qui ferait partie du Conseil de Préfecture, avec le vieil Armand Ducos et moi. Sans hésiter, il me désigna trois avocats bordelais : MM. Poumereau, Soulié-Cottineau et Chevalier, jeunes gens d'opinions libérales, mais honorablement appréciés au Palais de Justice, et ne pouvant, sous aucun point de vue, me faire craindre la moindre compromission de leur part. — Peu de temps après, M. Chevallier, qui se retira, fut remplacé par M. Delprat, autre membre, également estimable, du Barreau bordelais.

J'appris que le candidat indiqué, de Paris, pour la Sous-Préfecture de Blaye, était un sieur Gornet, de la commune d'Eyrans, médecin de campagne, connu pour ses opinions républicaines, mais de mœurs fort paisibles, dont le frère aîné, beaucoup plus ardent, nommé, d'abord, Adjoint ; puis, Maire de la République, administrait le XIIe arrondissement de Paris, le plus mauvais de tous.

Je préférais de beaucoup cet honnête garçon à nombre de brouillons de Blaye, qui pouvaient prétendre à la Sous-Préfecture, et je le dis à M. Chevallier, qui le nomma de suite, et voulut, pour ôter à ma sortie de

Blaye tout caractère de disgrâce, mettre, dans son arrêté de nomination (17 mars 1848), après les mots : « en remplacement de M. Haussmann », non pas celui de : « révoqué », ni même la qualification plus adoucie de : « démissionnaire » ; mais cette mention : « appelé au Conseil de Préfecture de la Gironde ». — Il insista, par la même raison, pour me donner la délégation spéciale d'aller installer mon successeur.

Je ne m'attardai pas à Bordeaux. De retour à Blaye, j'y trouvai le docteur Gornet, qui m'attendait avec impatience. Prévenu directement par son frère, il était venu d'Eyrans, dès la veille au soir, demander à M. Sebileau de le mettre en possession des bureaux de la Sous-Préfecture, et celui-ci l'aurait fait, sans les observations de ma femme. Elle lui dit, avec une certaine sévérité, que, ne tenant pas de moi pareil mandat, il devait attendre ma rentrée à Blaye, ou, tout au moins, l'arrivée du pli renfermant la nomination de M. Gornet, annoncée de Paris, et les instructions du Commissaire-Préfet.

Ces Messieurs furent on ne peut plus étonnés de ce que je leur appris. Je fis déchirer le procès-verbal d'installation du nouveau Sous-Préfet, préparé par M. Sebileau, dans son zèle à saluer le soleil levant, dès avant les très justes remontrances de ma femme, et j'en dressai moi-même un autre, en vertu de mon mandat spécial. Puis, j'envoyai convoquer à domicile tous les fonctionnaires, pour leur présenter sans retard mon successeur, et prendre officiellement congé d'eux.

Cela fait, et mes visites rendues le jour même et dans la matinée suivante, je quittai Blaye définitivement, avec les honneurs de la guerre, escorté jusqu'au bateau par l'élite de la ville, au milieu des témoignages de sympathie de la population entière.

Ma femme y resta quelques jours encore, avec nos domestiques, pour finir ses emballages. Jusqu'à son départ, M. Gornet lui laissa l'entière disposition des appartements de la Sous-Préfecture, et lui montra constamment les plus grands égards.

Moins bien chanceux que M. Armand Ducos et moi, nos anciens collègues, MM. Marcotte de Quivières (encore un de mes camarades du collège Henri IV), Sous-Préfet de Bazas; Denjoy, Sous-Préfet de Lesparre; et Davesiès de Pontès, Sous-Préfet de Libourne, avaient été remplacés purement et simplement.

M. Marcotte de Quivières, fils d'un ancien Directeur Général de l'Administration des Eaux et Forêts, s'était marié à Bordeaux, pendant son séjour à Bazas. Il fut élu membre du Conseil Général de la Gironde, lors de la reconstitution de ce corps. Il ne rentra pas dans l'Administration, sous la Présidence, ni sous l'Empire. Il devint Agent de Change à Paris, fonction plus profitable assurément que celles de Sous-Préfet et de Préfet.

M. Davesiès de Pontès rentra dans l'Administration ; mais sa carrière n'y fut pas heureuse. Je l'eus pour Sous-Préfet à Joigny, durant les derniers temps de mon séjour dans l'Yonne, comme Préfet, en 1851.

M. Denjoy, natif de Lectoure (Gers), débuta dans la vie publique par le modeste poste d'Inspecteur départemental de l'Instruction Primaire. Nommé Sous-Préfet de Loudéac, en 1844; puis, disgracié par M. Duchâtel, à la suite d'un échec électoral, et replacé par lui, tout récemment, à Lesparre, il avait à peine eu le temps de se faire connaître de nous avant sa destitution, qu'il ne prit pas en patience, comme MM. Marcotte de Quivières et Davesiès de Pontès subirent la leur. Parlant fort bien, avec éloquence même, il entreprit une campagne réactionnaire dans des réunions politiques, à Lesparre, d'abord ; à Bordeaux, ensuite ; et put la mener avec tant de succès, qu'il parvint à se faire admettre, par les conservateurs, comme candidat à l'Assemblée Nationale Constituante, dans ce département de la Gironde, où son nom était généralement ignoré, quelques semaines plus tôt, hors du petit arrondissement de Lesparre.

On sait le rôle courageux de M. Denjoy dans l'Assemblée de 1848. Il fut Conseiller d'État, sous l'Empire.

Mes amis de Bordeaux voulaient me faire porter également sur la liste des candidats à l'Assemblée, que dressait la Société du Libre Échange, réunion économique, présidée par M. Duffour-Dubergier, ancien Maire de Bordeaux, qui se transformait, de fait, en association politique anti-républicaine. M. le baron Sers insista pour que je restasse à Bordeaux, où je serais plus utile qu'à Paris. Denjoy, dont il appuyait les prétentions, une fois là-bas, me tiendrait au courant de tout ce que j'aurais besoin de savoir. Je me rendis, comme toujours, à son opinion.

CHAPITRE XI

AU CONSEIL DE PRÉFECTURE DE LA GIRONDE

La Révolution à Bordeaux et dans le département.— Déconvenue du Commissaire général Latrade. — Mission de Clément Thomas. — Remplacement du Commissaire Chevallier. — Élections générales.— Nomination d'un Préfet. — Élection présidentielle du Dix Décembre.

D'Évêque, j'étais devenu Meunier. De Préfet de la Monarchie, — non encore installé, j'en conviens, — je me trouvais membre d'un Conseil de Préfecture, en temps républicain, dans des conditions tout exceptionnelles, sans doute ; avec la présidence de ce corps, il est vrai ; néanmoins, la véritable importance du rôle que cette situation allait me donner à remplir, ne pouvait être comprise du premier coup, et je ne devais même jamais la laisser mettre en relief, par une foule de motifs, très faciles à deviner.

LA RÉVOLUTION A BORDEAUX ET DANS LE DÉPARTEMENT.

A peine en possession de mes fonctions nouvelles, M. Chevallier me délégua pour procéder aux opérations du Tirage au Sort des jeunes gens de la classe de 1847, dans l'arrondissement de Bordeaux.

Ce fut, pour moi, l'occasion de constater deux faits : la République, dont les partisans se montraient plus ardents que nombreux dans cette ville, comptait bien peu de prosélytes au dehors, et la propagande socialiste, très active, faite parmi les habitants des campagnes, obtenait un succès encore plus médiocre.

On eût sûrement trouvé pas mal de gens disposés à prendre une part du bien d'autrui ; mais aucun propriétaire, si petit qu'il fût, ne voulait entendre à mettre le sien dans la communauté. De même pour l'Organisation du Travail : tant qu'il était question d'une attribution à recevoir dans le produit du labeur de tous, on rencontrait des auditeurs ; mais, dès qu'il s'agissait, pour mériter cette attribution, de remplir une tâche déterminée, il ne restait plus personne.

Dans un chef-lieu de canton, Audenge, riverain du bassin d'Arcachon, le Juge de Paix, très bien pensant, avait imaginé de fonder un club, dans lequel il dirigeait des causeries politiques familières. Il lisait à ses auditeurs, avec des commentaires critiques, les résumés des conférences de Louis Blanc, au Luxembourg.

Il fut question, dans la séance à laquelle j'assistai, de la Liberté de l'Industrie, et quand on me pria de prendre la parole, je traitai, d'abord, de l'Esclavage des Noirs, mieux nourris, mieux logés, mieux soignés, plus heureux matériellement, en somme, sur les habitations et plantations de leurs maîtres, qu'ils ne l'auraient été, pour sûr, dans leurs pays d'origine, et qui, cependant, n'avaient d'autre pensée que de reconquérir leur liberté perdue. Puis, passant de cette question à celle de l'Organisation du Travail, je demandai comment il pouvait se faire que les mêmes hommes qui s'élevaient, avec raison, contre l'odieux trafic des nègres, songeassent, chez nous, à réduire les blancs en servage, par l'application du socialisme, la négation la plus absolue d'une des premières libertés : celle du travail individuel. — « En effet, » disais-je, « on promet « à chacun, sans doute, une part du bien-être commun « — proportionnée à son mérite, — à la condition, pour- « tant, de remplir, non pas la fonction de son choix, mais, « celle pour laquelle on le jugera le plus apte, et de don- « ner, non pas la somme de travail qu'il trouvera lui- « même appropriée à ses forces, mais celle que ses supé- « rieurs hiérarchiques l'estimeront capable de faire. » — « Comment ! » s'écria vivement, en patois, un forgeron d'Audenge, qui m'écoutait, « je pourrais être obligé de « changer de métier ? » — « Oui, si l'on vous croyait « plus propre à une autre. » — « Et je ne serais plus « libre de chômer quand cela me conviendrait ? » — « Non, certes, puisque vous devriez votre travail à la « communauté. » — « *Bouli pas !* (Je n'en veux pas !) » déclara-t-il, aux applaudissements de toute l'assemblée.

Nos populations rurales étaient, du reste, bien peu préparées au régime républicain, dont il s'agissait d'asseoir les bases d'une manière stable, sur une constitution nouvelle. A l'occasion de l'élection des membres de l'Assemblée Nationale Constituante, fixée, d'abord, au 9 avril, par un décret du Gouvernement Provisoire, rendu le 5 mars, nombre de paysans, qui se rendaient mal compte du mandat à leur confier, me demandaient si l'on n'allait pas bientôt « nommer un Roi, à la place de celui qu'on avait renvoyé ! » — Car, enfin, *le Duc Rollin*, qui gouvernait, ce n'était pas un Roi ! — D'autres, vieux soldats ou fils de vétérans de Napoléon, parlaient déjà d'Empire, et trouvaient des sympathies dans les campagnes. Mais, ce qui provoqua des questions sans fin, ce fut l'inscription du nom de Lamartine en tête des listes de candidats que tous les journaux faisaient circuler ; car, la belle conduite du grand poète à l'Hôtel de Ville avait effacé, de la mémoire des conservateurs, ses paroles à la tribune de la Chambre des Députés, le 24 février. — « *Qu'ès aquette Martine ?...* » (Qu'est-ce que cette Martine ?) — Dans le Midi, « la Martine » signifie : la femme de Martin, comme « la Bertaude » désigne la femme de Bertaud, et ainsi de suite. Des diminutifs du nom du chef de famille sont attribués aux filles aînées, qui, presque toutes, ont le prénom de Marie. Les autres s'appellent *Seconde*, *Cadette*, etc...

Soyez donc un des plus grands poètes de votre pays, l'auteur des *Girondins*, et un grand orateur, pour n'être pas mieux connu des masses populaires !

Ai-je besoin de dire l'effet que produisit, dans un tel milieu, l'impôt des 45 centimes ?

DÉCONVENUE DU COMMISSAIRE GÉNÉRAL LATRADE.

Pendant que j'allais, faisant des conscrits, de canton en canton, des choses graves se passaient à Bordeaux.

La sage conduite du Commissaire, M. Chevallier, la modération de ses actes et surtout le peu de changements qu'il opérait dans le personnel des fonctionnaires et des agents du Pouvoir, désappointaient bien des ambitions et provoquaient bien des dénonciations contre lui, de la part des énergumènes qui représentaient, à Bordeaux, le parti républicain.

Bientôt, arriva le citoyen Latrade, ancien rédacteur du *National,* — un pur celui-ci ! — qualifié d'ancien élève de l'École Polytechnique, dans l'acte qui le nommait Commissaire Général pour les départements de la Gironde et de la Dordogne.

C'était le 20 mars. Le bruit se répandit, en ville, que ce personnage venait, sinon remplacer M. Chevallier, tout au moins, prendre la haute direction de toutes choses dans le département. Vers cinq heures, à la sortie de la Bourse, une députation du Commerce, suivie par un groupe nombreux de négociants, se rendit à la Préfecture, afin d'assurer M. Chevallier de toutes les sympathies de la population ; de lui faire connaître les inquiétudes excitées par l'arrivée d'un Commissaire Général, muni, disait-on, de pouvoirs supérieurs aux siens, et de lui déclarer nettement l'intention de résister à l'intervention de ce personnage ; car, sa mission tendait évidemment à changer l'état de choses auquel on devait la tranquillité publique, le rétablissement graduel de la confiance, et une certaine reprise des affaires.

Profondément touché de cette démarche, si flatteuse pour lui, M. Chevallier, après en avoir témoigné toute sa reconnaissance, y répondit en termes fort mesurés. Il lui fallait nécessairement obéir aux ordres du Gouvernement dont il tenait son mandat ; mais il se réservait de lui faire connaître leur démarche.

La députation se retira ; mais l'émotion publique ne faisait que s'accroître, et les abords de la Préfecture ne tardèrent pas à se trouver encombrés par une foule compacte, de plus en plus menaçante. M. Chevallier parut au balcon et fit entendre quelques paroles d'apaisement, accueillies par des applaudissements chaleureux, et par les cris de : « Vive Chevallier ! A bas « Latrade ! A bas le Proconsul ! Nous n'en voulons pas ! Qu'il parte ! » M. Latrade voulut parler à son tour ; mais on refusa de l'entendre. Sa voix fut couverte de huées et de sifflets, et l'effervescence causée par sa vue devint telle, qu'une masse, composée notamment d'ouvriers du port, se rua sur l'entrée de la Préfecture, envahit l'hôtel, sans que le poste de Garde Nationale de service fît même un simulacre de résistance, et parcourut tout l'édifice, à la recherche de l'infortuné Commissaire Général, à qui ces furieux voulaient certainement faire un mauvais parti.

Fort heureusement, il avait compris de suite le sérieux danger de cette invasion, et se laissa guider, dans sa fuite, par M. Dosquet, Secrétaire Général. Celui-ci, de longue date, connaissait les êtres. Néanmoins, il eut à peine le temps de lui faire gagner, par les combles de l'hôtel, et par une galerie-gouttière, bordée de balustres, le corps de logis séparé, donnant sur la rue Esprit-des-Lois, où se trouvait son propre logement. Il l'y recueillit, jusqu'à ce qu'un fiacre pût le conduire au passage de Lormont, où le fugitif traversa la Garonne. De Lormont, il alla prendre, aux Quatre-Chemins, en haut de la côte du Cypressat, la route conduisant à Périgueux, par Libourne.

Voici les termes, plus qu'adoucis, dans lesquels *Le Mémorial bordelais*, ancien organe officieux de la Préfecture, mentionna ce départ, dans son numéro du 22 :

« Nous avons rendu compte de la manifestation dont M. Chevallier, Commissaire du Gouvernement, a été l'objet. Nous ignorons au juste quelle était la nature des pouvoirs dont M. Latrade, désigné, d'abord, comme successeur de M. Chevallier, était investi. Tout ce que nous croyons pouvoir dire, c'est que le Commissaire Général, dès le soir même de cette manifestation, a quitté l'hôtel de la Préfecture, et Bordeaux, pour se diriger sur un autre point.

« Ainsi, ont été exaucés les vœux de la population, qui, sans distinction aucune, entourait, dans la soirée, la Préfecture. »

Les autres journaux publiés à Bordeaux étaient : *La Guienne*, légitimiste ; *Le Journal de Bordeaux*, de l'ancienne Opposition, rallié à la République ; *Le Courrier de la Gironde*, journal fondé par Henri Fonfrède, pour soutenir ses doctrines libre-échangistes et prêter, au Gouvernement de Juillet, un appui qui lui fut plus nuisible qu'utile, tant sa forme, âpre et virulente déplaisait ; enfin, *Le National*, feuille républicaine, de création récente.

Sauf *Le Courrier de la Gironde*, qui raconta l'envahissement de la Préfecture avec la circonstance aggravante de bris de portes dont la foule n'eut pas besoin de se rendre coupable, tous les journaux, par des motifs divers, se montrèrent, comme *Le Mémorial*, fort réservés à cet égard.

Or, les envahisseurs de l'hôtel, qui s'en étaient retirés seulement après avoir bien constaté la disparition du citoyen Latrade, ne venaient certes pas lui porter l'expression de leurs vœux : saisi par la foule enfiévrée, il n'eût été possible à personne de le faire échapper à l'application de la loi de Lynch, tant le mouvement d'irruption fut rapide et violent.

Nul de nous, assurément, ne pensait que le Gouvernement Provisoire prît, avec calme, cette expulsion insurrectionnelle de son délégué. Nous nous attendions, en conséquence, soit au retour de M. Latrade, soit à l'envoi d'un autre Proconsul, renforcé d'une occupation militaire de Bordeaux.

L'*Écho de Vesone*, journal de Périgueux, trahissait, en ces termes, dans son numéro du 23 mars, l'ardent désir qu'éprouvait M. Latrade de prendre sa revanche :

« Depuis son arrivée à Périgueux, il a reçu des lettres... qui ne laissent aucun doute sur l'accueil qu'il recevra bientôt de la population de Bordeaux, mieux éclairée. »

Ce journal annonçait le départ immédiat du Commissaire Général pour Paris, et son retour, le 25.

Pendant que cela se publiait à Périgueux, le même jour, 23, à Bordeaux, les clubs républicains, avec leurs bannières et leurs bureaux en tête, se rendaient, dans le plus grand calme et sans aucune démonstration bruyante, à la Préfecture, pour protester contre l'expulsion violente du Commissaire Général Latrade. Leurs délégués, reçus par M. Chevallier, rapportèrent surtout, de leur visite, des félicitations non équivoques pour le bon ordre de leur manifestation, accueillie, du reste, par l'ensemble de la population, avec une indifférence étonnée. Le *Courrier de la Gironde*, qui paraissait avoir fait compter les manifestants, en donnait le nombre : 1,624.

MISSION DE CLÉMENT THOMAS.

Malgré tout, le Gouvernement Provisoire craignit, sans doute, d'entrer en conflit avec une des grandes villes de France, dont l'exemple réactionnaire pouvait être imité, ou bien d'essuyer un refus de la troupe, de marcher contre la Garde Nationale de Bordeaux, qui montrait une attitude des plus résolues ; car toutes les notabilités de la ville, enrôlées dans ses rangs, y fraternisaient avec les citoyens les plus humbles, flattés de s'y trouver coude à coude avec elles, et ses deux légions étaient organisées, d'ailleurs, à tous égards, sur un pied des plus respectables.

M. Clément Thomas, du *National*, Girondin en tant que Libournais, fut nommé Commissaire Extraordinaire, et chargé, par mandat spécial, de procéder à une instruction sur les faits du 20 mars. Il fit route avec M. Latrade, de Paris à Angoulême, le 25, et le dirigea sur Périgueux, afin d'y attendre, pour se rendre à Bordeaux, un avis que, son enquête achevée, il ne crut pas à propos de lui donner. En effet, son opinion était de tout mettre en oubli, d'abord, et puis, en maintenant M. Chevallier, de lui conférer le titre de Commissaire Général, pour bien affermir son autorité. Mais, M. Latrade vint protester contre cette conclusion, qui le dépossédait, et M. Thomas, après l'avoir reconduit à Libourne, en lui faisant promettre de ne plus se montrer à Bordeaux jusqu'à décision supérieure, reprit le chemin de la capitale, le 28, pour y rendre compte au Gouvernement de sa mission, et aussi, pour s'occuper de sa candidature au commandement de la deuxième légion de la Garde Nationale de Paris.

Le Gouvernement trancha le conflit Chevallier-Latrade, en déboutant les deux antagonistes, et renvoya M. Thomas à Bordeaux, pour y prendre provisoirement, lui-même, l'administration de la Gironde. M. Thomas arriva le 6 avril, et, le soir, M. Chevallier quitta la ville. Cela ressemblait à la conclusion de la fable : *l'Huître et les Plaideurs*. Le pouvoir contesté revenait à l'arbitre du différend.

On pensa, je le suppose, que la qualité de Girondin, invoquée par M. Clément Thomas non sans succès déjà, le ferait bien venir à Bordeaux, comme représentant de l'Autorité Centrale, et lui donnerait une certaine influence sur le résultat des élections, remises au 24 avril. Quant à lui, son but, démasqué bientôt, était de poser, dans le département, sa propre candidature à l'Assemblée Nationale, comme en donnaient l'exemple, ailleurs, un très grand nombre de Commissaires du Gouvernement Provisoire.

Il trouva l'occasion de le faire, en prononçant, le 8 avril, un discours-programme des plus modérés, des plus sagement libéraux, et aussi, des plus conservateurs, à la plantation solennelle qu'il prescrivit, d'un « Arbre de la Liberté », juste au centre de l'hémicycle des Quinconces.

Dans une proclamation publiée le 6, à son entrée en fonctions, il avait insisté sur la nature provisoire, essentiellement conciliatrice, de son mandat, et sur la mise en oubli, due à son intervention, des actes du 20 mars, dont, Girondin lui-même, il comprenait et ferait comprendre au Gouvernement le vrai caractère. Mais, le discours politique du 8 constituait une profession de foi. Ne pouvant nier qu'il fût républicain de la veille, il s'efforçait de montrer digne de notre entière sympathie, la République amie de l'ordre, tolérante, respectueuse de tous les droits, presque aimable, dont il se disait l'organe. La religion, la famille, la propriété, rien n'y manquait. Le plus orthodoxe des membres futurs de la réunion, encore à naître, de la rue de Poitiers, n'eût pas mieux dit.

Et il ne s'était pas contenté de convoquer toutes les autorités civiles et militaires : Mgr Donnet, Archevêque de Bordeaux; le Pasteur Maillard, Président du Consistoire de l'Église Réformée; le Grand Rabbin Isidor, du temple israélite, assistaient à la plantation. Ils furent invités à bénir l'arbre, tour à tour. Je me rappelle même que le pasteur appela sur le sujet la rosée du ciel, et qu'une ondée termina la cérémonie, ce qui fit dire aux plaisants (il y en a toujours!) que, sûrement, des trois, le pasteur jouissait du plus grand crédit, là-haut.

L'affaire au sac, grâce à son bien surprenant discours, M. Clément Thomas n'eut plus qu'une pensée : retourner à Paris, où les gardes nationaux de la deuxième légion venaient enfin de l'élire, comme leur Colonel, à une très forte majorité.

Cette position devant encore mieux favoriser son ambition que celle de Représentant de la Gironde, il se hâtait de la saisir. Elle lui permit, en effet, au 15 mai, de rendre des services qui lui firent attribuer le commandement en chef des Gardes Nationales de la Seine, en remplacement du général Courtais.

Il réunit le Conseil de Préfecture, et nous déclara qu'obligé d'aller se mettre à la tête de sa légion, il voulait, auparavant, user de ses pouvoirs extraordinaires, pour nommer un Commissaire du Gouvernement, pris dans la Gironde, et lui mettre en mains l'administration du département.

Il commença par m'offrir le poste vacant ; mais, je n'hésitai pas une minute à décliner ce témoignage de sa confiance, en lui disant que je ne jouissais probablement pas au même degré de celle de M. Ledru-Rollin, et certainement point de celle des républicains de Bordeaux, auxquels il ne fallait donner aucun prétexte de s'agiter.

J'ajoutai que je ne savais pas si, plus tard, après le vote d'une Constitution, et l'établissement d'un Gouvernement définitif, je serais tenté de rentrer dans l'Administration active ; mais, que je ne croyais pas pouvoir, en attendant, inscrire, sur mes états de services, la qualité qu'il voulait bien m'offrir. Je lui promis, néanmoins, d'assister, de mon mieux, le Commissaire de son choix, comme j'avais secondé M. Chevallier, d'abord, et lui-même, depuis quelques jours.

Il me remercia de la loyauté de cette réponse, facile à prévoir ; interrogea successivement mes collègues, qui refusèrent tous la succession Chevallier ; puis, il me prit à part, et me demanda de l'aider à chercher, dans Bordeaux, un candidat possible à cet embarrassant héritage.

Le soir, je dis nos perplexités à mon beau-père, M. de Laharpe. Suisse de nationalité, républicain de naissance, et d'opinions très libérales en politique, aussi bien qu'en religion, il résidait à Bordeaux depuis quarante-cinq ans. Je lui demandai si, dans ses amis français, il ne connaîtrait pas un républicain modéré, pouvant, par son caractère, inspirer confiance, comme l'avait fait M. Chevallier, à la population de Bordeaux. — « Je ne
« connais de tel, » me répondit-il, « que le vieil Henri
« Ducos, le frère de votre collègue Armand, et par consé-
« quent, de l'ancien conventionnel. Mais, depuis long-
« temps je ne l'aperçois plus. Son frère, dont il est
« l'aîné, vous dira s'il vit encore. Dans ce cas, il a
« plus de quatre-vingts ans ! »

Le lendemain, dès la première heure, j'allai trouver M. Armand Ducos ; nous prîmes avec nous un de nos collègues, et nous montâmes au troisième étage d'une maison de la rue du Loup, qu'habitait, on ne pouvait plus modestement installé, notre futur Commissaire.

Nos propositions l'ébahirent grandement, et nous ne pûmes en tirer, d'abord, que des exclamations exprimant sa profonde surprise ; puis, les objections, prévues, de son grand âge ; de sa vie retirée ; de son ignorance des choses du temps présent, et enfin, la crainte d'assumer des responsabilités qu'il ne pourrait porter seul. A force de paroles, d'appels à son patriotisme, au désir qu'il devait éprouver de concourir à consolider le régime répondant à ses opinions, et surtout, grâce à notre promesse de l'affranchir de tout travail personnel, de tout souci d'affaires, et de toutes fatigues matérielles, nous en vînmes à bout.

Vite, je le conduisis à la Préfecture, sans lui laisser le temps de quitter, pour prendre un vêtement plus sortable, la longue redingote grise dont il était enveloppé, tant je craignais qu'il ne se dédît, pour le présenter à M. Clément Thomas, qui, sans trop s'occuper de l'homme, s'empressa d'accepter l'excellent nom dont j'amenais le propriétaire avec moi.

REMPLACEMENT DU COMMISSAIRE CHEVALLIER.

Dès que la nomination du nouveau Commissaire du Gouvernement fut signée, je le fis reconnaître, en cette qualité, par le poste de garde à la Préfecture, sur qui son nom bordelais, très populaire, produisit également le meilleur effet.

La ville accueillit le choix de M. Thomas sans enthousiasme, comme sans répugnance, et le jour suivant, M. Henri Ducos, en habit noir, cette fois, bardé d'un large ruban tricolore en écharpe, se présenta devant la Garde Nationale de Bordeaux, réunie sur la place des Quinconces. Il en passa gravement la revue, escorté du Maire et des Adjoints; du Conseil de Préfecture et du Secrétaire Général. Ce vieillard, de taille au-dessus de la moyenne, sec, droit, se prenant au sérieux, avait encore assez bon air. Il paraissait ainsi moins âgé de dix ans, qu'avec sa redingote grise de la veille.

M. Clément Thomas s'empressa de quitter Bordeaux, où sa mission ne le retenait plus. Rien à faire avec lui ne se produisit depuis lors.

J'ai cru devoir n'omettre aucune des circonstances dans lesquelles je connus ce personnage, en 1848. Malgré le bon souvenir que me laissèrent nos parfaites relations d'alors, je ne pus le sauver des rigueurs du Ministère de la Police Générale, en 1852. Tout le monde connaît la fin tragique de sa vie, en 1871.

Grâce à l'espèce de transaction ménagée par M. Clément Thomas entre Paris et Bordeaux, nous pûmes, abrités par le vieil Henri Ducos, assurer la tranquillité la plus entière dans le département, jusqu'aux journées de Juin et à la nomination d'un Préfet par le général Cavaignac, devenu Chef du Pouvoir Exécutif.

Sauf quelques changements opérés, au début, dans le personnel administratif et dans les mairies des communes, par M. Chevallier; un essai d'ateliers nationaux, presque aussitôt abandonné que tenté, dans le Jardin Public; l'échauffourée Latrade et le pauvre petit chêne planté pompeusement, par M. Clément Thomas, comme Arbre de la Liberté, sur les Quinconces, et dont la destinée me réservait de faire un mince fagot, peu d'années plus tard, on n'eut guère sujet de s'apercevoir, à Bordeaux, qu'une révolution se fût accomplie en France. Il en fut de même dans tout le département.

A la Préfecture, la correspondance politique, très sobre, de notre Commissaire, avec le Gouvernement Provisoire, se préparait sous mon contrôle, et dans le style de l'époque, par les soins de M. Martin, ancien secrétaire de M. Chevallier, que nous avions conservé. Je traitais, avec le Secrétaire Général et les Chefs de Division, les affaires proprement dites, et les décisions concertées entre nous, soumises par eux au chef officiel de l'administration, qui n'en discuta jamais aucune, recevaient sa signature.

Aussi, M. le baron Sers, en quittant Bordeaux, me dit-il : — « Vous voyez que mon conseil était bon. »

Mais, nous nous attachions scrupuleusement à sauver les apparences vis-à-vis de tout le monde, et de M. Henri Ducos, lui-même. Les fonctionnaires et employés, qui nous devaient le maintien de leurs positions respectives, nous aidaient à dissimuler, au dehors, le rôle effacé dont il se contentait, en l'entourant, comme nous, de marques de déférence propres à donner quelque prestige à son autorité, purement nominale, de fait.

ÉLECTIONS GÉNÉRALES.

Les choses marchaient ainsi, lorsqu'eurent lieu les élections à l'Assemblée Nationale Constituante, le dimanche et le lundi de Pâques, 24 et 25 avril.

C'est à ces élections que, pour la première fois, on admit les bulletins de vote imprimés et apportés du dehors. Le scrutin de liste et le grand nombre des électeurs ne permettaient plus d'exiger le vote écrit, en séance, par chaque électeur, à son tour. — Les effets de ce changement sont incalculables.

Elles se firent, dans le plus grand calme, sur une liste de conciliation, laissant la plus large part à l'opinion conservatrice et donnant satisfaction à l'opinion républicaine modérée, qui passa dans l'ordre suivant : MM. de Lamartine ; Billaudel, ancien Ingénieur en Chef des Ponts et Chaussées, à Bordeaux, ancien Député ; Lubbert, Capitaine de Marine au Long Cours ; Richier, propriétaire ; Théodore Ducos, ancien Député ; Servières, membre du Conseil Général ; Lagarde, avocat ; Denjoy, ancien Sous-Préfet ; Simiot, membre du Conseil Municipal de Bordeaux ; Howyn de Tranchère, Hubert Delisle, propriétaires ; Aurélien de Sèze, avocat ; Amédée Larrieu, propriétaire du cru de Haut-Brion ; Clément Thomas, publiciste, et Feuihade-Chauvin, ancien Procureur Général à la Cour Royale de Bordeaux.

De ces quinze membres, deux seulement : MM. Simiot et Clément Thomas, étaient des républicains de la veille ; quatre : MM. Richier, Howyn de Tranchère, Aurélien de Sèze et Denjoy, des réactionnaires bien avérés. La plupart des neuf autres, conservateurs non douteux, acceptaient la République, sans le moindre enthousiasme, comme une nécessité du moment. Deux ou trois, au plus, anciens opposants dynastiques, s'y ralliaient sans arrière-pensée.

M. Billaudel, gendre et successeur de M. l'Ingénieur en Chef Deschamps, le constructeur du pont de Bordeaux, avait été nommé Maire de cette ville, après le 24 février, en remplacement de M. Duffour-Dubergier, démissionnaire. Élu Représentant, il fut remplacé lui-même par M. Curé, négociant, beau-frère de M. Feuihade-Chauvin, l'ex-Procureur Général de la Monarchie.

Après, comme avant cette élection, dont je m'abstins de m'occuper ostensiblement, je m'efforçai de ne laisser paraître que le moins possible, mon action, toujours fort importante, sur l'administration de notre Commissaire. Pour cela, j'affectais de m'absorber dans mes modestes fonctions officielles. J'apprenais, à mes jeunes collègues, comment ils devaient examiner et régler les comptes des receveurs municipaux. Je leur faisais des espèces de conférences sur l'assiette des contributions directes, en vue du jugement des demandes en décharge ou réduction des contribuables, ou des avis à donner en matière de remises et modérations. Je dirigeais leur étude des questions appartenant au contentieux administratif, principalement, des réclamations des entrepreneurs contre le règlement de leurs mémoires par les ingénieurs et agents voyers.

Au dehors, je me mêlais de mon mieux à la vie de tout le monde.

J'habitais chez mon beau-père, qui demeurait rue Victoire-Américaine, près de la place du Champ-de-Mars et du Jardin-Public.

Mes fonctions me dispensaient du service de la Garde Nationale. Néanmoins, je me fis inscrire, comme simple fusilier, dans la compagnie de mon quartier, la 3ᵉ du 2ᵉ de la 2ᵉ légion, commandée par M. Duffour-Dubergier. Une fois que cette compagnie occupait le poste de la Préfecture, je fus même placé, comme sentinelle, à l'entrée principale de l'hôtel. C'était exagéré : cela me déguisait trop. Je n'avais pas besoin de montrer tant de modestie en bas, pour donner le change sur le rôle occulte que je remplissais en haut. J'acceptai donc le grade de Capitaine, dans une autre compagnie, lors de la réélection générale des officiers.

La 3ᵉ était de service au Palais-Municipal, et je me reposais sous les grands arbres du jardin, quand un groupe formé de gardes nationaux de la 6ᵉ, vint me saluer, croyant reconnaître, en moi, le gendre de M. de Laharpe. Sur ma réponse affirmative, ils me dirent qu'appartenant au quartier de la Croix-de-Seguey, ils me voyaient souvent aller à notre campagne du Bouscat. Un de mes interlocuteurs, ancien sous-officier de l'armée, ajouta : — « C'est « bien la croix d'Officier de la Légion d'Honneur que vous « portez?... Excusez, Monsieur, cette question que nous « nous faisions de loin. » — « Oui, » répondis-je, « c'est « la croix d'or : je l'ai reçue, comme Sous-Préfet de Blaye, « après plus de neuf années du grade de Chevalier. » — « A votre âge, c'est bien gentil de votre part, » conclut-il.

Je dois l'avouer : si j'avais beaucoup plus, je n'accusais guère que trente ans.

Ma décoration de Juillet, aussi, paraissait charmer ces patriotes. En effet, sauf légitimistes, ils étaient tout, voire napoléoniens.

Quelques jours après, ils revinrent me proposer de remplacer leur Capitaine en Premier, démissionnaire, en se déclarant autorisés à me promettre toutes les voix de leur compagnie. Je fus, en effet, élu chef de la 6ᵉ du 2ᵉ de la 2ᵉ légion, à l'unanimité.

Cette compagnie, exceptionnellement nombreuse, était, presque en entier, composée de gens du peuple. Beaucoup avaient fait un congé de sept ans au service militaire. On y comptait incomparablement plus d'anciens sous-officiers que dans aucune autre : plusieurs chevronnés ; quelques-uns, africains, décorés. Mais, bien des hommes manquaient d'uniformes ou d'objets d'équipement. Avec l'aide du sergent-major, principal clerc de notaire, je me hâtai d'organiser une souscription, que j'allai moi-même recommander dans beaucoup de bonnes maisons des quartiers les plus riches. Nous récoltâmes une assez forte somme ; je la complétai de ma bourse, et bientôt, la 6ᵉ du 2ᵉ devint un modèle de tenue, comme de régularité de manœuvre. Quand elle allait, sous ma conduite, en quatre sections valant des pelotons, de 20 files de 3 hommes chaque, — on en était encore à la formation sur 3 rangs, — occuper mathématiquement sa place dans le bataillon, un jour de prise d'armes, cette compagnie, si dédaignée précédemment, excitait l'admiration de toutes. Aussi, m'aurait-elle suivi partout et contre n'importe qui.

NOMINATION D'UN PRÉFET.

Bientôt, l'envahissement de l'Assemblée Nationale, au 15 mai, si promptement réprimé qu'il eût été, vint causer, dans la Gironde, une effervescence générale. Aussi, lors de l'élection complémentaire du 4 juin, pour le remplacement de M. de Lamartine, dont l'option, en faveur du département de la Seine, avait produit une vacance dans notre députation, M. Thiers, candidat patronné par la Société du Libre-Échange, — quoique protectionniste, — passa-t-il, sans la moindre difficulté.

C'est alors que s'affirma nettement la prépondérance électorale du Comité de cette association, présidé par

M. Duffour-Dubergier, sacré Roi d'Aquitaine par les petits journaux.

Mais, l'élection simultanée du Prince Louis-Napoléon, dans les départements de la Seine, de la Charente-Inférieure, de la Sarthe et de l'Yonne ; les cris de : « Vive l'Empereur ! » proférés à cette occasion dans Paris ; les débats violents qui précédèrent son admission, prononcée à une grande majorité par l'Assemblée nationale ; enfin, sa démission, telle qu'il la motiva : tout cela fit considérablement grossir, dans nos cantons, le courant d'opinion qui commençait à s'y prononcer, en dehors de toute action du Comité, vers l'héritier de l'Empereur. Les démagogues eux-mêmes le posaient en prétendant sérieux, par la virulence de leurs attaques.

Lorsque les premières nouvelles des terribles journées de Juin parvinrent à Bordeaux, l'exaspération contre Paris n'y connut plus de bornes. Pour la troisième fois, en quatre mois à peine, Paris donnait à la France, paisible, le spectacle d'une insurrection, et, dans celle-ci, le sang coulait à flots ! On ne parlait de rien moins que de former une confédération défensive des départements du Sud-Ouest, qui fût devenue le principe d'un démembrement de la France, et la réalisation de ce fantastique Royaume d'Aquitaine, dont les mauvais plaisants avaient donné l'investiture à M. Duffour-Dubergier. On annonçait l'arrivée du Maréchal Bugeaud, que l'on calomniait, en promettant son concours à pareille aventure. Mais, pour qui savait avec quelle facilité l'opinion s'emballe à Bordeaux, il ne restait pas un moment à perdre : il fallait vite l'entraîner dans quelque autre direction.

Une proclamation énergique de notre Commissaire, que nous nous hâtâmes de faire publier dans toutes les communes, ordonna l'ouverture de listes d'enrôlement des Gardes Nationaux prêts à marcher sur Paris, afin d'y rétablir l'ordre, et l'affrétement de navires à vapeur qui porteraient ces mobilisés à Nantes, pour y prendre, sans retard, le chemin de fer.

Cette mesure eut l'effet prévu. Tout le monde voulait partir. Le soir même, à Bordeaux, les listes se couvrirent de signatures. Une revue de la Garde Nationale, indiquée *proprio motu* par le Maire, pour le lendemain, dans l'intention de généraliser ce mouvement, fut interdite par M. Henri Ducos, sur mon insistance, de peur qu'elle ne devînt, au contraire, l'occasion des manifestations séparatistes que nous comptions prévenir par notre appel. Par excès de prudence, je m'empresse de le reconnaître, on prit les précautions motivées par l'avis invraisemblable de l'arrivée du Maréchal Bugeaud.

Le lendemain, à 5 heures, se présentaient, le sac au dos, soixante gardes nationaux volontaires de Lesparre, commandés par deux officiers. D'autres arrivaient en hâte de divers points du département, lorsque nous parvint, le 26 au soir, une dépêche de Paris, annonçant la fin de la guerre civile, qui nous invitait à suspendre l'envoi de nos premières colonnes de Gardes Nationaux, dont nous venions de télégraphier le prompt embarquement.

Dès la nomination du général Cavaignac, comme Chef du Pouvoir Exécutif, je fus avisé du prochain remplacement des Commissaires du Gouvernement Provisoire dans les départements, par des Préfets, et de l'accord des plus considérables de nos Députés de la Gironde, pour demander collectivement ma nomination à Bordeaux. Je m'empressai de répondre, à cette communication, ce que j'avais répondu précédemment à M. Clément Thomas, quand il cherchait à me faire accepter la succession du Commissaire Chevallier : — « Je ne désirais pas rentrer dans l'Administration active avant le vote de la Constitution et l'installation d'un Gouvernement définitif. » — Je n'ajoutai pas qu'en présence du mouvement d'opinion s'accusant, de plus en plus, vers le Prince Louis-Napoléon, je ne voulais pas accepter un poste où mon devoir officiel pourrait être de le combattre, tandis que mes sentiments personnels me commanderaient de soutenir sa cause. Mais, ce fut la raison décisive de mon refus.

Le 21 juillet seulement, le Général signa la commission de M. Neveux, comme Préfet de la Gironde.

M. Neveux, Secrétaire et Chef des bureaux d'une Mairie d'Arrondissement de Paris, sous le Gouvernement du Roi ; nommé Sous-Préfet de Rhétel, après le 24 février, venait à Bordeaux, sans transition. Il ne me parut pas être plus républicain, au fond, que moi. Dans tous les cas, animé d'un esprit modéré, qui sut comprendre la situation, il s'en accommoda.

Les choses continuèrent à marcher à peu près comme par le passé ; mais je me renfermai dans mes fonctions, et je le fis avec d'autant plus de facilité qu'on ne m'en avait jamais vu sortir ostensiblement. M. Dosquet, maintenu comme Secrétaire Général, conserva la direction effective du travail des bureaux. Le nouveau Préfet employait volontiers son temps à des audiences, plus fécondes en bonnes paroles qu'en résultats. En effet, ce parvenu désirait certainement, avant tout, gagner, sans se compromettre d'aucun côté, l'institution d'un Gouvernement définitif.

S'il n'administrait guère dans sa Préfecture, au dehors, M. Duffour-Dubergier régnait toujours, au sein du Comité du Libre-Échange, sur l'opinion publique.

Les élections du nouveau Conseil Général donnèrent à la majorité conservatrice un renfort considérable dans cette assemblée départementale, dont les séances devinrent publiques. Le Comité put également faire nommer ses candidats au Conseil Municipal de Bordeaux, lors de la reconstitution de ce corps par le suffrage universel, le 6 août.

Les cinq nouveaux Sous-Préfets nommés dans la Gironde, par le même décret que M. Neveux, étaient, comme lui, des hommes de bonnes façons et d'opinions modérées. J'en citerai deux seulement, parce que je les retrouvai plus tard : celui de Bazas, M. Labrousse, gendre du général Négrier, tué dans les journées de Juin ; — je l'eus comme Sous-Préfet de Sceaux, et il devint Préfet du Gers, sous l'Empire ; — puis, le remplaçant du docteur Gornet à Blaye, M. Read, gendre de M. Cordier, Administrateur du Muséum d'Histoire Naturelle, érudit lui-même, que je recueillis à la Préfecture de la Seine, comme Agent du Contentieux, et plus tard, comme Archiviste.

Aucun de ces fonctionnaires ne chercha, plus que le Préfet, à faire obstacle au mouvement réactionnaire, de plus en plus accusé dans le département.

ÉLECTION PRÉSIDENTIELLE DU DIX DÉCEMBRE.

L'élection de M. le comte Molé, comme Représentant de la Gironde, en remplacement de M. Thiers, qui, nommé dans plusieurs départements, optait pour la Seine-Inférieure, fut fixée au 16 septembre, et s'opéra sans difficulté, malgré la valeur du candidat girondin se portant contre lui : M. Compans, ancien Premier Avocat Général à la Cour Royale de Bordeaux, aussi peu républicain, certes, que possible.

Mais, la quadruple réélection du Prince Louis-Napoléon dans les départements qui l'avaient nommé déjà le 4 juin, et le renommèrent à de plus fortes majorités ; son acceptation, et le vote de l'Assemblée Nationale décidant, malgré les protestations violentes du citoyen Clément Thomas, bien revenu de sa modération printanière, que le Président de la République serait nommé directement par le Pays, vinrent accentuer encore l'entraînement de la grande majorité de nos électeurs des campagnes, vers ce prétendant, si redouté des républicains véritables.

La session du Conseil Général se tint en octobre, sans le moindre incident politique.

A Paris, un remaniement du Ministère (13 octobre) mit le portefeuille de l'Intérieur aux mains de M. Dufaure. Ce nouveau Ministre tenait le premier rang au Barreau de Bordeaux, avant de devenir un Homme d'État, et je le connaissais par mon beau-père, M. de Laharpe, dont il avait été locataire. Il me fit proposer la Préfecture du département de la Charente-Inférieure, qu'il représentait, et, par les raisons ci-dessus dites, je me hâtai de décliner cette offre flatteuse.

Aussi bien, l'Assemblée Nationale achevait-elle, enfin, la Constitution que sa mission était de faire. Quand son vote fut définitif, le 4 novembre, un décret du 28 octobre fixait déjà l'élection du Président de la République, au 10 décembre.

Cet empressement de la majorité de l'Assemblée à mettre le Pays en demeure de se donner lui-même un Chef, paraissait d'autant plus significatif, que, dans la séance du 26, répondant aux violentes accusations dirigées quelques jours auparavant contre lui, par le général Clément Thomas, qui finit, cette fois-là, de se couler dans l'opinion de ses électeurs, le Prince Louis-Napoléon avait très hautement proclamé son acceptation de la candidature à la Présidence, qu'on lui décernait d'avance avec enthousiasme, de toutes parts.

Le 19 novembre, la nouvelle Constitution était lue en grande pompe, à Bordeaux, sur la place des Quinconces, par le Maire, M. Curé, du haut d'une estrade où siégeaient le Préfet et toutes les autorités. Le *Te Deum* fut chanté par l'Archevêque et son clergé; une salve de 101 coups de canon, tirée; puis, on passa la revue de la Garde Nationale et de la garnison.

Pour me dispenser de figurer sur l'estrade officielle, en cette circonstance, je commandais ma compagnie. On eût dit que je prévoyais devoir, moins de cinq ans après, sur la même place et du même point, avec une pompe encore plus grande et aux cris enthousiastes de la population, qui manquaient alors, proclamer une Constitution tout autre et le rétablissement de l'Empire!

Cependant, le Comité de la Société du Libre-Échange ne perdait pas son temps. Comprenant l'impossibilité de diriger sur une autre candidature réactionnaire le courant de l'opinion, ce Comité, composé de royalistes bien plus que d'impérialistes, très rares encore dans les classes élevées, soutenait résolument celle du Prince.

Sur sa demande, j'allai faire une tournée d'exploration dans l'arrondissement de Blaye, d'où je rapportai d'excellentes nouvelles. Je ne saurais mieux rendre les dispositions des campagnes, qu'en racontant ce que j'entendis à Prignac-Cazelles, la première commune de l'arrondissement où je m'arrêtai, sur le chemin de Saint-André-de-Cubzac à Bourg.

Je faisais route de conserve avec un gentilhomme des environs de Barsac; membre du Conseil Général; autrefois, orléaniste; désormais, partisan du général Cavaignac. Il allait visiter une de ses propriétés sise à Prignac. Quand il me proposa de déjeuner avec lui, d'une omelette de la femme de son « paysan », — c'est la qualification donnée aux régisseurs de bas étage, — et de goûter son vin, j'acceptai. Pendant le repas, mon hôte dit, en patois, à cet homme, occupé de nous servir : — « Eh bien! Janille (diminutif de Jean), nous allons donc « avoir encore une élection. Que fera-t-on par ici? » — « Mon Dieu, Monsieur, » répondit l'autre, toujours en patois, « l'enfant à la mamelle en sait tout autant que « moi sur ces choses-là. Mais, nous avons voté, cette « année, pour des Messieurs absolument inconnus dans « le pays, qu'on nous assurait être des bons. Les uns « nous approuvent; les autres nous donnent tort. Nous « ne savons qui croire. Cette fois, nous voudrions voter « pour un nom connu. » — « Eh bien, mon ami, pre-« nez le général Cavaignac! » — « Oh! Monsieur, ce « n'est pas un bon nom dans ce pays. »

Pour comprendre cette réponse, il faut connaître les souvenirs terribles laissés par le père du général Cavaignac dans la Gironde, à la suite de la mission qu'il y remplit sous la Terreur. Son nom est une menace. — *« Qué m'en bao te bailla à Cabagnac!* (Je m'en vais te donner à Cavaignac!) » disaient les mères aux enfants pas sages. J'ai même entendu souvent de vieilles femmes, luttant avec leurs mulets ou ânes rétifs, qu'elles chargeaient de coups pour les faire marcher, crier : « *Hi!* « *doun, Cabagnac!* »

Interloqué par la réponse de son « paysan », mon compagnon reprit : — « Mais alors…! » — « *Jou,* « *Moussu, a queste cop, bouli bouta per l'Emperur* (Moi, « Monsieur, ce coup-ci, je veux voter pour l'Empe- « reur!) » — « Mais, mon ami, l'Empereur est mort. » — « *Cresi, Moussu?* (Croyez-vous, Monsieur?), » répliqua le paysan d'un air de naïveté finaude. « *Eh be!* « *qué bouli bouta per soun goujat!* (Eh bien! je voterai « pour son fils). » — « Mais, son fils est mort aussi. » — « *Soun doun tous morts! A pas degun may?* (Ils sont donc « tous morts? N'en existe-t-il plus aucun?) » Cette fois, le paysan souriait malignement. — « Oh! nous avons « bien le neveu; mais… » — Et alors, le maître raconta Strasbourg, Boulogne, etc., etc. Quand il eut fini, le paysan, qui l'avait écouté sans broncher, avec le plus grand respect, répondit : — « *Ta bé, Moussu, qué bouï* « *bouta per el!* (Tout de même, Monsieur, je veux voter pour lui!) »

Napoléon était un nom connu. Lamartine, je l'ai prouvé, ne l'était pas assez. Quant à Cavaignac, il l'était beaucoup trop!

En quittant mon hôte, je lui dis : — « Puisque vous vous « dites son chef, croyez-moi; suivez, cette fois, votre pay- « san, de peur qu'il ne s'habitue à marcher sans vous. »

A Bordeaux, cependant, je crois bien me rappeler que le même personnage, dans la réunion de la salle

Franklin, présidée par M. Duffour-Dubergier, appuya d'un long discours, la candidature du général Cavaignac. — Le membre de l'assemblée qui demanda la parole après lui, se contenta de dire : — « J'ai l'honneur « de proposer la candidature de Son Altesse Impériale le « Prince Louis-Napoléon ! » — Une immense acclamation suivit ces paroles, et la proposition, mise aux voix par le Président, fut adoptée à la presque unanimité.

Le 10 décembre parut enfin. Ce jour-là, ma compagnie était de garde à celui des bureaux d'élection qui se tenait à l'ancienne Mairie, sur les fossés Saint-Éloi, en face de « la Grosse Cloche ». Mes hommes inoccupés entre les factions échelonnaient sur le passage des électeurs, et leur disaient à mi-voix : « Pensez au neveu « du Petit Caporal », et la plupart des gens du peuple souriaient, en clignant de l'œil.

Voici le résultat, en nombres ronds, des votes du département :

Louis-Napoléon Bonaparte	104,000
Le général Cavaignac	20,500
Ledru-Rollin	8,400
Lamartine	537

Cinq cent trente-sept voix pour M. de Lamartine, malgré sa déclaration publique d'acceptation de la candidature, dans ce département, où, le 24 avril, son nom sortait le premier de l'urne électorale !

Les voix de Ledru-Rollin font connaître le chiffre des radicaux et socialistes qu'alors comptait la Gironde.

Celles du général Cavaignac ne lui venaient pas toutes de républicains de la veille ou du lendemain.

Beaucoup de fonctionnaires, d'amis du *statu quo*, beaucoup de gens à qui Strasbourg et Boulogne inspiraient des inquiétudes, avaient voté pour lui.

Et dire qu'aux élections de 1885, cette même Gironde, a donné 20,000 de ses votes aux radicaux, et 60,000, aux républicains opportunistes, tandis que l'Alliance Conservatrice ne réunissait pas plus de 72,000 voix, — 32,000, de moins que le Prince, en 1848 !

Cela montre toute l'importance du terrain perdu par les idées d'ordre et d'autorité dans un si grand, un si beau département ! Et, — voici le plus triste : — c'est à Bordeaux même, que la propagande révolutionnaire et socialiste a conquis le plus d'adhérents ! Car, sur l'ensemble des six arrondissements, Bordeaux non compris, nous avions obtenu 10,000 voix environ de majorité, pendant que la ville chef-lieu en apportait seule, 18,000 de plus à nos concurrents, opportunistes et socialistes coalisés, qui nous mirent en minorité de 8,000, au recensement général.

Les 104,000 acquises au Prince Louis-Napoléon, le 10 décembre 1848, représentaient 78 p. 100 des suffrages exprimés, et dépassaient, en conséquence, la proportion atteinte dans la France entière, où sa majorité, montant à 5,534,520, n'équivalait qu'à 75 p. 100 du total des votes émis.

Quelque certaine que parût être son élection, j'avoue qu'en présence des efforts violents déployés contre elle par les Républicains de toutes nuances, des nombreux appuis rencontrés par la candidature du Général Cavaignac, et du singulier prestige exercé toujours, chez nous, sur certains esprits, par la possession du Pouvoir, je n'espérais pas cette majorité des trois quarts. Elle surprit sans doute le Prince lui-même, si confiant qu'il fût dans son étoile.

Quand je rapproche de cette première victoire, les 7,439,216 suffrages sur 8,080,053, qui, ratifiant le coup d'État du 2 Décembre 1851, lui déléguèrent le droit appartenant au Peuple, au vrai Souverain, de donner une Constitution à la France; quand je me rappelle cette entrée splendide à Bordeaux, en octobre 1852, au terme du voyage triomphal où fut fait l'Empire, consacré quelques mois après par un nouveau Plébiscite réunissant 7,824,189 suffrages sur 8,077,334, je me figure que l'Empereur Napoléon, dès avant son avènement au Trône, avait épuisé toutes les jouissances personnelles dont l'exercice du Pouvoir Suprême peut être la source et les satisfactions d'une immense, d'une incomparable popularité!

Mais, son âme nourrissait des ambitions plus hautes: — celle des grandes choses, des œuvres utiles, durables, qui marquent dans la mémoire des peuples, dans l'histoire des pays civilisés; — celle du bien-être général, assuré par la liberté du travail, du commerce et de l'industrie dans le monde entier; — celle d'une France puissante et prospère entre toutes les nations, par les travaux fructueux de la Paix!

Car, cet héritier du plus grand capitaine des temps modernes rêvait d'être Napoléon le Pacifique!...

Dans ses impénétrables desseins, Dieu ne l'a pas permis.

CHAPITRE XII

LA PRÉFECTURE DU VAR

Ma nomination et mon installation à Draguignan. — Topographie du pays. — Richesses minérales. Beautés naturelles. Antiquités Romaines. — Cultures. Forêts. Biens communaux.

C'est le 20 décembre 1848 qu'eut lieu la proclamation, au sein de l'Assemblée Nationale Constituante, du Président de la République élu le 10, et sa prestation de serment dans les termes prescrits par la Constitution récemment promulguée.

Le même jour, un nouveau Ministère entrait en fonctions, sous sa présidence personnelle. M. Odilon Barrot, Ministre de la Justice, en était Vice-Président. M. Léon de Maleville avait le portefeuille de l'Intérieur.

Quelques jours après, une dépêche du cabinet de M. de Maleville m'appelait à Paris. Sur le point de m'y rendre, j'appris soudainement que, dès le 28, il donnait sa démission.

Un décret, du 29, le remplaça par M. Léon Faucher, Ministre des Travaux Publics, et, dans le commencement de janvier, celui-ci me fit mander à son tour. J'en fus beaucoup plus surpris, ne connaissant d'aucune manière cet économiste distingué.

M. Neveux n'ignorait pas les propositions que j'avais reçues et déclinées, avant sa nomination à Bordeaux.

Il devait donc éprouver le pressentiment que je l'y remplacerais une fois ou l'autre, et se montrait fort inquiet de ce double message. L'avis de ce dont il s'agissait, que j'eus soin de lui donner dès mon arrivée à Paris, lui causa certes un grand soulagement.

MA NOMINATION. MON INSTALLATION A DRAGUIGNAN.

Je ne tardai pas, en effet, à me présenter devant M. Léon Faucher, et j'avoue que notre premier abord ne me fut pas agréable. Frappé de son aspect chétif, étriqué, malingre, qui contrastait avec son air important, gourmé, pédant même, je trouvai que mon nouveau chef manquait absolument de prestige, et quand un petit journal conçut l'idée bouffonne de le qualifier de « ver-à-soie malade », je suis obligé de l'avouer : cela rendait assez bien l'impression qu'il m'avait produite. Mais, je ne restai pas longtemps à reconnaître ses très grandes qualités d'Homme d'État : haute intelligence ; fermeté courageuse ; droiture à toute épreuve ; fidélité rare aux subordonnés. Il m'a toujours témoigné, d'ailleurs, des sentiments d'estime, de confiance et de sympathie personnelle, qui me font garder un souvenir reconnaissant, affectueux, de nos relations.

Le Ministre me dit que son prédécesseur, M. de Maleville, s'était fait remettre, par le Secrétaire Général du Ministère, chargé du Personnel, M. Herman, — ancien Préfet et ancien chef de l'Administration Départementale et Communale, — les dossiers des Préfets et Sous-Préfets du Gouvernement de Juillet en fonctions le 24 février, jugés aptes à servir utilement le Pays, sous le nouvel ordre des choses inauguré le 10 Décembre ;

qu'il avait « lui-même » fait un examen attentif de ces dossiers, et que je figurais aux premiers rangs de la liste par lui remise au Prince-Président de la République, des Préfets à prendre dans l'ancien personnel.

Je le remerciai de son appréciation de mes services passés. Elle m'honorait d'autant plus que rien ne pouvait le prévenir en ma faveur. Mais, ajoutai-je, la mémoire des longues années, perdues pour moi, dans la force de l'âge, sous le régime de 1830, avant que la bienveillance marquée de la Famille Royale et celle même du Gouvernement du Roi réussissent à faire prévaloir mes droits reconnus à l'avancement, sur des exigences parlementaires, me donnait peu de goût à rentrer dans l'Administration active, sous un régime très différent, sans doute, mais qui devait avoir également à compter avec les recommandations des Représentants du Pays. Toutefois, je comprenais parfaitement l'importance et, en même temps, la difficulté, pour le Gouvernement réparateur du Prince-Président, d'être secondé par des administrateurs expérimentés et sûrs; et mes traditions de famille m'imposaient le devoir de faire tout ce que l'Héritier de l'Empereur Napoléon, le neveu du Prince Eugène, voudrait de moi, pour le triomphe définitif de sa cause.

M. Faucher, un peu surpris d'opinions anti-parlementaires et impérialistes qu'il ne professait pas au même degré, prit acte de mon acceptation; me dit d'aller à l'Élysée, le lendemain, pour me mettre à la disposition du Prince, qui tenait à voir lui-même ses nouveaux Préfets, avant de leur attribuer tels ou tels départements, et me recommanda bien de m'adresser, d'abord, à M. Mocquard, Secrétaire de la Présidence.

Je n'y manquai pas; car, j'avais connu familièrement ce Chef de Cabinet du Prince, quand il était jadis Sous-Préfet de Bagnères-de-Bigorre, et moi, de Nérac-en-Albret. Il fut enchanté de me savoir prêt à servir Son Altesse Impériale, bien plus que le Président de la République. Du reste, il connaissait mes sentiments de longue date.

Après un court entretien, il se leva pour avertir de ma présence le Prince, qui me reçut debout, dans le grand salon du rez-de-chaussée, ouvrant sur le milieu du jardin. Mon futur Empereur était déplorablement affecté d'un rhume de cerveau.

Prévenu de ma visite, évidemment, par M. Léon Faucher, il fit porter sa première question sur l'attachement de ma famille à la cause impériale et sur l'origine de mon culte pour la mémoire du Prince Eugène. Il me félicita des services que j'avais rendus à la cause de l'ordre dans la Gironde, et me remercia de mon concours actif au succès de sa candidature. En me congédiant, il serra ma main dans les siennes, et me dit, avec bienveillance, qu'avant peu je saurais, de lui-même, quel poste il m'aurait assigné.

Pendant le petit nombre de jours qui précéda l'effet de la promesse, je fis visite à M. Dufaure, dans son modeste appartement sis au quatrième, rue Lepeletier, afin de lui témoigner personnellement ma gratitude pour son offre de me confier l'administration de son propre département, et m'excuser de n'avoir pas profité de sa bienveillance. Je lui dis : « Mon refus d'alors gêne un « peu, dans le présent, mon acceptation d'un poste du « même ordre. » — « Je suis heureux, » me répondit-il, « d'apprendre que le nouveau Gouvernement s'attache

« des hommes tels que vous. » — Puis, il m'approuva beaucoup de prêter mon concours au Pouvoir dans les temps difficiles que nous traversions, et me remercia cordialement de ma démarche courtoise vis-à-vis de lui.

J'eus bientôt une invitation du Ministre de l'Intérieur, pour un grand dîner officiel que le Prince-Président devait honorer de sa présence.

Après le café, le Prince me prit à part et me dit : — « Je vous ai nommé Préfet du département du Var. » — Je fis un léger mouvement. « — Éprouveriez-vous « quelque répugnance pour ce poste? » me demanda-« t-il. — « Aucune, Monseigneur, » répondis-je; « mais « Votre Altesse Impériale ne pouvait guère m'envoyer « plus loin de Bordeaux, fût-ce à Lille ou à Strasbourg. »

Il reprit : — « Le Var est un de nos plus mauvais dé-« partements. Les démagogues s'y trouvent en force. Ils « tiennent en échec le pouvoir à Toulon, notre grand port « de guerre, comme à Draguignan, où j'ai besoin d'un « Préfet absolument sûr. La police de notre frontière « d'Italie exige, en ce moment, beaucoup de vigilance et « de sagacité. Les troupes autrichiennes menacent les « États du Roi Charles-Albert. Ceux du Pape sont au pou-« voir de la Révolution. D'après ce que je sais de votre « passé, je vous crois mieux qualifié que personne « pour aviser, avec décision et mesure, à tout ce que, là, « des complications imprévues peuvent imposer à votre « initiative. » — « Je n'épargnerai aucun effort, » répliquai-je, « pour mériter cette confiance de Votre Al-« tesse Impériale. » — « J'y compte ! »

Dès le jour suivant, me parvint l'avis officiel de ma nomination, datée du 24 janvier 1849, et l'invitation de partir le plus tôt possible pour Draguignan. Mais, dès le 26, M. Léon Faucher déposait à l'Assemblée un projet de loi sur les Clubs, et, le 27, la déclaration d'urgence qu'il réclamait, en même temps, était repoussée par 418 voix contre 342. Sur le refus, par le Prince-Président de la République, d'accepter la démission des Ministres, l'Opposition demanda leur mise en accusation, rejetée, le 31, par 458 voix contre 250. Durant ces débats agités, le Gouvernement eut à réprimer des troubles sérieux à Lyon, Marseille, Limoges, Mâcon, Châlon-sur-Saône, etc., dont la coïncidence avec les attaques de ses ennemis contribua, sans doute, à leur défaite. C'est le 2 février seulement, après la publication du dernier vote de l'Assemblée, que l'ordre fut complètement rétabli partout en France, et c'est à Draguignan, où je me rendis, sans plus attendre, après l'issue définitive de la crise ministérielle ouverte le 27 et close le 31 janvier, que j'en reçus l'avis officiel, avec la circulaire adressée, le 4, par le Ministre de l'Intérieur aux Préfets, touchant les grèves et les coalitions d'ouvriers, et quelques instructions spéciales.

Ma femme devait m'adresser directement dans cette ville, tous mes bagages, par un jeune domestique, Pierre Réau (fils d'un douanier blayais), pris à mon service personnel depuis le licenciement de Joseph et de Marianne, qui n'en pouvaient plus. A la suite de ma première conversation avec le Prince, j'avais pris la précaution de réclamer, de Bordeaux, l'envoi à Paris de mon dernier uniforme de Sous-Préfet, et d'y faire ajouter quelques broderies pour le transformer en petite tenue de Préfet, en attendant la grande tenue, dont la confection exigeait quelque délai. Je pus, dès lors, me mettre en route le 1ᵉʳ février au soir, par la malle-poste de Lyon ; puis, sans aucun arrêt dans cette ville, que je connaissais, y prendre une place pour Aix, dans la malle secondaire de Marseille ; enfin, me faire porter, par un patachon remplissant l'office de courrier, d'Aix à Draguignan, où j'arrivai le 4 au soir, aussi vite, mais pas plus, qu'une lettre : en trois nuits et trois jours !

Mon prédécesseur, M. Ayraud-Degeorge, Préfet du général Cavaignac, était déjà parti. Ce fut le Conseiller de Préfecture, Secrétaire Général, investi par lui de l'administration du département, qui m'en fit la remise.

Je trouvai, comme fond de maison, à la Préfecture, une excellente cuisinière, amenée par un des Préfets de la Monarchie de 1830, et maintenue à ses fourneaux sous tous les régimes ultérieurs. Durant le peu de jours que je dus attendre l'arrivée de Pierre, je me fis servir par le concierge, et cette installation sommaire me permit de me consacrer de suite à mes nouveaux devoirs.

Cependant, ma chère femme, à qui j'avais imposé déjà tant de déplacements, et qui dut en subir encore tant d'autres, sans pouvoir en prendre l'habitude, préparait son départ de Bordeaux, mais à loisir; car, elle savait par moi que l'hôtel de la Préfecture de Draguignan, de construction récente, conçu dans des proportions beaucoup trop grandes pour l'importance de ce chef-lieu de département, n'était pas encore meublé complètement. Il me fallait y pourvoir, avant tout. Elle entreprit, mais seulement au mois d'avril, le grand et fatigant voyage de Bordeaux à Marseille, en trois étapes de 24 heures de diligence, chaque : — arrêts à

Toulouse et Montpellier; — avec une véritable smala, composée de nos deux filles; de l'institutrice chargée de leur éducation depuis notre départ de Blaye; d'une femme et d'un valet de chambre, bon maître d'hôtel, connu de nous.

Ainsi que je le faisais entendre au Prince-Président, à Paris, on ne pouvait pas considérer comme une petite entreprise de traverser, d'un bout à l'autre, dans de telles conditions et par des temps si troublés, tout le midi de la France.

Maître Dominique, mon ancien cocher, devenu régisseur de Houeillès depuis longtemps, m'avait envoyé, dès le commencement de février, une calèche et une caisse de harnais et d'objets d'écurie, et je m'étais précautionné d'une paire de chevaux et d'un cocher passable.

J'allai chercher ma petite famille à Marseille, et je la conduisis, d'abord, à Toulon, par Cuges et par les gorges d'Ollioules, qui représentent exactement, disent les voyageurs en Grèce, le passage des Thermopyles. Je pus, grâce à l'obligeance de l'amiral Casy, **Préfet Maritime**, que je retrouvai plus tard sur les bancs du Sénat de l'Empire, lui faire visiter le port militaire, l'arsenal, la rade, l'hôpital de Saint-Mandrier et le vaisseau à trois ponts, de 120 canons : l'*Océan*. Le voyage de Toulon à Draguignan (20 lieues) employa toute une journée.

On doit comprendre, par ce détail, combien mes communications avec le Ministre de l'Intérieur, par le télégraphe aérien, qui s'arrêtait à Toulon, étaient lentes, même sans brouillard, et coûteuses, puisque chaque dépêche exigeait une estafette. Or, par la poste, nulle réponse ne **pouvait m'arriver avant le huitième jour** de la demande!

TOPOGRAPHIE DU PAYS.

Le département du Var se composait alors de quatre arrondissements : Brignoles, Draguignan, Grasse et Toulon. Celui de Grasse en fut distrait, sous l'Empire, à la suite de l'annexion du comté de Nice à la France, pour compléter le département des Alpes-Maritimes.

Le Var, dont il porte nom, est un large torrent, qui prend source à Entraunes, sur le revers oriental des Basses-Alpes, et débouche dans la Méditerranée, entre Antibes et Nice. Il formait, avec son principal affluent, l'Estéron, qui descend des montagnes séparant l'arrondissement de Grasse de celui de Castellane (Basses-Alpes), la frontière de France et d'Italie.

Lorsqu'il perdit le bel arrondissement de Grasse, le département du Var, ne restant plus riverain de ce prétendu fleuve, aurait dû recevoir une autre appellation. En effet, celle-ci conviendrait mieux au département des Alpes-Maritimes, que le Var traverse par le milieu. Le nom de l'Argens, dont la source est à Seillons, dans l'arrondissement de Brignoles, sur les confins des Bouches-du-Rhône, et qui se jette dans la mer au-dessous de Fréjus, après un parcours de plus de 96 kilomètres, coupant, de l'ouest à l'est, les arrondissements de Brignoles et de Draguignan, désignerait plus exactement le département du Var actuel.

Quoi qu'il en soit, l'arrondissement de Draguignan, — le plus considérable des quatre, — que je tenais sous mon autorité directe, va de la limite des Basses-Alpes à la Méditerranée, sur laquelle il a trois petits ports : Saint-Tropez, Saint-Raphaël et Agay. Il était bien central à cette époque, et cela pouvait expliquer, sinon justifier, l'établissement du chef-lieu du département dans une ville, ou pour mieux dire : dans une grosse bourgade, ayant moins de 10,000 âmes, sans industrie ni commerce, en dehors même du mouvement de circulation continu de France en Italie, par le littoral.

L'arrondissement de Toulon, bien moins étendu, mais de beaucoup plus important, contenait les deux cinquièmes de la population de 360,000 âmes du département entier. — La ville de Toulon, seule, en comptait 70,000 !... — On y trouvait, indépendamment des plus grands établissements de notre marine militaire, les ports de la Seyne, de Saint-Nazaire et de Bandols, à l'ouest ; la ville d'Hyères, grande station hivernale, et sa belle rade protégée par les îles d'Or (Porquerolles, Port-Cros et l'île du Levant), à l'est.

C'était à Toulon que résidait le Général de Brigade commandant la Subdivision du Var ; le Receveur Général et le Payeur du département ; le Directeur des Douanes ; celui des Contributions Indirectes ; l'Inspecteur des Postes, etc. Le Directeur de l'Enregistrement des Domaines ; l'Ingénieur en Chef ; le Commandant de la Gendarmerie, seuls, habitaient Draguignan. J'ajoute, pour bien faire comprendre les embarras de la situation du Préfet : l'Évêque avait son siège à Fréjus, et l'important service de l'Instruction Publique relevait du Recteur de l'Académie d'Aix, où demeurait aussi le Conservateur des Eaux et Forêts, bien qu'il n'eût de forêts à conserver que dans le Var.

L'arrondissement de Brignoles, sis au nord de celui de Toulon, qui le sépare de la mer, est essentiellement agricole.

L'arrondissement de Grasse, à l'est de celui de Draguignan, au delà du cours de la Siagne, laquelle descend des montagnes du canton de Saint-Auban au golfe de la Napoule, s'étend aussi des Basses-Alpes à la mer. On y trouve deux ports, mieux connus comme stations hivernales : Cannes, Antibes. A droite du premier, s'ouvre ce beau golfe de la |Napoule, encadré par le cap Roux, à l'ouest, et par la presqu'île de la Croisette et les îles Sainte-Marguerite et Saint-Honorat, à l'est ; entre les deux, le golfe Juan, sis au-delà des îles, et terminé par la presqu'île de la Garouppe.

On sait qu'au golfe Juan, débarqua l'Empereur Napoléon Ier, quand il revint de son exil à l'île d'Elbe, en 1815. Une colonne consacrait ce souvenir. On montrait encore, en 1849, un gros olivier, à l'ombre duquel l'Empereur aurait sommeillé jadis.

Dans la superficie totale de 726,000 hectares attribuée par le cadastre à l'ensemble du département, les pays dits « de montagne » comptaient pour 344,000, soit, presque la moitié.

Une chaîne, partant du littoral, à mi-distance de Bandols à la Ciotat (Bouches-du-Rhône), court, vers le nord, entre les arrondissements de Toulon et de Marseille ; puis, entre ceux de Brignoles et d'Aix. Sa cime la plus élevée est la Sainte-Baume, au Plan-d'Aulps (Var).

Une autre chaîne, qui se détache, à l'est, du massif de la Sainte-Baume et se termine au-dessus de Carnoules, marque la limite des arrondissements de Brignoles et de Toulon.

Dans celui de Draguignan, la chaîne des Maures et celle de l'Estérel (où l'on voyait encore l'auberge des

Adrets, qu'un mélodrame a rendue célèbre) se dressent parallèlement à la mer, et forment deux massifs énormes, entre Hyères et Fréjus, d'une part; entre Fréjus et Cannes, de l'autre.

Une dernière chaîne, également parallèle à la mer, traverse, d'un bout à l'autre, la partie septentrionale du département.

On voit bien peu de rochers nus dans le Var. Les cimes, médiocrement élevées, en général, et les versants de presque toutes les montagnes, qui se refusent à la culture, y sont couverts de bois, d'essences très diverses, mais, le plus souvent, résineuses.

Entre les revers des diverses chaînes et des chaînons qui s'en détachent, d'innombrables vallées, rivalisant de richesses agricoles, se groupent par bassins plus ou moins étendus.

Celui de l'Argens, dont j'ai parlé plus haut, embrasse la majeure partie du sol cultivable des arrondissements de Brignoles et de Draguignan.

C'est par cette immense dépression que s'écoulent le plus grand nombre de leurs cours d'eau. Les principaux sont :

Rive droite de l'Argens : le Caulon, descendant, au nord-est, la Sainte-Baume ; le Caramy, venant du même massif, qui traverse Brignoles et reçoit, avant d'arriver à Carcès, l'Issole, petite rivière, issue de Roquebrussanne et passant à Néoules, Garéault, Forcalquiéret, Sainte-Anastasie, Besse, Flassans et Cabasse; et l'Aille, sortant de Gonfaron, que grossissent une foule de ruisseaux alimentés par les versants nord de l'épaisse chaîne des Maures, couverte d'épaisses forêts et sillonnée de ravins féconds en sources. — Rive gauche : la rivière Salée, venant du canton de Barjols; la Cassote, de celui de Cotignac; la Bresque sortant du canton de Tavernes et recueillant les ruisseaux de ceux d'Aulps et de Salernes; la Floriège, issue des communes de Tourtour et de Flayose, par le canton de Lorgues; le Nartuby, qui prend sa source à Montferrat, absorbe au-dessous de Châteaudouble, le ruisseau d'Ampus, débouche, par les gorges de Rebouillon, dans la vallée de Draguignan, et passe à Trans et au Muy; l'Endre, qui reçoit les eaux du canton de Callas et une partie de celles du canton de Fayence; le Reyran, qui vient de Bagnols, passe à Fréjus, et se jette dans la mer, à côté même des bouches de l'Argens.

Je donne toutes ces indications, parce qu'elles justifient l'importance capitale du bassin de ce fleuve. Il n'a pas moins de 14 cantons pour tributaires : Saint-Maximin, Roquebrussanne, Besse, Brignoles, Barjols, Tavernes, Cotignac, Aulps, Salernes, Le Luc, Lorgues, Draguignan, Callas et Fréjus. — Le département du Var en comptait alors 35. Il n'en conserve plus que 28, aujourd'hui.

Le canton de Comps et une partie de celui d'Aulps (arrondissement de Draguignan); celui de Rians et une petite partie de celui de Tavernes (arrondissement de Brignoles) déversent leurs eaux dans le Verdon, affluent de la Durance. Le Verdon forme, sur une partie de son cours, la limite du Var et des Basses-Alpes. Le canton de Comps lui fournit deux rivières assez considérables : le Jabrun et l'Artuby; celui d'Aulps, la belle source de Bauduen.

La Siagne, qui limite, comme je l'ai dit, les arrondissements de Grasse et de Draguignan, reçoit, sur sa rive droite, par le Rion, la majeure partie des eaux du canton de Fayence, et, sur sa rive gauche, celles du canton de Grasse.

Le Loup, qui prend sa source dans les montagnes séparant les cantons de Saint-Vallier et de Saint-Auban, et se jette dans la Méditerranée au-dessous de Villeneuve-Loubet, recueille les eaux d'une partie du canton de Coursegoules et de tout le canton du Bar. Sa vallée forme une dépression profonde, divisant l'arrondissement de Grasse, en deux parties, à peu près égales.

Le surplus du canton de Coursegoules et presque tout le canton de Saint-Auban sont tributaires de l'Estéron.

Le canton de Vence déverse directement ses eaux dans la mer, par la Cagne.

Il en est de même des cantons d'Ollioules et du Bausset, dans l'arrondissement de Toulon; comme aussi, du canton chef-lieu, par une infinité de petits ruisseaux.

Deux seuls cours d'eau considérables coupent cet arrondissement : la rivière de Lalay, qui descend du revers méridional de la Sainte-Baume, traverse le canton de Solliès-Pont, passe à Hyères et parvient à la mer par l'étang du Pesquier, et le Gapeau, qui prend sa source dans le canton de Roquebrussanne, arrondissement de Brignoles, sur les confins de celui de Toulon, et dont le principal affluent vient du canton de Collobrières, sur le versant occidental de la chaîne des Maures. Il débouche dans la Méditerranée, aux salins d'Hyères.

Le ruisseau de la Molle a bien son origine dans l'arrondissement de Toulon, en plein massif des Maures; mais, il n'acquiert d'importance que dans celui de Draguignan. Il s'y déverse dans le golfe de Grimaud, lequel pénètre profondément dans le littoral, sur la limite du canton de ce nom et de celui de Saint-Tropez.

Par ce qui précède, on voit avec quelle merveilleuse abondance la nature dota ce pays, brûlé par le soleil en été, de moyens d'arrosage, répartis entre ses diverses vallées, dont la pérennité se trouve protégée par les forêts décorant et rendant productifs, à la fois, les sommets et les versants non cultivables de ses nombreuses montagnes.

Cependant, je ne rencontrai, dans ces belles vallées, que d'insuffisantes distributions d'eau, bien que chaque ville, bourg ou village eût une fontaine, sinon plusieurs, d'eau toujours jaillissante, limpide, fraîche, pourvoyant avec largesse à tous les usages de ses habitants et de leurs animaux. — C'est même au besoin de jouir en commun de cette véritable richesse, et non pas à la crainte des incursions des Sarrasins, motif allégué communément, que, pour ma part, j'attribue le groupement originel des populations agricoles du Var, maintenu jusqu'à nos jours, en grosses agglomérations de 1,700 à 1,800 âmes, en moyenne, malgré la fatigue des déplacements quotidiens auxquels doivent s'assujettir les cultivateurs, pour se rendre dans leurs champs et pour en revenir, et malgré la difficulté, pour eux, de transporter au loin les engrais qu'ils amassent autour de leurs demeures. — Quant à l'arrosage, chaque riverain d'un courant d'eau, grand ou petit, le pratique avec une intelligence remarquable. Les paysans du Var sont, en effet, industrieux autant que laborieux, et ne plaignent pas leur peine : on le voit aux plantations d'oliviers qu'ils savent accrocher aux flancs des montagnes, au moyen de terrasses étagées, soutenues par des murs en pierre sèche et garnies de terre portée à dos d'homme. Mais, toute dépense d'argent leur coûte, et les améliorations agricoles exigeant plus que leur temps et leur travail, les rebutent. Sauf de rares exemples, dont le canton de Lorgues offrait le plus notable, les associations ou entreprises d'arrosage entraînant des cotisations ou des abonnements, avaient donc eu jusqu'alors peu de succès.

Une très belle étude, faite par M. Bosc, Géomètre en Chef du Cadastre, et encouragée par l'administration de M. Teissère, dernier Préfet du Var avant 1848, en vue de l'utilisation agricole des principaux cours d'eau du pays, m'intéressa beaucoup. Mon passage dans ce département, quoique bien rapide, ne se termina pas sans que j'eusse favorisé la rédaction définitive des divers projets conçus par cet habile homme de l'art, et le commencement d'exécution de quelques-uns, sous la direction d'un service spécial d'Ingénieur.

Préfet de la Seine, j'aidai M. Frémy, Gouverneur du Crédit Foncier et du Crédit Agricole, dans la formation, due à son initiative, de sociétés qui sont parvenues, d'une part, à réaliser, d'après les plans de M. Bosc, les travaux de certaines dérivations des plus nécessaires; et, d'autre part, à mettre en usage les abonnements d'eau, si difficiles à décider partout, et plus que partout, dans le Var.

Aucun des cours d'eau du département n'est, même en partie, navigable. Mais ils font mouvoir plus de 300 usines, et particulièrement, des moulins à huile ou à ressence et des moulins à farine; puis, des scieries, des moulins à tan et des tanneries, des foulons, des distilleries, des moulinages de soie, des papeteries, etc., etc.

**RICHESSES MINÉRALES. BEAUTÉS NATURELLES.
ANTIQUITÉS ROMAINES.**

La constitution géologique du Var se montre des plus tourmentées. On y voit réunis, mais dans une sorte de confusion, sur beaucoup de points, toutes les roches qui témoignent des transformations successives du globe : terrains dits primitifs, de transition, secondaires, tertiaires, volcaniques, d'éboulis, d'alluvions, etc. Ce département, si divers, semble un immense muséum de minéralogie, où l'on peut recueillir des échantillons de la plupart des minéraux connus.

Le sol du littoral et des îles, mais, surtout, celui des montagnes des Maures et de l'Estérel, est, en général, granitique ou porphyrique ; on y rencontre, pourtant, des quartz, des grès bigarrés, le grès houiller, des schistes, du mica, des micaschistes, des gneiss, du feld-spath, du kaolin, du talc, de l'ocre jaune, — même de l'ocre rouge natif : rareté curieuse, au Plan de la Tour ; — et aussi, des traces de coulées volcaniques, savoir : aux montagnes de l'Averne et de la Madeleine, et à Cogolin, dans les Maures; aux environs de Fréjus et de Saint-Raphaël, entre les montagnes du Muy et du Rouet, et au port d'Agay, dans l'Estérel. Près d'Ollioules, dans le pays schisteux compris entre Six-Fours et Bandols, on trouve des basaltes, des trachytes et même des laves poreuses (particulièrement, à la colline d'Evenos), en plus grande abondance que partout ailleurs. On en voit encore, çà et là, dans l'arrondissement de Grasse, à la Napoule, près d'Antibes, et jusqu'aux bords du Var. Presque tout le reste du département appartient à la formation dite jurassique. Il offre l'ensemble des variétés crayeuses du terrain secondaire. Entre ces roches et les massifs des Maures et de l'Estérel, s'étend une large bande de ce calcaire coquiller, supérieur au grès bigarré, que les Allemands appellent : « muschelkalk » (pierre à moules). Enfin, quelques bien petits bassins de terrains tertiaires existent au nord de la Sainte-Baume, dans le Plan d'Aups, à Saint-Maximin, Barjols, Aulps, Salernes, et à l'embouchure du Var.

En pleine roche calcaire, dans les communes de Tourves et de Rougiers, voisines de Saint-Maximin, arrondissement de Brignoles, des laves compactes, profondes, et certaines dépressions de terrains, formant des lacs, autorisent à supposer que des éruptions volcaniques ont eu lieu dans cette contrée, distante de 30 kilomètres du littoral. Le gouffre de Roquebrussanne est probablement un ancien cratère, comme ceux de Revest et de Siblas, dans le voisinage de Toulon.

Les Romains exploitèrent, près de Saint-Raphaël et de l'ancien port de Fréjus, aujourd'hui comblé par les sables de l'Argens, des carrières de porphyre bleu à points blancs. On y trouve encore des fûts de colonnes et des blocs ébauchés et abandonnés par eux. Ils extrayaient aussi du granit syénite de la vallée de Pennafort, près de Callas. Mais, de nos jours, ces carrières et bien d'autres sont dédaignées : celles de marbres blancs et de couleur, dont on a constaté l'existence dans tant de communes de la région calcaire du département, demeurent inproductives, sauf une seule, sise à Ampus, canton d'Aulps. Il en est de même des albâtres de Grasse ; de la serpentine qu'à la Molle, et aussi, près d'Agay, l'on trouve au milieu de granites feuilletés, et de la malachite que renferment des schistes siliceux, à Carqueiranne.

La difficulté des accès et, sans doute, l'insuffisance des gisements firent négliger, après essai, la plupart des nombreuses mines de métaux du pays : fer pur, fer oxydulé magnétique et oxydé hydraté, chromate de fer, pyrites; plomb natif, plomb argentifère, plomb sulfuré; cuivre, zinc, antimoine sulfuré, manganèse, baryte sulfaté, etc., etc.; ainsi que presque toutes les couches de houille (anthracite, lignite, jayet et graphite) réparties sur une foule de points. On n'exploitait, en 1849, que les lignites du Plan d'Aulps, de Nans et de Saint-Zacharie, à l'extrémité de l'arrondissement de Brignoles, et ceux de Coursegoules, dans l'arrondissement de Grasse.

Les granites et les calcaires durs et tendres fournissent la pierre à bâtir. Ceux-ci donnent de la chaux d'excellente qualité. Peu de communes de la région calcaire manquent de plâtre. Celui de Montferrat, dont on exporte au loin de grandes quantités, se voit à nu. Celui de Grasse, très blanc, est réputé.

Les marnes, les terres à potier et à faïence sont abondantes et alimentent quelques industries.

J'entre dans ces nombreux détails, parce que je les ai constatés personnellement presque tous, pendant les courses incessantes, et en tous sens, que l'administration et la politique m'imposèrent, durant quinze mois, à travers un pays d'aspect nouveau, très changeant, qui sollicitait, à chaque pas, si je puis dire ainsi, mes investigations curieuses, et où je devais chercher, d'ailleurs, sans relâche, à m'expliquer, par leurs conditions d'existence, le caractère, les opinions et les votes de la majorité de ses habitants, pour y remédier, si possible.

Je ne m'arrêterai guère aux beautés naturelles de ce pays, qui mériteraient l'attention des touristes. Il me faut pourtant citer les principales.

Je dois placer en tête, à cause de sa renommée, une des nombreuses grottes qu'on me fit visiter : celle de la Sainte-Baume, témoin, dit-on, du repentir de Sainte Madeleine, venue là, par un concours de circonstances miraculeuses, dont une légende existe.

Une foule de Souverains, de Princes et de Princesses, et jusqu'à sept Papes, auraient fait le pénible pèlerinage de ce désert, pour accomplir leurs dévotions dans la chapelle du lieu, fondée, en 1280, par Charles II, Roi de Sicile, Comte de Provence ; ornée, enrichie, pendant six siècles, par la piété des fidèles.

Le premier visiteur couronné fut saint Louis, à son retour de la Terre Sainte. Les inscriptions mentionnent : Jean Ier, Charles VI, Louis XI (encore dauphin), Anne de Bretagne, Louis XII, François Ier, Henri II, Catherine de Médicis, Charles IX, Henri III, Henri IV, Louis XIII, Louis XIV.

Les Papes qui vinrent à la Sainte-Baume, sont : Jean XXII, Benoît XII, Clément VI, Innocent VI, Urbain V, Grégoire XI et Clément VII.

Certains critiques, s'appuyant des hagiographes qui font mourir Sainte-Madeleine à Éphèse, contestent sa retraite en Provence. Suivant eux, au VIIIe siècle, une religieuse cassianite de Saint-Zacharie, dite sœur Sainte-Madeleine, échappée à la destruction de son couvent par les Sarrasins, serait venue se réfugier dans la célèbre grotte, peu connue alors, où elle aurait vécu dix-sept ans, vénérée par les gens du pays. La cassianite Madeleine, morte à Saint-Maximin, enterrée dans un monastère de l'ordre de Saint-Benoît, est devenue, avec le temps, disent-ils : Sainte-Madeleine, la pécheresse, — pour la plus grande gloire de la Sainte-Baume.

Quoi qu'il en soit, on a, de ce point, une vue incontestablement merveilleuse. Il n'existe de comparable, dans le pays, que celle dont on jouit du haut de la promenade de Grasse.

Une source, à laquelle on attribue des vertus spéciales, jaillit de la grotte et devient l'Huveaune, qui passe à Aubagne (Bouches-du-Rhône) et se jette dans la mer, à l'est de Marseille, au-dessous du Prado.

Je dois mentionner aussi la magnifique grotte de Villecroze, qui s'ouvre au pied d'une cascade et que des stalactites, offrant toutes les combinaisons de l'architecture la plus fantaisiste, tapissent et décorent d'un albâtre insensiblement déposé par les gouttes d'eau suintant, avec lenteur, de sa voûte de quinze mètres d'élévation. Il serait impossible de décrire l'effet de la lumière des torches sur les parois et les piliers d'albâtre des galeries successives de cet admirable souterrain.

Les cascades ne manquent pas plus que les grottes. Voici les plus dignes d'être visitées : celle de la Bresque, à Sillans; celles de Barjols; les chutes du Nartuby, près de Trans, et à la Motte, — on nomme celle-ci « le saut du Capelan »; — la cascade de Grasse; la chute de la Siagne, près de Saint-Vallier, au lieu dit « le Pouan à Diou », et celles de l'Estéron, à « la Clue » de Saint-Auban.

Aux environs de Draguignan, un énorme bloc de pierre calcaire, horizontalement posé sur deux autres, qui lui servent de piliers, à la façon des dolmens druidiques, et que les paysans appellent : « la peyre de la Fade » (la pierre de la Fée), est considéré comme un monument celtique. Cette origine est invraisemblable, dans une contrée où l'établissement, très ancien, de la domination romaine s'affirme de toutes parts.

La tradition place sur les bords de l'Arc, entre Pourrières (Var) et Trets (Bouches-du-Rhône), le champ de bataille où Marius tailla les Ambrons et les Teutons en pièces. On montre, à Pourrières même, les fondations d'un monument romain consacrant le souvenir de cette victoire.

La route militaire conduisant d'Italie en Espagne, par le littoral de la Méditerranée, la voie Aurélienne, avait six étapes dans le Var. La première, après *Nicæa* (Nice) : *Antipolis* (Antibes); les suivantes : *ad Horrea* (Auribeau); *Forum Julii* (Fréjus); *Forum Voconii,* dont l'emplacement est près du Cannet du Luc, sur les bords de l'Argens; *Matavonem,* devenu Cabasse, et *Turrim* (Tourves).

Un embranchement de la voie Aurélienne, partant du Muy, passant par Draguignan et Ampus, se dirigeait sur Riëz (Basses-Alpes), pour gagner le centre de la Gaule.

Des bornes miliaires, retrouvées sur beaucoup de points, confirment ces indications.

On voit, dans nombre de communes, des vestiges de l'occupation romaine, notamment, des inscriptions tumulaires. Mais, à Fréjus seulement, subsistent des monuments, ou mieux : des restes de monuments, ayant quelque importance. Un cirque, à moitié ruiné, un théâtre et des thermes montrent, par leurs dimensions, que *Forum Julii* constituait une ville de premier ordre. C'était, en effet, le siège de la 8ᵉ légion. Quatre portes, défendues par des tours, en perçaient les remparts, dont plusieurs parties demeurent encore debout. Un aqueduc, long de 38 kilomètres, y conduisait les eaux de la petite Siagne, prises à Mons. Il avait une section intérieure de $2^m,50$, en hauteur, et de $0^m,70$, en largeur, et ses portions conservées sont assez considérables pour qu'on projetât, plusieurs fois, de le remettre en service.

Le port (creusé, de main d'homme, dans l'intérieur des terres, ensablé, livré à la culture, aujourd'hui) communiquait à la mer par un canal sinueux de 2 kilomètres. Il était assez grand pour recevoir les 300 navires qu'Auguste, selon Plutarque, y fit conduire après la bataille d'Actium.

On y retrouve des fragments de quais, des bornes d'amarre, des vestiges de magasins et de fortifications. Des redoutes défendaient l'entrée du canal, et l'on voit, sur un rocher dit « le Lion de Mer », à une lieue du rivage, les restes d'une construction, d'un phare peut-être.

La ville moderne, de moitié moins étendue que l'ancienne, fut prise et saccagée en 940, après massacre de ses habitants, par les Sarrazins, et reprise sur eux en 974 seulement.

Son enceinte actuelle date de cette époque, ainsi que la cathédrale, qui n'a d'autre mérite que son antiquité. — Au reste, sauf l'église de Saint-Maximin, dont la façade reste encore à faire, comme celles de tant d'églises d'Italie, et des plus belles, le Var ne renferme pas beaucoup de monuments religieux, anciens ou modernes, qui soient dignes d'attention. La même remarque peut s'appliquer à la plupart de ses édifices civils, monuments publics, châteaux et autres habitations privées, de ville et de campagne.

CULTURES. FORÊTS. BIENS COMMUNAUX.

L'agriculture est la principale occupation des habitants, et les industries qu'on pratique le plus ont pour objet la mise en valeur de ses produits ou de ceux des bois et forêts couvrant une grande partie du sol du département.

Mais la population du littoral vit aussi de la mer. La pêche côtière en occupe une partie. La marine militaire et marchande, les constructions navales, les ateliers de l'État et les innombrables industries qui s'y rattachent, en prennent une autre, bien plus considérable. Je ne parle pas des salins, dont le travail réclame peu de bras.

Quant aux habitants de Toulon, ceux qui ne sont pas fonctionnaires ou employés des administrations publiques, marins, ouvriers de l'arsenal ou du port, et qui n'exercent pas une profession libérale, n'ont, en général, qu'un objectif : l'exploitation de la flotte.

On ne peut se faire une idée du nombre d'établissements publics, de toute espèce et de tout ordre, grands et petits, que renferme cette ville, et dont les séductions, s'offrant pour ainsi dire à chaque pas, s'adressent principalement aux équipages des escadres ou vaisseaux de guerre en relâche dans le port, après une longue navigation. Ces marins mettent, en effet, une sorte de point d'honneur à dissiper follement, en quelques jours, le montant de leurs décomptes de solde, avant de se rembarquer, et c'est à qui leur en fournira les moyens. Eux-mêmes font de leur mieux, du reste, pour se débarrasser de leur argent. Je vois encore un matelot, un peu ému par la boisson, passer glorieusement, les mains dans ses poches, devant l'hôtel de la Croix-d'Or, où je logeais d'habitude, pour se rendre à quelque lieu de plaisir, précédé de violoneux, éméchés, comme lui.

Fort heureusement, rien de semblable ne se retrouve hors de Toulon et de sa banlieue. La population laborieuse des campagnes a des habitudes de sobriété, d'ordre et d'une économie allant presque trop loin.

La plus fructueuse culture du Var, celle de l'olivier, se pratique non seulement en plaine, mais encore, ainsi que je l'ai dit, en terrasses, sur les pentes inférieures des montagnes. Car, au delà d'une certaine altitude, l'arbre ne réussit pas : il craint le froid. On ne le rencontre donc plus dans le nord du département, où les hivers sont rigoureux. On évaluait à 55,000 hectares la superficie qu'il occupait dans les quatre arrondissements. Les huiles du Var sont comparables à celles d'Aix, et l'on en récolte de très renommées à Entrecasteaux.

Le mûrier jouissait également d'une grande faveur, à cause du prix élevé auquel sa feuille se vendait pour l'élève des vers-à-soie ; mais, comme il n'est pas moins sensible aux gelées que l'olivier même, on le cultivait généralement au fond des vallées, en l'associant, presque partout, à la vigne.

Celle-ci couvre, seule, de nombreux coteaux, où ses produits sont moins grossiers qu'en plaine. Mais, nulle part, ils n'ont de qualité. Le sol et le climat conviennent surtout aux plants d'abondance; et puis, le mode de vinification en usage laisse beaucoup à désirer. Aussi, quoique très alcooliques, les vins du Var se gardent difficilement. La récolte habituelle était de plus de 800,000 hectolitres.

Dans les régions élevées du département, on voit de grandes plantations d'amandiers, de pruniers et autres arbres à fruits; ailleurs, on rencontre quelques pistachiers et jujubiers, et nombre de câpriers. Mais, partout, le gros figuier est très répandu. Les figues de Salernes ne sont pas moins réputées que les prunes de Brignoles et le raisiné de Cotignac.

L'oranger à fruit, de l'espèce dite de Portugal, occupait alors plus de cent hectares de jardins à Hyères, et, malgré la médiocrité de ses produits, donnait de beaux revenus. Cette culture y paraît presque abandonnée pour celle des fleurs, des fraises et des légumes de primeur, qu'on envoie, par trains spéciaux, à Paris. Les oranges récoltées à Cannes, au golfe Juan et sur le bord du Var, sont de bonne qualité. Mais, aux environs de Grasse, on plante, de préférence, le bigarradier, parce que ses fleurs, plus odorantes, conviennent mieux à la distillation que celles de l'oranger à fruits doux.

Les rosiers, les jasmins, les jonquilles, les violettes et autres végétaux à parfums remplacent, dans les champs des environs de cette ville, qui sent trop bon, les céréales et les plantes fourragères.

Les prairies naturelles assez nombreuses, dans l'ensemble du département, y rendent moins que les prairies artificielles. La luzerne y pousse avec fougue, lorsqu'on sait l'arroser. Aux portes de Draguignan, je vis couper tous les quinze jours, du printemps à l'automne, une luzernière baignée, chaque fois, par une dérivation du Nartuby.

Alors, la production de la soie constituait la grande affaire du pays. Presque tout le monde s'en mêlait. Si de belles magnaneries s'élevaient sur nombre de points, il s'en établissait de petites, dans la plupart des habitations, pendant quelques mois. C'était un entraînement tel, que mes filles et leur institutrice montèrent, dans l'étage le plus haut de la Préfecture, une éducation de vers, qui leur produisit quelques francs de soie, dont elles furent toutes fières.

Les femmes du peuple faisaient éclore dans leur corsage, le moment venu, des œufs de vers-à-soie, recueillis sur des cartes, l'année précédente. — On prétend que c'est encore, de tous les procédés, le meilleur.

Il paraît que, maintenant, l'éducation des vers et la culture du mûrier ont perdu beaucoup de leur importance, dans le Var.

Quant aux bois et forêts, dont la superficie totale atteignait le chiffre de 240,000 hectares, le pin maritime y domine (surtout, dans les montagnes du littoral), mêlé de chênes-lièges, lorsque le sol est siliceux. — La façon dont on traitait, sous prétexte de les exploiter, les arbres de ces deux essences, révoltait en moi l'ancien Sous-Préfet de Nérac et le propriétaire de Houeillès. —

Dans les parties argileuses, on voit, comme à la Garde-Freinet et aux Mayons du Luc, de beaux bois de châtaigniers, fournissant les marrons dits, à tort : de Lyon. Dans le reste du département, on rencontre le chêne vert, le chêne blanc, le pin d'Alep, le pin sylvestre, le sapin, etc.

Les sous-bois sont garnis, selon la nature du sol, d'arbousiers, de lentisques, de genévriers, de tamarins, de lavandes, de grenadiers, de myrtes, de buis, de cystes, de genêts, de grandes bruyères et autres arbustes, à feuilles persistantes, du Midi.

Dans ce pays essentiellement agricole, où ce qu'on estime, ce qu'on désire, ce qu'on envie par-dessus tout autre bien, c'est le sol cultivable, l'occupation forestière d'une si grande partie (un tiers, juste) de son territoire, excitait bien des convoitises?

Sans doute, les sommets et les revers de la plupart des montagnes ne se prêteraient à rien d'autre. D'ailleurs, je l'ai déjà dit plus haut, les forêts assurent la précieuse pérennité des cours d'eau qui prennent source, à leur ombre, dans les replis de ces masses rocheuses. J'ajoute ici qu'après le déboisement de certains versants abrupts, les pluies torrentielles qu'elles retiennent en partie, auraient entraîné bientôt le sol végétal et dénudé la roche improductive. Mais, toutes les forêts ne sont pas absolument en montagne, et sur beaucoup de pentes, moins déclives que la plupart, l'établissement d'olivèdes étagées, comme on en peut contempler sur tant de points, me paraissait possible et sans inconvénients.

Quoi qu'il en soit, les forêts domaniales et communales et celles qui forment le patrimoine d'un petit nombre de familles aristocratiques, enserrent de fort près un grand nombre de bourgades, et restreignent trop la surface des terrains cultivés par leurs habitants. Des droits d'usage traditionnels grèvent, au profit de ceux-ci, beaucoup de forêts, et compensent, dans une certaine mesure, la gêne de leur voisinage. Mais, lors de l'examen des titres sur lesquels ces droits reposent et de la manière d'en régler l'exercice, les grands propriétaires se montrèrent toujours moins conciliants que l'administration forestière, gardienne si vigilante, pourtant, des intérêts de l'État et de ceux des communes dont les bois sont soumis à son régime. Des arrêts de la Cour d'Aix, rendus sous la Restauration, au profit de grandes familles, réduisirent notablement, et, dans plusieurs cas, déclarèrent mal fondées les prétentions des communautés d'habitants sur leurs forêts. — Or, les populations n'ont jamais cessé de protester contre ces décisions souveraines, entachées, suivant elles, de favoritisme ou d'abus de hautes influences.

Du reste, la proximité de bois, grevés ou non de droits d'usage, est une tentation incessante pour les déprédateurs, et une occasion de fréquents délits de dépaissance. Pour les préserver de dévastations qu'une grande sévérité peut seule contenir, les gardes publics et privés dressent des procès-verbaux, et les magistrats prononcent des condamnations, méritées, certes, par les délinquants, mais qui n'en laissent pas moins chez eux des ressentiments profonds. J'ajoute que la peine, d'ordinaire, dépasse notablement l'importance du dégât puni, ce qui rend, en général, favorable au condamné, le public, trop peu préoccupé des délits échappant à toute répression.

Si les rancunes de beaucoup de communautés d'habitants et les haines des délinquants forestiers contre la grande propriété ne sont pas, comme on le croit, la cause principale des incendies qui dévastent périodiquement les bois de certaines contrées du Var, et qu'on doit imputer plutôt, selon mon avis, au peuplement résineux de la plupart, et aux ardeurs d'un soleil torride, elles font comprendre l'accueil réservé, dans ses campagnes, aux prédications socialistes.

Dans tous les cas, une autre et très puissante raison ne contribua pas peu, chez les cultivateurs, et même parmi les petits propriétaires, au succès de doctrines promettant une nouvelle attribution des biens, et, par conséquent, de la propriété foncière : ils réclamaient, depuis longtemps, le partage des biens communaux, qui formaient, dans le Var, en dehors des bois soumis au régime forestier, de vastes espaces absolument improductifs : plus de 180,000 hectares! Mais, ils avaient toujours échoué devant l'opposition des grands propriétaires, qui profitaient, d'une façon à peu près exclusive, de ces vacants, pour le pacage de leurs troupeaux, et qui détenaient le pouvoir municipal, sous la Restauration et même sous le régime électoral censitaire du Gouvernement de Juillet. Or, si les victimes de cette sorte d'oppression, n'étaient pas trop dupes des promesses des socialistes, elles pensaient obtenir, tout au moins, de leur triomphe, le partage des biens communaux, que l'Administration refusait toujours.

Quand cet étrange état de choses me fut révélé, je me hâtai de me déclarer, en toute occasion, favorable à la mise en culture de ces biens et prêt à donner mon autorisation, comme Préfet, sinon, à des partages purs et simples ; du moins, à tout projet de les vendre ou de les amodier à long terme, par petits lots, à charge de rentes ou de redevances foncières au profit des communes, dont ces opérations amélioreraient les ressources, en même temps qu'elles rendraient accessible à tous la possession du sol, dans des conditions équitables.

Un rapport adressé, dès le 14 mars 1849, juste quarante jours après mon arrivée dans le Var, à M. Léon Faucher, sur la tournée de Tirage au Sort de la classe de 1848, dont j'avais voulu m'acquitter moi-même dans les onze cantons de l'arrondissement de Draguignan, contenait un exposé complet de cette question des biens communaux, et rapportait les termes précis de mes engagements vis-à-vis des populations rurales, à ce sujet. Le Ministre fut, ainsi que moi, très frappé, du parti que les socialistes savaient tirer de l'état des choses afin d'accroître le nombre des électeurs à leur dévotion, et m'écrivit, de sa main, pour me féliciter d'être entré de suite dans une voie qu'il jugeait excellente, et m'encourager à lutter contre les obstacles que j'y rencontrerais naturellement.

Je n'hésitai donc pas à faire campagne, pour ramener à des opinions politiques modérées les partisans du partage des communaux, en prenant l'initiative des actes propres à les satisfaire dans la juste mesure, et à profiter des réunions de conseils municipaux et des enquêtes qu'elles nécessitaient, pour me mettre directement en rapport avec mes administrés, comme au temps de mes croisades pour l'amélioration des chemins vicinaux et pour le développement de l'Instruction Primaire, à Nérac et à Blaye.

Tous mes discours étaient des variations sur ce thème : « Vous vous plaignez avec raison de l'état im-
« productif des biens communaux, et, pour y remé-
« dier, vous demandez, à bon droit, qu'ils deviennent
« des biens particuliers; mais, alors, pourquoi sympa-
« thisez-vous avec les socialistes, qui veulent, au
« contraire, transformer les propriétés particulières
« en propriétés communes ? »

L'Empereur Napoléon Ier tenait la répétition pour la plus puissante des figures de rhétorique.

J'eus promptement sujet de reconnaître la justesse de cet axiome. En effet, ma propagande anti-socialiste ne manqua pas de produire quelque fruit.

CHAPITRE XIII

LA PRÉFECTURE DU VAR

Les Fonctionnaires administratifs du Département. — Les Maires et Adjoints. — La Force publique. — Les Chambrées. — Élections législatives.

Après l'installation du Président de la République, il restait, pour compléter la mise en vigueur de la Constitution, à faire élire l'Assemblée Législative.

Les efforts désespérés de l'Assemblée Constituante, pour prolonger son existence, devaient forcément trouver un terme, et le Gouvernement, auquel ses votes devenaient hostiles, se montrait désireux de la voir partir enfin. Le vote de la proposition Rateau-Lanjuinais lui donna bientôt satisfaction. Mais, je ne l'avais pas attendu pour m'occuper des moyens d'organiser les conservateurs de toute origine, et de grossir leurs rangs le plus possible, en vue de la lutte qu'il leur faudrait soutenir contre les rouges de toutes nuances, afin d'accroître le nombre des leurs dans la députation nouvelle.

Sauf l'Amiral Casy, Préfet Maritime, dont la candidature naquit, en 1848, de sa position même, tous les Représentants nommés à cette époque se disaient républicains, mais professaient, pour la plupart, des opinions modérées. Aussi, ne paraissaient-ils pas de couleur assez vive aux démagogues des clubs, qui, depuis lors, agitaient le pays, et prétendaient porter Ledru-Rollin en tête de leur liste, comme drapeau. Le seul élu de 1848 jugé digne d'y prendre place, était le citoyen Arnaud. On excluait, comme appartenant à des nuances trop indécises, jusqu'au citoyen Guigues, ancien Commissaire du Gouvernement Provisoire dans le Var.

Malheureusement, à l'exception du sieur Arène, ancien ouvrier à Toulon, rallié sincèrement à la cause du Prince, et qui, depuis le Dix-Décembre, appuyait le Gouvernement, comme l'Amiral Casy, les autres Représentants républicains votaient systématiquement contre, dans toutes les occasions, y compris le riche banquier de Draguignan, M. Alleman aîné, Président du Conseil Général du département, et M. Philibert, propriétaire bien posé de Grasse, membre du même Conseil, trop fidèles, tous deux, à leur reconnaissance d'hommes d'ordre pour le général Cavaignac. Il ne m'était pas possible, par ce motif, de faire admettre, du côté du Ministère, l'inscription d'aucun d'eux sur la liste conservatrice, et je le regrettai d'autant plus que les noms de MM. Alleman et Philibert ne pouvaient manquer d'y faire bonne figure, et que l'appui des voix de leurs partisans m'aurait apporté la certitude d'un succès complet.

LES FONCTIONNAIRES ADMINISTRATIFS DU DÉPARTEMENT.

Quels allaient être mes auxiliaires dans l'administration, difficile pour tant d'autres motifs, et surtout au regard du maintien de l'ordre, d'un département où, dès le début, je me voyais en face d'une situation si délicate?

A Draguignan, je trouvai, tout d'abord, le Conseil de Préfecture désorganisé par la démission de deux membres, sur trois le composant. L'un d'eux, qui remplissait les fonctions de Secrétaire Général, occupait, en même temps, une charge d'avoué près le Tribunal de Première Instance, et, mis en demeure d'opter entre ses deux carrières, par le Procureur Général d'Aix, il préférait la plus stable et la plus lucrative. L'autre, ancien Conducteur de Ponts et Chaussées, sans attendre une révocation, se faisait justice. Le Conseiller restant, jeune avocat sans causes, avait opté pour ses fonctions administratives. Il était de nulle valeur, et ses opinions politiques flottantes le rendaient suspect.

Peu de jours après mon installation, je pus adresser au Ministre de l'Intérieur, qui s'empressa de l'accueillir, la proposition de remplacer les démissionnaires par MM. Anglès et Noyon, en qui je devais trouver d'utiles collaborateurs.

M. Anglès, dont le père, Secrétaire Général de la Préfecture du Var, conserva son poste pendant toute la durée du Gouvernement de la Restauration, avait été lui-même, d'abord, employé dans les bureaux ; puis, chef de la Division des Finances, et enfin, Conseiller de Préfecture, en 1839. Lors de sa révocation, en 1848, il faisait, à son tour, depuis 1841, les fonctions de Secrétaire Général. Je ne demandai pas toutefois qu'elles lui fussent conférées de nouveau. Légitimiste au fond, et clérical, je comptais, avec raison, qu'il me serait un précieux intermédiaire pour mes relations avec le parti royaliste et avec le Clergé ; mais, dans les circonstances très difficiles, très complexes, que nous traversions, j'aurais eu besoin d'un autre moi-même, comme Secrétaire Général, et somme toute, M. Noyon devait me seconder plus complètement, en cette qualité, que M. Anglès. — Néanmoins, je marquai plusieurs fois à celui-ci ma confiance, par d'importantes délégations.

Les opinions politiques et autres de M. Noyon se rapprochaient beaucoup des miennes : il tenait en horreur le Parlementarisme, et la perspective du rétablissement de l'Empire ne l'effarouchait pas. C'était, d'ailleurs, un homme résolu, courageux : — il me le prouva ; — de plus, un travailleur infatigable, rompu aux affaires, et mieux en état que personne de m'aider à remettre de l'ordre dans le service des bureaux de la Préfecture, où de nouveaux venus, peu capables et paresseux, remplaçaient la plupart des anciens et des meilleurs employés du dernier Préfet de la Monarchie.

Natif des environs d'Eu (Seine-Inférieure), M. Noyon avait débuté dans l'Administration dès 1828, comme employé de la Préfecture de son département. Secrétaire de la Sous-Préfecture du Havre, en 1831, il vint, dès 1835, résider à Draguignan, avec son Sous-Préfet, M. Lemarchand de la Faverie, nommé Préfet du Var. Il y fit bientôt un bon mariage. Chef de Cabinet ; puis, chargé de la Division Départementale, Communale et Hospitalière ; enfin, Conseiller de Préfecture, il put jusqu'en 1848, cumuler ce poste officiel, avec ses fonctions dans les bureaux, qu'il exerçait toujours. Auteur d'un ouvrage estimé sur la législation des cultes ; collaborateur du journal administratif : *l'École des Communes,* il publiait une excellente et très complète statistique du Var, couronnée, à juste titre, par un grand prix de l'Académie des Sciences, en 1847. Mes notes favorables le firent nommer Sous-Préfet de Prades, après mon départ de Draguignan. Je lui fis, plus tard, une situation meilleure à Paris.

Le Gouvernement remplaça le troisième Conseiller de Préfecture, demeuré seul en exercice, d'abord, par M. Piet, que, peu de temps après, il fit passer au Conseil de Préfecture de Loir-et-Cher, et ensuite, par M. Dard, jeune homme de bonne volonté, suffisamment capable, intelligent, actif, dont je n'eus qu'à me louer.

S'il jugea nécessaire de changer aussi les titulaires des trois Sous-Préfectures, il mit à le faire, pour Brignoles et Grasse, des hésitations et des lenteurs qui me causèrent de graves embarras.

Au contraire, le nouveau Sous-Préfet de Toulon, M. le baron Frossard, avait été nommé dès avant mon arrivée dans le département. A peine installé, le 5 février, je reçus sa visite. Il prit possession de son poste le 6 au matin, et le soir même, dut se transporter d'urgence à Hyères, avec le Procureur de la République et deux compagnies d'Infanterie, pour y réprimer de graves désordres, causés par un nouveau règlement des droits d'octroi de cette ville. Je lui tins compte de ce début énergique.

Bien qu'il fût Sous-Préfet depuis neuf ans déjà, ce n'était pas un administrateur de carrière : c'était un homme du monde, égaré, sur le tard, dans l'Administration Départementale, et chez qui le sens politique ne semblait guère plus développé que l'aptitude aux affaires proprement dites.

Officier d'Etat-Major de la Garde Nationale de Paris, il avait servi, comme volontaire, en Afrique, sous le Maréchal Bugeaud. Blessé, décoré, rentré en France, il obtenait, d'abord, la Sous-Préfecture de Vitré; puis, celles de Châteaudun et de Saint-Malo. Sa femme, une des beautés de Paris, une Reine de la mode, un peu sur le retour, ne l'accompagna dans aucune de ses résidences, pas même à Toulon! Riche, disait-on, elle attendait, sans doute, qu'il devînt Préfet, pour le suivre. Mais si, grâce à ses démarches, il me remplaça, quand je quittai le Var, il ne resta guère à Draguignan. Dès qu'il eut des rapports directs et suivis avec le ministère, son insuffisance apparut, trop évidente.

A Toulon, je m'efforçais de la couvrir, en y suppléant de mon mieux, parce que, malgré tout, il la compensait à mes yeux par un zèle extrême, par une grande activité, par un dévouement sûr. Consulté de Paris, confidentiellement, au sujet d'actes inconsidérés de mon Sous-Préfet, auxquels j'avais remédié, mais sans pouvoir toujours les taire, je dus, plus d'une fois, mettre en relief et même exagérer ses qualités, de **peur que**, non content d'user envers lui de remontrances, le Gouvernement ne m'envoyât, pour prendre sa place, un nouveau collaborateur valant encore moins.

Le voisinage du télégraphe constituait un danger permanent pour ce fonctionnaire toujours fébrile, préoccupé, d'ailleurs, de se faire valoir, et ne sachant pas mesurer les communications exceptionnelles qu'il pouvait adresser au Gouvernement par cette voie directe, en dehors des règles hiérarchiques.

En 1852, il vint à Bordeaux, Inspecteur Général de Police, faire preuve des mêmes ardeurs intempérantes!

Le Sous-Préfet en fonctions à Brignoles, pauvre diable de journaliste, échoué dans ce poste modeste, laissait à Paris une femme et six enfants, auxquels il envoyait la moitié de ses émoluments, tous les mois. Ce malheureux s'appelait Destigny. Ses articles violents dans la *Némésis incorruptible* et autres petites feuilles révolutionnaires de la fin du règne du Roi Louis-Philippe, avaient paru des titres suffisants pour justifier sa nomination, en 1848. Au fond, ce n'était pas un méchant homme : c'était un meurt-de-faim. Le besoin de vivre et d'aider sa famille à vivre fit dérailler tout d'abord, bien plus que ses convictions politiques personnelles. Depuis son arrivée à Brignoles, il s'efforçait de bien s'acquitter de ses fonctions administratives. Intelligent, actif, plein de zèle, il ne demandait pas mieux que de servir le Prince-Président, comme il servait naguère le général Cavaignac. Mais, il me semblait trop compromis dans l'intérêt de ce dernier, depuis l'élection du 10 décembre, et l'intimité de ses relations avec M. Clavier, notaire et Maire à Brignoles, membre du Conseil Général, un des candidats futurs de la liste Ledru-Rollin, rendait impossible son maintien dans le même poste.

Je transmis à M. Léon Faucher sa confession complète et ses protestations de soumission dévouée, ainsi que l'impression de pitié profonde que sa misère m'inspirait. Le Ministre en fut touché, sans doute ; mais il ne sut pas plus se décider à le replacer quelque part qu'à le révoquer en temps utile. C'est seulement après l'élection législative, où j'aurais eu tant besoin d'être secondé par un Sous-Préfet plus libre de combattre l'influence de M. Clavier dans l'arrondissement de Brignoles, que M. Destigny fut remplacé.

M. Levainville, son successeur, grand et beau garçon, animé du meilleur vouloir et suffisamment capable, ainsi que je le reconnus bientôt, m'arriva de Paris, accompagné de ses père et mère, commerçants retirés après fortune faite, qui venaient veiller à son installation. Le père, sous l'apparence d'un parfait prud'homme, avait un grand sens ; il fit comprendre à sa femme, inquiète d'abandonner son cher enfant au milieu d'un pays agité, qu'il fallait, dans son intérêt même, abréger leur séjour à Brignoles. Seul, le jeune Sous-Préfet s'y conduisit avec tact et mesure, mais avec non moins de vigilance et de fermeté, de manière à rendre les démagogues plus circonspects, et les hommes d'ordre plus confiants dans la protection de l'Autorité. Je ne manquai pas d'en rendre témoignage au Gouvernement.

A Grasse, la Sous-Préfecture était occupée par un homme du pays, M. Carbonnel, qui, de simple percepteur, nommé, d'abord, au poste de Sous-Commissaire du Gouvernement Provisoire, grâce à ses relations de camaraderie avec le Commissaire Guigues, devait à sa bonne attitude à Toulon, pendant une mission temporaire qu'il y remplit, sa nomination ultérieure de Sous-Préfet du général Cavaignac. Compromis vis-à-vis du Gouvernement du Prince, comme son collègue M. Destigny, par sa conduite pendant l'élection présidentielle, il restait également suspect aux conservateurs, par suite de ses relations intimes avec un candidat, connu d'avance, de la liste Ledru-Rollin : M. Conte, Maire de Cannes, membre du Conseil Général, et de son hostilité contre M. le docteur Maure, ancien Député de Grasse, Conseiller Général, candidat probable de la liste opposée. Néanmoins, il convenait de ménager sa famille, dont le chef siégeait, comme Juge, dans le Tribunal de Première Instance de l'arrondissement. Je proposai de le replacer, hors du Var, en lui donnant une perception de ville. Mais, toutes mes instances à ce sujet, soit auprès de M. Léon Faucher, Ministre de l'Intérieur, soit auprès de M. Hippolyte Passy, Ministre des Finances, une vraie tête de bois, inaccessible aux considérations politiques sur lesquelles je m'appuyais, restèrent infructueuses. Quelques jours avant l'élection, c'est-à-dire trop tôt ou trop tard, M. Carbonnel fut destitué.

Son successeur, M. Féraud, originaire de Fayence, avait été notaire à Castellane, Maire de cette ville, membre du Conseil Général des Basses-Alpes, et enfin, Sous-Préfet de l'arrondissement de Castellane pendant de longues années. D'âge mûr, il possédait une grande expérience des hommes et des choses, et une parfaite connaissance du pays qu'il venait administrer. Mais, il n'eut pas le temps de me seconder dans la lutte électorale engagée dès avant sa nomination, comme il le fit utilement plus tard, en d'autres circonstances.

LES MAIRES ET ADJOINTS.

Dans les communes de plus de 6,000 âmes : — Draguignan, Toulon, Hyères, la Seyne, Grasse et Antibes, — la nomination des Maires et Adjoints appartenait encore au Gouvernement, avec l'obligation de les prendre dans les Conseils Municipaux, comme sous le Gouvernement de Juillet. Dans les 196 autres communes, les Conseils Municipaux tiraient du décret de l'Assemblée Nationale du 3 juillet 1848, le droit d'élire ces magistrats, que le Préfet pouvait suspendre de leurs fonctions pendant trois mois, et le Gouvernement, révoquer par décret rendu en Conseil d'État. Pendant un an, les Maires et Adjoints révoqués n'étaient pas rééligibles. Mais, de deux choses l'une : ou le Conseil en nommait d'aussi mauvais ; ou le premier Conseiller prenait l'administration, en attendant l'expiration de l'année : la situation n'en devenait pas beaucoup meilleure.

D'après un de mes rapports au Gouvernement, il eût fallu, dans l'intérêt de l'ordre et de la bonne administration, remplacer les Maires et Adjoints élus de 64 communes sur 196, et ces 64 communes ne figuraient pas dans les moindres. J'ai cité Brignoles (un chef-lieu d'arrondissement !) et Cannes. Un grand nombre de chefs-lieux de cantons, villes de 3, 4 et 5,000 âmes, se trouvaient dans le même cas.

Cannes, transformé, depuis lors, en station hivernale des plus à la mode, compte maintenant 15,000 âmes. On voit qu'elle n'arrivait pas à 6,000, en 1849. C'était une sale petite ville, au-dessus de laquelle existaient trois villas : celles de lord Brougham, de M. Woolefield, et de M. Leader Temple. Pas une de plus. On ne pouvait en établir sur la plage, parce que les vastes relais de mer qui s'étendaient de la Napoule à la Croisette, appartenaient à l'État, même devant la ville. J'entamai des négociations avec l'autorité maritime, d'une part ; avec le Domaine, de l'autre, afin d'arriver à la mise en vente, par lots, de ces espaces arides, à l'aspect désolé. J'y réussis, non sans peine. Ce fut le point de départ de la transfiguration complète et de la prospérité présente de l'infecte bourgade sur l'emplacement de laquelle je projetais, en 1849 et 1850, la création d'un nouveau Nice, français, quand le Var était encore la limite de la France, et Nice, une ville italienne.

Dissoudre les conseils municipaux anarchistes, les remplacer par des Commissions Provisoires, et faire ensuite appel aux électeurs, n'eût conduit qu'à des échecs pour mon autorité. La couardise de presque tous les conservateurs ne me laissait pas même l'espoir de former des Commissions Provisoires dans les localités mal-pensantes. Je considérai donc, pour mon compte, qu'à moins de scandales intolérables, le plus sage était, en attendant une législation meilleure, d'user, avec une extrême réserve, de la suspension des Maires et Adjoints, de leur révocation surtout, et de ne recourir qu'à bon escient, à la dissolution des Conseils Municipaux. En fait, je suspendis huit Maires seulement (deux de chefs-lieux de canton), et six adjoints ; mais je dus faire révoquer neuf de ces quatorze officiers municipaux. Un seul Conseil Municipal fut dissous, celui de Toulon, mais par suite de démissions et de vacances.

Quand le Gouvernement, frappé des embarras causés à tous mes collègues, aussi bien qu'à moi, par l'application du décret de 1848, résolut de revenir au régime de 1831, je n'hésitai pas à lui déclarer que les avantages attendus par lui de cette mesure ne compenseraient pas, à beaucoup près, l'inconvénient certain de fournir aux partis un texte de déclamations passionnées. J'invoquai ma longue expérience personnelle de la loi de 1831, pour dire, dans une lettre au Ministre de l'Intérieur :

« Sans doute, le décret de 1848 place les maires électifs, vis-à-vis du Préfet, dans une position d'indépendance nuisible à la marche du service. Mais, sous le régime de 1831, le Maire, que le Préfet se voyait obligé de prendre dans le sein d'un Conseil hostile, était-il bien réellement son subordonné ?

« Sans doute, le décret surexcite les dissensions locales, par la certitude qu'il donne aux vainqueurs de l'élection municipale, de s'emparer du Pouvoir dans la Commune, et de poursuivre la satisfaction de leurs rancunes contre les adhérents du parti vaincu. Mais, la loi de 1831 conduisait finalement aux mêmes résultats. Sous l'empire du Suffrage Universel, on verrait se développer, plus fréquemment encore, le germe de désordre qu'elle contenait.

« Le décret de 1848 a, du moins, le mérite d'épargner aux Préfets toute solidarité dans le choix des Maires et Adjoints dont il leur impose la collaboration, et de les affranchir des négociations sans dignité que la loi de 1831 les mettait dans la nécessité de suivre incessamment, pour faire accepter le Pouvoir Municipal à l'un des candidats, peu nombreux, entre lesquels l'exercice de sa prérogative était renfermé par l'élection, dans chaque localité.

« Les auteurs de la loi de 1831 croyaient éviter tout conflit entre le principe d'autorité et le principe électif, lorsqu'ils les confondaient ainsi dans la même personne. Ils n'avaient pas prévu qu'en fait, l'un serait toujours sacrifié à l'autre. Mieux valait, pour le juste équilibre des pouvoirs, tracer avec résolution leur limite, entre le Maire, délégué du Pouvoir Central, chargé seul, en cette qualité, de l'administration dans la Commune, comme le Préfet, de celle du Département, et le Conseil Municipal, produit de l'élection, chargé, au nom du pays, de contrôler les actes administratifs du Maire, comme le Conseil Général, ceux du Préfet. Cette combinaison, conforme à la nature des choses, convient seule, surtout dans le Var, où la restitution complète au Gouvernement, et, selon le cas, au Préfet, qui le représente, du droit de nommer librement les Maires et Adjoints de toutes les communes, est une nécessité de premier ordre, une condition indispensable de sécurité. »

Je n'ai jamais changé d'opinion sur ce point. J'allais même jusqu'à demander que les Maires et Adjoints pris dans les Conseils Municipaux, malgré le droit nouveau du Gouvernement ou du Préfet de les choisir en dehors, cessassent d'en faire partie, afin que leur administration ne fût jamais gênée par la crainte de s'aliéner les électeurs.

Dans les très nombreuses communes à municipalités mal composées, les instituteurs communaux, secrétaires des mairies, sauf de rares exceptions, échappaient à la discipline de l'Autorité Centrale. Quand, après maint avertissement, elle en venait à révoquer ceux dont la conduite politique manquait de mesure, ou bien à les frapper de mutations troublant leurs convenances personnelles, ils se transformaient en instituteurs privés. Comme le Conseil Municipal remplaçait le traitement qu'ils perdaient ainsi par une augmentation de celui qu'ils touchaient en qualité de secrétaires, et que, grâce à l'influence du Maire, ils conservaient la clientèle des familles, leurs remplaçants trouvaient l'école communale à peu près vide.

Quant aux Commissaires de Police, ils pullulaient dans un pays composé de plus de villes et de bourgs que de villages. Je dus renouveler en partie leur personnel et changer de poste beaucoup de ceux qu'il me fut possible de conserver, avant de trouver en eux des organes d'information et des agents d'exécution à peu près sûrs.

LA FORCE PUBLIQUE.

Mes meilleurs auxiliaires étaient les brigades de Gendarmerie, réparties en grand nombre dans le département. Et je n'eus pas seulement besoin de leur vigilance durant ma pénible administration : dans plusieurs circonstances, il me fallut en réunir plusieurs ; aujourd'hui, sur un point ; demain, sur un autre, et même au chef-lieu de département, pour prévenir ou réprimer de graves désordres, ne pouvant compter, hors de Toulon, sur l'appui de l'Autorité Militaire.

Un bataillon tenait garnison à Draguignan, lors de mon arrivée. Il en avait été retiré peu de temps après, par le général Carrelet, commandant la Division Militaire de Marseille, — avec qui je devais me retrouver, comme avec l'amiral Casy, Préfet Maritime, au Sénat de l'Empire, — sous le prétexte d'une difficulté survenue entre le Génie et la Ville chef-lieu, au sujet d'une caserne. Malgré mes réclamations, portées jusqu'au Gouvernement, je ne pus obtenir qu'on me rendît ce bataillon. En réalité, le général Carrelet ne possédait pas assez de troupes disponibles pour suffire à tout et partout. Je le reconnais : Marseille et Toulon devaient évidemment le préoccuper beaucoup plus que Draguignan. La sûreté de la frontière exigeait, d'ailleurs, le maintien d'une force importante à Antibes.

De temps en temps, il m'envoyait deux ou quatre compagnies ; mais elles disparaissaient lorsque j'en sentais le mieux l'utilité, comme plus nécessaires ailleurs.

Un jour de péril sérieux pour la Préfecture, devenue l'objectif des clubistes de Draguignan, parce que, une fois en possession de ce poste, ils auraient tenu le département entier, le chef-lieu ne se trouva plus, comme garnison, qu'une pauvre compagnie d'ouvriers hors rang, pouvant à peine garder la caserne et mettre un poste (de six hommes!) à la poudrière, voisinage très dangereux pour la ville, dans ces conditions.

Impossible, d'ailleurs, de faire fond sur la Garde Nationale de Draguignan : elle n'existait plus. Après sa dissolution récente et son désarmement, qui ne s'était pas opéré sans difficultés, j'avais dû prendre la précaution de mettre ses douze cents fusils hors de service, en faisant déposer à la caserne les baïonnettes et une pièce détachée de chaque platine.

Assurément, aucun Préfet de France ne se trouvait dans une position si critique. A l'exposé que j'en soumis au Ministre de l'Intérieur, j'ajoutai : « Quoi qu'il arrive, « je ferai mon devoir de mon mieux, jusqu'au bout. » Or, je comptais pour cela sur la Gendarmerie.

Après avoir informé, pour ordre, le Gouvernement, de cette déclaration étrange du général Carrelet, reçue à l'occasion d'une de ces prises d'armes générales dont nous étions menacés périodiquement, que, « dans de telles circonstances, chacun devait se suffire à lui-même », j'organisai, d'accord avec le capitaine Duval, commandant la Gendarmerie du Var, et le lieutenant Morin, qui résidaient à Draguignan, un système de concentration, dans cette ville, des vingt brigades les plus voisines, constituant un effectif de plus de cent hommes, en état de charger les émeutiers à pied ou à cheval, selon le cas. Elles devaient s'y replier discrètement par échelons, en une nuit, au premier signal, et je fis tout préparer d'avance, à la **Préfecture**, pour y recevoir, au besoin, ce renfort.

Le Capitaine, contre lequel on avait essayé de me prévenir, à raison de ses relations, non seulement avec mon prédécesseur, mais, auparavant, avec le Commissaire du Gouvernement Provisoire, se montra digne de la confiance entière qu'après une explication très nette, entre nous, je lui témoignai dans cette occurrence. Mais, je n'ai pas nui, certes, à son avancement : il finit sa carrière comme Général de Brigade, lorsque j'étais Préfet de la Seine.

Quant au lieutenant Morin, un officier à poigne, qui m'accompagna, sans broncher, dans plusieurs expéditions, où sa vie, comme la mienne, tint à peu de chose, je le fis récompenser dignement, comme son chef.

Cent gendarmes valaient bien, ainsi que la suite le prouva, le bataillon de huit cents lignards qu'on m'avait inopportunément retiré. Je pouvais être, en effet, absolument sûr de chacun des premiers, et puis, le chapeau de gendarme exerçait un tout autre prestige que le shako d'un fantassin quelconque, sur les dix mille clubistes de la ville et des bourgs circonvoisins, dont j'avais à prévoir l'attaque dans les « circonstances » où je devrais « me suffire à moi-même », suivant la recommandation philosophique du général Carrelet. Tous savaient, d'ailleurs, qu'outre son sabre et sa carabine, chaque gendarme possédait une arme fort redoutée de cette canaille, comme de la plupart des Provençaux : le procès-verbal.

Mais, jusqu'aux élections de l'Assemblée Législative, fixées aux 13 et 14 mai, je n'eus pas à faire usage de ma réserve inattendue. Il me fallut bien aller, de temps en temps, avec le brave lieutenant Morin et quelques brigades, mettre le holà dans certaines localités, à l'occasion de réunions trop tapageuses ; mais, c'est surtout après ces élections, que nous dûmes faire ensemble de véritables campagnes contre le désordre.

En attendant, je n'en circulais pas moins souvent sur les routes, principalement, sur celle de Toulon.

Je devais sans cesse retourner dans cette ville, pour y réparer quelque maladresse de mon Sous-Préfet, ou pour y juger, par moi-même, de la convenance de mesures, parfois contradictoires, toujours extrêmement urgentes, selon lui.

Parmi celles qui me parurent inévitables, je citerai, d'abord, le renouvellement graduel de tout le personnel de la police locale ; puis, la dissolution et le désarmement de la Garde Nationale de cette grande ville, en vue d'une revision complète des contrôles, lesquels comprenaient à tort les marins de l'Arsenal et bien d'autres individus sans droit pour y figurer. J'avais l'espoir que des élections nouvelles produiraient ensuite un meilleur corps d'officiers. Cette dernière affaire me donna beaucoup de mal, à cause de la façon un peu cavalière dont le Sous-Préfet l'engagea vis-à-vis du Maire et du Conseil Municipal, animés des meilleures dispositions, cependant. Elle finit par la nomination du général Buchez comme Colonel de la milice toulonaise réorganisée. Mais, avant ce parfait résultat, un beau jour, le Préfet Maritime, peu rassuré sur les dispositions des ouvriers de ses ateliers, fut obligé de réclamer, pour les maintenir dans l'obéissance, l'appui de douze cents matelots bretons des équipages de ligne, mis à sa disposition par l'amiral Baudin, dont la flotte stationnait en relâche, dans la rade, tandis que le général Mocquery faisait embarquer pour l'Algérie un bataillon d'Infanterie de ligne, dont je ne désigne pas le régiment, parmi les rangs duquel se manifestaient alors plus que des symptômes d'insubordination.

Toulon n'était pas le seul point où je dusse me rendre, pour résoudre sur place des difficultés de service, nées presque toujours de questions de personnes ; pour amener la formation et la mise en œuvre de comités électoraux conservateurs, très laborieuse dans un pays où les hommes d'ordre ont une sainte terreur de se mettre en avant, et pour montrer aux populations un souci de leurs intérêts pouvant concilier leurs votes à nos candidats.

Le soin avec lequel je me faisais rendre compte, dans toutes les communes où je m'arrêtais, de leurs besoins divers ; mes visites aux mairies, établissements de bienfaisance, églises, presbytères, écoles, etc., en un mot, ma façon d'entendre l'administration d'un département, sinon nouvelle, du moins négligée depuis longtemps, laissait à la foule, accourant sur mes pas, une impression résumée dans cette réponse, dont je fus plus flatté que de bien des compliments officiels, faite par une paysanne du Luc à une autre, qui lui demandait si j'étais bien le Préfet : « *O ; mas aquet ès un vraï !* « (Oui, mais celui-ci est un vrai !) »

Entre temps, survinrent, d'abord, la proclamation de la République, à Rome ; la retraite du Pape, à Gaëte, et l'expédition du général Oudinot, qui donna une animation nouvelle au port de Toulon; puis, la déposition du Grand-Duc de Toscane; son embarquement, à Porto-Stefano, sur une frégate anglaise, et l'installation, à Florence, d'un Gouvernement Révolutionnaire, dont Mazzini était membre; ensuite, la rupture de l'armistice des armées piémontaise et autrichienne; la bataille de Novare; l'abdication du Roi Charles-Albert, et une double invasion de notre territoire par des déserteurs italiens et hongrois; plus tard, l'insurrection génoise, énergiquement réprimée par le général La Marmora, mais qui nous amena de nombreux réfugiés politiques.

Tout cela n'était pas de nature à me créer des loisirs.

Beaucoup de déserteurs, mis en demeure d'opter entre la Légion Étrangère et leur internement en France, préférèrent accepter des offres de pardon qu'ils reçurent de leurs gouvernements respectifs. Les réfugiés politiques furent internés.

Le Roi Charles-Albert, entré le 26 mars en France, muni d'un passeport au nom d'un comte de Barge, Ambassadeur de Sardaigne en Espagne, visé par notre Consul, à Nice, passa la journée du 27 à Antibes, où ses deux fils vinrent lui faire leurs adieux. C'est là que je connus, pour la première fois, le Roi Victor-Emmanuel, à qui je devais, six ans après, lors de sa visite à l'Exposition Universelle de 1855, donner une grande fête à l'Hôtel de Ville de Paris. Son père se mit en route, dans la nuit du 28, pour l'Espagne, en me recommandant bien de ne signaler nulle part son voyage en France. J'en informai le Gouvernement par une dépêche télégraphique partie de Toulon le 29, lorsque l'arrivée de ce Prince à Barcelone devait avoir eu lieu depuis quelques heures. Mais, je n'aurais pu le faire plus tôt.

LES CHAMBRÉES.

Le coryphée du parti rouge, à Draguignan, l'avocat Pastoret, présidait le Club de cette ville, composé de 800 garnements à sa dévotion, dont l'insigne faiblesse de la population saine encourageait l'audace, mais qui ne paraissaient pas plus disposés que lui-même à passer des déclamations les plus excessives aux faits ouvertement insurrectionnels, sinon à bon escient ; je veux dire : en cas d'un mouvement sérieux des leurs à Paris, Lyon ou Marseille.

Cet ambitieux, plein de talent et d'habileté, s'était trompé de voie. Après le coup d'État du 2 décembre 1851, le Ministre de la Police Générale, sur l'avis de la Commission Mixte du Var, lui rendit le service de l'expulser de France. Il se fit alors, au barreau de Nice, une position aussi fructueuse qu'importante, accrue encore par l'annexion de 1860. Quand je devins propriétaire, en 1866, de la villa Montboron, je l'acceptai, sur l'invitation de mon notaire, comme défenseur de mes droits dans je ne sais plus quel litige. Il souriait, au souvenir de nos anciens démêlés, et se garda bien de retourner à Draguignan, après 1870, pour y jouir du triomphe de la République.

Mais, en 1849, il entretenait des correspondances avec Ledru-Rollin et Arnaud ; il allait, dans les grandes occasions, prendre le mot d'ordre à Paris, et le transmettait aux chefs de tous les clubs du département. En attendant le jour d'atteindre son but : la Préfecture du Var, je crois, il exerçait dans le parti démagogique une puissance d'autant moins contestée que, pour ne pas risquer de la compromettre par un échec toujours possible, il s'abstenait de poser sa candidature à l'Assemblée Législative, et se bornait à maintenir l'agitation par des réunions publiques toujours violentes, mais habilement organisées au point de vue légal, dans les communes sur lesquelles il avait une action immédiate.

Après la suppression des clubs, il s'avisa de transformer en « chambrée » celui de Draguignan, métamorphosé, tout d'abord, en Comité Électoral, jusqu'à la nomination de l'Assemblée Législative.

Les « chambrées » étaient des cercles de bas étage, où les artisans, ouvriers et cultivateurs des communes de tout ordre se réunissaient, le soir, après leur travail, pour jouer, boire et fumer ensemble. Ces associations, très anciennes et fort répandues en Provence, avaient eu, dans l'origine, un caractère religieux. Toutes celles dont la fondation remontait à des temps anciens, portaient, en effet, le nom d'un saint, patron de la confrérie dont leurs membres faisaient partie autrefois. Beaucoup conservaient certaines habitudes religieuses et charitables ; mais, avec le temps, elles devinrent surtout des réunions de délassement et finirent par prendre une couleur politique, déterminée par celle des journaux qu'elles recevaient. Or, le parti rouge ne manquait pas, depuis 1848, de faire parvenir gratis à toutes : *La Voix du Peuple,* de Marseille, et *Le Démocrate du Var,* qu'un de ses affiliés lisait et commentait à haute voix, sans résistance ni contradiction de la part des membres d'opinion modérée, toujours ultrà-prudents, qui, de plus, dans les élections, s'ils ne s'abstenaient pas, se laissaient imposer la direction de ces meneurs, parce que l'usage voulait que tous les membres d'une même association, confrérie ou chambrée, marchassent ensemble en toute occasion. C'est ainsi que Ledru-Rollin et Raspail eurent tant de voix pour la Présidence de la République dans le Var, où, cependant, au fond, le plus grand nombre des électeurs ne partageaient pas, à beaucoup près, leurs idées politiques.

La plupart des communes possédaient plusieurs chambrées, et le département entier comptait au delà de 900 de ces réunions prétendues privées, dans lesquelles on recevait des invités, ce qui permettait aux orateurs, en tournée, de la République Démocratique et Sociale, d'y faire des prosélytes. J'ajoute qu'un recensement, opéré par mes ordres, portait à 28,000 le nombre de leurs membres. — Une véritable armée !

Je n'avais aucun moyen de combattre la propagande des journaux et encore moins des apôtres anarchistes, dans les chambrées.

Le seul organe politique modéré, bien fait, de tout le département du Var : *Le Conciliateur*, feuille bi-hebdomadaire, fondée à Draguignan peu de jours après mon arrivée, sous le patronage du parti légitimiste, ne pouvait pas mettre gratuitement à ma disposition 900 de ses exemplaires, et je ne disposais d'aucun fonds pour les payer, même à prix de revient. Tout ce que je pus faire, pour l'aider à vivre, et aussi, pour le maintenir dans son programme d'union de toutes les opinions conservatrices, en vue de la défense de l'ordre social, fut de donner à son propriétaire-directeur, M. Maquan, de la commune de Lorgues, écrivain de mérite, catholique, légitimiste, que m'avait recommandé l'excellent Évêque de Fréjus,

Mgr Wicart, un emploi, passablement rétribué, dans mon cabinet. J'obtins même, par là, que M. Maquan fît tirer, les dimanches, un supplément rédigé, partie en français, partie en provençal, dont un millier d'exemplaires était distribué suivant mes indications.

La pénurie d'argent m'empêcha longtemps d'utiliser *Le Toulonnais,* journal conservateur, trop faiblement rédigé, du reste, et *La Sentinelle de la Marine et de l'Algérie*, feuille mieux faite, qui se publiait également à Toulon et sous le même drapeau, mais dont le propriétaire-directeur, véritable artiste en chantage, rançonnait les fonctionnaires intimidés par ses critiques, depuis qu'il ne touchait plus de subvention sur les fonds secrets, c'est-à-dire depuis 1848.

L'hostilité de ce journal au Comité Conservateur de Toulon, qui ne sut pas le neutraliser à temps, nous fit un mal énorme aux élections de mai 1849. Je pus seulement à la fin de cette année, en prévision des élections partielles de 1850, faire adopter, par le Comité, la combinaison suivante : — garantie au *Toulonnais* et à *La Sentinelle,* qui paraissaient alternativement, de deux jours l'un, à 500 exemplaires au plus, et possédaient beaucoup d'abonnés communs, d'un tirage de 1,500, mais, à ces conditions : 1° tout en conservant l'administration de leurs feuilles respectives, les propriétaires en abandonneraient la direction politique au même rédacteur en chef, désigné par moi; 2° le service de ces feuilles jumelles serait fait, sans accroissement de prix, aux abonnés des deux ; 3° 1,000 exemplaires, payés par le Comité, recevraient les destinations que j'indiquerais.

Pour contribuer, selon mes moyens, au succès de cette combinaison laborieuse, je mis à la disposition du Comité, pour six mois, M. Ferrier de Tourettes, journaliste d'un talent éprouvé, jadis rédacteur de *L'Indépendance Belge,* après une collaboration active à divers journaux conservateurs de Paris, et que je m'étais attaché, comme Chef de Cabinet, à la suite d'un séjour de convalescence fait dans son pays natal, Tourettes, près Fayence, dans l'arrondissement du chef-lieu.

Pendant ce délai, M. Maquan le remplaça près de moi. J'avais, d'ailleurs, pour Secrétaire Particulier, le jeune comte de Masin, charmant garçon, un peu léger, que, selon le désir de son oncle, M. le marquis de la Grange, je préparais à devenir un Sous-Préfet acceptable. Deux expéditionnaires complétaient le personnel de mon Cabinet, le plus chargé d'affaires que je me sois jamais connu.

Si, malgré tous mes efforts, je ne disposais, jusqu'aux élections législatives de mai 1849, d'aucun autre organe de publicité que *Le Conciliateur,* pour lutter contre l'influence déplorable de *La Voix du Peuple* et du *Démocrate,* dans les chambrées, je ne pus même pas m'accorder, en temps utile, avec le Parquet de la Cour d'Aix, duquel relevaient ceux des tribunaux du Var, sur l'application, aux chambrées, de la loi du 28 juillet 1848, dont je voulais me servir pour fermer celles qui s'occupaient notoirement de politique. Il me fallut, en fin de compte, prier le Procureur Général, dont j'eus, du reste, toujours à me louer, de consulter le Ministre de la Justice sur le point qui nous divisait, pendant que, de mon côté, j'en référais au Ministre de l'Intérieur. Mon opinion prévalut, mais un peu trop tard. Suivant la décision du Gouvernement, aucune prescription ne couvrait les chambrées, quelque ancienne que pût être leur existence; elles devaient, toutes, pour se trouver en règle, accomplir les conditions imposées, par la loi nouvelle, aux associations non politiques.

Lorsqu'il m'en informa, le Ministre de l'Intérieur me prescrivit de mettre les chambrées de mon département en demeure de faire les déclarations et justifications voulues. Mais, je m'en donnai bien de garde. Je répondis que, parfaitement renseigné sur la dénomination de chacune d'elles; sur le lieu de ses réunions; sur le nombre de ses membres, dont je possédais même la liste, je ne voyais aucun intérêt à prescrire les déclarations exigées par la loi, et que j'avais, au contraire, toute raison de ne pas m'ôter, en faisant ainsi régulariser leur situation, le droit incontestable de fermer celles qui, d'inoffensives, deviendraient mauvaises. D'ailleurs, le défaut de déclaration étant justiciable de la Police Correctionnelle, il convenait de garder ce grief en réserve, pour le cas où le délit politique, toujours difficile à constater, qui motiverait, au fond, mon arrêté de fermeture, ne serait pas susceptible de poursuites.

Le Ministre m'approuva finalement de laisser les choses en l'état. Mes collègues des Bouches-du-Rhône et de Vaucluse, qui firent autrement, le regrettèrent bientôt.

Je me bornai donc à faire prévenir chaque chambrée qu'elle devait s'interdire toute lecture de journaux à haute voix, toute discussion politique, comme aussi l'admission de tout étranger dans son sein, à peine de fermeture immédiate. Cette mesure, appuyée de quelques actes de sévérité frappant de très grosses chambrées, eut au moins pour effet d'arrêter l'aggravation du mal déjà fait.

Je pris des arrêtés de fermeture contre 23 chambrées dont le caractère politique fut constaté par des procès-verbaux mentionnés dans ces actes. La plupart étaient de fondation moderne, et leurs dénominations ne rappelaient en rien le caractère religieux des anciennes chambrées. Le nombre considérable des membres de quelques-unes ne permettait pas, d'ailleurs, d'équivoque : 550, dans une seule de celles qui se tenaient à Draguignan; 250, à Cannes; 350, à Vidauban, etc...

Elles remplaçaient évidemment les clubs interdits.

ÉLECTIONS LÉGISLATIVES.

Quand se fit, trois mois à peine après mon arrivée à Draguignan, l'élection des sept représentants du Var à l'Assemblée Nationale Législative, je n'avais pas eu le temps d'asseoir mon autorité dans le pays et mon influence sur les éléments, très divisés, du parti conservateur, comme je pus y parvenir plus tard. Je devais commencer par le bien établir ici, pour mieux faire apprécier les résultats de cette première grande bataille.

Le parti rouge, admirablement discipliné, comme il le fut, l'est et le sera toujours, accepta, sans observations, la liste de candidats arrêtée par ses chefs. Elle se composait des citoyens Ledru-Rollin et Arnaud, Représentants du Var à l'Assemblée Constituante; Suchet, ancien Maire de Toulon, ex-commandant de l'Artillerie de la Garde Nationale dissoute; Clavier, Maire de Brignoles; Conte, Maire de Cannes; Debessey, ouvrier du port de Toulon; Mouttet, cultivateur à Draguignan; —

ce dernier, mis en avant par l'avocat Pastoret, qu'il ne pouvait jamais gêner.

Mais, les comités conservateurs des quatre arrondissements perdirent un temps précieux en luttes d'influence entre « blancs » et « bleus ». Ces derniers dominaient dans les arrondissements de Toulon et de Grasse, où les légitimistes formaient des exceptions peu nombreuses et médiocrement influentes. A Brignoles, en revanche, les familles de Sabran-Pontevès, de Grimaldi, de Forbin, de Ségur, de Boisgelin, de Sinéty, d'Albertas, etc., etc., tenaient le haut bout et la grande propriété. Les deux camps, de forces égales, s'équilibraient dans l'arrondissement de Draguignan, d'où vient cette famille de Villeneuve, si nombreuse, qu'il faut distinguer ses membres en Villeneuves de Trans, Bargemon, Flayosc, de Vence, etc. Pour y faire marcher d'accord ces camps rivaux, le concours de Mgr de Fréjus me fut des plus utiles. Grâce à lui, je pus modérer les prétentions et vaincre certaines répugnances des blancs, et j'agis moi-même sur les bleus, qui ne se montraient guère plus raisonnables et plus tolérants, par tous les arguments propres à leur faire accepter le principe d'une liste de conciliation. Après bien des voyages et des discours, je parvins à décider les quatre comités mixtes d'arrondissements, qui ne pouvaient se mettre d'accord par correspondance, à s'en rapporter aux décisions d'une réunion de leurs délégués, convoquée à Draguignan, malgré la prétention de Toulon à la prépondérance politique, vu le plus grand nombre de ses électeurs.

Dans cette conférence, où chaque groupe de délégués tâcha de faire prévaloir ses candidats de prédilection, celui de Toulon, qui demandait, à bon droit, pour sa part, trois représentants sur sept, proposait : 1° M. Arène, membre sortant de l'Assemblée Constituante, accepté d'avance par tous les comités ; 2° en remplacement de l'amiral Casy, autre membre sortant, qui refusait toute candidature nouvelle, parce qu'il allait remettre la Préfecture Maritime à l'amiral Hamelin, son successeur désigné, M. le comte de Villeneuve-Bargemon, ancien Capitaine de Vaisseau, retiré dans le canton du Beausset, qui le nommait Conseiller Général ; — Ce candidat fut accepté d'autant plus volontiers par Draguignan, que son nom même l'y recommandait, et par Brignoles, qu'à des opinions affectées d'une certaine teinte légitimiste, il joignait des croyances catholiques fort prononcées. — 3° M. Thiers, qui depuis... mais, alors, on le tenait pour conservateur.

Le nom du Ministre de Gouvernement de Juillet, à qui les blancs reprochaient l'arrestation de la Duchesse de Berry, sa captivité à Blaye et tout ce qui s'en était suivi, souleva, de la part des délégués de Brignoles et de Draguignan, une vraie tempête.

Celui de M. le docteur Maure, d'un ancien Député du Juste-Milieu, d'un séide de M. Guizot, proposé par Grasse, ne fut pas mieux reçu.

Mais, Brignoles, qui voulait faire passer M. de Clappiers, légitimiste pur sang, finit par céder. Il fallut bien que Draguignan fît de même. On le dédommagea par le nom du général Changarnier, plus légitimiste qu'orléaniste, admis à sa demande, sur la liste de conciliation, avec celui de M. Jules Poulle, — frère de M. Emmanuel Poulle, ancien Député de l'arrondissement, et Premier Président de la Cour d'Aix, dépossédé de son siège en 1848, et non encore replacé. Cette candidature devait accentuer la protestation des conservateurs contre une telle violence, et contre le retard mis par le Gouvernement à la réparer.

L'inscription de M. Thiers et du général Changarnier sur notre liste bigarrée, nous exposait, en cas de succès, à des élections complémentaires, par suite de leur option probable pour d'autres départements, où leur élection semblait assurée. Mais, elle réduisait (grand mérite à mes yeux) le nombre des candidats du terroir, sur les noms desquels l'entente eût été plus laborieuse encore.

Restait à convaincre les électeurs de la nécessité des concessions que les quatre comités se faisaient réciproquement. Il le fallait, sous le régime électoral d'alors, où la majorité relative suffisait pour être élu, quand on atteignait certaine quotité de votes, proportionnelle au nombre des électeurs inscrits. On ne pouvait pas, entre électeurs du même parti, se diviser impunément, comme de nos jours, au premier tour de scrutin, sauf à s'accorder au second tour, en surmontant ses répugnances respectives pour tels ou tels candidats. On devait faire cette transaction dès la première épreuve, à peine de voir passer, sans coup férir, des adversaires parfaitement unis. Dans le travail de persuasion que j'entrepris à cet effet, l'Évêque de Fréjus, homme de grand sens et d'excellent esprit, m'aida puissamment.

Toutefois, une diversion inattendue se produisit au dernier moment, sous le patronage du journal *La Sentinelle*, dont je ne voyais encore aucun moyen d'acquérir la publicité vénale. Son propriétaire trouva sans doute quelque avantage pécuniaire à mettre en avant une liste de tiers parti, des plus modérées, je l'avoue, composée des membres sortants exclus des deux listes en présence : MM. Alleman, Philibert, Guigues, en tête de laquelle on faisait fort habilement figurer le nom très populaire de M. Arène, leur ancien collègue, suivi de celui d'un M. Besuchet de Saunois, ancien Médecin de la Marine, patronné par les membres de l'ex-Comité Napoléonien de Paris, que présidait le célèbre général Piat, ancien Commandant de la Subdivision Militaire du Var. On y joignait ceux de M. Ortolan, avocat distingué, d'opinions sages ; de M. Gaymard, Chirurgien de Marine, savant connu par ses trois voyages autour du monde, membre du Conseil Général pour le canton de Saint-Maximin, sans couleur politique ; enfin, celui de M. Carbonnel, Sous-Préfet de Grasse révoqué, furieux, non sans quelque raison, de n'avoir pas obtenu la perception de ville que je demandais pour le dédommager, et pour paralyser son action.

Cette liste ne pouvait réussir ; mais, elle devait détacher beaucoup plus de voix de la liste conservatrice que de la liste rouge. Je n'épargnai donc aucun effort, jusqu'à la dernière heure, pour qu'on désintéressât M. Carbonnel et désavouât M. Besuchet de Saunois, qui, se donnant pour un candidat agréable au Prince-Président, ne craignait pas de m'attaquer personnellement, tous les deux jours, dans *La Sentinelle*, et aussi, dans certains journaux de Paris, comme un orléaniste hostile aux vrais amis du Prince, etc., etc. M. Léon Faucher savait, de reste, à quoi s'en tenir, et le Prince, également. Ils comprenaient qu'on proposât aux électeurs du Var, comme à ceux de bien d'autres départements, des candidats étrangers à leurs circonscriptions ; mais, à la condition qu'il s'agît d'illustrations comparables à M. Thiers et au général Changarnier, ou, tout au moins, d'un personnage très connu : le général Piat, par exemple. Si nos comités électoraux avaient unanimement blackboulé M. le docteur Besuchet de Saunois, qu'aucun lien n'attachait au pays, ils ne s'en étonnaient donc pas. Néanmoins, je crus bon de protester contre le zèle des amis parisiens que ce candidat comptait au tour du Prince, en écrivant au Ministre de l'Intérieur :

« Vous avez pu le juger, dans l'examen de mes états de service : je ne fus jamais gâté par le Gouvernement déchu le 24 février 1848 ; mais, je le confesse, je ne saurais m'associer à ceux qui n'ont que des injures pour lui. Ce Gouvernement a maintenu l'ordre en France pendant dix-huit ans, au milieu des mêmes éléments de désorganisation qui menacent de nous déborder.

« Je n'en disconviens pas : j'ai fait tous mes efforts pour qu'on organisât un comité central à Draguignan ; mais, ces efforts mêmes prouvent que je ne voulais pas imposer mes préférences particulières au département, à l'exemple de tous mes prédécesseurs. J'ai suivi la ligne de conduite que vous indiquait ma dépêche du 14 mars, approuvée pleinement par Votre Excellence, le 18. Mon refus de prendre sous mon patronage la candidature de M. Besuchet de Saunois et bien d'autres plus recommandables, signifiait seulement que j'entendais bien laisser les comités libres dans les questions purement personnelles. »

Les 3,000 voix que la liste de tiers parti détacha surtout du groupe des conservateurs de toute nuance, firent grandement défaut à la liste de conciliation acceptée par eux et dont, sans cette division fâcheuse, le succès eût été presque entier.

48,000 électeurs, sur 103,000 environ, ne votèrent pas. Il faut attribuer l'abstention du plus grand nombre de ces électeurs, presque tous d'opinions sages, à leur pusillanimité.

Voici les résultats du scrutin :

LISTE ROUGE			LISTE CONSERVATRICE		
MM.	Voix.		MM.	Voix.	
Arnaud . . .	28,373	élus.	Arène	29,318	élus.
Ledru-Rollin.	27,751		Maure. . . .	27,542	
Suchet . . .	26,981		De Villeneuve.	26,275	
Conte. . . .	26,121		De Clappiers .	25,731	
Clavier . . .	25,722		Jules Poulle .	25,075	
Mouttet . . .	24,981		Changarnier .	24,894	
Debesney . .	23,317		Thiers. . . .	21,660	

Si des illustrations telles que le **général Changarnier** et M. Thiers restèrent, au *poll*, fort en arrière des autres candidats conservateurs, en tant qu'étrangers au département, avais-je eu tort de refuser au ratapoil ignoré, Besuchet de Saunois, contre qui se dressait la même objection, toute chance vraisemblable d'être élu?

En définitive, au lieu de deux sièges, sur neuf, que les hommes d'ordre du Var occupaient à l'Assemblée Nationale Constituante de 1848, ils en comptaient trois sur sept, malgré tout, à l'Assemblée Législative de 1849. Ils venaient non seulement de reconquérir, sous mon administration, tout le terrain perdu par eux depuis l'établissement de la République jusqu'à l'élection du Prince-Président, mais encore d'améliorer notablement leur influence sur l'opinion publique.

CHAPITRE XIV

LA PRÉFECTURE DU VAR

Deux changements de Ministère. — Les Journées de Juin à Draguignan. — Reprise de la propagande révolutionnaire. — Session du Conseil Général. — Le choléra. — Évasion de forçats. Le brigandage. — L'élection de 1850. — Mon départ.

L'Assemblée Nationale Législative, élue dans les journées des 13 et 14 mai, fut installée le 28 seulement. Le 2 juin, elle se constitua sous la présidence de M. Dupin aîné, l'ancien Procureur Général près la Cour de Cassation, qui, pendant bien des années, avait présidé la Chambre des Députés, sous le Gouvernement de Juillet. C'est dire que sa majorité n'était pas républicaine à l'excès, et, en même temps, que les amis de la Royauté déchue en 1848 s'y trouvaient en force.

L'Assemblée se composait de 734 membres : 505 appartenant aux diverses nuances de l'opinion conservatrice, et 229 républicains, seulement.

DEUX CHANGEMENTS DE MINISTÈRE.

Dans l'Assemblée Nationale Constituante, où la République réunissait plus de partisans convaincus, ceux-ci, profitant de la prolongation de son existence, poussée jusqu'aux dernières limites, pour essayer de faire échec au Gouvernement, l'avant-veille des élections, par la proposition Millard, qui tendait à lui faire infliger un blâme au sujet de la direction donnée à l'expédition d'Italie, n'avaient échoué qu'à 18 voix de minorité, seulement, dans la séance du 11 mai. L'Opposition put malheureusement prendre sa revanche de cette défaite, dans celle du 14, en faisant adopter, par la presque unanimité de l'Assemblée (519 voix contre 5), un ordre du jour dirigé sur M. Léon Faucher personnellement, au sujet d'une circulaire de son Chef de Cabinet, M. Frémy, relative au vote du 11, de telle sorte que le Ministre de l'Intérieur, à la politique sage et ferme duquel allait être dû le succès électoral de la cause conservatrice, succombant le jour même de son triomphe, se vit dans l'obligation de se retirer. Cette nouvelle inattendue me surprit et m'attrista profondément.

Dès le 15, M. Léon Faucher voulut m'expliquer lui-même la nécessité de sa démission, et j'extrais de ma réponse, du 18, le passage suivant :

« Placé dans un poste assez obscur, mais semé de
« difficultés, de dangers même, où je ne puis compter
« sur personne, je me sentais soutenu, dans ma tâche
« ingrate, par la certitude d'avoir en vous un appui qui
« ne pouvait défaillir. L'appréciation, si flatteuse, que
« vous faites de mes services, excite ma reconnaissance,
« mais augmente encore mes regrets. »

M. Lacrosse, Ministre des Travaux Publics, fut chargé de l'Intérieur jusqu'au 15 juin, quand le cabinet dont M. Odilon Barrot était le solennel Vice-Président, fit place à celui, de nuance plus parlementaire, où MM. Dufaure, de Tocqueville, de Falloux, de Tracy, Lanjuinais et le général Rulhière prirent place, à côté de

MM. Hippolyte Passy et Lacrosse, qui, seuls, conservèrent leurs portefeuilles.

M. Dufaure fut chargé de celui de l'Intérieur. A défaut de M. Léon Faucher, que nul ne pouvait remplacer pour moi, je ne pouvais désirer mieux.

Quant à M. Odilon Barrot, je me ressentais encore trop des suites de la sérénité prudhomesque avec laquelle il désorganisa, sans égard pour mes observations et réclamations, les justices de paix de plusieurs cantons du Var, pour regretter sa chute.

Mais, le nouveau cabinet ne dura guère plus que celui qu'il venait de supplanter. Le Prince-Président prétendait gouverner avec l'appui de la majorité de l'Assemblée Législative, mais non pas en être l'instrument docile. Bientôt, s'élevèrent, entre ses ministres parlementaires et lui, des dissentiments révélés par le manifeste du 31 octobre, point de départ de la scission de la Présidence et de la réunion de la rue de Poitiers, qui devait fatalement aboutir au Coup d'État du 2 décembre 1851.

Dans le cabinet extra-parlementaire constitué par le Prince, le Ministère de l'Intérieur échut à M. Ferdinand Barrot, Secrétaire Général de la Présidence de la République, attaché dès longtemps à la cause de notre futur Empereur, qu'il avait défendu, comme avocat, devant la Cour des Pairs. Mais, je restai bien peu de mois sous ses ordres : dès le 15 mars 1850, il céda le portefeuille de l'Intérieur à M. Baroche, pour aller représenter le Prince, en qualité d'Envoyé Extraordinaire et Ministre Plénipotentiaire, à la cour de Turin.

Le souvenir de nos trop courts rapports me fit désirer, en 1855, sa collaboration au Conseil Municipal de

Paris, dont il fut Premier Vice-Président, lors de l'agrandissement de ce Conseil, conséquence de celui de la ville même, en 1859.

Dans le même cabinet, au Ministère du Commerce, figurait M. Dumas, l'illustre Chimiste et Professeur, qui devait entrer au Conseil Municipal de Paris, en 1853, et devenir son Président, après M. Delangle, en 1858.

On y voyait aussi M. le général d'Hautpoul, Ministre de la Guerre, que je retrouvai Grand Référendaire du Sénat, et M. Achille Fould, Ministre des Finances, avec qui j'eus des démêlés bien des années après, au Conseil des Ministres de l'Empereur.

Je dus reprendre successivement, vis-à-vis de MM. Dufaure, Ferdinand Barrot et Baroche, l'exposé détaillé fait naguère à M. Léon Faucher, de la situation politique du Var; des raisons locales de l'influence, que je combattais pied à pied, du parti démagogique; des difficultés, de tous les instants, causées à mon administration par son isolement, loin de tout, dans un chef-lieu de département nominal, à vingt lieues de Toulon, le véritable chef-lieu, dont il fallait m'occuper sans cesse, et des dangers mêmes qui pouvaient en être la conséquence.

J'emprunte à l'un de mes rapports confidentiels, où je reconnaissais, malgré tout, la nécessité de concentrer à Toulon le peu de forces dont le général commandant la Subdivision du Var disposait, l'argument irréfutable que voici : « **Dans un département où se trouve un tel point à défendre, pourquoi donc avoir ailleurs, à vingt lieues de distance, le centre de l'autorité civile, qu'il n'importe pas moins de garder? Pourquoi se donne-t-on**

ainsi deux sujets d'inquiétude, au lieu d'un seul ? »
J'ajoutais plus loin : « La déposition du Préfet et le passage de son autorité aux mains des factieux, dans un pays pareil, deviendrait un embarras immense ; car elle donnerait à la révolte une sorte d'organisation officielle, et, en ce sens, Toulon serait pris à Draguignan. »

Mais, pour obtenir la translation, même provisoire, de la Préfecture du Var à Toulon, il aurait fallu ne pas se trouver en face d'une de ces immuables bêtises contre lesquelles rien ne prévaut, parce qu'elles revêtent une forme sentencieuse, dont nul ne prend la peine d'examiner la valeur : — « Il ne peut exister deux Préfets dans la même ville ! » — A l'énoncé de cet axiome, digne de M. de la Palisse, chacun s'incline et répond : — « C'est juste ! » —Mais, bonnes gens, que voyez-vous de commun entre un Préfet Maritime et un Préfet de Département ? Et puis, qui vous force à maintenir ce titre de « Préfet » aux amiraux commandant nos cinq grands ports de guerre ? A-t-on jamais eu l'idée de l'attribuer aux généraux commandant les divisions militaires qui se partagent le territoire français ? Celui qui réside à Marseille ne gêne en rien le Préfet des Bouches-du-Rhône. En serait-il autrement si l'on s'avisait de l'appeler « Préfet Militaire » ! Et, dans ce cas, faudrait-il reléguer à Aix en Provence, le Préfet Civil ?

Quant à la question de préséance, je la juge sans portée. J'ai vécu, dans Bordeaux, Préfet de la Gironde, à côté d'un Général Commandant Supérieur de trois divisions militaires ; à côté d'un Archevêque et d'un Premier Président de Cour d'Appel, à qui je devais céder le pas (vu que leurs juridictions couvraient plus d'étendue que la mienne), sans que mon autorité propre en souffrît le moins du monde. Aux yeux de la population, je n'étais pas le moins important des quatre.

Enfin, oublie-t-on qu'à Paris, on voit agir parallèlement deux Préfets : celui de la Seine et le Préfet de Police, sans que personne s'en étonne et risque de les confondre ?

Je l'ai dit : rien de plus obstiné qu'une mauvaise raison. J'en fus pour mes protestations contre un état de choses que je n'espérais certes pas faire modifier, mais dont je croyais intéressant de mettre en relief les inconvénients, aussi bien que les périls, aux yeux de mes divers chefs, afin de justifier les mesures qu'il me fallait prendre constamment, pour ainsi dire, à l'effet de remédier aux uns et de parer aux autres.

LES JOURNÉES DE JUIN A DRAGUIGNAN.

Le résultat des élections des 13 et 14 mai 1849 ne laissant plus, au parti rouge, aucune chance de s'emparer du Pouvoir par les voies parlementaires, il résolut de tenter un coup de force. Dès le 6 juin, j'informai le Gouvernement de divers symptômes qui me le faisaient pressentir. Quelques jours après, je lui signalai, par le télégraphe, qu'une agitation extrême régnait parmi les clubistes de Draguignan; qu'une lettre du Représentant Arnaud leur annonçait, pour le 13 ou le 14, une prise d'armes, et que l'avocat Pastoret, leur Président, venait d'arriver en toute hâte de Paris. J'ajoutai que des mesures énergiques, concertées à Toulon, assuraient la défense de l'Arsenal, et qu'à Draguignan, où je manquais de moyens de résistance efficaces à tout mouvement populaire, je ferais cependant mon devoir de mon mieux. — Je le fis, en effet.

A la suite de la publication d'une dépêche télégraphique du 13, arrivée le 14, annonçant la mise de Paris en état de siège, la plus vive fermentation se manifesta dans Draguignan et dans les communes environnantes. Sûrs que la collision très sérieuse dont ils étaient prévenus, se trouvait engagée à Paris, entre leurs frères et le Gouvernement; avertis que l'insurrection, victorieuse, dominait à Lyon, où les rouges devaient suivant leur plan concentrer leurs forces, après avoir révolutionné les départements du Midi, pour marcher de là sur la Capitale, mes énergumènes décidèrent, comme je le prévoyais dès longtemps, de s'emparer de la Préfecture. Ils se portaient déjà tumultueusement, en armes, à cet effet, devant la grille, sur les allées d'Azémar, quand, à leur grande surprise, ils virent l'hôtel solidement défendu par une garnison de gendarmes, — arrivés, de tous les points de l'horizon, par petits détachements, dès la nuit précédente, — que j'y casernais. Je pus donc répondre aux parlementaires obscurs, parmi lesquels je reconnus mon bottier, que Pastoret et ses acolytes envoyèrent me sommer de livrer la place, ou tout au moins de subir la collaboration de « Délégués du Peuple » : — « Si vous êtes 10,000, j'ai
« 100 hommes résolus, auxquels on vient de distribuer
« 100 cartouches par carabine, soit 10,000, au total : une,
« pour chacun des vôtres! Je devrais commencer par
« vous faire fusiller, comme vous le méritez, comme le
« méritent plus encore les lâches qui, n'osant se mettre
« en avant eux-mêmes, vous ont envoyés ici. Allez leur
« dire que, si votre parti l'emporte à Paris et dans le

« reste de la France, il faudra bien que je remette mon
« poste au Préfet du Gouvernement nouveau ; mais
« que, jusqu'alors, si vous tentez de le prendre de
« force, vous le paierez cher. »

Ils se le tinrent pour dit et, après beaucoup de cris, de chants et de farandoles, chacun finit pas rentrer chez soi plus ou moins tranquillement.

Dans les farandoles de Provence, contrairement à ce qu'on voit à l'Opéra, les hommes figurent seuls. Alors, quand elles constituaient des manifestations politiques, on remplaçait le tambourin et le fifre par une caisse, dont les battements rhythmés accompagnaient ou rappelaient le refrain de quelque chant révolutionnaire, comme celui dont voici la traduction :

> Nous descendrons de la montagne,
> Pour guillotiner les blancs...

J'attendis minuit, et je fis alors cueillir lestement, à domicile, six ou huit des principaux meneurs, choisis parmi les hommes d'action les plus déterminés, qu'on emballa dans une diligence préparée discrètement, et que je fis conduire, à grande vitesse, sous bonne escorte, au fort Sainte-Marguerite, par mon Secrétaire Général, muni d'une réquisition pour le Commandant.

Le lendemain, la masse des insurgés de la veille, réunie de nouveau, s'agita comme une fourmilière dans laquelle on a mis le pied, et vociféra beaucoup ; mais, à distance. La lueur des canons de carabines de mes bons gendarmes semblait fasciner la foule.

Vers quatre heures et demie, une estafette arriva de Toulon, m'apportant une dépêche télégraphique du 14 au matin, qui, ne pouvant passer à Lyon, avait dû faire un long détour par Bordeaux. Elle m'annonçait la répression de l'émeute parisienne.

Je me hâtai de la faire publier; mais c'est seulement le 16 au soir, après la réception d'une autre dépêche du 15, à une heure de l'après-midi, m'apprenant l'arrestation du Représentant Suchet et me portant l'ordre de faire rechercher et arrêter Ledru-Rollin; c'est lorsque mes clubistes surent, d'une manière certaine, la répression complète de l'insurrection lyonnaise, qu'atterrés de ces nouvelles, ruinant leurs espérances, ils désarmèrent définitivement.

Le 18, quand tout fut rentré dans l'ordre, je vis apparaître, dans mon cabinet, un magistrat qui n'était pas venu m'offrir son concours pendant les journées précédentes; mais qui, cette fois, n'avait pas craint de m'apporter ses félicitations. — « Je dois seulement », me dit-il, « vous faire une petite observation... » — Je l'arrêtai court : « Ne prenez pas cette peine ; d'avance, je la con-
« nais : vous alliez dire que, sans doute, l'article 10 du Code
« d'Instruction Criminelle me donnait le droit d'ordon-
« ner l'arrestation des insurgés dont je me suis assuré ;
« mais, à la charge de les faire mettre à la disposition
« de la Justice, dans la prison de la ville, — au risque
« de les voir délivrer et porter en triomphe à l'assaut
« de la Préfecture, le lendemain. — Je suis sûr de bien
« exprimer là votre pensée. Mais, ce que vous ignorez, ce
« que je vais vous apprendre, est bien plus grave : si je
« n'avais pas cru suffisant de les placer provisoirement
« à l'ombre, derrière les murs d'une forteresse éloignée ;
« si je n'avais pu frapper au cœur l'insurrection qui
« menaçait la sûreté du département tout entier, qu'en

« les passant par les armes, je n'aurais pas hésité davan-
« tage. J'ajoute, sans plus de réticences, que, présentées
« dans un pareil moment, vos observations auraient pu
« vous occasionner un mauvais quart d'heure. »

Sur ce, je le congédiai. Le jour même, je demandais son changement de résidence.

Je me souviens que, dans un des bureaux du Sénat de l'Empire, où l'on discutait, au point de vue constitutionnel, un projet de loi de sûreté, combattu par M. le Maréchal de Mac-Mahon, entre autres, comme inadmissible sous un régime issu de la Volonté Nationale, je pris la parole, pour appuyer son vote; mais, sans m'associer à sa manière de voir. Je trouvais inutilement impopulaire toute loi de ce genre, parce que, jamais, on n'oserait y définir toutes les mesures de salut public qui pouvaient s'imposer aux agents de l'autorité, en face d'un péril extrême, et que le mieux était de laisser chacun s'inspirer des circonstances et agir au mieux, sous sa responsabilité personnelle. Je citai, comme exemple, ce que je viens de raconter.

Alors, M. de Persigny, se levant, courut à moi, les mains tendues, et s'écria : — « Voilà un homme ! » — « Merci ! » lui répondis-je. « Vous me fournissez ma
« conclusion. Ayez des hommes dans toutes vos Préfec-
« tures, et vous n'aurez pas besoin d'encombrer l'ar-
« senal de nos lois d'actes de répression, fatalement
« stériles, comme celui dont nous nous occupons. »

REPRISE DE LA PROPAGANDE RÉVOLUTIONNAIRE.

Le découragement des rouges ne dura pas longtemps. De Paris, on entretenait chez eux l'espoir d'une prochaine revanche. Au lieu de me tenir sur la défensive à leur égard, comme il avait bien fallu m'y résigner, lors de leur prise d'armes de juin, et de me borner à transformer ma Préfecture en place forte, à chaque nouvelle menace d'une attaque de leur part, je faisais réprimer énergiquement toute manifestation révolutionnaire, sur quelque point du département qu'elle se produisît, et je payais de ma personne, au besoin.

J'en étais, le plus souvent, pour ma peine ; car l'autorité judiciaire me secondait assez mal, et les fauteurs de scandales qu'on arrêtait par mon ordre, ou contre lesquels on dressait des procès-verbaux, échappaient à toute punition, quand ils allaient en Cour d'Assises, devant des jurés tremblants, ou revenaient acquittés, en appel, par la Cour d'Aix, quand ils avaient été condamnés en Police Correctionnelle. Aussi, malgré la bonne composition des tribunaux de Première Instance, et l'attitude excellente gardée par le Procureur Général, les parquets du Var, celui de Draguignan, surtout, hésitaient-ils à poursuivre les délits politiques signalés à leur attention. Mais, je ne me lassais point de réveiller leur torpeur, sachant combien tout bon Provençal craint d'avoir affaire à la Justice, haute ou basse, même avec la perspective d'un acquittement à peu près certain.

Je vais citer un exemple, à peine croyable, de la faiblesse que montrait la Cour d'Aix, depuis la suspension arbitraire de son Premier Président.

Dans un banquet public, à Cogolin, sur les bords du golfe de Grimaud, provoqué par un émissaire étranger au pays, qu'on ne put retrouver, un sieur Mathieu, de la Garde-Freinet, avocat de campagne, affolé d'idées anarchiques, et un sieur Pons, pharmacien, qui présidait la chambrée (un vrai club) de la même bourgade, avaient prononcé des discours incendiaires et provoqué les populations à la révolte. C'était le cas de faire un exemple et de délivrer deux de mes communes importantes de l'influence d'énergumènes qui les fanatisaient. Je déterminai le premier Substitut, remplaçant le Procureur de la **Ré**publique, en congé, à commencer une poursuite contre eux et à requérir, du Juge d'Instruction, une enquête sur place. Je ne me contentai pas de les faire escorter par le Lieutenant et trois brigades de Gendarmerie ; je les accompagnai moi-même, afin de leur prêter le concours moral de l'ascendant que j'exerçais déjà sur les masses populaires. J'eus bien raison ; car, sans ma constante assistance, ils ne seraient probablement pas revenus, sains et saufs, de cette dangereuse expédition. Il s'en est même fallu de peu de chose que je n'y restasse avec eux.

Située sur un des points élevés de la chaîne des Maures, que franchit, en lacets, la route des Arcs à Saint-Tropez, la Garde-Freinet, où l'on monte, des deux côtés, par une magnifique forêt de châtaigniers, de pins maritimes et de chênes-lièges, devenait le siège d'une industrie : la fabrication des bouchons, qui fixait là bon nombre d'ouvriers spéciaux, du dehors, même parisiens, professant des opinions détestables.

Le départ de Draguignan se fit avant jour, et l'on put procéder, de grand matin, à l'arrestation des deux inculpés, que les magistrats durent emmener à Cogolin, pour y procéder, en leur présence, à une information sur les faits révélés à leur charge. Les résultats de cette procédure justifièrent complètement la poursuite, et le Juge d'Instruction décerna, contre les sieurs Mathieu et Pons, des mandats de dépôt qu'il remit à la Gendarmerie, chargée de conduire les prisonniers à la maison d'arrêt de Draguignan.

Mais, il fallait, pour cela, repasser par la Garde-Freinet, et nous y trouvâmes toute la population mâle et femelle sur pied, faisant obstacle à notre marche, et réclamant la mise en liberté de ses chefs, aux cris de : « Vive la République ! » Naturellement, le Maire et l'Adjoint brillaient par leur absence. Le Commissaire de Police et le Garde Champêtre vinrent seuls se mettre à ma disposition. Plusieurs fois, dans le cours de cette laborieuse traversée du bourg, je dus forcément intervenir de ma personne, pour empêcher les conflits pouvant éclater au moindre incident fâcheux, entre la foule et mes gendarmes, renforcés par la brigade de Saint-Tropez, qui défendaient leurs prisonniers, protégeaient les voitures, et ne se montraient que trop prêts à se servir de leurs armes, si les caracolades de leurs chevaux ne suffisaient pas à les dégager. — « Vous criez : Vive la Ré-
« publique, » disais-je aux braillards, « commencez
« donc par me prouver que vous êtes de vrais républi-
« cains, soumis à la Justice, respectueux de ses ma-
« gistrats, obéissant à leur autorité. Si les hommes
« dont vous réclamez la liberté sont innocents, ils vous
« seront bientôt rendus. Attendez donc avec calme le
« jugement des faits qu'on leur reproche, au lieu de vous
« rendre coupables, vous-mêmes, d'une rébellion qui
« ne saurait manquer d'être sévèrement réprimée. Je
« suis venu chez vous, cette fois, plein de confiance dans
« vos sentiments, avec une simple escorte. Ne m'obli-
« gez pas à revenir mieux accompagné. Force doit

« rester à la loi. Vous le savez : je ne transige pas avec
« le désordre. »

Ce thème, reproduit sous toutes les formes possibles, amenait, chaque fois, une accalmie, pendant laquelle notre cortège gagnait quelque peu de chemin.

Dans un moment de forte bousculade, j'entendis hurler derrière nous, mais à distance prudente, par un des organisateurs de cette émeute, où les femmes étaient en aussi grand nombre que les hommes : « A mort le Préfet ! » Alors, me retournant, je fis quelques pas au milieu de cette tourbe, qui nous enserrait de plus en plus, et croisant les bras, cherchant du regard autour de moi, je m'écriai : — « Qui parle de mettre
« le Préfet à mort ? Qu'il vienne donc, ce prétendu
« républicain : me voilà seul ; qu'il ose porter publi-
« quement la main sur le représentant de la loi ! »

Le sang-froid d'un homme sans défense, qui fait résolument face au péril, impose toujours à la foule, surtout quand cet homme dépasse de la tête ceux qui 'environnent, et que sa vue et sa parole portent loin.

Une fois hors du village, à force de résolution, je remontai dans ma voiture et nous pûmes prendre une allure plus vive et semer successivement sur la route les manifestants, dont beaucoup nous suivirent, néanmoins, pendant près d'une lieue.

A Draguignan, les détenus demandèrent leur mise en liberté sous caution. Elle leur fut refusée par la Chambre du Conseil, grâce à l'énergie du Président du Tribunal, M. Martel. Cette Chambre ne tarda pas, d'ailleurs, à les renvoyer devant la Police Correctionnelle, où leur condamnation paraissait être absolument certaine. Mais, en appel, la Chambre des Mises en Accusation de la Cour d'Aix, malgré tous les efforts du Procureur Général, réforma ces décisions; ordonna la mise en liberté provisoire des requérants, et les renvoya devant la Cour d'Assises, où leur acquittement pur et simple ne pouvait faire doute.

La rentrée des deux complices à la Garde-Freinet fut un premier triomphe. Après acquittement, on leur en réservait un autre. Ils furent nommés, par le Conseil Municipal, Maire et Adjoint de la commune, en remplacement des anciens titulaires, qui se retirèrent pour faire place à ces victorieux.

J'eus bientôt sujet de les suspendre et de les faire révoquer, pour des actes réitérés d'insurbordination, pendant que le Parquet les poursuivait et les faisait condamner, enfin, pour une arrestation arbitraire. Néanmoins, le bon effet que j'attendais de ma périlleuse campagne de la Garde-Freinet, avait été perdu complètement par la pusillanimité de la Cour d'Aix. Mais, je ne me laissais pas décourager facilement, et je continuai, sans m'émouvoir de ses péripéties, ma lutte contre les organisateurs et orateurs des manifestations séditieuses.

Je ne disais pas toujours ce que l'on découvrait dans les perquisitions opérées par mes ordres sur beaucoup de points, de peur d'être complètement abandonné par les hommes d'ordre, terrifiés. Je me gardai bien, par ce motif, de parler à personne de la saisie d'une guillotine, trouvée au fond d'un magasin, chez le menuisier d'une commune voisine de Draguignan, qui, la veille même, l'avait essayée, en décapitant un mouton, devant des frères et amis. Je me contentai de faire briser et brûler le sinistre engin, dans la cour de ce misérable, et je prescrivis d'observer, sur le tout, le silence le plus absolu.

C'est seulement après l'affaire des Arts et Métiers, qu'en vertu d'une loi du 19 juin 1849, je pus enfin, le 30, ordonner la fermeture de tous les clubs de mon département. J'ai dit qu'ils se transformèrent en « chambrées » et comment je parvins, après une entente difficile avec l'autorité judiciaire, à combattre efficacement la propagande démagogique dans ces réunions, réputées privées.

Les réunions publiques et les manifestations extérieures tombaient incontestablement sous le coup de la loi. Mais, j'eus à batailler aussi pour faire admettre le droit, que j'attribuais aux agents de l'autorité, d'assister aux meetings qu'on tenait au grand air de tous côtés, afin d'entendre les orateurs de passage, dans des propriétés particulières, prétendues closes, parce qu'elles se trouvaient entourées des bas-murs en pierres sèches, plus ou moins écroulés, qui se voient partout, en Provence.

Parmi ces orateurs, je dois mentionner exceptionnellement le citoyen Émile Ollivier, ancien Commissaire Général du Gouvernement Provisoire dans les Bouches-du-Rhône et le Var, qui n'avait pas accepté sa nomination, comme Préfet de la Haute-Marne, par le général Cavaignac, et qui s'était, depuis lors, retiré sous sa tente.

Dès que la condamnation des représentants Ledru-Rollin et Suchet par la Haute Cour de Versailles, et par suite, la vacance de leurs sièges à l'Assemblée Législative et la convocation des électeurs, pour leur donner des remplaçants, devinrent certaines, M. Émile Ollivier reparut, venant d'Italie, je crois, dans l'intérêt de la candidature de son père, comme je le sus après, pour verser abondamment, aux populations du Var, les flots de son éloquence républicaine.

Je reconnais que son langage tranchait, par la modération apparente du fond et par l'élégance de la forme, sur les déclamations brutales et sans frein des autres orateurs de chambrées ou de plein vent. Il ne demandait pas carrément, comme eux, qu'on arrosât les Arbres de Liberté du sang des aristocrates, des riches, des exploiteurs du peuple ; jamais, il ne réclama la tête de personne, ni ne provoqua de prise d'armes ; toutefois, je ne sache pas que, jamais non plus, il ait désavoué résolument ceux qui ne s'en faisaient pas faute. Sa manière de prêcher la liberté, l'égalité, la fraternité, ne décourageait aucun zèle. Je dis « prêcher » à dessein, par ce que je vois qualifié d'homélies, dans un de mes rapports de cette époque au Ministre de l'Intérieur, les discours de cet orateur populaire. Je connaissais, en effet, des Dames appartenant à la bourgeoisie d'opinion républicaine modérée, — nuance Cavaignac, — qui saisissaient toutes les occasions d'aller l'entendre, avec leurs filles, comme elles auraient suivi les sermons d'un prédicateur en vogue. C'était déjà l'affolement qui, vingt ans après, fit confier le salut de l'Empire à l'art oratoire d'anciens adversaires, dont l'impéritie pratique, inconsciente, je le veux, devait le conduire à sa ruine !

Mais, cette éloquence décevante ne plaisait pas plus à nos démagogues, — ils la jugeaient trop incolore, — qu'aux hommes d'ordre, redoutant l'influence qu'elle pouvait exercer, dans un cas donné, sur les masses. Une scission ouverte ne manqua pas de se produire entre l'ex-Commissaire Général et l'avocat **Pastoret.** Celui-ci ne voyait pas, d'un bon œil, grandir cette sorte de concurrence à son autorité, sans contrepoids jusque-là.

J'hésitai quelque temps entre les avantages possibles d'une pareille diversion dans le camp de nos adversaires, et la crainte de voir se reformer et s'accroître le tiers-parti républicain modéré, qui nous avait fait tant de tort aux élections générales, et que je ne désespérais pas de désorganiser complètement et de rallier à la cause conservatrice. Mais, cette dernière impression prit le dessus, et l'événement en prouva la justesse. Je fis donc relever avec soin, dans toutes les réunions où le citoyen Émile Ollivier prenait la parole, les circonstances qui pouvaient le placer sous le coup d'une poursuite, et après divers commencements d'instruction demeurés sans effet, au printemps de 1850, l'autorité judiciaire finit par décider qu'un mandat d'amener serait lancé contre le brillant agitateur, à la suite d'une réunion politique tenue dans l'ancien club de Vidauban, irrégulièrement transformé en chambrée.

Quelques jours après, je sus que notre tribun, officieusement averti, s'était mis à l'abri de tout mandat, en passant la frontière, pour se reposer, à Nice, de ses pérégrinations. J'en fus très satisfait; car, en Cour d'Assises, on l'eût sûrement acquitté, comme tous les accusés de délits politiques, et, selon toute apparence, il aurait trouvé, dans les débats, l'occasion de nouveaux triomphes de parole.

J'appris du Capitaine de Gendarmerie Duval, comment M. Ollivier reçut l'avis, bien opportun, qui nous épargna tous ces ennuis, et nous délivra finalement des réunions politiques dont il était la grande attraction.

Je ne suis même pas bien sûr qu'on ne m'eût point prévenu d'avance de cette indiscrétion prudente.

SESSION DU CONSEIL GÉNÉRAL.

Je profitai des occasions que la session du Conseil Général me donna, pour m'assurer de bonnes relations personnelles, en attendant mieux, avec les anciens Représentants, de nuance modérée, que leurs votes hostiles dans l'Assemblée Constituante, après le 10 décembre, avaient fait exclure, à mon grand regret, de la liste conservatrice, aux élections de mai, et qui s'étaient fait battre outrageusement, avec MM. Besuchet de Saunois et Carbonnel, tout en empêchant le succès complet de cette liste.

Leur amour-propre froissé les retenait dans les rangs de l'Opposition, tandis que leurs intérêts, sérieusement inquiétés par l'audace croissante des révolutionnaires, qui repoussaient leur influence, comme, naguère, leurs candidatures à l'Assemblée Législative, devaient les ramener du côté du Gouvernement. Mais, nous ne pouvions manquer de nous entendre de tous points sur le terrain des affaires, et j'espérais même que les plus exaltés des Conseillers républicains se verraient obligés de désarmer vis-à-vis d'une administration vigilante, laborieuse, en mesure de rendre bon compte, au Conseil, de la situation de tous les services départementaux.

Cette session s'ouvrit le 27 août. Sur 35 membres, 18 étaient conservateurs ; 8, républicains modérés, et 9, rouges. Comme d'habitude, parmi les absents, les conservateurs formaient la majorité. Néanmoins, M. Alleman, l'ex-Représentant à l'Assemblée Constituante, républicain modéré, ne fut élu Président qu'au troisième tour de scrutin, contre M. Maure, Représentant conservateur, distancé par lui d'une voix seulement.

Mon exposé très complet, très net, mais très déférent, de l'ensemble des affaires départementales, et notamment, des embarras financiers laissés par mes prédécesseurs et des moyens d'y pourvoir me paraissant les meilleurs, obtint tout le succès que j'en pouvais attendre, et les intentions agressives dont se montraient animés, tout d'abord, nombre de membres, s'en trouvèrent modifiées au point que toutes les opinions s'accordèrent pour demander l'impression de ce document.

Je déposai sur le bureau plus de 50 rapports spéciaux, rédigés avec le même soin, au sujet d'autant d'affaires soumises aux décisions du Conseil. Dans la discussion de chacune d'elles, je fis en sorte de ménager l'impéritie, en manière administrative, de la plupart des opposants, afin de ne pas éveiller leurs susceptibilités, et de les rallier, au contraire, si possible, à mes conclusions. Cela me réussit dans le plus grand nombre des cas. Presque toutes mes propositions furent acceptées, et, chose remarquable, les crédits relatifs à la Préfecture, alloués à l'unanimité. Le Conseil me vota même des remerciements, à l'occasion de deux affaires difficiles que j'avais heureusement résolues. Aussi, *Le Démocrate du Var*, peu suspect de bienveillance pour mon administration, en rendant compte des séances publiques du Conseil, crut-il devoir expliquer, dans les termes ci-après, l'attitude accommodante des membres de son opinion :

« Il y a cela de remarquable que le Préfet du Var a été à l'abri de toute opposition personnelle. On a parfaitement compris qu'il y avait en lui un administrateur distingué; que son caractère était empreint de loyauté; que, moins qu'un autre, par le temps qui court, il est disposé à servir les rancunes du jésuitisme de 1815 et 1830; qu'en un mot, chez lui, l'homme vaut mieux que l'opinion; l'administrateur, mieux que le fonctionnaire. On n'a donc pas fait la guerre à M. Haussmann. »

Le public des séances du Conseil, composé presque entièrement des partisans des orateurs les plus avancés, qui parlaient pour elle plus qu'à leur tour, donna plusieurs fois des marques d'assentiment à mes explications pratiques, et me confirma dans cette conviction, ancrée déjà dans mon esprit, que la meilleure des politiques est de bien et loyalement administrer.

Le Conseil Général n'ayant pas achevé ses travaux dans la durée légale de la session ordinaire, je provoquai la convocation d'une session extraordinaire, — fixée aux 7, 8 et 9 octobre, — pour qu'il pût épuiser son ordre du jour.

Cette nouvelle réunion se passa mieux encore que la première, et consolida le caractère courtois de mes relations avec tous les membres du Conseil, sans exception.

En somme, je réussis, non sans peine, à combiner et faire accepter une série de mesures assurant la mise en complet équilibre du budget du Département pour 1850, malgré les charges très lourdes qui le grevaient, notamment, du chef de l'entretien de ses 602 kilomètres de routes départementales et des 762 kilomètres de chemins de grande communication précédemment classés. J'avais même pu doter la petite vicinalité d'un corps d'agents voyers spéciaux, chargés d'en diriger l'amélioration.

Le Ministre de l'Intérieur, afin de m'aider à rétablir l'ordre dans ce budget, m'accorda, j'en conviens, l'élévation de 140,000 à 165,000 francs, de l'attribution du Var dans la première partie du Fonds Commun des départements, et somme suffisante à prendre sur la seconde, pour solder les dernières dépenses occasionnées par la construction de l'hôtel de la Préfecture, dans les trois grands salons duquel nous ne pûmes jamais réunir trente danseuses, même en y convoquant la ville et ses faubourgs, je veux dire toutes les personnes invitables de Draguignan et des environs.

Mais, le Département se trouvait sous le coup d'autres engagements bien plus graves, auxquels le Gouvernement ne pouvait, par aucun moyen, l'aider à faire face, et que, finalement, je parvins à conjurer.

Autorisé, dès 1846, à emprunter un million, pour atténuer les pentes excessives de ses routes départementales, le Département jugea bon de ne réaliser qu'un tiers de cette somme, avant 1848, et, confiant dans la facilité qu'il se croyait assurée, de négocier les deux derniers, comme le premier, à la Caisse des Dépôts et Consignations, le Préfet d'alors fit, néanmoins, mettre la main à l'œuvre sur tous les points à la fois, afin de hâter le moment où chaque localité jouirait des travaux projetés. Or, la Révolution restreignit les disponibilités de la caisse prêteuse, et tarit subitement les autres sources de crédit, de telle sorte que je me vis en face d'une masse effrayante de paiements exigibles, sans aucun moyen de les effectuer.

Je fus assez heureux pour mener à bout une combinaison suivant laquelle les principaux créanciers du Département, propriétaires dépossédés de terrains incorporés à la voie publique et non soldés, et entrepreneurs de travaux, porteurs de décomptes dûment réglés, devinrent eux-mêmes souscripteurs d'une importante partie des deux tiers restant à émettre de l'emprunt, et pour placer le surplus aux conditions fixées par une loi nouvelle, rendue en mai 1849. Le succès de cette double opération, qui mit fin à des embarras regrettables et rendit possible la reprise des travaux interrompus, produisit un grand et favorable effet sur tous les esprits.

LE CHOLÉRA.

Dans l'intervalle des deux sessions, le choléra, qui régnait depuis quelque temps à Marseille, envahit Toulon. C'est vers le 10 septembre que les premiers cas me furent signalés. Il s'agissait de personnes arrivant de Marseille, et, pendant bien des jours, le mal ne fit aucun progrès sensible. Mais, tout à coup, il prit un développement considérable. Le 25, un rapport du Sous-Préfet m'informa qu'une panique générale venait de s'emparer subitement de la population, et qu'un mouvement d'émigration se prononçait dans toutes les classes.

J'étais au lit, souffrant d'un mal d'estomac causé, comme je l'appris ultérieurement, par une névralgie intercostale, et que le Docteur Théus, Maire de Draguignan, dont je recevais les soins, attribuait sans doute à quelque autre chose; car, il allait me faire une application de sangsues au thorax, quand je reçus cette nouvelle. Je commandai, sans nul retard, d'atteler ma voiture et de faire mes préparatifs de déplacement. Le Docteur eut beau me dire qu'il me trouvait dans les plus mauvaises conditions possibles pour affronter le choléra : j'ajournai ses bestioles à temps plus opportun. Ma courageuse femme, présente à notre débat, me donna raison. — « Je « suis fort inquiète de voir partir mon mari dans un pa- « reil état, » dit-elle ; « mais, puisqu'il juge que c'est son « devoir, je ne ferai rien pour l'en détourner. » — Alors, le brave Docteur se résolut à me suivre, après m'avoir fait poser sur le creux de l'estomac un cataplasme opiacé, qu'il eut soin de faire renouveler en route. Mon cocher semblait moins décidé ; mais je devais, comme d'habitude, le laisser à Cuers, et prendre là des chevaux de poste.

A Toulon, je visitai, le 26, au point du jour, l'Hôpital du Saint-Esprit ; puis, celui de la Charité. Avant midi, j'avais inspecté les ambulances ouvertes dans les divers quartiers, et l'après-midi, je vis l'Hôpital Militaire.

L'Évêque de Fréjus était venu me rejoindre.

Le surlendemain, je m'assurai soigneusement que rien ne me restait plus à faire pour la bonne organisation des services de secours, et je repris le chemin de Draguignan, où me rappelaient des affaires urgentes, — la conclusion de mon emprunt, entre autres, — en vue de la session extraordinaire du Conseil Général. Mais, cette session terminée, je retournai, le 11 octobre, à Toulon, où je demeurai jusqu'au déclin de l'épidémie.

J'y fus accompagné, cette fois, par le Docteur Gaimard, membre du Conseil Général, familiarisé dès longtemps avec le choléra, qu'il subit plusieurs fois lui-même, aux Grandes Indes. J'eus tout le temps d'étudier avec lui cette terrible maladie, et d'en voir des effets étonnants.

Un jour, que nous passions dans une salle de l'Hôpital du Saint-Esprit, je me rappelai que, lors de mon premier voyage, le second lit, à gauche, était occupé par une pauvre vieille, toute ratatinée, bleuie par le choléra, ayant l'écume aux lèvres et les regards vitreux. La Supérieure me l'avait dit perdue. Cette fois, dans le même lit, je vis une jeune fille de 16 à 18 ans, blanche et rose, qui me salua de la tête, en souriant : — « Vous me connaissez ? » lui demandai-je. — « Monsieur, » répondit-elle, « il y a quinze jours, « vous vous êtes arrêté pour m'examiner : je me sentais « bien malade alors !... » — « Comment, c'était vous ? » — « Oui, Monsieur, mais je suis guérie maintenant, grâce « aux bons soins qu'on m'a donnés, et je me lèverai dès que « mes jambes, écorchées par les frictions qui m'ont sau- « vée, me le permettront enfin. » — Je ne pouvais pas revenir de ma stupéfaction ; mais je n'en laissai rien voir.

Je retrouvai le Docteur Gaimard à Paris. Il devint un habitué de l'Hôtel de Ville. C'était un homme aimable, instruit, et très intéressant à entendre, quand il racontait ses voyages et ses explorations scientifiques dans le Monde entier, surtout, dans la Polynésie.

Jusqu'à la fin d'octobre, époque à partir de laquelle aucun décès cholérique ne me fut plus signalé, j'en relevai 729 dans Toulon et sa banlieue, savoir :

Population fixe. . .	A domicile . . . . Dans les hôpitaux civils . . Dans la banlieue.	323 84 78	485
Population flottante.	Hôpital Militaire . . . . . . Hôpital de la Marine . . . . Hôpital du Bagne	94 52 98	244
	Total. . .		729

Hors du foyer toulonnais, l'épidémie ne fit de sérieuse apparition sur aucun point du département.

ÉVASION DE FORÇATS. LE BRIGANDAGE.

Je viens, pour la première fois, de mentionner le **Bagne**, qu'on n'avait pas encore supprimé. Le contact des ouvriers marins ou civils avec les forçats, dans les chantiers du Port et de l'Arsenal, était on ne peut plus regrettable : cette promiscuité favorisait, d'ailleurs, l'évasion de ces dangereux condamnés, sujet de terreur constante pour les populations rurales.

Le 15 mai 1849, sept forçats, employés à des travaux dans la rade, près de Saint-Mandrier, y parvinrent à s'emparer d'un canot et à s'enfuir. Débarqués sur la côte, entre Hyères et Saint-Tropez, ils se cachèrent dans les bois des Maures, durant toute la journée du 16, et recommencèrent leur marche, dans la nuit suivante. On les aperçut, le 17, aux environs de Grimaud. Ils voulaient évidemment traverser l'Argens; puis, les bois accidentés de l'Estérel, et gagner la frontière. On prit les mesures nécessaires pour leur couper le passage de l'Argens, et, dans la nuit du 18 au 19, ils tombèrent dans une embuscade de quatre gendarmes de la brigade de Fréjus, auxquels s'était joint le passeur Turrel, ancien préposé des Douanes. Mais, les sept bandits avaient des armes. Un combat eut lieu. Deux forçats tombèrent, frappés à mort, et deux autres, blessés, restèrent prisonniers ; mais le gendarme Beck, vieux militaire, présenté pour la **décoration**, après trente-cinq ans de service, fut tué raide, et le passeur, grièvement blessé. On arrêta deux autres forçats, dans la journée. Le septième ne put être repris.

J'obtins un bureau de tabac pour la veuve Beck, et la décoration pour le brave Turrel, déjà porteur de deux médailles de courage et de dévouement.

Il appartenait au Ministre de la Guerre de récompenser les gendarmes restés sains et saufs.

Des quatre prisonniers, trois furent condamnés à mort, et le dernier, le plus jeune, aux travaux forcés à perpétuité. — C'était le moins qu'il méritât.

Tous les échappés du Bagne ne passaient pas la frontière. Il en restait dans le pays, qui se constituaient en bandes, vivant de brigandages.

Le 28 décembre, en plein jour, sur la route de Brignoles à Toulon, dans les bois de la famille d'Albertas, commune du Puget-de-Cuers, une de ces bandes, composée de sept ou huit hommes, enlevait un convoi de fonds expédié par le Receveur Particulier de Brignoles au Receveur Général, et montant à 18,000 francs, après avoir tué net un des deux gendarmes d'escorte, le sieur Senès, de la brigade de Cuers. Toutes les recherches entreprises pour découvrir ces malfaiteurs, demeurèrent absolument vaines.

Je pus encore faire donner un bureau de tabac à la veuve du gendarme Senès.

Dix jours avant cette attaque, dans la nuit du 18 au 19 décembre, un vol de 35,000 francs fut constaté, sans effraction apparente, à l'intérieur ni à l'extérieur, dans la caisse du Receveur Particulier de Draguignan, qui, malgré les prescriptions formelles de l'Instruction Générale sur la Comptabilité, négligeait de faire coucher un homme dans la pièce où se trouvaient ses fonds. Il lui fallut, par ce motif, garder la perte à son compte. Impossible de découvrir, d'ailleurs, comment et par qui la soustraction avait été commise.

Le 6 janvier 1850, à huit heures du soir, un voiturier, victime d'un vol à main armée, presque aux portes de Toulon, sur la route d'Italie, près de La Valette, reçut trois coups de couteau ; mais, il blessa lui-même un de ses assaillants.

Peu de temps après, un homme de Barjols se vit détroussé, de jour, sur la route de Brignoles aux gorges de Châteauvert.

Enfin, à Toulon même, on força les troncs de l'église Sainte-Marie.

Des faits si caractéristiques m'ont paru ne pouvoir être négligés, parmi les souvenirs, très vivants, que j'ai conservés du Var, sous mon administration.

En 1850, mon ancien Ministre de l'Intérieur, M. Dufaure, fut nommé Président de la Commission parlementaire d'Enquête sur la Marine. Vers les derniers temps de mon séjour dans le Var, il vint, avec plusieurs de ses collègues, à Toulon, où je me rendis, pour le saluer et me mettre à sa disposition personnelle. Tout ce qu'il vit de la situation de Toulon même, et ce qu'il apprit touchant celle du département entier, lui prouva l'exactitude absolue de mes rapports.

Plusieurs fois, il me témoigna son étonnement et ses appréhensions. — « Comment », disait-il un jour, « avec « tous les droits que vous crée votre manière de servir, « restez-vous dans un tel pays ? » — « J'y reste », répondis-je, « parce qu'il faut bien qu'il ait un Préfet. Plus on y « court de dangers, moins je puis demander au Gouver- « nement d'y mettre un autre à ma place !... Quand le

« Prince-Président m'enverra dans une autre Préfecture
« que Draguignan, je ne m'en plaindrai certes pas ; mais
« il me l'a donnée comme un poste de confiance, et je
« ne puis honorablement, tant qu'il m'y juge néces-
« saire, le prier de m'en retirer. »

Nous sortions à peine alors de la nouvelle campagne électorale motivée par le remplacement des Représentants Ledru-Rollin et Suchet, les condamnés de la Haute Cour de Versailles. Mais, tout le temps de sa durée, comme j'étais en position de la faire mieux qu'aucun nouveau venu, je n'eus pas la moindre chance qu'on me relevât de mes fonctions et qu'on m'en assignât d'autres.

L'ÉLECTION DE 1850.

Pour cette campagne, dont il me reste à faire l'histoire, je me trouvai dans de meilleures conditions que pour la précédente. Je connaissais bien le terrain électoral. Désormais, ralliés complètement à mon administration. sinon encore au Gouvernement du Prince, MM. Alleman, Philibert, Gaimard et leurs intimes n'éprouvaient aucun désir de figurer de nouveau dans une liste de candidats du tiers-parti. La question se bornait donc à ramener dans les rangs conservateurs, la plupart, sinon la totalité, des 3,000 voix perdues sur celle où ces messieurs, s'étaient laissé fourvoyer avec tant d'imprudence, en mai 1849. Or, j'avais pour organes, cette fois, outre *Le Conciliateur,* avec une publicité meilleure et plus répandue, *Le Toulonnais* et *La Sentinelle*, dirigés par mon chef de cabinet! Il ne s'agissait plus que de bien choisir nos candidats aux deux sièges que la déchéance des Représentants Ledru-Rollin et Suchet, rendaient vacants. Mais, c'était justement le point difficile, quoique le temps n'eut pas manqué pour le résoudre ; car la condamnation remontait au milieu de novembre 1849, et le 9 février 1850, seulement, parut le décret de convocation des électeurs pour les 10 et 11 mars.

Dès le lendemain de sa publication dans le Var, les comités électoraux conservateurs des quatre arrondissements se reconstituèrent : sous ce rapport, je ne pouvais pas leur demander mieux.

Quant aux rouges, le choix de leurs candidats eut lieu dans un congrès tenu les 23 et 24 février, au Luc, pour célébrer l'anniversaire de la proclamation de la République. Deux cent quarante-sept délégués, venus de tous les points du département, y prirent part.

Voici le résultat des votes :

Les citoyens : Suchet aîné, frère du Représentant condamné.	173 voix.
Clavier, notaire, membre du Conseil Général, à Brignoles.	158 —
Démosthènes Ollivier, ancien Commissaire du Gouvernement Provisoire, père du citoyen Émile.	91 —
Thourel, avocat, membre du Conseil Général, à Toulon, défenseur du Représentant Suchet à la Haute Cour de Versailles.	67 —

On voit à quel médiocre succès les tournées oratoires de M. Émile Ollivier aboutirent finalement.

Les candidatures Suchet et Clavier, acclamées, réunirent, au scrutin, tous les votes du parti.

Les comités conservateurs, bien inspirés, auraient abandonné résolument tous leurs candidats malheureux aux élections des 13 et 14 mai 1849, pour en prendre de tout neufs. Je pus assez facilement obtenir la renonciation de M. Jules Poulle, ancien candidat pour l'arrondissement de Draguignan, bien qu'alors il eût réuni plus de 25,000 suffrages. Mais, M. de Clappiers, l'ancien candidat pour Brignoles, qui n'avait manqué l'élection que de quelques centaines de voix, ne se montra pas d'humeur accommodante, et quoique son nom, de nuance légitimiste et cléricale trop accentuée, fût des plus inopportuns à reproduire, en vue du rapprochement du tiers-parti que je m'efforçais d'opérer, il fallut céder à l'insistance de ses amis.

Pour deuxième candidat, on fit un choix plus heureux : celui de M. le comte Siméon, qui tenait, par des attaches multiples, à toutes les fractions du parti conservateur. Son grand-père, originaire de Brignoles, avait été Conseiller d'État, sous l'Empire ; son père, le vicomte Siméon, Préfet à Draguignan, sous la Restauration, et lui-même, Préfet des Vosges dès 1830, sous le règne du Roi Louis-Philippe. De plus, il possédait de grandes propriétés aux Salins d'Hyères, et des liens de parenté l'unissaient à la famille Portalis, très bien posée dans l'arrondissement de Toulon, que l'un des fils du Premier Président de la Cour de Cassation avait représenté, près du Gouvernement de Juillet, à la dernière Chambre des Députés.

J'accompagnai ce nouveau venu, dont je devais être le collègue au Sénat du second Empire, dans sa visite au très digne Évêque de Fréjus, qui lui fit un accueil parfait et qui nous retint à souper. Il dînait au milieu du jour, suivant l'habitude générale du pays, et son souper remplaça le dîner, pour nous. C'était jour maigre. Nous n'en fûmes pas moins bien traités. Entre autres mets excellents, je garde souvenir d'un pâté « chaud » de thon, qui nous donna la meilleure opinion du cuisinier de Sa Grandeur.

En plusieurs occasions, j'avais déjà pris place à la table de cet aimable Prélat, qui se montra toujours loyal et presque affectueux dans ses relations avec moi.

Conduit à Fréjus, pendant l'été précédent, au cours de ma tournée de Revision, je m'étais vu forcé par lui d'accepter son dîner et son souper, avec tous les membres du Conseil. Le matin, il nous fit servir, d'abord, de très bon vin blanc de Château-d'Yquem, dont la saveur sucrée trahissait la date (1844) et du vin rouge de Médoc, dont il ne se rappelait pas le nom. Il me fut bien facile, comme il l'eût été pour tout Bordelais, de déclarer qu'il appartenait à la récolte de 1841, aisément reconnaissable à sa sève toute spéciale, et aussi, qu'il me paraissait provenir de la commune de Saint-Julien. Mais, je trouvais léger ce Saint-Julien, assez délicat : il devait évidemment sortir des environs de Beychevelle. Or, parmi les crus classés de ce côté-là, si familier pour moi, figurait celui de Saint-Pierre, et je me rappelai que son dernier propriétaire, M. le colonel Bontemps Dubarry, de couleur légitimiste, avait d'intimes liens avec un négociant de Bordeaux, très catholique, passant pour approvisionner le Clergé de France. Alors, je dis à l'Évêque : — « Monseigneur, votre fournisseur est un homme d'esprit : il vous a servi, je crois, du vin de Saint-Pierre. »

Le soir, à souper, le bon prélat, tout émerveillé, me dit que la vérification des factures de son fournisseur justifiait de tous points ma dégustation. Je l'étonnai bien plus, en lui disant alors le nom de cet habile négociant.

Le dépouillement du scrutin des 10 et 11 mars ne justifia pas moins les appréhensions que me causait la candidature de M. de Clappiers et ma confiance dans celle du comte Siméon.

Avant de le donner, je note que le Conseil Général du département, réuni le 23 février, sous la présidence de M. Alleman, pour statuer sur mes propositions relatives à la division des cantons en sections électorales, les avait unanimement adoptées.

Voici maintenant les résultats de l'élection, tels que les proclama le bureau de recensement général :

	Votes civils.	Armée et flotte.	Marine de Toulon.	Totaux.	
Siméon......	30,459	775	1,268	32,500	) élus.
Clavier......	28,843	450	3,059	32,352	)
De Clappiers...	30,053	790	1,238	32,082	
Suchet aîné...	28,081	469	3,079	31,629	

Il ressort de ces chiffres que, si la population civile eût voté seule, comme aujourd'hui, nos deux candidats l'emportaient, en somme, d'environ 2,000 voix, sur leurs concurrents, bien que M. de Clappiers fût resté, de 418, en arrière du comte Siméon. Le succès de mes efforts était donc incontestable. Malheureusement, l'Amiral Hamelin, le nouveau Préfet Maritime, observateur scrupuleux des instructions de son Ministre, n'avait cru pouvoir exercer en rien sa puissante action sur le personnel du Port et de l'Arsenal de Toulon, livré sans défense à celle de la propagande révolutionnaire.

Le vote séparé de chaque groupe de ce personnel, permit de constater, par exemple, celui des gardes-chiourmes, des hommes chargés de maintenir l'ordre dans le Bagne : mauvais à l'unanimité !

L'insouciance des officiers de marine pour les votes de la flotte, auxquels ils devaient présider, alla si loin, qu'on me citait un bâtiment du Port Militaire, dont l'équipage, fort bien disposé le matin, changea du tout au tout dans l'après-midi, parce que l'état-major, en prolongeant trop son déjeuner, retarda sans mesure l'ouverture du scrutin et, par suite, l'heure où la permission de descendre à terre pourrait être donnée. A quoi tient, sous le régime du Suffrage Universel, le sort d'une élection et celui du Pays !

La vérification attentive des opérations de la Marine, que je dus provoquer, revêta, du reste, qu'on avait fait voter, à Toulon même, bon nombre de marins non-électeurs, et l'Assemblée Législative, saisie de ces irrégularités, après un nouveau recensement des suffrages, prononça l'annulation de l'élection de M. Clavier et proclama comme Représentant, à sa place, M. de Clappiers. Par suite, la députation du Var, à cette assemblée, se trouva composée de cinq conservateurs : MM. Arène, Maure, de Villeneuve-Bargemon, Siméon et de Clappiers, et de deux rouges : MM. Arnaud et Conte. On se rappelle qu'à mon arrivée dans le département, sa représentation, à l'Assemblée Constituante, comprenait sept rouges et deux conservateurs seulement.

MON DÉPART.

Au commencement de mai 1830, je fus informé que le Prince-Président comptait utiliser mes services ailleurs. On m'écrivit que j'étais désigné pour aller à Metz.

J'éprouvai donc une pénible déception, quand, au lieu de cet honorable avancement, je reçus, le 15 mai, comme je venais d'entreprendre la tournée de Revision des conscrits de la classe de 1849, l'avis de ma nomination, par décret du 11, à la Préfecture de l'Yonne, plus importante, je le veux, que celle du Var, mais qui n'eût pas valu, pour moi, la peine et les ennuis d'un déplacement, sans l'avantage d'un notable rapprochement de Paris, qu'elle m'assurait.

Dès le 16 mai, je fis mes adieux au personnel administratif du département, dans une circulaire à laquelle j'emprunte ces passages, dont le premier résume exactement mes impressions quant à l'état du pays, et à la ligne de conduite que son administration devait tenir :

« Le Var... offre à l'administrateur une magnifique
« contrée à féconder par d'utiles mesures; au fonction-
« naire politique, des populations intelligentes et vouées
« au travail; trop abandonnées, sans doute, dans le
« passé; maintenant, égarées au moyen de promesses
« irréalisables, qu'il faut reconquérir à la cause de
« l'ordre par une administration loyale et dévouée,
« autant que par une vigilance et une fermeté soute-
« nues; par la réalisation immédiate de toutes les amé-
« liorations praticables, autant que par la répression
« des tentatives et des doctrines hostiles aux principes
« et aux droits consacrés dans la constitution du Pays.

« Mais, ce n'est pas l'œuvre d'un jour. Aussi, quelque
« laborieuse qu'ait été mon administration de ce dépar-
« tement, elle a trop peu duré pour y laisser des traces
« profondes.

« A défaut de ces résultats visibles qui se gravent
« dans la mémoire reconnaissante des populations, j'es-

« père laisser, parmi vous, le souvenir d'un fonctionnaire
« esclave de ses devoirs; jaloux d'imprimer à tous ses
« actes le cachet de la régularité la plus scrupuleuse;
« également éloigné de la violence, qui est l'excès de
« l'énergie, et de la faiblesse, qui est l'excès de la
« modération; désireux surtout de rallier sous le dra-
« peau de l'ordre et des lois, par une juste conciliation
« de toutes les opinions honnêtes et désintéressées, tous
« les hommes dévoués, sans arrière-pensée, au bien du
« Pays, aux grands intérêts sur lesquels la Société re-
« pose. »

Les visites d'usage reçues et rendues, je partis, dans ma voiture attelée en poste, pour Auxerre, avec mon Chef de Cabinet, M. Ferrier de Tourettes; mon Secrétaire, M. de Masin; et mon domestique, Pierre Réau; laissant à ma vaillante femme, comme d'habitude, le soin de régler nos affaires, de vendre mes chevaux, et de surveiller nos emballages.

CHAPITRE XV

LA PRÉFECTURE DE L'YONNE

Causes de mon changement de résidence. — Auxerre et le Département. — Personnel administratif. Représentants. Conseil général. — Ma Préfecture. Grand et petit Hôtels.

Je ne fis que toucher barres à Auxerre. Après avoir remisé ma calèche à la Préfecture, que mon prédécesseur, M. de Contencin, nommé Directeur des Cultes, avait déjà quittée, en remettant l'administration au Conseiller de Préfecture, Secrétaire Général, M. Lescuyer; après avoir laissé MM. Ferrier de Tourettes et de Masin s'entendre avec celui-ci pour l'organisation de mon cabinet selon mes habitudes de travail, et chargé mon domestique Pierre de mon installation dans l'appartement que je choisis, pour moi, provisoirement, je courus à Joigny, prendre le chemin de fer de Paris à Lyon, en service jusqu'à Tonnerre seulement, à cette époque, et, le soir du 19 mai, j'étais dans ma famille, à Paris, où mon père demeurait de nouveau, depuis sa mise à la retraite, en 1848.

CAUSES DE MON CHANGEMENT DE RÉSIDENCE.

Le lendemain matin, à l'Élysée, M. Mocquard me donnait le mot, que je venais chercher, de mon envoi dans l'Yonne, au lieu de la Moselle, qui m'eût bien mieux convenu sous tous les rapports.

L'Yonne, à qui le Prince devait la fin de son exil, — puisque, le premier de tous, ce département porta ses suffrages sur l'Héritier de l'Empereur Napoléon, et força les portes de l'Assemblée Constituante devant le César de l'avenir, — l'Yonne était envahi par une propagande socialiste effrénée, combattue, sans aucun succès : par le Préfet du Dix-décembre, M. Boulage (frère du Secrétaire Général du Ministère des Travaux Publics), envoyé, pour ce motif, dans le Morbihan ; par son successeur, M. de Contencin, un homme charmant, bien connu de moi jadis, à Bordeaux, comme Secrétaire Général de la Préfecture, avant mon camarade Ferdinand Le Roy, mais, de tous les fonctionnaires que je rencontrai, le moins fait pour un rôle exigeant, soit, de l'initiative, soit, de l'énergie. Or, le Prince, très frappé, très inquiet des tendances révolutionnaires qui se propageaient sans relâche, de proche en proche, dans cette citadelle de l'Impérialisme, tandis que la rupture, de plus en plus accentuée, du Gouvernement Présidentiel, avec le groupe royaliste de l'Assemblée Législative, entre l'Élysée et la rue de Poitiers, lui rendait de plus en plus important le maintien du solide appui des masses populaires, avait cru que je saurais enrayer le mal, d'abord ; réagir ensuite contre ses effets, et, de lui-même, avait transporté mon nom de Metz à Auxerre, dans le travail de mutations de fonctionnaires administratifs proposé par le Ministre de l'Intérieur à sa signature.

En me confirmant ces détails, dans l'audience qu'il m'accorda sans retard, le Prince me dit qu'il croyait pouvoir assez compter sur mon dévouement à sa personne, pour m'imposer l'ajournement, peu durable, il l'espérait, de l'avancement de classe auquel il me reconnaissait tous les droits possibles ; mais, qu'il saurait m'en dédommager. — Il me le prouva bien. — Je lui fis la seule réponse possible en pareil cas : ma nomination, comme Préfet de l'Yonne, dans des telles conditions, prenait à mes yeux le caractère d'une nouvelle marque de sa confiance, c'est-à-dire de la plus précieuse des récompenses que je pusse ambitionner, après la rude épreuve du Var. J'ajoutai : — « Je remets les intérêts « de ma carrière entre les mains de Votre Altesse Impé- « riale, en la priant de les subordonner toujours, comme « cette fois, aux intérêts plus considérables de son « service. »

Je me rendis ensuite au Ministère de l'Intérieur.

Je voyais pour la première fois M. Baroche. Il me reçut avec la morgue hautaine qu'il prenait vis-à-vis de ses subordonnés, et m'apprit ce que je savais : il me destinait un poste plus important qu'Auxerre, — ce dont je le remerciai par une respectueuse inclination ; — mais, le Prince-Président pensait que les qualités dont faisait preuve mon administration du Var, — j'en passe l'énumération condescendante, que je saluai de même, — seraient mieux utilisées provisoirement dans l'Yonne, que partout ailleurs. Sans attendre ses bienveillantes explications, homme de devoir avant tout, j'avais, lui dis-je, pris possession, dès la veille, de ma nouvelle Préfecture, en passant par Auxerre, et je venais uniquement pour me mettre à ses ordres et recevoir ses instructions.

Le Ministre me fournit quelques indications utiles sur les influences diverses en face desquelles j'allais me trouver ; sur la manière dont était composée la représentation de l'Yonne à l'Assemblée Législative ; sur l'attitude de chacun de ses membres vis-à-vis du Gouvernement, etc. ; mais il n'alla pas aussi loin que le Prince, dans ses confidences politiques. Peut-être, ne lisait-il pas encore et ne convenait-il pas qu'il lût déjà, dans l'avenir, tout ce que Son Altesse Impériale m'avait fait entrevoir : il n'était pas un impérialiste de naissance.

Sans doute, le plus grand nombre des six millions d'électeurs du Prince, au 10 décembre, considéraient la Présidence de la République, qu'ils lui déféraient, comme le vestibule de l'Empire. Mais, dans le monde parlementaire, on se flattait, à Droite comme à Gauche, d'imprimer à ce courant d'opinion irrésistible, des directions tout autres, et parmi la plupart des Députés favorables au Gouvernement, qui se préoccupaient d'avance de l'expiration des pouvoirs du Président de la République, on ne voyait rien au delà d'une prorogation de son mandat constitutionnel, mesure dont on jugeait la proposition à faire, dans un an, bien assez hardie, bien assez aventureuse! Le Coup d'État du 2 décembre 1851 devait être déjà dans la pensée de son auguste auteur; mais il n'était pas encore dans l'air.

Sur mon départ, je reçus, chez mon père, la visite de M. Frémy, ancien Maître des Requêtes au Conseil d'État, avant 1848 ; ancien Chef de Cabinet de M. Léon Faucher ; Représentant de l'Yonne à l'Assemblée Législative ; dévoué à la cause du Prince. Il savait, par le Ministère, ma présence à Paris, et venait me dire beaucoup de choses que j'avais intérêt à savoir, avant d'entrer en fonctions à Auxerre. Je m'excusai, sur la brièveté de mon séjour, de m'être laissé prévenir par sa visite, et je lui promis de faire un autre voyage à Paris, dès que j'aurais pris pied sérieusement dans mon nouveau poste, et que je pourrais m'entretenir utilement, sur tous sujets administratifs ou politiques, avec ses collègues de même opinion, comme avec lui-même.

Je m'arrêtai, dans l'intervalle de deux trains, à Sens, pour rendre visite à l'Archevêque, à qui je devais la préséance.

Mais, durant tout le cours de ma route, je repassais, dans mon esprit, ce que j'avais appris à l'Élysée.

Si, dans le Var, la politique absorbait la meilleure part de mon temps, elle paraissait devoir m'en laisser encore moins, dans l'Yonne, pour m'acquitter de mes devoirs d'administrateur. A la vérité, partout ailleurs, il en eût été probablement de même. L'époque n'était pas aux occupations pacifiques. La société luttait désespérément pour son existence même, contre ceux qui la sapaient dans ses fondements. — « Guerre ! Eh bien ! soit, » me disais-je ; « s'il me faut reprendre ici la lutte contre le
« désordre, l'avenir me réserve mieux à faire sans
« doute. En attendant, je suivrai le précepte de l'Écri-
« ture : Fortifions nos cœurs et ceignons nos reins ! »

C'est sous l'empire de ces pensées que j'écrivis, à la date du 22, ma circulaire d'arrivée, à l'adresse de MM. les Sous-Préfets, Maires, Chefs de services publics et Fonctionnaires Administratifs du département, dont voici les passages essentiels :

« Aujourd'hui, les travaux, les études de l'Adminis-
« tration ne sont que trop souvent primés par les nom-
« breux devoirs qu'impose aux Magistrats la charge
« redoutable de veiller sur la tranquillité publique ; de

« prévenir toutes les tentatives de désordre ; de conte-
« nir tous les mauvais instincts !... Essentiellement
« agricole, le département de l'Yonne a tout à perdre
« à la prolongation d'un état d'inquiétude qui paralyse
« le mouvement des affaires et accumule, entre les
« mains du cultivateur, des produits dépréciés.

« Son sol constitue, d'ailleurs, de trop nombreux
« patrimoines, pour que sa population soit jamais sé-
« duite par les promesses de novateurs qui fondent
« leurs projets de réforme sociale sur l'abolition de la
« propriété privée.

« Il y a deux ans à peine, au milieu de la confusion
« produite par une révolution aussi profonde qu'inat-
« tendue ; alors que tous les principes sur lesquels la
« société repose, étaient simultanément remis en ques-
« tion ; ce département s'est tourné, par un mouvement
« presque unanime, vers l'héritier d'un nom qui réveil-
« lait des souvenirs impérissables de gloire, mais qui
« rappelait, en même temps, une autre époque, où la
« France, longtemps agitée par la tourmente révolu-
« tionnaire, épuisée par l'anarchie, vit refleurir, à
« l'ombre d'un pouvoir populaire, l'empire des lois, le
« respect de l'autorité, la vénération des choses saintes,
« et renaître, comme par enchantement, la sécurité, la
« confiance, la prospérité publiques.

« Six millions de suffrages ont répondu à l'appel des
« électeurs de l'Yonne, et la France doit, à cette admi-
« rable protestation d'une majorité irrésistible, contre
« tous les genres de désordres ; contre la révolte des
« esprits et l'insurrection de la rue, au delà d'une
« année de repos, de retour à la stabilité, de progrès
« vers le bien-être général.

« *Éclairées, par cet exemple, sur ce que peut leur ac-*
« *cord pour le raffermissement de l'ordre social, toutes*
« *les opinions modérées resteront-elles unies dans une*
« *pensée, dans une action commune ? Ou bien, rendus*
« *trop confiants par la facile victoire du* 10 *décembre,*
« *les anciens partis politiques reprendront-ils leurs dra-*
« *peaux, au risque de livrer le pays, par leurs dissenti-*
« *ments, à l'invasion des barbares modernes ?*

« Telles sont les questions qui se dressent palpitantes
« devant nous. Il s'agit de gagner ou de perdre la cause
« de la civilisation ; de soutenir, avec une fermeté iné-
« branlable, les bases de toute société régulière, ou de
« laisser entraîner le Pays, à l'aventure, dans le champ
« des utopies.

« En présence d'une telle alternative, je ne doute pas
« un instant de la réponse que pourra faire, en toute
« occasion, le bon sens des populations de l'Yonne.

« Mais, je ne veux laisser à personne aucun doute sur
« l'énergie avec laquelle je m'acquitterai du mandat
« de faire prévaloir, partout et en toutes choses, l'ordre
« sur le désordre ; l'autorité de la loi sur les passions
« anarchiques ; le respect de la règle sur l'esprit d'in-
« bordination. »

AUXERRE ET LE DÉPARTEMENT.

De même classe que le Var, dans l'ordre administratif, l'Yonne avait presque exactement la même superficie territoriale, et sa population ne comptait que 25,000 âmes de plus (375,000, au lieu de 350,000). Mais, il n'existait aucune autre analogie entre ces deux départements. Somme toute, le premier était tenu pour moins important que le dernier, bien que l'administration de celui-ci fût beaucoup moins laborieuse.

L'Yonne avait pour chef-lieu sa ville la plus considérable (qui cependant réunissait à peine 16,000 âmes), en même temps la plus centrale : Auxerre, l'antique *Altissiodurum,* dont saint Germain était Gouverneur pour l'Empereur d'Occident, avant d'en devenir Évêque. Elle fut ravagée, dans le iv° siècle, par Attila ; conquise, sous les Romains, au v°, par Clovis ; érigée, dans le x°, en Comté, possédé successivement par Guillaume de Nevers, par le roi Charles V, par Charles le Téméraire, duc de Bourgogne, et par Louis XI ; enfin, réunie définitivement à la Couronne de France, sous le règne de ce Prince. La cité moderne, pleine de souvenirs ; parée de monuments attestant ce passé glorieux ; amie des lettres et des arts, comme en témoignent les écrits de l'abbé Lebœuf et du Président Jeannin ; mais, animée d'une activité commerciale, d'un mouvement d'affaires, dont rien, à Draguignan, ce grand village proclamé ville de par la loi, peuplé principalement de grossiers cultivateurs, ne pouvait soutenir la comparaison.

A Auxerre, je ne devais plus être obsédé par cet incessant cauchemar, Toulon, qui m'avait causé tant de soucis et contraint à tant de déplacements, sans grandir le moins du monde ma situation. En effet, la Marine, tout en se désintéressant des difficultés administratives dues à l'agglomération d'ouvriers turbulents, vicieux, et votant mal, qu'attireraient ses établissements, n'absorbait-elle pas les avantages et l'éclat de cette résidence populeuse ?

D'ailleurs, tous les chefs de service du département étaient groupés, cette fois, autour de ma Préfecture, et le seul personnage dont le rang primât le mien, l'Archevêque, siégeait à Sens.

Et puis, je n'avais plus cette surveillance de la frontière, qui me donnait plus de sollicitude qu'elle ne me rapportait d'honneur.

Enfin, à plus de quarante lieues de Paris, je n'étais, néanmoins, grâce au chemin de fer, moyen de locomotion commode, rapide et peu coûteux, qu'à peu d'heures de l'Élysée ou des Ministères, et je pouvais, dans les cas épineux, toujours difficiles à bien traiter par correspondance, aller y prendre des directions, au lieu de confier à la poste, comme à Draguignan, des questions dont la réponse ne me parvenait qu'après une attente de huit ou dix jours !

Sans doute, l'Yonne comprenait 485 communes, réparties en 37 cantons, tandis que le Var n'en comptait pas plus de 202, formant 35 cantons. Mais, j'avais la collaboration de quatre Sous-Préfets, au lieu de trois. — Le département de l'Yonne est, en effet, divisé en 5 arrondissements : Auxerre, Avallon, Joigny, Sens et Tonnerre.

Quant au sol, il l'emportait de beaucoup, en richesse, sur celui du Var. D'aspect bien moins pittoresque, privé de montagnes et de curiosités naturelles, il se montrait, en retour, plus uniformément productif. Les vignes couvrant la plupart des coteaux de cette portion de la Bourgogne, où l'on trouve, à Auxerre, Joigny, Tonnerre et Chablis, des crus renommés, donnaient des vins incomparablement plus fins, plus généreux, et d'une bien autre valeur que les meilleurs du Var, et les belles forêts de chênes, parfaitement aménagées, occupant les autres et approvisionnant Paris, rapportaient des revenus laissant bien en arrière ceux des bois de l'Estérel et des Maures. Les plaines, livrées, en général, à la grande culture, étaient exploitées par des fermiers riches, à l'affût de tous les progrès agricoles, et capables d'en tirer le plus grand parti possible.

Du reste, argument sans réplique, le principal de la contribution foncière, dans mon nouveau département, dépassait de plus de moitié le chiffre qu'il atteignait dans l'ancien !

Je n'avais donc pas perdu finalement au change, si je n'y gagnais rien, au point de vue hiérarchique.

La rivière d'Yonne, qui prête son nom au département, le traverse du sud au nord. Elle prend sa source dans les monts du Morvan, non loin de Château-Chinon (Nièvre) et se jette dans la Seine à Montereau (Seine-et-Marne). Elle devient navigable à partir d'Auxerre, et flottable par trains de bois, depuis Clamecy (Nièvre) où la grossissent le Beuvron et d'autres cours d'eau moins abondants. Elle reçoit, en amont d'Auxerre, à Cravant (Yonne), la Cure, qui sort aussi des monts du Morvan, comme le Cousin, la rivière d'Avallon, son affluent ; et, en aval, sur la rive droite, le Serain et l'Armançon, venant, l'un et l'autre, des sommets limitant les arrondissements de Semur et de Beaune (Côte-d'Or) ; puis, la Vanne, la rivière de Sens, qui descend de l'arrondissement de Troyes (Aube), par Villeneuve-l'Archevêque (Yonne), et dont je fis dériver sur Paris, dix-huit ans plus tard, plusieurs sources notoirement surabondantes, sises entre la première de ces villes et Sens ; enfin, sur la rive gauche, divers ruisseaux, dont le Tholon est le plus considérable.

A l'époque où remontent ces souvenirs, les voies navigables, auxquelles ne faisaient encore aucune concurrence les chemins de fer, dont on s'occupait de construire les premières grandes lignes, jouaient un rôle commercial des plus importants, et l'Yonne servait de trait d'union aux bassins de la Loire et de la Saône, partant, à celui du Rhône, avec le bassin de la Seine, au moyen du canal de Nivernais, d'une part, et du canal de Bourgogne, d'autre part.

Le premier de ces ouvrages d'art, qui s'embranche, sur la Loire, au-dessus de Nevers, à Decize, et vient aboutir, à Auxerre même, dans l'Yonne navigable, a son bief de partage sur le plateau, semé d'étangs, qui sépare, à la limite des arrondissements de Château-Chinon et de Clamecy, la vallée de l'Arvon, descendant à la Loire, et celle de l'Yonne, allant, à plus longue distance, vers la Seine.

Le second s'embranche sur la Saône, à Saint-Jean-de-Losne (Côte-d'Or); passe à Dijon; entre dans le département de l'Yonne, au-dessous de Montbars; y dessert Ancy-le-Franc, Tonnerre, Saint-Florentin, et débouche enfin dans la rivière d'Yonne, à la Roche, au-dessus de Joigny. Son bief de partage, trop élevé malheureusement, se trouve près de Pouilly-en-Montagne (Côte-d'Or), et le nombre excessif des écluses nécessaires pour lui faire franchir le seuil du Sombernon, rend son trajet pénible, lent et coûteux. Il est alimenté, sur le versant de la Saône, par l'Ouche, et sur celui de l'Yonne, par l'Armançon et son principal affluent, l'Armance.

Une autre voie navigable, le canal de Briare ou du Loing, s'embranche sur la Loire à Briare, et touche, à Rogny, le territoire de l'Yonne, avant de traverser l'arrondissement de Montargis (Loiret), pour aller aboutir à la Seine au-dessous de Montereau (Seine-et-Marne). Il est alimenté, d'abord, par le Loing, qui sort du canton de Saint-Sauveur (arrondissement d'Auxerre), et recueille les eaux de ceux de Saint-Fargeau et de Bléneau (arrondissement de Joigny); puis, par l'Ouanne, qui prend naissance dans le canton d'Aillant (même arrondissement), et se réunit au Loing, à Montargis (Loiret). Le port de Rogny desservait la partie extrême des cantons que je viens de nommer. Le reste du département avait l'Yonne pour débouché commun.

C'était aussi par cette rivière, que les bois du Morvan, destinés à la consommation de Paris, y descendaient en trains, formés sur les ports de tirage, notamment, à Clamecy, le plus important, qui les recevaient flottés, « à bûches perdues », de son cours supérieur ou de ses affluents, en amont ou en aval de cette ville. A cet effet, les marchands de bois, adjudicataires de coupes, marquaient et livraient au fil de l'eau, sans plus, les bûches provenant de leurs exploitations respectives, qu'on repêchait, du bord, et qu'on triait, aux points où la mise en trains devenait possible. Plus bas, des pertuis, sortes d'écluses d'un genre spécial, nommés : « gaultiers », étaient ménagés dans les barrages de l'Yonne, et l'on y faisait passer les longs trains de bois que tout Paris connaissait, au moyen d'éclusées dites : « lâchures », pratiquées à certains jours, et en vue desquelles le beau réservoir des Settons, construit en amont de Clamecy, contenait un approvisionnement d'eau constamment renouvelé.

Cette désignation singulière vient-elle du mot allemand *wald,* forêt, par suite de la transformation habituelle, en français, de sa lettre initiale *w* en *g* dur, ou bien, comme le nom propre : Gaultier ou Gaulthier, de *walter* ou *walther,* signifiant : qui dirige? Je n'y vois pas d'autre étymologie.

Le bois flotté, couvert de limon, surtout pendant son trajet en Seine, avait naturellement moins de valeur que le bois neuf, qu'on transportait en bateau. Tout doit maintenant arriver à Paris en wagons.

Le département de l'Yonne, sous mon administration, n'était pas seulement animé par le très grand mouvement de navigation fluviale ou par canaux dont il se trouvait le théâtre. Un roulage des plus actifs, de Paris à Lyon et *vice versâ,* que l'établissement du chemin de fer P.-L.-M. fit disparaître peu à peu, le sillonnait incessamment de part en part. Auxerre voyait passer, d'ailleurs, chaque jour, dans les deux sens, la malle-poste; les diligences des Messageries Nationales et de l'entreprise concurrente Laffitte et Caillard; les chaises de poste des riches voyageurs, et les voitures des marchands de toute espèce.

J'ai dit que le chemin de fer de Paris à Lyon s'arrêtait encore à Tonnerre. Pendant mon séjour dans l'Yonne, il fut prolongé, d'abord, jusqu'à Montbars; puis, jusqu'à Dijon.

Les travaux étaient exécutés, au compte de l'État, sous les ordres de M. Julien, Ingénieur en Chef, Directeur, avec qui je dus soutenir plus d'une lutte, à raison du mauvais esprit de son personnel inférieur, dont il partageait, disait-on, les opinions trop avancées. Je le retrouvai, sous l'Empire, Inspecteur Général des Ponts et Chaussées, et Directeur du chemin de fer de l'Ouest, à Paris. Il me parut alors très gouvernemental, et nous vécûmes tous deux, cette fois, sans rancune, en parfaite intelligence.

L'Ingénieur en Chef de la section de Montereau à Montbars, M. Chaperon, d'une excellente famille de Libourne, professait, en politique, de très bonnes opinions, et je pus régler directement, avec lui, nombre de questions de personnel, pour la solution desquelles le mauvais vouloir de son Directeur m'eût forcé de recourir au Gouvernement.

Je note, en passant, pour n'avoir pas besoin de l'expliquer ailleurs, que, pour des raisons purement administratives, le Ministre des Travaux Publics jugea bon de concentrer dans mes mains le service d'ordonnancement et de comptabilité des dépenses de toute la ligne, ce qui me donna barres sur le Directeur de la Construction, à son grand ennui. Je dus suivre, par ce motif, la marche des travaux, même dans la Côte-d'Or. Ceux des souterrains de Lézinne, près d'Ancy-le-Franc, et surtout, du célèbre tunnel de Blaisy, sous le Sombernon, excitèrent, à bon droit, tout mon intérêt.

PERSONNEL ADMINISTRATIF. REPRÉSENTANTS. CONSEIL GÉNÉRAL.

Le Conseil de Préfecture de l'Yonne se composait de quatre membres, comme ceux des départements de second ordre, parce que le grand nombre des affaires sur lesquelles il avait à statuer, l'exigeait. Le règlement des comptes de gestion des receveurs municipaux des communes, exceptionnellement nombreuses, qui ressortissaient à sa juridiction, constituait déjà, sans parler du reste, un énorme travail. Bien évidemment, si, dans le classement des Préfectures, au lieu de prendre, pour unique base de comparaison, le chiffre de la population des chefs-lieux de départements, on eut fait entrer en ligne l'importance et la multiplicité des affaires à traiter, celle de l'Yonne se fût trouvée alors en meilleur rang.

Mes quatre Conseillers de Préfecture étaient : M. Lescuyer, que j'ai mentionné précédemment, comme investi des fonctions de Secrétaire Général ; M. Chérest, avocat ; M. Bert, ancien avoué, si je ne me trompe ; et M. Challe fils, avocat.

Le père de ce dernier, membre de la majorité napoléonienne du Conseil Général, l'aigle du barreau d'Auxerre, par son grand talent de parole, aurait assurément pris une situation considérable dans celui de Paris, comme son compatriote de l'Yonne et collègue au Conseil Général, M. Marie, s'il avait voulu quitter le sol natal.

Quant à M. Bert, l'ami, le correspondant, je dirai presque le second de M. Larabit, — ancien élève de l'École Polytechnique et officier du Génie, sous l'Empire, Député de l'Opposition sous le Gouvernement de Juillet, — il était animé, comme son patron, d'idées très libérales, très démocratiques, et aussi peu cléricales que possible ; mais, avant tout, de convictions impérialistes, toujours comme celui-ci ; j'ajoute : comme presque toute la population de l'Yonne, qui donnait ce singulier spectacle, d'un pays profondément imbu, dans son ensemble, des principes de 1789 ; facile à soulever contre tout ce qu'on accusait, à tort ou à raison, de retour vers le régime détruit par la Révolution ; hostile à l'ancienne noblesse ; se refusant à l'influence du Clergé, par conséquent ; mais que les souvenirs de l'épopée impériale électrisaient, parce que l'Empereur Napoléon Ier personnifiait, à ses yeux, la Souveraineté du Peuple qui l'avait porté jusqu'au Trône par ses suffrages enthousiastes, et s'était, en quelque sorte, couronné lui-même, en ceignant le front de ce nouveau César.

Le fils de mon ancien Conseiller de Préfecture, M. le docteur Paul Bert, que je connus alors tout jeune, et que je retrouvai dans la Chambre des Députés, de 1877 à 1880, hérita seulement de la portion démocratique des opinions paternelles; mais, en revanche, il la développa jusqu'à l'excès. — On sait qu'il est mort au Tonkin.

J'avais pour Sous-Préfets :

1° Dans l'arrondissement d'Avallon, le fils d'un de mes anciens professeurs de Droit, M. Duranton, jeune fonctionnaire capable, mais célibataire. Cette situation, dans une petite ville, où tout s'observe, exigeait une grande prudence de relations. Quand il fut nommé Sous-Préfet de Thionville, en 1851, je regrettai sa collaboration très intelligente et très active. — Il fut remplacé par M. Amelin, nouvelle recrue de l'Administration Départementale, animée de bon vouloir.

2° Dans celui de Joigny, M. Paul Davillier, jeune homme élégant; d'une famille fortunée; bien moins doué que son collègue M. Duranton, pour la carrière administrative; célibataire (comme celui-ci l'était, à mon arrivée), qui profitait du chemin de fer, pour s'en consoler à Paris, et se mettre, par ce moyen, à l'abri de la médisance locale; mais qui se servait trop souvent de ce voisinage. Je dus m'en plaindre, après maint avertissement inutile, aussi bien que de son peu de goût et d'aptitude pour les affaires. — De guère lasse, il donna sa démission, et fut remplacé par M. Davesiès de Pontès, mon ancien collègue, comme Sous-Préfet, dans la Gironde, avant la République. Resté, malgré ses offres de service, hors de l'Administration, depuis le 28 février 1848, j'avoue que M. Davesiès eût mieux fait de s'abstenir ensuite d'y rentrer, bien qu'il valût beaucoup plus, comme fonctionnaire, que son prédécesseur. Mais, il dépassait déjà la quarantaine, avec les manies d'un vieux garçon d'humeur bizarre, sans toutes les qualités voulues pour être un bon **Préfet**.

3° Dans l'arrondissement de Sens, M. Lapérouse, ancien Conseiller de Préfecture et Secrétaire Général du Loiret; puis, Sous-Préfet de Langres (Haute-Marne), avant 1848; excellent fonctionnaire, dans la force de l'âge; bien posé, bien marié, capable, actif, dévoué. — Je pus le faire décorer en 1851 : c'était justice.

4° Dans celui de Tonnerre, M. Duranthon, qu'il ne faut pas confondre avec son presque homonyme, M. Duranton, le Sous-Préfet d'Avallon, ci-dessus mentionné, dont il différait à beaucoup d'égards. Il était allié, par son mariage, à une famille honorable d'Auxerre. — Nommé Sous-Préfet de Bagnères-de-Bigorre, en avril 1851, il eut pour successeur, à Tonnerre, M. Delmas, Sous-Préfet de la Monarchie de 1830, marié fort richement à Meaux, pendant son séjour dans cette ville, avec une femme charmante, dont il avait plusieurs enfants. D'âge déjà mûr, il ne se trouvait pas à sa place dans une si petite Sous-Préfecture, acceptée uniquement comme le moyen, pour lui, de se remettre en selle. Mais, s'il se montrait impatient d'arriver à une Préfecture, il déployait, dans cet espoir, beaucoup de zèle. — Bon fonctionnaire, en somme; un peu trop plein de son importance; mais, de rapports absolument sûrs.

Je parlerai successivement des chefs des services publics et autres fonctionnaires de l'ordre administratif placés sous mon autorité, comme aussi, des magistrats de l'ordre judiciaire avec lesquels je me trouvai plus particulièrement en relations, lorsque le cours de mon récit me fournira l'occasion de les mettre en scène. Mais, je me plais à constater, dès à présent, que j'eus à me louer du loyal concours de tous sans exception. — Encore un heureux contraste entre ma situation dans l'Yonne et celle que j'avais connue dans le Var!

Les neuf représentants envoyés par le département à l'Assemblée Constituante, en avril 1848, étaient : MM. Marie, ancien membre du Gouvernement Provisoire; Victor Guichard, avocat à Sens; Larabit, ancien Député, ancien Directeur du Personnel au Ministère de la Guerre; de Cormenin, ancien député; Robert, ancien Commissaire du Gouvernement, à Auxerre; de Vaulabelle, l'auteur de l'*Histoire de deux Restaurations;* Rathier, avoué, Maire de Tonnerre; Charton, Secrétaire Général du Ministère de l'Instruction publique; et Carreau, propriétaire, à Tonnerre.

M. Marie, après son option pour le département de la Seine, avait été remplacé par M. Rampont-Lechin, qui fut, un moment, Directeur Général des Postes, — et celui-ci, par le Prince Louis-Napoléon Bonaparte; — M. de Cormenin, par M. Raudot, avocat d'Avallon, d'opinion royaliste.

Je trouvai, parmi les huit députés de l'Yonne à l'Assemblée Législative, élus en mai 1849, deux seuls de ces neuf représentants : MM. Larabit et Raudot, et à la place des autres, d'opinion républicaine plus ou moins avancée, balayés par le nouveau courant imprimé, depuis l'élection présidentielle du 10 décembre, à cette force impressionnable et mobile : le Suffrage Universel, six nouveaux élus : le Prince Antoine Bonaparte et MM. Eugène Lecomte, propriétaire à Villeneuve-la-Guyard, riche entrepreneur de messageries; Bertrand, fabricant de briques, tuiles et carreaux dits de Bourgogne, à Pont-sur-Yonne, et Frémy, napoléoniens; Savatier-Laroche et Roussel, républicains.

Cinq seulement des huit représentants en exercice, MM. Larabit, Bertrand, Frémy, Raudot et Savatier-Laroche, faisaient partie du Conseil Général du département, où siégeaient aussi deux anciens représentants : MM. Marie et Guichard.

Ce Corps n'ayant pas été renouvelé depuis sa reconstitution par le Suffrage Universel, en 1848, les républicains, ardents ou modérés, y disposaient encore d'un tiers des voix, environ.

Le parti royaliste y comptait, d'abord, M. Raudot, esprit étroit, obstiné; s'attachant aux minuties; grand rogneur de budgets; absolument inaccessible aux idées élevées, surtout, à celles dont la réalisation exigeait de la dépense; puis, M. Coquille, de *L'Univers Catholique;* un des émules de M. Veuillot; — moins intransigeant que M. Raudot, sur les questions budgétaires, il les examinait d'une façon plus intelligente et plus large; — enfin, trois grands seigneurs terriens et forestiers : M. le marquis de Tanlay, Doyen du Conseil; M. le comte de Chastellux, le plus jeune de ses membres; et M. le marquis de

Louvois, — possesseurs des châteaux renommés de Tanlay, de Chastellux et d'Ancy-le-Franc.

Un érudit, M. Chaillou des Barres, gendre du Ministre des Affaires Étrangères de l'Empereur Napoléon Ier, M. de Champagny, Duc de Cadore, qui demeurait l'été dans l'Yonne, à sa propriété des Barres, canton de Saint-Sauveur, a publié une histoire descriptive, très intéressante, de ces trois magnifiques châteaux.

Le comte de Chastellux, esprit plus ardent que bien équilibré, se laissait guider par M. Raudot, toutes les fois qu'il s'agissait de politique. Mais, MM. de Tanlay et de Louvois, malgré leurs attaches traditionnelles, étaient loin de se montrer hostiles au Gouvernement du Prince-Président. — Le fils aîné de M. de Tanlay servait dans l'armée; le second, ancien Sous-Préfet de Saintes, fut Préfet sous l'Empire. — Comme eux, toutefois, M. de Chastellux soutint mon administration de ses votes, en toutes circonstances, et ne manqua non plus aucune occasion de me témoigner, le plus courtoisement du monde, son estime sympathique.

Autour de M. Bertrand, à qui la présidence était échue, et de MM. Larabit et Frémy, se groupaient les napoléoniens de la veille ou du lendemain, qui formaient, à eux seuls, plus de la moitié du Conseil. Mais, ce n'étaient pas de simples comparses. On y voyait figurer, non seulement, M. Challe père, dont j'ai déjà dit la grande valeur; mais encore, M. Noël Dupayrat, Conseiller à la Cour d'appel de Paris; M. Flandin, Substitut du Procureur Général; M. Rétif, Président du Tribunal de Tonnerre, magistrat fort distingué, Vice-Président du Conseil; M. le baron de Châteaubourg,

Maire de Villeneuve-sur-Yonne, neveu de Mme la Duchesse de Cambacérès ; M. de Varange, grand propriétaire, à Chemilly, — dont les deux sœurs épousèrent : l'une, en premières noces, le général marquis de Caux, Ministre de la Guerre sous la Restauration, et en secondes, M. le Duc de Valmy ; l'autre, l'amiral baron de Mackau, Ministre de la Marine sous la Monarchie de 1830 ; — enfin, M. de la Brosse, grand propriétaire à Cussy-les-Forges, beau-père de M. Belgrand.

En somme, je devais avoir affaire, dans un Conseil composé de la sorte, à plus forte partie que dans celui du Var, et cependant, il me restait à peine trois mois pour m'y préparer, tout en m'occupant de l'installation de ma femme et de mes enfants à la Préfecture, et des devoirs de société qu'il me fallait remplir, dans une ville autrement bien habitée que mon ancien chef-lieu.

Lors de mon entrée en fonctions, la tournée du Conseil de Revision des conscrits de la classe de 1849 était commencée, sous la présidence d'un Conseiller de Préfecture, faute de Préfet ; mais, je dus en faire moi-même la plus grande partie, et cette corvée, inopportune, au début de mon administration, eut l'avantage de me faire connaître, de suite, l'ensemble du département.

MA PRÉFECTURE. GRAND ET PETIT HÔTELS.

Ma femme ne vint pas directement de Draguignan à Auxerre ; de bien s'en fallut. Avant tout, elle se rendit, avec son petit monde, à Bordeaux, par Aix, Beaucaire, Nîmes, Montpellier, Toulouse et Agen, afin de passer quelque temps au milieu de sa famille, qu'elle avait quittée depuis plus d'un an. D'ailleurs, elle y voulait attendre son frère, M. Henri de Laharpe, qui devait, après son mariage, sur le point de s'accomplir, conduire sa femme chez ses parents.

Cela dura près de deux mois; car, j'étais à Auxerre depuis bien des jours, quand mon beau-frère, venant de Genève et se rendant en Écosse, s'arrêta chez moi, pour me raconter comment, de célibataire endurci, rebelle à toutes les instances des siens, il allait devenir le mari d'une aimable Écossaise rencontrée en Suisse : miss Georgina Hay ; de très noble famille ; sans dot, naturellement, comme toutes ses compatriotes ; mais déjà mûre, bien plus même qu'il ne le croyait d'abord. En effet, sa parole se trouvait formellement engagée, quand il apprit l'âge exact de cette personne, supérieur de dix ans à ce qu'il supposait, dans son inexpérience absolue du monde féminin. Très vraisemblablement, il lui fallait renoncer, par suite de sa découverte, à l'espérance de voir naître des enfants de sa fiancée ; mais, cet homme de Dieu, ce brave et digne garçon, ne pensait pas que l'honneur lui permît de reculer devant une révélation qu'il avait eu le tort de ne point provoquer antérieurement à sa demande. Ce mariage fit, du reste, son bonheur.

Enfin, ma femme, connaissance faite et parfaite avec sa récente belle-sœur, arrivée sans presse à Bordeaux, prit le chemin d'Auxerre ; mais, le chemin des écoliers, passant à Paris, où, pour la première fois, depuis notre voyage de noces, elle retourna. Mes parents réclamaient la visite de mes filles, dont l'aînée dépassait déjà dix ans, et c'était bien le cas, pour elle, de les leur conduire, avant l'étape d'Auxerre, dont nous ne pouvions prévoir la durée.

J'allai la recevoir à la descente du chemin de fer, afin que nous pussions présenter ensemble nos enfants à ma famille. On donna quelques jours à ces joies ; aux acquisitions indispensables ; aux travaux des couturières, des lingères et des modistes, et, dès que cela fut possible, j'emmenai toute ma smala, pour l'installer dans mon nouvel hôtel de Préfecture.

Je n'ai rien dit encore de cet édifice. C'était l'ancien Évêché, d'architecture gothique, élevé derrière le magnifique chevet de la Cathédrale Saint-Germain, sur le versant de la colline où la vieille ville s'étage en amphithéâtre, au-dessus du quai planté qui borde la rive gauche de l'Yonne.

L'entrée officielle, ouverte au fond de la place de la Cathédrale, à côté du beau portail de celle-ci, conduisait droit, par une cour en pente douce, longeant ses contreforts latéraux du nord, à la façade principale de l'hôtel, regardant l'ouest. Le rez-de-chaussée formait premier étage sur la façade orientale ; au-dessous, de ce côté, le bâtiment avait un entresol, et, plus bas, un rez-de-chaussée véritable, lequel donnait sur une rampe à voitures, qui descendait, le contournant, de la cour au quai de l'Yonne. Au delà de cette rampe, des jardins en terrasse dominaient le cours de la rivière, le barrage et l'écluse d'Auxerre, l'entrée du canal de Nivernais et le faubourg de la rive droite. Ils jouissaient, comme toute cette façade, fort élevée, de l'hôtel, d'une vue pittoresque et très étendue sur les coteaux bordant cette rive.

Mon cabinet et quelques bureaux occupaient le rez-de-chaussée-premier-étage, à l'exception d'un bel appartement à donner, où je m'étais établi pendant mon veuvage momentané du début. La majeure partie des bureaux occupait l'entresol inférieur.

On accédait au véritable premier étage, qui se trouvait au second du côté des jardins, par un vaste escalier d'honneur, partant d'un large vestibule.

A cet étage, étaient, indépendamment de la salle et des bureaux du Conseil Général, les grands salons de réception et l'appartement du Préfet, composé de pièces très spacieuses, mais en trop petit nombre pour une famille considérable; car il n'existait, au-dessus, que des chambres d'enfants et des logements de serviteurs.

Or, aux termes d'une ordonnance du 7 août 1841, le logement d'un Préfet devait se composer de six chambres de maîtres, avec leurs accessoires, et huit chambres de domestiques.

Cette habitation, luxueuse autant qu'insuffisante, convenait mal, d'ailleurs, à la modestie du traitement d'un Préfet de troisième classe, sous la Monarchie de 1830, et, à plus forte raison, en temps de République.

En effet, la République réduisit à 10,000 francs le traitement des Préfets de troisième classe, qui ne dépassait pas 16,000, sous la Monarchie de Juillet. Il fut porté à 20,000 francs sous l'Empire, lors de la réorganisation des cadres de l'Administration Départementale, due à M. le comte de Persigny, Ministre de l'Intérieur, et à M. Frémy, Directeur Général, en 1853. — Je me fais honneur de les avoir aidés, sur bien des points, dans cette grande réforme.

On entreprit donc, vers la fin du règne du Roi Louis-Philippe, sous l'administration de M. le vicomte de Bondy, dont je rappelle que le père fut Préfet de la Seine, en 1830, la construction d'un petit hôtel tout moderne, attenant à l'ancien Évêché, pour abriter la vie privée du

Préfet, et permettre à ce fonctionnaire de passer de plain-pied, les jours de réception, dans les splendeurs de sa vie publique, de l'autre côté du mur mitoyen.

Malheureusement, la révolution de 1848 survint avant que les derniers travaux d'aménagement du petit hôtel fussent terminés, et qu'on en eût assuré l'ameublement.

Ni M. Boulage, célibataire, ni M. de Contencin, timide comme il l'était, ne songèrent à demander que l'on en complétât l'installation, malgré l'importance des dépenses déjà faites et non utilisées.

Le pauvre M. Boulage, goutteux, à qui son médecin prescrivait l'exercice du billard, s'était même vu refuser brutalement, par le Conseil Général, un crédit de 3,000 francs, pour changer en salle de billard un de ses salons, et cela ne semblait pas encourageant. Aussi, me recommandait-on fort, aux approches de la session du Conseil Général, en 1850, de ne demander aucune espèce de crédit pour la Préfecture, afin de déjouer ainsi, d'une part, le mauvais vouloir des opposants, qui m'attendraient probablement de préférence sur ce terrain, pour m'infliger un échec, et de surprendre agréablement, d'autre part, les membres favorables à l'administration, en leur épargnant des débats pénibles.

« Je les étonnerai bien davantage les uns et les
« autres, » répondis-je, « en leur proposant tout simple-
« ment, et sans paraître y attacher d'importance particu-
« lière, de faire cesser un acte de mauvaise administra-
« tion des plus évidents : la suspension de travaux
« presque achevés, et de m'allouer tous les crédits né-
« cessaires pour les mener à fin complètement. J'espère
« qu'ils seront assez frappés du contraste de mon atti-

« tude et de celle de mes prédécesseurs, pour tout voter
« en bloc sans la moindre hésitation. »

Je commençai par faire supprimer, sur les plans et devis concernant les travaux nécessaires, tant dans l'ancien hôtel que dans le nouveau, toute indication pompeuse. L'escalier « d'Honneur » qui devait servir aux deux hôtels, devint l'escalier « principal »; la salle de billard, un simple salon désigné par son numéro. — Un billard, *bone Deus!* Où donc M. Boulage avait-il la tête!... Au lieu de porter une question semblable devant le Conseil Général, ne pouvait-il pas la traiter avec les bureaux du Ministère de l'Intérieur, lors du premier renouvellement partiel du mobilier de la Préfecture? Il méritait, et de reste, sa déconvenue. — Car, c'est de préférence, dans les petites choses, que l'Opposition se donne carrière, au sein des corps délibérants : d'abord, parce qu'elles sont à la portée de bien plus d'orateurs que les grandes; ensuite, parce que certains esprits chagrins ou mesquins de la Majorité, qui n'oseraient pas faire défection dans les votes provoqués par celles-ci, trouvent, au sujet de celles-là, des occasions de se dédommager et de bien montrer leur indépendance.

Le crédit nécessaire pour achever le petit hôtel, malgré la revision attentive à laquelle je le soumis, pour y faire rectifier des évaluations trop faibles et réparer plusieurs omissions, ne dépassait pas 26,000 francs. Mais je demandai, par la même proposition, les sommes qu'il fallait pour remettre en bon état l'ancien hôtel; pour la reconstruction du grand escalier, indispensable à la mise en communication facile des grands et petits appartements; pour la reprise d'un mur de terrasse menaçant ruine, et pour quelques travaux au logement du concierge et aux archives, placées dans un bâtiment distinct, à l'entrée de la cour ; en tout, près de 62,000 francs.

Je pris seulement la précaution de noyer ce gros chiffre dans le total, bien autrement élevé, de nombreux travaux de restauration, de reconstruction ou de construction neuve, intéressant presque tous les membres du Conseil Général, qu'il convenait de faire dans l'ensemble des bâtiments départementaux, et imputables sur le montant d'un emprunt spécial.

Toujours est-il que l'événement justifia ma confiance : tout fut alloué sans difficulté. Le Conseil vota, du même coup, l'élévation du chiffre réglementaire du mobilier de la Préfecture et du fonds d'entretien de ce mobilier !

Je pus occuper, avec ma famille, au cours de 1851, le petit hôtel entièrement terminé ; garni d'un ameublement des plus complets, — billard compris : — il le fallait bien, convenez-en, pour l'honneur de ma thèse !

En août 1853, lorsque les travaux de transformation du Bois de Boulogne étaient en pleine activité, l'Empereur, très désireux de les presser, me chargea de demander au Conseil Municipal de Paris, qui venait à peine d'ouvrir, à mon prédécesseur, un crédit total de deux millions, imputable, par moitiés, sur les exercices 1853 et 1854, de m'autoriser à disposer, par anticipation, de 500,000 francs à valoir sur la seconde. — « J'essuierais
« un refus honteux, » dis-je à Sa Majesté, « parce qu'il
« n'y a pas un membre du Conseil qui se privât, en pareil
« cas, du plaisir facile de me donner une leçon de comp-

« tabilité communale. Mais, je ferai mieux, et l'Empe-
« reur peut continuer, sans les ralentir en rien, ses opé-
« rations de sylviculture. » — C'est ainsi que le Souverain qualifiait les abatis d'arbres et les piquetages d'allées et de sentiers qu'il se plaisait à diriger en personne.

Je m'occupais, suivant un autre désir de l'Empereur, d'annexer au Bois la plaine de Longchamps, pour y transférer les courses de chevaux du Champ-de-Mars, conformément aux demandes du Jockey-Club, fort appuyées par M. le comte de Morny. Dans mes propositions au Conseil Municipal, je fis un tout des nouvelles dépenses et des anciennes, et l'on m'ouvrit, au budget additionnel de 1853, un crédit supplémentaire, doublant celui qui figurait au budget primitif, sans toucher en rien aux dispositions déjà prises pour 1854, accrues, au contraire, dans la même proportion.

Informé de ce résultat inespéré, l'Empereur, que j'avais fait rire, en lui contant l'histoire d'Auxerre, comprit qu'avec les assemblées départementales et municipales, le tout est de savoir s'y prendre. De longue date, j'avais dû m'y faire la main.

CHAPITRE XVI

LA PRÉFECTURE DE L'YONNE

Menées secrètes et tentatives de désordre. — Deux rébellions sans caractère politique. — Reconstitution des administrations municipales de Sens, Auxerre et Joigny.

Si le séjour d'Auxerre ne me donnait pas lieu de regretter, à beaucoup près, celui de Draguignan, la direction politique de ce département plus en vue, où le Prince-Président, son ancien Député, m'avait envoyé lui-même, avec mandat spécial d'y rendre impuissantes les menées démagogiques, et d'y maintenir l'ordre partout, ne me laissaient guère plus de loisirs que je n'en connaissais dans le Var.

J'en conviens : le Prince ne s'inquiétait pas sans raisons des progrès, déjà bien grands, faits par la propagande révolutionnaire dans un pays si profondément impérialiste, en rayonnant, sur les campagnes, des foyers contagieux entretenus, dans les villes et gros bourgs, au moyen d'émissaires incessamment envoyés de Paris. A défaut de « chambrées » à surveiller, j'avais à faire aux sociétés secrètes, difficiles à découvrir et surtout à surprendre, qu'il me fallait traquer, — presque toujours sans succès, — dans les bouges, bien gardés contre la curiosité des commissaires et agents de police, où celles des centres populeux se réunissaient; et dans les clairières de bois, les enceintes rocheuses et les carrières abandonnées, rendez-vous intermittents de celles des campagnes, où les bons gendarmes, comme les carabiniers légendaires, arrivaient généralement trop tard pour les surprendre.

Mais, des manifestations séditieuses, des désordres, et même parfois de véritables insurrections locales, préparées, provoquées par les meneurs, se produisaient à tout prétexte, tantôt, sur un point du département; tantôt, sur un autre. Alors, la Police et la Gendarmerie prenaient leur revanche, et, dans les cas graves, nous intervenions, mes Sous-Préfets et moi, pour rétablir l'ordre, saisir les coupables et les livrer à la Justice, dont l'appui ne me fit jamais défaut.

MENÉES SECRÈTES ET TENTATIVES DE DÉSORDRE.

Les tribunaux étaient bien composés, bien présidés, et les parquets, placés sous l'autorité vigilante et ferme de M. de Royer, Procureur Général à la Cour d'Appel de Paris, — qui fut Garde des Sceaux, Ministre de la Justice, et plus tard, Premier Vice-Président du Sénat, sous l'Empire, — déployaient beaucoup de zèle et d'activité dans la poursuite, sans cesse renouvelée, des délits politiques de tout genre.

Celui d'Auxerre, notamment, surveillait de près la polémique violente de *L'Union démocratique,* feuille radicale très publiée au chef-lieu (et la seule du département qui fût importante) avec laquelle mon administration avait maille à partir presque journellement, sans autres organes, pour lui répondre, que *L'Yonne,* journal patronné par les légitimistes, et *La Constitution,* feuille gouvernementale, médiocrement rédigée, sous la direction de l'imprimeur de la Préfecture.

M. Guérin de Vaux, Procureur de la République, et M. Benoist, qui le remplaça, — venant de Joigny, — quand il fut appelé, par avancement, au Tribunal de la Seine, ne se laissèrent jamais décourager par les acquittements, bien plus nombreux que les condamnations, du Jury de l'Yonne. Ce jury, faible comme celui du Var, mais moins mauvais, sévissait plus volontiers contre les actes matériels troublant la paix publique d'une manière ostensible, qu'il ne le faisait contre les délits de Presse, dont le danger frappait moins vivement ses membres ruraux.

Malheureusement, beaucoup de juges de paix, à la différence de leurs chefs hiérarchiques, étaient des magistrats timorés ou cachant leur mauvais vouloir sous des dehors de prudence formaliste, et je dus provoquer le changement de plusieurs, qui montrèrent de la faiblesse, tout au moins, dans des circonstances critiques.

Le personnel des commissaires de police et de leurs agents laissait aussi bien à désirer. Je fus obligé de le reconstituer, en grande partie.

Quant aux administrations municipales, il me fallut suspendre et faire révoquer neuf maires et six adjoints, — dont trois maires et quatre adjoints de chefs-lieux d'arrondissement ou de cantons, — et faire dissoudre, entre autres conseils municipaux, ceux d'Auxerre et de Joigny, pendant les dix-huit mois que dura mon administration dans l'Yonne.

La seule force publique sur laquelle je pouvais compter sérieusement, était la Gendarmerie, dont les trop rares brigades furent cependant affaiblies d'un homme, chaque, par le contingent qu'elle eut à fournir afin de renforcer l'armée d'occupation de Rome.

La garnison d'Auxerre se composait du dépôt d'un régiment d'Infanterie, le 5ᵉ léger, dont les hommes, aussitôt qu'ils savaient se servir de leurs armes et se tenir dans le rang, allaient **renforcer** les bataillons de guerre, en garnison à Paris. Joigny possédait le dépôt d'un régiment de **Dragons**, que ses recrues, une fois bien en selle, rejoignaient également. Ces deux dépôts ne constituaient donc pas des forces réelles, sur l'appui desquelles je pusse faire fond.

Je ne parle pas de la Garde Nationale. Ses bataillons cantonaux, formés de campagnards animés du meilleur esprit, que nulle défense n'aurait empêchés de crier : « Vive l'Empereur ! » quand il s'agissait du Prince-Président, n'étaient pas d'une réunion facile, et ses bataillons communaux, organisés dans les villes et gros bourgs, se montraient fort peu sûrs. Dès avant mon arrivée dans le département, il fallut dissoudre le bataillon d'Auxerre, et je dus faire disparaître, à mon tour, ceux de Sens et de Joigny ! C'est vers la fin de mon séjour seulement, que l'élection, dans ces trois principales villes, de conseils municipaux conservateurs ; la nomination, au sein de ces nouveaux conseils, de Maires et Adjoints absolument dévoués au Gouvernement du Prince ; enfin, l'épuration attentive des anciens contrôles, permirent de songer à la réorganisation et à l'armement de leurs milices locales.

Il serait trop long et non moins fastidieux d'énumérer toutes les tentatives de désordre que, durant mes dix-huit mois, je réussis à déjouer, et les faits séditieux que je parvins à réprimer, dans ces conditions peu favorables. Mais, je le répète, depuis le commencement jusqu'à la fin de mon administration dans l'Yonne, j'eus, comme dans le Var, à m'occuper constamment d'assurer ou de rétablir quelque part l'ordre public.

En effet, trois semaines venaient à peine de s'écouler depuis mon arrivée, quand, le 14 juin 1850, pendant la tournée de Revision par laquelle je débutai, j'appris, dans l'arrondissement d'Avallon, une révolte des ouvriers du chemin de fer, très nombreux, employés sur les grands chantiers de Lézinne et de Pacy. Le Sous-Préfet de Tonnerre s'y dirigeait avec trois brigades de Gendarmerie. Je partis de suite et pus, dès le 15 au soir, annoncer, d'Auxerre, aux Ministres de l'Intérieur et des Travaux Publics, que, grâce à cette prompte intervention de l'Autorité, le mouvement d'insubordination qui menaçait de gagner toute la ligne, était paralysé; que les meneurs, mis en état d'arrestation, se trouvaient aux mains de la Justice; et que la reprise des travaux avait eu lieu dans la journée.

En novembre 1851, peu de jours avant de recevoir ma nomination comme Préfet de la Gironde, je revenais de la Puisaye, contrée presque entièrement forestière, embrassant les cantons de Saint-Fargeau, Saint-Sauveur et Bléneau, où m'avaient appelé des circonstances de la nature la plus grave.

A la suite de troubles, facilement réprimés, dans la commune de Rogny, située, comme je l'ai déjà dit, sur le canal de Briare, la plus vive agitation régnait dans toute la contrée. M. Frémy, de sa propriété de l'Ormedu-Pont, située sur le Loing, près de Saint-Sauveur ; M. le marquis de Boisgelin, de son château de Saint-Fargeau, et M. le marquis d'Harcourt, de sa résidence de Saint-Eugène, près Bléneau, m'écrivaient avec insistance, pour m'exprimer leurs craintes d'un soulèvement général des trois cantons de la Puisaye, dont l'affaire de Rogny n'était, suivant eux, qu'un symptôme.

Il résultait de révélations recueillies par des agents secrets, mis à ma disposition par M. Carlier, Préfet de Police, qu'en effet, dans cette partie de l'Yonne, existait une vaste association occulte, dite : « l'Armée Invisible », recrutée surtout parmi les bûcherons et mariniers, auxquels se trouvaient adjoints naturellement tous les vauriens du pays, et fondée à la suite du mouvement d'opinion provoqué par le parti rouge contre la loi du 31 mai, parallèlement à celui qui faisait affluer, au Corps Législatif, les pétitions demandant la prorogation des pouvoirs du Président de la République. Les affiliés semblaient prêts à prendre les armes au premier signal, excités par la promesse du pillage des châteaux des grands tenanciers et du partage de leurs biens.

Sans force suffisante pour tenir tête à cette « jacquerie », si je lui laissais le temps de compléter partout ses moyens d'action, je résolus de ne pas attendre qu'elle éclatât, et je me préparais à la désorganiser, en me concertant avec les autorités judiciaires, par l'arrestation des chefs et de leurs agents, dont je connaissais les noms, par communes, quand le zèle inconsidéré du Sous-Préfet de Joigny manqua de tout compromettre.

Le 14 novembre, au soir, je fus avisé que ce fonctionnaire, informé de mon dessein, et chargé par moi d'aller recueillir discrètement, sur place, des indications complémentaires touchant les faits d'affiliations et de réunions illicites dont je devais saisir la Justice, venait d'ouvrir, dans le canton de Bléneau, sous la protection de quatre brigades de Gendarmerie, une véritable instruction, durant depuis plusieurs journées, au cours desquelles il avait obtenu d'importantes dépositions, et qu'il comptait faire opérer, le lendemain, des arrestations à domicile.

Je m'empressai de lui donner, par exprès, la nuit même, l'ordre de retirer les mandats, excédant ses attributions, qu'il avait déjà remis à la Gendarmerie, et de se rendre immédiatement auprès de moi ; j'adressai, de suite, au Procureur de la République et au Juge d'Instruction de Joigny, l'invitation d'en faire autant, de leur côté, sans retard.

Après une longue et laborieuse conférence, nous convînmes, pour couvrir l'irrégularité de la procédure du Sous-Préfet, de la considérer comme une information administrative préliminaire ; d'en utiliser néanmoins les résultats acquis ; de faire prendre, en vertu de mandats du Juge d'Instruction, délivrés sur la réquisition du Procureur de la République, les démagogues dont l'affiliation à la société secrète et la participation à des réunions politiques étaient démontrées ; enfin, et sans désemparer, de commencer, contre eux et contre tous autres, une instruction normale.

Nous partîmes immédiatement pour la Puisaye, et je pris gîte au château de Saint-Fargeau, dont le marquis de Boisgelin et la marquise, une des beautés de la Cour du Roi Louis-Philippe, me firent les honneurs de la manière la plus aimable.

Le lendemain, à la première heure, j'y fus joint par M. Frémy, qui voulut absolument m'accompagner jusqu'à Rogny, parce qu'il ne croyait pas sans péril les arrestations que la Gendarmerie devait opérer dans cette bourgade remuante, et auxquelles je comptais, par ma présence, donner une solennité rassurante pour les gens de bien. — C'est de ce jour que datent les sentiments de mutuelle confiance et d'amitié sincère qui n'ont jamais cessé d'exister entre M. Frémy et moi.

Tout se passa, comme je n'en doutais point, sans la moindre résistance, et le départ des inculpés pour Bléneau produisit une profonde et utile impression sur leurs coreligionnaires politiques de toutes nuances.

Après avoir pris part aux débuts de l'instruction judiciaire, à Bléneau, je fus hébergé, le soir, à Saint-Eugène, par le marquis et la marquise d'Harcourt.

L'instruction, méthodiquement dirigée, prit un développement considérable et conduisit les magistrats dans un assez grand nombre de communes, où je tins à les couvrir ostensiblement de mon autorité.

Avant de quitter Bléneau, je fis conduire à Joigny, sous bonne escorte, les quinze inculpés de cette commune et de celle de Rogny, mis sous mandat de dépôt. Le passage de ce convoi, suivi de plusieurs autres, peu de jours après, ne contribua pas médiocrement à rendre courage aux hommes d'ordre, les plus nombreux partout, grâce à Dieu, mais que terrifie trop facilement l'audace de minorités turbulentes.

Parti d'Auxerre le 15 novembre, au matin, je n'y rentrai que le 19 au soir. Désormais, les magistrats, demeurés à Bléneau, pouvaient continuer sans moi leurs laborieuses investigations.

DEUX RÉBELLIONS SANS CARACTÈRE POLITIQUE.

Accompagné, comme je l'étais, dans cette expédition, par quelques brigades de Gendarmerie seulement, je pouvais constater, une fois de plus, la puissance qu'a l'Autorité, dans notre pays, quand elle ose s'affirmer ouvertement, confiante en son droit, calme, la tête haute, et le regard ferme, comme le cœur.

J'en avais fait l'expérience dans l'Yonne même, à Ligny-le-Châtel, chef-lieu de canton de l'arrondissement d'Auxerre, où je dus me transporter, un an plus tôt — le 9 novembre 1850, — avec le Procureur de la République et le Juge d'Instruction d'Auxerre : MM. Guérin de Vaux et Tonnelier, afin de réprimer des scènes de désordre d'un fâcheux exemple, et d'en faire appréhender les fauteurs.

La politique n'était pour rien dans l'affaire. — A Ligny, la grande majorité de la population donnait, en toutes occasions, des preuves de ses bons sentiments, et le bataillon cantonal dont ses gardes nationaux faisaient partie, ne s'était pas fait faute, dans une revue récente, de crier « Vive l'Empereur! » à tue-tête. Mais, le Maire avait cru devoir remettre en vigueur un règlement oublié, prescrivant la fermeture des établissements publics à neuf heures, et, des quarante-trois jeunes gens cités maladroitement le même jour, en Simple Police, devant le Juge de Paix, M. Rabé, membre du Conseil Général, pour contravention à ce règlement trop sévère, six venaient d'être seuls jugés, et les trente-sept autres, renvoyés à huitaine. De là, tapage dans le prétoire, encombré par les familles de ceux-ci; propos malsonnants; arrestation de trois braillards, ordonnée par le Juge aux deux gendarmes de service ; délivrance des délinquants par la foule, qui maltraita même un des gendarmes ; et arrivée, le soir, à Auxerre, du second, venant demander main-forte pour le Juge, le Maire et son camarade, restés prisonniers de l'émeute victorieuse.

Je fis partir de suite pour Ligny, deux des brigades d'Auxerre, et j'envoyai à celles de Saint-Florentin et de Chablis, l'ordre de les y rejoindre. Je requis le Commandant du Dépôt du 15ᵉ Léger, de diriger, à marche forcée, un détachement de 60 hommes, sur ce bourg, et je me mis en route vers neuf heures, flanqué des deux magistrats et du Capitaine de Gendarmerie, M. Faye, officier distingué, qui devint, plus tard, Général de Brigade.

Nous dépassâmes la troupe à mi-route. Les brigades d'Auxerre avaient de l'avance. Nous les rejoignîmes vers dix heures. Elles m'attendaient à l'entrée de Ligny. Dès leur approche, les émeutiers, qui festoyaient, à grand bruit, dans les cabarets, pour braver l'arrêté municipal suranné, cause de toute cette échauffourée, étaient sortis en vociférant : « Aux armes ! » et, barrant la route entre les premières maisons et le quai du Serain, ils faisaient pleuvoir une grêle de pierres sur les gendarmes impassibles, dont les chevaux se montraient moins patients.

Il fallait une heure pour l'arrivée des brigades de renfort et de la troupe ! Je n'hésitai pas. Descendu rapidement de voiture, je dépassai les gendarmes ; je me présentai devant leurs assaillants surpris, en criant : « Place ! » et je pénétrai dans la foule, dont l'exaspération se calma, comme par enchantement, à mon aspect.

« C'est le Préfet ! c'est le Préfet ! » se disait-on de proche en proche. « Place ! » répétai-je, « et suivez-moi ! » Les rangs s'ouvrirent, et je les traversai sans me hâter, escorté des magistrats, que rien n'obligeait à s'y risquer ; du Capitaine, dont c'était le devoir ; et du gros des rebelles, obéissant à mon injonction et m'assourdissant d'acclamations tumultueuses : « Vive le Préfet ! Vive Napo-
« léon ! Nous n'avons pas besoin de gendarmes ! Nous
« sommes de bons patriotes ! »

Je me rendis sur la place centrale, où bientôt la population entière afflua. Les gendarmes, subitement dégagés par l'effet de mon irruption inattendue en pleine émeute, et trouvant la voie libre, profitèrent du mouvement pour venir se former auprès de moi devant l'hôtel de la Mairie.

Je réclamai le silence, et rappelant, tout d'abord, le dévouement bien connu de Ligny pour le Prince, que je représentais dans l'Yonne, et la sympathie personnelle que la population m'avait précédemment, et tout à l'heure encore, témoignée à ce titre, j'exprimai mon douloureux étonnement du pénible devoir qui m'était imposé, cette fois, d'y rétablir l'ordre public. Au lieu de charger personne de cette mission, j'arrivais pour la remplir moi-même, confiant dans la raison, dans les bons sentiments dont les habitants de ce chef-lieu de canton faisaient toujours preuve, avant les regrettables événements de la journée ; mais bien décidé, quoi qu'il en fût, à faire respecter, par tous les moyens en mon pouvoir, les droits de l'Autorité, les décisions de la Justice et l'empire de la Loi.

« Une instruction judiciaire va s'ouvrir à l'instant, » ajoutai-je, « sur les actes qui se sont passés jusqu'à
» cette heure. Elle en précisera le véritable caractère et

« les circonstances plus ou moins atténuantes. Demain,
« vous connaîtrez le résultat de cette impartiale inves-
« tigation. Attendez-le, dans le calme. »

Je fis évacuer les abords de la Mairie, et, peu à peu, la foule se dispersa. Des groupes épars stationnaient seuls sur la place vers onze heures, quand la troupe et les brigades attendues arrivèrent enfin.

Le lendemain, dès la première heure, sur l'ordre des magistrats, des arrestations furent opérées, sans éprouver la moindre résistance, contrairement aux avis officieux reçus dans la nuit, d'un projet d'y résister. Elles comprenaient les jeunes gens délivrés par l'émeute; quelques autres, qui s'étaient rués sur le clocher de l'église pour sonner le tocsin; et les meneurs de la résistance opposée à l'entrée des premières brigades de Gendarmerie : en tout dix. Le départ des prisonniers pour Auxerre s'accomplit sous l'escorte de la troupe.

Je pensais que le Ministre de l'Intérieur apprendrait avec satisfaction le prompt apaisement, sans collision, de troubles qu'il eût été si regrettable, au point de vue politique, de voir se prolonger dans une contrée notoirement napoléonienne. Je fus donc fort surpris de la réponse de M. Baroche, m'exprimant l'opinion qu'au lieu d'user de ce qu'il qualifiait de : « ménagements », vis-à-vis des rebelles, je devais procéder simplement par voie de sommations, et forcer l'entrée du bourg.

Je fis observer à ce bravache que je n'avais pas, à mon arrivée, plus de huit gendarmes pour faire un tel exploit; que je me serais trouvé, du reste, dans la nécessité d'attendre une heure, sinon le renfort du détachement d'Infanterie, du moins son tambour, en vue des roulements qui, d'après la loi, doivent précéder toute sommation ; et que cette hésitation apparente, enhardissant la foule, encourageant la rébellion protégée par l'obscurité, n'eût pas manqué d'amener une lutte sanglante.

« Je ne voulus pas », dis-je à la fin de ma lettre, « sembler un seul instant douter de l'obéissance due à « mes injonctions. L'événement prouve que je me fiais, « avec raison, à l'ascendant moral qu'une attitude assu- « rée, chez le dépositaire du Pouvoir, exerce toujours « sur les masses. »

Des ménagements !... Et les dix arrestations faites ?

Dans le département, l'intervention personnelle du Préfet et la manière dont elle s'était produite au milieu du conflit engagé malencontreusement, de nuit, entre une poignée de gendarmes ayant pris trop d'avance sur la troupe, et toute la jeunesse d'un gros bourg, animée par sa facile victoire du matin et par les libations répétées de l'après-midi, loin de diminuer le fonctionnaire, accrurent notablement le prestige de l'autorité confiée à sa prudence, comme à son énergie.

Une autre affaire, dont la cause originelle n'avait pas non plus de caractère politique, mais dont les conséquences pouvaient être fort sérieuses, faillit, quelques jours seulement après celle de Ligny, mettre aux mains les flotteurs et mariniers de l'Yonne et ceux de la Nièvre. Mais, elle ne m'imposa pas de déplacements, parce qu'elle put être apaisée, grâce à la promptitude insistante avec laquelle j'en exposai les périls au Gouvernement.

Sans dire gare, et sans se douter de la gravité des intérêts qu'il allait froisser, le Ministère des Travaux Publics, cédant à l'influence de certains Représentants de la Nièvre, venait de prendre une décision prescrivant l'arrêt, à Clamecy, d'un tiers de la quotité des bois flottés de l'Yonne, descendant jusqu'alors aux ports de tirage de mon département : Coulange-sur-Yonne, Train, Lucy-sur-Yonne, Châtel-Censoir, etc.

Par bonheur, une grosse crue de la rivière retarda forcément le début du « flot », c'est-à-dire du lancement des bois flottables dans le courant de l'eau supérieure, et me laissa le temps de faire valoir utilement les griefs de mes administrés contre l'acte arbitraire du Ministre, qui, sans motif appréciable, autre que celui de favoriser la population ouvrière de la Nièvre, faisait grief à leurs droits et à la liberté du commerce de bois de chauffage à destination de Paris. Mais, en attendant le nouvel examen de la question que je provoquais, il fallait empêcher le soulèvement des flotteurs du canton de Coulange (arrondissement d'Auxerre) et du canton de Vezelay (arrondissement d'Avallon), riverains de l'Yonne. Déjà, le Sous-Préfet d'Avallon me signalait anxieusement des désordres commis dans les communes de Châtel-Censoir et de Brosses, et le commencement d'une instruction judiciaire, qui se termina par la condamnation de six délinquants à la prison, et de quarante-deux autres, à l'amende.

Le Dépôt du 15ᵉ Léger ne pouvant plus me fournir même un détachement, comme à Ligny, par suite du départ de tous ses hommes disponibles pour les compagnies de guerre, le Gouvernement m'envoya, de Paris, un bataillon d'Infanterie, que je comptais diriger sur Coulange, et que devait renforcer un escadron de Cavalerie, fourni par le Dépôt de Dragons de Joigny. — Réclamé le 23 novembre, le bataillon d'Infanterie ne parvint que le 27 au soir, dans Auxerre. — Mais, je recevais justement avis du retrait de la décision inopportune du Ministre des Travaux Publics, et, prévoyant la déception que cette reculade allait produire parmi les ouvriers du port de Clamecy, non moins turbulents que ceux des ports de l'Yonne, je pris sur moi de mettre cette troupe, dont je n'avais plus besoin, à la disposition du Sous-Préfet de Clamecy. Je l'en informai par exprès, en lui conseillant de ne pas publier la nouvelle mesure ministérielle, avant l'arrivée de la troupe. — Quant à l'escadron de cavaliers de Joigny, c'est le lendemain seulement qu'il apparut. L'Infanterie quittait Auxerre à peine. Mais, les recrues dont il se composait, et leurs chevaux, mal dressés encore, semblaient si fatigués, que je ne pus leur faire doubler l'étape, pour aller se cantonner, le soir même, à portée de Clamecy, dans Coulange.

Le lendemain, j'appris que le concours de cet escadron n'était pas nécessaire, et l'officier qui le commandait, fut enchanté de recevoir l'autorisation de rentrer à Joigny.

Le bataillon d'Infanterie repassa par Auxerre quelques jours après, retournant à Paris. Grâce à sa présence, le partage du flot s'était opéré sans difficulté, comme d'habitude.

Toutes ces allées et venues justifient, de reste, ce que j'ai dit ailleurs, à diverses reprises, du peu de fond à faire, dans le cas d'une insurrection sérieuse en un point quelconque de mon département, sur les dépôts d'Auxerre et de Joigny. Sauf de bien rares exceptions, il me fallait aviser de mon mieux à tout, avec le concours de la Gendarmerie, force morale très considérable, à coup sûr, mais appui trop faible, comme troupe, en cas de lutte matérielle.

RECONSTITUTION DES ADMINISTRATIONS MUNICIPALES DE SENS, AUXERRE ET JOIGNY.

A mon arrivée dans l'Yonne, les trois principales villes, n'avaient ni Maires ni Adjoints, tant la composition de leurs Conseils Municipaux était déplorable. Des Conseillers, pris dans l'ordre des nominations, les administraient tant bien que mal, et plus souvent mal que bien. Je ne pouvais compter sur eux pour quoi que ce fût, en administration, comme en politique.

SENS.

Dès le 25 mai 1850, trois jours, par conséquent, après mon installation, je dus, à raison de graves manifestations séditieuses qui se produisirent à Sens, le 4, suspendre des fonctions de Maire et d'Adjoints, les Conseillers Municipaux les remplissant par intérim, et remettre ces fonctions à d'autres Conseillers, pris dans l'ordre du tableau, qui ne valaient pas mieux, au fond.

A l'occasion des mêmes faits, il me fallut proposer, au Ministre de l'Intérieur, la dissolution et le désarmement du bataillon d'Infanterie de la Garde Nationale, animé du plus mauvais esprit, à la différence des compagnies d'Artillerie et de Sapeurs-Pompiers, recrutées avec soin, dans le principe.

Lorsque parut le décret ordonnant ces mesures, tous les membres du Conseil Municipal, pour protester contre elles, envoyèrent leurs démissions au Sous-Préfet, et je me hâtai d'en profiter, pour désigner, sur la liste des électeurs de la commune, un Maire et des Adjoints provisoires, en vertu d'une disposition spéciale, non abrogée, que j'exhumai de la loi du 21 mai

1831, dont tous les articles me restaient familiers; car elle régît l'organisation des corps municipaux pendant toute la durée du Gouvernement de Juillet. Il va de soi que MM. Cornisset, riche négociant, Provent, avoué, Oppenot, Directeur des Coches de l'Yonne, auxquels je confiai l'administration intérimaire, étaient des conservateurs, dévoués au Gouvernement du Prince-Président, et des mieux posés dans cette ville importante, où les hommes d'ordre résolus ne manquaient pas, comme le prouvait une association tout récemment fondée, sous le titre d'*Union anti-socialiste*.

Quant à la convocation des électeurs, en vue de la nomination d'un nouveau Conseil Municipal, j'avais trois mois pour la faire, et je profitai de ce délai, sans user du droit, qui m'appartenait, de constituer une Commission, pour remplacer provisoirement le Conseil démissionnaire.

La loi du 31 mai 1850 venait d'imposer la condition de trois ans de domicile à l'exercice du Suffrage Universel, et la revision des listes électorales, à peine achevée, paraissait les avoir réduites de près d'un tiers dans les villes, dont la population est bien plus mobile que celle des campagnes. Or, le plus grand nombre des citoyens rayés ne se composait précisément pas d'hommes d'ordre. Mais, comme on mettait en doute que cette grosse réforme fût applicable aux élections municipales, aussi bien qu'aux élections politiques, l'Assemblée Législative se trouvait saisie, par le Représentant Dabeaux, d'une proposition affirmative. Je crus donc à propos d'attendre qu'elle vidât la question, comme elle le fit, dans le sens de cette proposition, avant d'aller plus loin à Sens. D'ailleurs, il convenait de laisser à l'administration municipale intérimaire, le plus de temps possible pour asseoir son influence, et se préparer aux luttes difficiles à soutenir dans tous les cas.

L'élection fut fixée aux 27 octobre et 3 novembre. La liste rectifiée, en vertu de la loi nouvelle, ne comprenait plus que 2,187 électeurs, au lieu des 3,123, qui s'y trouvaient inscrits précédemment. 1,450 prirent part au scrutin, dont le résultat fit entrer, dans le nouveau Conseil municipal, sur 27 membres à nommer, 22 candidats conservateurs et 5 des anciens conseillers démissionnaires, élus, les premiers, par 750 voix; les derniers, par 700, en moyenne, tandis que, dans une élection faite sur la liste originelle de 3,123 électeurs, quelques mois auparavant, en mars 1850, les candidats soutenus par les rouges avaient obtenu, toujours en moyenne, 1,100 voix, et ceux des modérés, 900.

L'application de la loi du 31 mai venait donc d'affaiblir, de 400 voix, les forces que la démagogie pouvait amener devant l'urne électorale, à Sens, et, de 150 seulement, celles du parti de l'ordre : — démonstration très significative de la justesse du point de vue auquel s'étaient placés les promoteurs de cette loi réactionnaire, et, en même temps, encouragement sérieux à tenter de reprendre, aux rouges, l'administration municipale d'Auxerre et celle de Joigny, bien que le succès des conservateurs, dans cette première épreuve, eût encore été laborieux, malgré tout.

AUXERRE.

Le Maire et les Adjoints Provisoires de Sens, nommés, des premiers, parmi les nouveaux Conseillers Municipaux, une fois confirmés dans leurs fonctions administratives, je ne tardai pas à demander, au Gouvernement, la dissolution du Conseil Municipal d'Auxerre. Cette mesure ne me fut que trop facile à motiver. Mais, une raison d'ordre public en exigeait l'adoption, de plus en plus urgente.

Sous le régime de l'état de siège, en 1849, on avait dissous la Garde Nationale d'Auxerre, et réorganisé la compagnie de Sapeurs-Pompiers, seule, en vertu d'un décret spécial. Cette compagnie se trouvait commandée par l'Ingénieur en Chef de la Navigation; partant, à l'abri de toute mauvaise influence. Quant au bataillon d'Infanterie, le Conseil Municipal en rendait la reconstitution impossible, dans de meilleures conditions qu'auparavant, par sa résistance aux dispositions de la loi et des instructions générales contrariant la manière dont il entendait en dresser les contrôles, afin de faire encore, de ce bataillon, une sorte de « garde prétorienne » pour le Maire et les Adjoints, provisoires ou définitifs, également hostiles au Pouvoir Central, dont il offrait à celui-ci le triste choix. Il me fallait donc le concours d'un tout autre Conseil Municipal, pour y procéder.

En attendant, il n'existait, on s'en souvient, pour toute force publique, dans la ville chef-lieu, que trois brigades de Gendarmerie et le Dépôt, encombrant plus qu'utile, du 15ᵉ d'Infanterie Légère, dirigeant toujours ses recrues, dès leur instruction mise en bonne voie, sur les compagnies de ce régiment, en garnison à Paris. Donc, il fallait me suffire à moi-même, suivant la formule du général Carrelet, que, du reste, j'avais eu la mauvaise chance de voir passer du commandement de la Division Militaire de Marseille, à celui de la Division de Paris, avec la même indifférence pour les embarras des autorités administratives de son ressort.

Le 3 décembre, un décret du Président de la République fit droit à ma demande, et, le 5, je désignai, pour remplir les fonctions de Maire Provisoire, M. le baron Martineau des Chênets, ancien Directeur de la Comptabilité Générale et, en dernier lieu, Sous-Secrétaire d'État, au Ministère de la Guerre, sous le Gouvernement de Juillet, Grand Officier de la Légion d'Honneur, retiré, près d'Auxerre, dans sa propriété des Chênets. C'était un ami de mon père, plein de verdeur encore, et d'une capacité hors ligne. Je lui donnai, pour Adjoints, MM. Sallé aîné, négociant, et Ravaud, avoué.

Après une étude soigneuse de la composition de la liste électorale revisée, avec la nouvelle administration municipale, je provoquai, par application d'un article de la loi municipale du 21 mars 1831, maintenu par celle du 3 juillet 1848, la division du territoire de la commune en 9 sections, devant élire, chacune, 3 conseillers. L'adoption de cette mesure, dont le parti rouge sentit de suite la portée, souleva des protestations, que M. Savatier-Laroche soutint, sans succès, comme sans conviction, à la tribune de l'Assemblée Législative, et l'ordre du jour, adopté par celle-ci, découragea tellement nos adversaires, qu'ils résolurent de s'abstenir de prendre part au scrutin, non sans avoir renouvelé, dans la même forme, leurs protestations devant chaque bureau de vote.

Le résultat de l'élection, fixée au 1er mars, prouva que c'était le mieux qu'ils eussent à faire.

Sur 2,241 électeurs, 1,244 seulement répondirent à la convocation que tous reçurent, et les 27 candidats présentés par l'Administration Municipale, furent tous nommés, sans exception. La moyenne des suffrages portés sur eux (1,150) dépassait la moitié du nombre des électeurs « inscrits ».

Dès lors, en s'abstenant, l'Opposition évitait de se trouver en état de minorité flagrante ; car bon nombre des 1,093 électeurs non votants n'étaient assurément pas des siens.

Or, dans une élection municipale faite en mars 1850, sur des listes électorales dressées antérieurement à la loi du 31 mai, les candidats rouges avaient obtenu 1,100 voix, en moyenne, et les modérés, 900. Le gain de ces derniers, de 1850 à 1851, s'élevait donc à 250 voix, grâce à leur meilleure discipline, et peut-être à la conversion d'une partie de la population auxerroise aux idées modérées. Quant à la perte des rouges, qu'on ne pouvait chiffrer, puisqu'ils ne voulurent pas se laisser compter en 1851, elle était évidemment considérable et due surtout à l'application de la loi nouvelle.

Ai-je besoin de dire que le Gouvernement confirma dans ses fonctions de Maire M. le baron Martineau des Chênets? On a trop rarement la bonne chance de s'assurer le concours d'un homme de sa valeur, pour ne pas en profiter quand on la rencontre. Ses deux Adjoints Provisoires, auxquels leurs occupations ne permettaient pas de se consacrer aux affaires de la Ville, après le rude coup de collier qu'ils venaient de donner avec lui; firent place à MM. Chardon, ancien officier en retraite, et Floccard, propriétaire.

Je constate immédiatement ici que l'habile et active direction de M. le baron Martineau des Chênets rétablit promptement l'ordre dans tous les services et, notamment, dans les finances d'Auxerre, qui lui dut, en outre, d'utiles et d'importantes créations : entre autres, une abondante distribution d'eaux publiques et privées, au moyen de la dérivation de la belle source de Valan, jadis léguée à la Ville, qui n'en tirait aucun parti depuis des siècles : travail exécuté par les soins de M. Belgrand, alors simple Ingénieur Ordinaire, que je fis venir d'Avallon, pour en dresser le projet et surveiller l'accomplissement, sous mes yeux. Nous préludions ainsi, l'un et l'autre, aux dérivations, bien autrement sérieuses, de la Dhuys et de la Vanne, sur Paris.

JOIGNY.

Il me restait encore le plus rude assaut à livrer : reconquérir l'administration municipale de Joigny. De tout temps, on avait vu les conseils municipaux d'Auxerre et de Sens, composés d'opposants, même sous la Monarchie de Juillet, quand ils tenaient leurs pouvoirs des électeurs censitaires ! Mais, celui de Joigny s'était toujours distingué par les opinions radicales de la grande majorité de ses membres.

Je ne laissai point passer quinze jours sur l'élection d'Auxerre, sans réclamer du Gouvernement la dissolution du Conseil Municipal de Joigny, motivée par une longue série de délibérations portant refus d'obéissance à des prescriptions légales et réglementaires.

Proposée le 15 mars 1851, elle fut décidée par un décret du 15 avril seulement, et, le 19, je désignai, pour remplir les fonctions de Maire et d'Adjoints Provisoires, trois anciens Conseillers Municipaux, pleins d'énergie, appartenant au parti modéré : MM. Moreau, Lappé-Blanchard et Champeaux-Pusaye. Mais, cette fois, l'état de souffrance des intérêts de la Ville nécessita l'installation d'une Commission Municipale, pour remplacer provisoirement le conseil dissous.

Je divisai le territoire de la commune en 3 sections électorales, comprenant : la première, la partie supérieure de la ville, habitée généralement par des vignerons ; la seconde, le centre, où demeurait la population bourgeoise, avec les marchands et artisans vivant de son voisinage ; et la troisième, les quartiers bordant la rivière, animés par le Commerce, l'Industrie, et les entreprises de transports par terre et par eau.

Assurer une représentation à chacun de ces trois groupes, dans le nouveau Conseil Municipal, constituait une mesure inattaquable ; mais le Sous-Préfet et l'Administration Municipale y voyaient la certitude, pour les modérés, de la majorité dans le Conseil, parce que le plus grand nombre des hommes de désordre se groupaient dans la troisième section, et que les conservateurs croyaient, avec raison, comme l'événement le prouva, se trouver en force dans les deux autres.

Le 25 mai, jour fixé pour l'élection, sur 1,145 électeurs inscrits, 899 se présentèrent dans leurs sections respectives, et donnèrent, en somme, 475 voix aux candidats proposés par l'Administration, et 424, à ceux des opposants. Les premiers étaient donc en majorité, d'une cinquantaine de voix, dans l'ensemble de la ville ; mais la faiblesse de ce chiffre montre combien il fut opportun de faire, sans hésiter, la part du feu ; je veux dire : de livrer une section aux opposants, pour consolider le succès de l'opinion modérée dans les deux autres. En définitive, sur vingt-trois membres composant le Conseil Municipal, on en comptait seize dévoués au Gouvernement, et sept seulement appartenant à la démagogie, naguère dominante dans cette assemblée. Le Maire et les Adjoints Provisoires, confirmés dans leurs fonctions, pouvaient faire fond sur le ferme appui de plus des deux tiers de leurs collègues.

RÉSUMÉ.

En rendant compte au Ministre de l'Intérieur de cette heureuse issue d'une campagne encore plus difficile que celles de Sens et d'Auxerre, je terminais ainsi ma lettre :

« C'est la première fois, depuis 1830, c'est-à-dire
« depuis que les conseils municipaux sont électifs,
« que, dans celui de Joigny, la majorité est bonne !

« Ce résultat complète ceux que, déjà, nous avons
« obtenus : d'abord, à Sens ; puis, à Auxerre. Les trois
« principales villes de l'Yonne, qui étaient aux mains
« des rouges, il y a moins d'un an, et qui semblaient à
« jamais inféodées au socialisme, sont aujourd'hui
« reconquises à la cause de l'ordre, et fournissent trois
« arguments sans réplique en faveur de l'efficacité de
« la loi du 31 mai. »

Je me félicitais de pouvoir constater, d'abord, que les résultats de mon administration, dans l'Yonne, ne décevaient pas les espérances du Prince, puisqu'il m'avait choisi, lui-même, pour faire triompher la cause de l'ordre sur tous les points de ce département, impérialiste avant tout, dont la démagogie semblait près de conquérir les votes à la sienne. Mais, je croyais non moins intéressant d'établir aussi que les premières applications de la réforme électorale, si violemment attaquée par l'Opposition républicaine, justifiaient pleinement l'adoption de cette grande et courageuse mesure.

Mon opinion ne varia jamais, depuis lors, sur la loi du 31 mai. Je comprends qu'après le 2 décembre 1851, le Prince, acclamé par près de six millions de suffrages le 10 décembre 1848, se voyant obligé de faire un suprême appel au Pays, convoqué solennellement dans ses comices, pour se prononcer entre le Chef de l'État et la coalition des partis hostiles au sein de l'Assemblée Législative, attachât le plus grand prix à réunir au moins autant de suffrages favorables, cette fois. Je comprends que, par ce motif, il ait suspendu l'effet d'une loi réduisant d'un tiers le nombre des citoyens précédemment admis à voter. D'ailleurs, n'était-ce pas notoirement à la réunion de la rue de Poitiers, c'est-à-dire au camp royaliste, poursuivant sa déchéance, qu'appartenait l'initiative de cette loi ? Et ne devait-il pas croire certain que, parmi les électeurs rayés, il comptait bien plus de partisans que ses adversaires ? N'avais-je pas entendu moi-même, non sans étonnement, dans l'Yonne, les communes réputées les plus mauvaises au point de vue politique, retentir, dès qu'il s'agissait du Prince, des cris de : « Vive Napoléon ! » et même de : « Vive l'Empereur ! »

Mais, j'eus bien souvent à regretter qu'à l'exception des plébiscites, pour lesquels la consécration du Suffrage Universel aussi largement exercé que possible est désirable, le droit de vote dans les élections locales ne fût plus soumis, depuis le Deux-Décembre, à aucune sorte de garantie (pas même à celle d'un domicile sérieux !) donnée par son titulaire.

Dans un bureau du Sénat de l'Empire, où je déplorais de voir le Corps Législatif, élu par le Peuple dans les mêmes conditions que le Souverain, considérer son mandat constitutionnel, comme une émanation plus

récente de la Volonté Nationale que le droit de la Couronne, M. Dupin, qui prit la parole après moi, pour soutenir ma demande de listes restreintes par des conditions de domicile et autres plus sévères, en cas d'élections législatives, départementales, municipales, que lors du vote de plébiscites, résuma spirituellement mes conclusions, par ces mots devenus célèbres : « L'eau
« du baptême ne doit pas servir aux usages ordinaires
« de la vie. »

Dès octobre 1852, à Bordeaux, la veille du fameux discours qu'y prononça le Prince, comme je l'accompagnais dans la visite de certains grands établissements industriels et commerciaux, je me souviens de lui avoir dit, en voiture, sur un point de la ville où je ne passe jamais sans me le rappeler : — « Le Suffrage
« Universel, sans limites, me semble comparable à ces
« fauves félins que leur dompteur fascine, et qui, ram-
« pant à ses pieds, se montrent caressants pour lui,
« mais pour lui seul, et qui le déchirent et le dévorent,
« lorsque, dans un moment d'oubli, ses yeux cessent
« de les tenir sous le charme de sa puissance magné-
« tique. »

CHAPITRE XVII

LA PRÉFECTURE DE L'YONNE

Première visite du Prince. — Scission royaliste. — Attitude hostile de l'Assemblée. — Seconde visite du Prince. — Discours de Dijon. — Sessions du Conseil Général : 1850-1851. — Réformes dans les grands services départementaux. — Vote politique du Conseil en 1851.

PREMIÈRE VISITE DU PRINCE.

Lors de son voyage à Lyon, qui lui fit traverser, une première fois, mon département, au mois d'août 1850, le Prince-Président était bien loin encore de prendre parti contre la loi du 31 mai, que son Gouvernement avait soutenue au sein de l'Assemblée Législative.

Le Ministre de l'Intérieur m'avait officiellement notifié le programme de ce voyage : Son Altesse Impériale partirait de Paris le 12, par la voie ferrée, qu'Elle suivrait jusqu'à Tonnerre, où l'attendraient ses équipages, et prendrait la poste dans cette ville, pour continuer sa route ; le train présidentiel ne stationnerait pas à Sens, dont le Conseil Municipal venait d'être dissous ; mais il s'arrêterait à Joigny, pour que le Prince pût passer en revue le Dépôt de Dragons, — qui, par bonheur, avait alors deux escadrons à produire, — et les Gardes Nationales de la contrée ; enfin, les réceptions du Conseil Général et des autorités de tout le département se feraient à Tonnerre, de 10 heures et demie à 11 heures et demie.

Je commençai par m'entendre avec le Capitaine de Gendarmerie, pour l'organisation d'un bon service d'escorte sur la route de poste de Tonnerre à Dijon, par Ancy-le-Franc et par Aisy, jusqu'à Montbard (Côte-d'Or); car les hordes nombreuses d'ouvriers du chemin de fer, cantonnées le long de cette ligne, dont il avait fallu réprimer une révolte deux mois auparavant, m'inspiraient une légitime défiance. Or, pour ce service et celui de police et de sûreté dans la gare et dans la ville même de Tonnerre, pendant le séjour du Prince, qui devait y tenir des réceptions officielles, d'après le programme notifié par le Ministre, les gendarmes de l'arrondissement et ceux des brigades les plus rapprochées des arrondissements d'Auxerre et d'Avallon, suffisaient à peine. Le Dépôt d'Infanterie d'Auxerre se trouvant, par malechance, dans l'impossibilité de fournir aucun détachement, pour le Service d'Honneur, le Ministre de la Guerre m'en fit envoyer un de 200 hommes, par la garnison de Troyes.

Je prescrivis la concentration, à Joigny, de 25 gendarmes, fournis par les brigades de cette ville et des cantons voisins, et j'y convoquai, de même qu'à Tonnerre, les Gardes Nationales des régions environnantes.

J'allai, le 12 au matin, au-devant du Prince, jusqu'à Montereau, sis à 2 kilomètres des limites de mon département. Il me témoigna beaucoup de bienveillance, et se fit rendre compte, en route, du résultat de mes premières impressions, quant à la situation politique de l'Yonne. Je ne lui cachai rien des difficultés de ma tâche ; mais, je lui dis ma ferme confiance d'en arriver à bout. Quand je lui parlai de la campagne que je venais de commencer à Sens, pour reprendre à l'anarchie les trois villes principales, et que je lui montrai l'espoir de trouver un puissant appui dans la loi du 31 mai, son visage exprima son contentement, sans réserve, d'entendre, de ma part, cette appréciation d'une mesure si contestée.

A Joigny, l'accueil chaleureux des populations rurales, accourues de très loin, et l'enthousiasme des bataillons cantonaux de Garde Nationale criant : « Vive « Napoléon ! Vive l'Empereur ! » étouffèrent les protestations des rouges de la ville, qui s'efforçaient de ré- « pondre par : Vive la Republique ! »

Le bataillon urbain de Joigny, seul, montra de la froideur pour le Prince, et le Capitaine de Gendarmerie fit cueillir, dans ses rangs, quelques individus qui, ne se contentant pas de crier à tue-tête : « Vive la République ! » ajoutaient : « démocratique et sociale ». On considérait alors ce dernier mot comme séditieux. Au reste, les jours de ce bataillon étaient comptés.

A Tonnerre, la réception fut splendide. Pas une dissidence ! Le Prince paraissait enchanté.

Je l'accompagnai jusqu'à la limite de la Côte-d'Or, où j'avais envoyé ma voiture, en vue de mon retour immédiat à Tonnerre.

Nous trouvâmes, dans tous les villages de l'Yonne qu'il nous fallut traverser, les maisons pavoisées de drapeaux, leurs habitants, saluant le cortège de leurs vivats, et au relais d'Ancy-le-Franc, gros bourg populeux, un arc de triomphe magnifiquement orné. — Le Maire, M. le marquis de Louvois, membre du Conseil Général, et les Conseillers Municipaux attendaient, entourés de la population et des ouvriers des forges, dirigées alors par M. Martenot. Le Prince décora M. de Louvois, dont je lui dis la grande situation et les titres à cet honneur.

Au relais d'Aisy, quand je pris congé, pour faire place, dans sa voiture, à mon collègue de la Côte-d'Or, Son Altesse Impériale me serra très affectueusement les mains, en m'exprimant sa plus vive satisfaction. Dès Montbard, on put constater qu'on n'était plus dans l'Yonne.

SCISSION ROYALISTE.

A la session du Conseil Général, qui s'ouvrit le 26 août, M. Savatier-Laroche fit la proposition d'un vœu tendant au rapport de la loi du 31 mai. La prise en considération de cette demande fut rejetée, à la majorité de 20 voix contre 14. M. Larabit s'était abstenu. Je ne pouvais lui demander plus : il avait voté contre la loi dans l'Assemblée. Mais, à ma grande surprise et à celle de tout le monde, M. le comte de Chastellux, appuyé par MM. Raudot et Coquille, qui figuraient, comme lui-même, dans cette majorité de 20 voix, demanda, non plus « le rapport », mais la « revision » de cette même loi, votée, à l'Assemblée Législative, par tous les amis politiques de ces Messieurs. Elle dépassait beaucoup leur but, selon lui, parce que, dans sa commune, de « bons » électeurs se trouvaient éliminés de la liste électorale. Il va sans dire que les 14 votants de la proposition Savatier-Laroche, M. Marie en tête, s'empressèrent à la rescousse de nos trois légitimistes militants. En vain, je demandai l'ajournement de la question, en faisant observer au Conseil qu'il ne connaissait pas bien les effets d'une loi dont l'application hâtive n'était pas encore complète dans le département ; qu'en tous cas, il fallait, au moins, avant de demander à l'Assemblée Législative de retoucher son œuvre, attendre que l'auteur de la nouvelle proposition précisât les points qu'il désirait en voir modifier, ce dont il se donnait bien de garde, pour ne pas se voir de suite en désaccord avec les rouges, ses adhérents. Au moment du vote, un membre de la majorité, voulant se ménager, dans une question locale, l'appui des trois déserteurs, fit comme M. Larabit : il s'abstint, ne croyant pas, me dit-il après, que, de sa voix, dépendît le résultat. Bref, le vœu de revision fut adopté par 18 voix contre 17.

La conduite étrange du groupe Raudot me parut être dirigée, surtout, contre le Ministère, incontestablement favorable à la loi. Mais, l'abstention persistante, malgré tout, d'un napoléonien tel que M. Larabit, me donna beaucoup à réfléchir.

Toutefois, dans le Message adressé par le Prince-Président à l'Assemblée, lors de la reprise de la session, au commencement de novembre, je ne sus rien découvrir qui justifiât mes secrètes appréhensions.

Consulté, par le Ministre de l'Intérieur, sur l'effet produit, dans l'Yonne, par cet acte, dont le but évident était de rassurer le Pays sur les prétendus projets ourdis à l'Élysée, je répondis le 12 : — « Ce n'est pas
« dans mon département qu'on s'inquiète des intentions
« de M. le Président de la République. En plusieurs
« circonstances, les habitants de l'Yonne ont donné au
« Prince Louis-Napoléon des gages d'attachement qui
« ne laissent aucun doute sur leurs dispositions pour sa
« personne. Si des inquiétudes existaient ici, depuis

« quelque temps, elles ne concernaient pas le Président :
« elles étaient motivées par l'attitude que, diverses fois,
« l'Assemblée a prise à l'encontre de son Gouvernement,
« et surtout par la conduite soupçonneuse et tracassière
« attribuée à la Commission de Permanence. Le Mes-
« sage est venu les calmer, en ôtant tout prétexte à ces
« défiances injustes d'une partie de la Majorité... »

Je demandais, pour ma part : 1° la revision de la loi sur le jury, dont la composition assurait presque toujours l'impunité des délits politiques ; 2° une loi donnant au Gouvernement, sans réserve, le choix des Maires ; 3° une meilleure organisation des moyens de surveillance et de répression : Gendarmerie, Gardes Champêtres, Armée, Gardes Nationales.

ATTITUDE HOSTILE DE L'ASSEMBLÉE.

Le régime de confiance et de sécurité que le Message du Prince semblait avoir inauguré dans les hautes régions du Pouvoir, ne fut pas de longue durée. Dès la fin de décembre, un vote de l'Assemblée, auquel le Gouvernement s'opposa vainement, fit mettre en liberté M. Mauguin, ancien membre du Gouvernement Provisoire, arrêté pour dettes, et l'on ne saurait croire la profonde impression d'étonnement et de crainte causée, parmi les hommes d'ordre, par cette intervention de la politique dans l'action de la Justice. Puis, le refus du Bureau de l'Assemblée, avec l'assentiment d'une coalition de la Droite et de la Gauche, de consentir à la révocation d'un Commissaire de Police placé, par le Ministre de l'Intérieur, sous ses ordres, qui se trouvait déplorablement engagé dans un procès politique, mit à découvert la tendance des royalistes à chercher partout des alliés contre le Gouvernement de Son Altesse Impériale. Un changement de ministère s'ensuivit, et le 9 janvier 1851, M. Baroche remit à M. Vaïsse le portefeuille de l'Intérieur. Mais, le nouveau Cabinet, à peine formé, devint, à l'occasion du remplacement du général Changarnier à la tête de la Garde Nationale de Paris, l'objet d'attaques passionnées, au sein du Parlement. Je trouve, dans un rapport que j'adressai, le 12 janvier, à mon nouveau chef, ce passage curieux, écrit près d'un an avant le 2 décembre :

« L'étonnement est le sentiment le plus général que,
« depuis quelques semaines, tous les actes politiques
« de l'Assemblée aient eu pour effet d'exciter ici. Je
« considère, comme indubitable, que sa persévé-
« rance dans la voie fatale où elle se laisse pousser, la
« conduise au résultat qu'elle se montre si jalouse
« d'éviter : son isolement, son discrédit ; car je n'en-
« tends, autour de moi, qu'une voix pour blâmer ses
« susceptibilités ombrageuses à l'égard du Pouvoir
« Exécutif, et pour lui attribuer tous les torts dans le
« déplorable conflit qui vient d'éclater.

« Le vote de cinq des Représentants de l'Yonne, sur
« six nommés par les hommes d'ordre, permet, au
« reste, d'apprécier l'esprit de ce département. M. Rau-
« dot, qui a cru pouvoir se séparer de ses collègues,
« aura peine à s'en justifier devant ses électeurs ; car, ici,
« les légitimistes ne sont pas les derniers à s'inquiéter
« de ce qui se passe, et de l'ingratitude des coryphées
« de leur parti, envers le Président de la République.

« On ne saurait, du reste, imaginer quels extravagants
« projets ceux-ci ont pu rêver. Il résulte d'indiscré-

« tions échappées à un de leurs agents les plus actifs
« dans l'Yonne, que l'on ne songeait pas à moins que
« mettre la main sur le Prince, à raison de ses desseins
« prétendus contre l'Assemblée ; de le déporter à la
« Guyane, et de substituer, à son Gouvernement, celui
« de la Légitimité, au nom de la Souveraineté Natio-
« nale, dont on veut que l'Assemblée Législative soit
« la véritable personnification. »

A l'occasion du nouveau Message du Prince-Président, daté du 24 janvier, je répondais au Ministre :

« L'alliance d'une fraction importante de la Droite avec
« la Montagne excite, chez les hommes d'ordre, une
« indignation générale, et la mesure par laquelle M. le
« Président de la République a coupé court aux diffi-
« cultés de la situation, reçoit leur entier assentiment.

« Le Pays aime la décision dans le Pouvoir, et, sous
« ce rapport, il est en désaccord complet avec l'Assem-
« blée. D'ailleurs, il est las de l'instabilité à laquelle nos
« institutions semblent nous condamner. L'Assemblée
« choisit mal son temps pour essayer de grandir son
« importance au détriment du Pouvoir Exécutif. Elle
« arrivera, selon toute apparence, au résultat opposé.
« L'opinion, passant d'un extrême à un autre, en vien-
« dra certainement à maudire le Régime Parlementaire,
« comme un régime de cabales, d'intrigues, où la tran-
« quillité publique sert d'enjeu aux luttes des partis ;
« où les ambitions personnelles usurpent la place des
« intérêts généraux.

« Ici, le cri de : « Vive l'Empereur ! » choque peu
« d'oreilles. La tolérance qu'il a rencontrée, de la part
« de l'ancien Cabinet, était donc loin d'y constituer un

« grief bien grave contre lui. L'Empire, pour mes ad-
« ministrés, c'est un Gouvernement ferme, régulier,
« capable de soutenir l'honneur de la France au dehors,
« et de maintenir l'ordre au dedans. Quelque titre que
« porte le Chef de l'État, il peut compter sur leurs sym-
« pathies, toutes les fois qu'il fera preuve d'initiative et
« de volonté. »

Enfin, je trouve, sous la date du 7 février, un passage qui montre bien quelle était la situation dès cette époque :

« L'Assemblée se perd dans l'opinion. Tel est le
« sentiment de tous les hommes d'ordre qui m'entou-
« rent. Quant au Prince-Président, s'il avait les projets
« qu'on s'obstine à lui prêter, il devrait s'applaudir de
« ce qui se passe. Dans l'Yonne, où les royalistes sont
« loin d'avoir la sympathie des masses, *il est redevenu*
« *populaire comme avant le Dix-Décembre*, depuis que
« l'Extrême Droite lui a retiré son appui douteux et com-
« promettant, pour lui déclarer une guerre ouverte. »

Il ressort nettement des citations textuelles qui précèdent, que la question tranchée par le Coup d'État du Deux-Décembre, qui fut — ne l'oublions jamais ! — ratifié plébiscitairement, le 20, par 7 millions et demi de suffrages, était posée, dès les premiers mois de l'année, et que le parti royaliste se préparait à lui donner parlementairement une tout autre solution.

Occupant, de longue date, les plus hauts rangs de la Société ; possesseurs des plus grandes situations territoriales ; donnant le ton partout, dans les salons, et disposant du Clergé Catholique, on comprend que les chefs de ce parti s'exagèrent, d'habitude, leur influence réelle. En 1851, ils s'imaginaient avoir compté pour beaucoup dans le vote du 10 décembre 1848, comme, de nos jours, ils se croient due la meilleure part des résultats de l'Alliance Conservatrice, et cette illusion était d'autant plus excusable que, dans la distribution des sièges que les modérés conquirent à l'Assemblée, ils surent fort habilement, comme encore de nos jours, s'en faire attribuer un nombre hors de proportion avec l'effectif, assez restreint, de leurs propres adhérents.

Les Royalistes, en France, ne sont qu'un état-major brillant, riche, ayant le prestige des positions faites et la puissance incontestable de l'argent ; mais qui ne compte guère de soldats à mettre en ligne. Or, le gros de l'armée populaire ne l'aurait pas plus suivi, dans l'aventure qu'il méditait, en 1851, de courir sus au Prince Louis-Napoléon, qu'il ne le fera, le jour où tous les partis, dévoilant, une bonne fois, leurs drapeaux, se présenteront au grand jour devant le Pays, consulté directement par la voie du plébiscite, sur le Gouvernement qu'il veut.

La Royauté, chez nous, a fait son temps. L'essai de l'y restaurer, poursuivi de 1815 à 1830, avec le concours de toutes les Grandes Puissances, et la transaction tentée, sous forme de Monarchie Parlementaire, de 1830 à 1848, n'ont pas mieux réussi l'une que l'autre.

« Des Rois?... il n'en faut plus ! » Voilà ce que le parti monarchiste ne peut parvenir à se persuader ; voilà ce qui forme pourtant le premier article du *Credo* politique des classes laborieuses. L'Empire, c'est autre chose. Il semble qu'on n'en dût pas douter, au lendemain, pour ainsi dire, du Dix-Décembre, et cependant, à l'époque où remonte ce récit, la coalition de la Droite et de la Gauche de l'Assemblée se berçait de l'idée folle d'avoir, en deux ou trois ans d'opposition perfide, ruiné le prestige du grand nom de Napoléon sur les masses. Elle se trompait, et fut réveillée bien brusquement de cette incroyable illusion, de ce rêve insensé.

SECONDE VISITE DU PRINCE.

Je pourrais multiplier les emprunts que je viens de faire au registre de ma correspondance confidentielle avec le Ministre de l'Intérieur, dont je n'atténuai pas les appréciations après le remplacement de M. Vaïsse par M. Léon Faucher, survenu le 10 avril, bien que j'eusse compris, dans mes conversations avec ce dernier, dont je m'étais empressé d'aller saluer le retour aux affaires, qu'il n'irait pas au delà d'une modification de la Constitution de 1848, rendant possible la prorogation des pouvoirs du Président de la République. Pendant le cours de ma tournée de Revision des conscrits de la classe de 1850, en mai 1851, je lui fis savoir, des points les plus divers de l'Yonne, que je trouvais partout l'immense majorité de la population prête à suivre le Prince beaucoup plus loin.

J'eus l'occasion d'affirmer très nettement, je pourrais dire très audacieusement, cette disposition de mes administrés, en présence de Son Altesse Impériale et devant M. Léon Faucher lui-même, aux personnages considérables conviés à l'inauguration de la section du chemin de fer comprise entre Tonnerre et Dijon, pour laquelle le Président de la République vint une seconde fois dans mon département, six mois tout juste avant le Coup d'État du 2 décembre, et qui fut, au chef-lieu de la Côte-d'Or, l'occasion d'un discours retentissant.

Le Prince, ayant accepté l'hospitalité de l'Archevêque de Sens, descendit, la veille au soir, dans cette ville, dotée, depuis le mois d'octobre, d'une Administration sûre et vigilante. La réception à la gare, le trajet de la station à l'antique cité, qui s'en trouve quelque peu distante, et l'arrivée au Palais Archi-épiscopal, s'accomplirent avec toute la solennité possible, au milieu des flots pressés d'une population enthousiaste. L'escorte se composait d'un escadron de Dragons, venu de Joigny sans encombre, et le Service d'Honneur, d'un bataillon de Chasseurs à Pied, envoyé le matin de Paris, sous les ordres d'un général de l'avenir, le commandant Bocher, le plus jeune des frères de Gabriel Bocher, mon ancien et très excellent camarade de collège. La Gendarmerie, dont le Prince n'aimait pas à se voir entouré, ne reçut qu'une mission d'ordre à remplir, cette fois.

Le lendemain, 1er juin (un dimanche), après avoir assisté, dans la Cathédrale, à la grand'messe, célébrée par l'Archevêque, et passé la revue des bataillons cantonaux de l'arrondissement, qui faisaient retentir l'air de frénétiques acclamations, répétées par des masses de campagnards accourus de toutes les communes environnantes, le Prince quitta la station de Sens, littéralement assourdi par les cris de : « Vive l'Empereur ! »

En route, à demi couché sur un divan, au fond de son wagon-salon, les yeux clos, il semblait sommeiller, tandis que les personnages officiels qui l'accompagnaient dans ce voyage, presque tous partis, le matin même, de Paris, afin de le rejoindre à Sens, et arrivés juste à temps pour assister aux manifestations bruyantes dont je viens de rendre compte, s'entretenaient de la situation politique ; de l'hostilité croissante de la réunion de la rue de Poitiers ; du pétitionnement pour la prorogation des pouvoirs du Président, qui prenait de notables proportions, etc. Naturellement, je fus interpellé, par eux, au sujet des sentiments de mes administrés. — « Ce « qu'ils veulent ? » répondis-je en souriant. « Ils vous le « font entendre clairement ! C'est ce qu'ils ont cru voter « implicitement le 10 décembre ; c'est ce que signifie, « pour eux, la prorogation des pouvoirs. Ils s'étonnent « seulement d'avoir besoin de toute cette procédure de « pétitions pour arriver au but réel de leurs vœux, et « c'est pour cela qu'ils profitent de chaque circonstance « favorable, afin de les proclamer bien haut, trop haut « même, au gré des oreilles délicates. »

Ma réponse fut suivie d'un silence, rompu bientôt par M. Frémy, Représentant de l'Yonne, invité du voyage. — « Et leur Préfet, » me dit-il sur le ton de la plaisanterie, « connaît-il un moyen plus expédient ? » — « Oh ! » répliquai-je sur le même ton, « leur Préfet n'est « pas un homme politique ; c'est un homme d'action, « qui, depuis deux ans et demi, pratique l'administra- « tion militante, à laquelle son passé ne l'avait guère « préparé ; mais qui s'y est tellement bien fait la main, « qu'il a pour système d'aller droit aux obstacles, au « lieu de les tourner en saluant ; et de prendre les tau- « reaux par les cornes. Or, cela n'est pas un procédé « parlementaire !... » — « En effet ; » observa mon com- « père ; « mais, il a du bon. » — Tenez, » continuai-je, en affectant de restreindre la conversation entre nous deux, comme aussi, d'être de moins en moins sérieux, « je rêvais dernièrement que j'assistais à la représen- « tation d'un intéressant spectacle. — Premier acte :

« le Gouvernement prescrivait à ses Préfets de dresser
« une liste discrète, mais bien comprise, des hommes
« dangereux de leurs départements respectifs : fauteurs
« habituels de désordre ; correspondants et agents prin-
« cipaux des comités-directeurs de Paris, et de les
« expédier rapidement, le jour dit, vers des ports, d'où,
« quelques vaisseaux, mis sous vapeur d'avance, de-
« vaient les transporter à Nouka-Hiva, pour y fonder
« une République modèle, démocratique, sociale, et le
« reste, selon leur cœur. — Deuxième acte : le Gouver-
« nement, après entier accomplissement du premier,
« annonçait à l'Assemblée Législative la grande mesure
« de salut public dont il venait de prendre l'initiative cou-
« rageuse. L'Assemblée se divisait, comme toujours, en
« deux groupes : celui de l'approbation chaleureuse, et
« celui du blâme indigné. Mais, cette fois, à l'issue de
« la séance, on faisait prendre aux membres du second,
« non pas la même route, mais le chemin de séjours
« propices aux réflexions salutaires. — Troisième acte :
« Appel à la Nation, qui répondait, sur la question posée,
« ce que nous venons d'entendre à Sens ; ce que nous
« allons entendre encore davantage, si possible, à Ton-
« nerre. »

Le Deux-Décembre vit s'accomplir le deuxième et le troisième actes de mon prétendu rêve. Le premier ne se réalisa que dans les premiers mois de 1852, sous le contrôle modérateur des Commissions Mixtes.

M. Dupin, le Président de l'Assemblée, à côté duquel j'étais assis dans le wagon-salon du Prince, comme je le fus, bien plus tard, dans le Sénat de l'Empire, au banc des Grands-Croix, grommela tout à coup, de son air bourru : « Mais il y a loin du rêve à la réalité ! »

— « Monsieur le Président, » dis-je en me tournant vers lui, « j'ai vu des réalités qui dépassaient tous les rêves : « témoin, le Dix-Décembre ! »

Les yeux du Prince, qui s'étaient ouverts, pour se fixer sur moi, dès le début de cet entretien, dont aucune circonstance ne s'est effacée de ma mémoire, eurent un fugitif sourire, quand je parlai de la direction à donner aux gêneurs de l'Assemblée Législative ; puis, une lueur, subitement réprimée, au mot d'Appel à la Nation ; ils se refermèrent aussitôt après, pour rentrer dans leur apparente somnolence. Je feignis de n'en rien voir ; mais, dès cet instant, je savais, à n'en plus douter, quelle devait être la solution du conflit qui préoccupait tout le monde.

M. Léon Faucher, de méchante humeur, ne souffla mot pendant ma conversation avec son ancien Chef de Cabinet, qu'il semblait ne pas écouter. M. Magne, Ministre des Travaux Publics, causait prudemment avec M. Julien, Directeur des travaux du chemin de fer, qui devait recevoir la croix de Commandeur, à la suite de l'inauguration que nous allions célébrer. Quant à M. Boulay de la Meurthe, Vice-Président de la République, il souriait, d'un air bonhomme.

Nous approchions de Tonnerre. Je ne disais rien de trop, assurément, quand j'annonçais que la réception qu'on y réservait au Prince dépasserait toute prévision. C'était un vrai délire.

Les gendarmes ne devaient plus fournir d'escortes, cette fois ; mais, ils eurent toutes les peines du monde à contenir l'empressement de la foule aux abords de la gare. Le Service d'Honneur fut fait par un détachement du 15ᵉ Léger.

Le Maire, les Adjoints et le nouveau Conseil Municipal d'Auxerre, convoqués à cet effet, présentèrent au Chef de l'État, leurs hommages et l'assurance de leur entier dévouement. Le Prince exprima combien il s'estimait heureux de voir confiée à des mains aussi honorables que sûres, l'administration du chef-lieu d'un département auquel l'attachaient des liens inaltérables.

Il revint sur ce sujet avec moi, lorsque, avant d'arriver à Montbard, je pris congé de lui. Je pus voir alors que la reprise des villes d'Auxerre et de Sens aux démagogues, avait fait une excellente et profonde impression sur son esprit. Dans l'une et dans l'autre, j'avais pris, avec succès, le taureau par les cornes, et je lui certifiai que, sous peu, Joigny fournirait un troisième exemple à l'appui de ce procédé. Il me dit, en serrant ma main dans les siennes, comme c'était son habitude quand il voulait affirmer sa sympathie : — « Vous justi-
« fiez pleinement la mission que je vous ai donnée
« dans l'Yonne et la confiance que les résultats de vos
« débuts du Var me faisaient placer dans votre grande
« valeur administrative. Je compte, le moment venu,
« sur votre dévouement. » — « Monseigneur, » répondis-je avec énergie, « faites-y fond : il vous est acquis
« sans réserve. »

DISCOURS DE DIJON.

Le discours prononcé, le même jour, à Dijon, par le Président de la République, en réponse au toast porté par le Maire, eut un immense retentissement. Il m'expliqua le silence, presque encourageant, gardé par le Prince, le matin, pendant mes audaces à peine déguisées.

Les dernières paroles de ce discours : « *Quels que* « *soient les devoirs que le Pays m'impose, il me trouvera* « *décidé à suivre sa volonté!* » soulevèrent, dans le sein de l'Assemblée, de violents débats. C'est alors que le général Changarnier crut pouvoir dire : « Mandataires « de la France, délibérez en paix ! » Dès la fin du banquet, M. Léon Faucher avait pris un train spécial pour Paris, afin d'aviser sans retard aux conséquences, faciles à prévoir, des déclarations du Chef de l'État. On prétendit même qu'il en atténua le texte dans le *Moniteur*. Je le vois encore fort ému, fort inquiet, passer à Tonnerre, où, revenu de Montbard, je restai, le soir.

Tout ce qui devait précipiter la rupture entre le Président et l'Assemblée lui causait une surexcitation nerveuse dont il n'était pas maître. Jusqu'à la fin, ses efforts tendirent à conjurer cette crise.

En revanche, il favorisa, de tous ses vœux, le pétitionnement pour la revision de la Constitution, parce qu'il apercevait, dans la prorogation des pouvoirs présidentiels du Prince, un long ajournement de la crise dont il redoutait l'issue. Mais, il interdit aux Préfets et Sous-Préfets de s'en mêler, et la direction imprimée, de Paris, au mouvement, par un Comité Central, manqua de suite et d'unité. L'Yonne, qui fournit 32,000 signatures, pouvait en donner bien davantage, sans l'inaction absolue que je dus garder et faire garder à tous les fonctionnaires sous mes ordres. Et, s'il se fût agi de voter le rétablissement de l'Empire, on aurait obtenu, pour le moins, deux fois autant de votes !

Un sujet sur lequel n'exista jamais aucune dissidence entre mon Ministre et moi, c'est la loi du 31 mai 1850, que nous considérions, tous deux, comme une garantie précieuse contre l'envahissement des listes électorales des villes et des grands centres de commerce et d'industrie, par une population flottante d'ouvriers, soumis, en général, aux plus mauvaises influences. Or, il transpirait, peu à peu, qu'à l'Élysée, on faisait bon marché de cette loi, malgré l'excellent parti que j'en avais tiré par trois fois, à la connaissance du Prince même. Pour des motifs qu'alors je ne sus pas discerner, le programme des mesures qu'on y méditait, en comprenait l'abrogation pure et simple. — Ce fut, du reste, le rejet de cette mesure par la majorité de l'Assemblée, suivi de la « Proposition des Questeurs » au commencement de novembre 1851, qui devint le prologue du Coup d'État du Deux-Décembre.

Dès les premiers jours de mai, j'écrivis, au Ministre de l'Intérieur, de Pont-sur-Yonne, où j'étais en tournée de Revision, pour lui signaler l'impression fâcheuse causée, dans les rangs des hommes d'ordre, malgré le désaveu du Gouvernement, par un article du *Constitutionnel*, organe habituel de l'Élysée, attaquant les restrictions apportées à l'exercice du Suffrage Universel, dans une loi dont ils avaient pu juger les bons effets à Sens, Auxerre et Joigny.

Le 30 juin, je lui fis connaître le peu de succès d'un pétitionnement organisé par les rouges contre cette loi, concurremment avec celui qui se développait en faveur de la prorogation des pouvoirs du Président.

Le 16 octobre, après la démission collective du Ministère, et le remplacement de M. Léon Faucher par M. de Thorigny, je témoignai, sans réticence aucune, à celui-ci, les appréhensions excitées, autour de moi, par les revirements politiques dont cette crise gouvernementale semblait être le présage, et j'ajoutai :

« La loi du 31 mai ne cause de modifications impor-
« tantes à la composition des listes électorales, que dans
« les villes et les gros bourgs du département. Elle ne
« touche pas (ou, pour ainsi dire, pas) à cette phalange
« serrée d'électeurs campagnards dont M. le Président
« a vu quelques bataillons à Sens et à Tonnerre, et qui
« lui ont donné la presque unanimité des suffrages,
« d'abord, lorsqu'il s'est agi de le nommer à l'Assemblée
« Constituante ; puis, au 10 Décembre.

« Des 16,000 électeurs de l'Yonne rayés par l'effet
« de la loi du 31 mai, bien peu méritent des regrets.
« Replacer, sur les listes, ces 16,000 électeurs, ce serait
« grossir gratuitement les rangs de l'armée rouge ;
« favoriser ses candidats, quels qu'ils soient, et risquer
« de compromettre, sinon la réélection de nos cinq Re-
« présentants napoléoniens, du moins, le remplace-
« ment, qui paraît certain, de MM. Savatier-Laroche,
« Rousselet et Raudot, par trois autres ; ce serait, dans
« tous les cas, rendre à la démagogie la domination
« qu'elle exerçait, sans conteste, dans nos trois princi-
« pales villes.

« Voilà pourquoi l'on s'afflige, ici, de savoir agitée
« dans les hautes régions du Pouvoir, la question du
« rappel de la loi du 31 mai 1850. »

Pour l'acquit de ma conscience, je renouvelai cette
protestation dans un rapport du 29 octobre. Mais, à
partir de la proposition d'un nouveau projet de loi
électorale faite par le Gouvernement à l'Assemblée, lors
de la reprise de ses travaux, et de l'accueil, peu convenable, que le Message du Président de la République y
reçut, les serviteurs dévoués du Prince durent imposer

silence à leurs convictions personnelles, pour se préoccuper exclusivement de l'atteinte portée à son pouvoir.

« Il est hors de doute, » écrivais-je le 7 novembre, « que l'abrogation de la loi du 31 mai 1850 n'est pas « comprise des hommes d'ordre ;… mais, pour nos populations, si dévouées au Prince, l'attitude hostile prise « par l'Assemblée, vis-à-vis de son Gouvernement, domine la situation actuelle. — Quant à la proposition « des Questeurs,… vous pouvez, monsieur le Ministre, « donner, à M. le Président de la République, l'assurance qu'en toutes les occasions où Son Altesse Impériale se trouvera directement attaquée, les sympathies, « si générales, de mes administrés pour Sa Personne, « ne laisseront place à aucun autre sentiment. »

Peu de jours après, le 26 novembre, je fus nommé Préfet de la Gironde, à ma grande stupéfaction.

SESSIONS DU CONSEIL GÉNÉRAL : 1850-1851.

Avant de dire ce qui s'ensuivit ; avant de quitter Auxerre et de conduire avec moi le lecteur à Bordeaux, il est à propos de résumer, pour l'Yonne, comme je l'ai fait pour le Var, la tâche, purement administrative et passablement laborieuse, que je trouvai le temps d'y remplir, au milieu des préoccupations politiques les plus graves ; à côté de cette mission spéciale, absorbante, reçue du Prince, d'y maintenir énergiquement partout l'ordre, beaucoup trop souvent compromis par des manifestations anarchiques, et de rallier à sa cause les esprits troublés par une propagande démagogique et socialiste effrénée.

Je pus, dès le premier abord, établir, entre tous les membres du Conseil Général et moi, les relations les plus courtoises. Dans le rapport d'ensemble que je dus faire à ce corps, sur la situation des affaires du Département, à l'ouverture de la session de 1850, le 26 août, trois mois après mon entrée en fonctions, je me montrai, d'ailleurs, bien en mesure de lui présenter, sous une forme très méthodique et dans des termes fort mesurés, un exposé général, complet, des questions principales soumises à ses délibérations dans une série nombreuse de rapports séparés (pas moins de 86), et de lui proposer, avec la réserve motivée par l'insuffisance du temps que j'avais eu pour les étudier, des solutions, dans tous les cas où c'était un devoir de ma charge d'en prendre l'initiative. Je procédais comme à Draguignan : cela me réussit de même. Toutes mes propositions importantes furent adoptées.

Je pris bien soin, du reste, d'éviter les questions se rattachant, de près ou de loin, à la politique, et je m'abstins, à cet effet, de terminer mon exposé par l'aperçu de l'état moral du pays, qui servait ordinairement de péroraison à mes prédécesseurs. Voici dans quels termes je justifiais ce parti pris :

« Je ne comprends pas bien, je l'avoue, la portée
« des communications de ce genre. Je considère
« qu'elles tendent à changer la nature des relations,
« parfaitement définies, du Conseil Général et du
« Préfet, et qu'elles ont, dans tous les cas, pour résultat,
« d'intervertir les rôles. Car, si la loi du 10 mai 1838
« autorise le Conseil Général à émettre son opinion sur
« les besoins du département, c'est parce qu'on a senti
« qu'un corps issu des suffrages du Pays, est mieux à

« même que personne de fournir des indications et
« des avertissements sur de pareils sujets. Loin d'avoir
« à les devancer, l'Administration me semble appelée
« à les recevoir et à les utiliser. »

Cela n'empêcha ni la motion des rouges tendant au retrait de la loi du 31 mai ; ni celle de revision de cette loi, que M. de Chastellux regretta plus tard d'avoir faite.

Mais, du moins, j'avais la consolation de ne pas les avoir imprudemment provoquées.

Le budget départemental de l'Yonne était, comme la plupart des autres, fort mal équilibré. Les charges de la première section (celle des dépenses ordinaires obligatoires) suivaient une marche croissante plus rapide que le produit des centimes additionnels affectés à les couvrir. Il fallait, depuis nombre d'années, rejeter une portion, toujours plus considérable, de ces charges, sur la seconde section (celle des dépenses facultatives), dont elles avaient fini par absorber les ressources dans une proportion rendant illusoire, en grande partie, le droit de voter des dépenses de cet ordre. Je ne parle pas des autres sections, consacrées, la troisième : aux dépenses extraordinaires imputables sur le produit de centimes de même nature ou d'emprunts remboursables au moyen de ces ressources ; la quatrième et la cinquième : à celles des Chemins Vicinaux et de l'Instruction Primaire, auxquelles des centimes spéciaux étaient attribués. Chacune constituait comme un budget distinct. Il n'existait, entre elles et avec les deux premières, aucun lien de solidarité. On ne pouvait, par conséquent, balancer les déficits des unes par les excédents de ressources des autres.

Le problème à résoudre, pour rétablir l'ordre dans le budget du Département de l'Yonne, consistait à réduire, le plus possible, par de sages réformes, le total des dépenses ordinaires obligatoires, afin de les renfermer dans leur cadre réglementaire, sauf à tâcher de relever parallèlement, au contraire, le montant de leurs propres ressources, et de hâter ainsi l'équilibre exact des unes et des autres, qui rendrait les centimes additionnels facultatifs à leur destination légale.

En trois mois, je ne pouvais raisonnablement espérer découvrir toutes les causes du développement graduel des dépenses ordinaires. Mais, je me doutais bien qu'elles provenaient surtout d'un trop grand laisser-aller administratif, et je savais, d'avance, dans quels services les principaux abus devaient se produire. En effet, l'uniformité de l'organisation départementale, sous le régime de centralisation dont nous sentons la gêne et méconnaissons trop les bienfaits nombreux, permet à tout fonctionnaire connaissant à peu près son métier, de se mettre assez vite au courant de toutes choses, dans les pays nouveaux où sa carrière le conduit : en rapprochant les faits locaux de règles connues, invariables; en classant les divers détails qu'il recueille, dans des cadres toujours les mêmes, où chacun a sa place; et finalement, d'asseoir ses premières appréciations sur des bases méritant une certaine confiance.

Je retrouvais, dans l'Yonne, ce que j'avais vu partout auparavant : le mauvais état des bâtiments départementaux, par suite de l'insuffisance de leur dotation d'entretien, marchandée annuellement par les Conseils Généraux, et la nécessité de très grosses réparations périodiques, conséquence inévitable de ce déplorable aveuglement ; les charges accablantes provenant de la facilité que montrent, au contraire, les membres de ces corps, à voter toutes les allocations que les ingénieurs réclament, pour l'entretien des routes départementales; l'extension abusive du service des Enfants Assistés et de celui des Aliénés.

Il en résultait, non seulement, un débord de la première section du budget sur la seconde, montant à près de 120,000 francs, et de plus, un découvert, dépassant déjà 21,000 francs, de restes à payer laissés par les exercices antérieurs, en sus de leurs restes à recevoir, constituant une dette départementale sans contre-partie, fait absolument anormal.

Cette situation, accusée par le budget de l'exercice 1850, se serait peut-être empirée encore au budget de 1851, si je n'avais obtenu, grâce à la peine que je pris de l'exposer au Ministère de l'Intérieur, sous la forme pouvant le mieux l'intéresser, un accroissement des ressources de la première section, par l'élévation de 170,000 à 195,000 francs, de la part de l'Yonne dans le Fonds Commun des Départements.

Ce fut comme un don de joyeux avènement : tous les membres du Conseil Général m'en surent gré.

Je pus, dans la session de 1851, leur annoncer le gain d'un nouvel accroissement de 15,000 francs, portant à 210,000 francs, notre part dans le Fonds Commun, soit à 40,000 francs, l'augmentation annuelle de ressources due à ma vigilante sollicitude ; et de plus, une attribution supplémentaire de 20,000 francs, sur les restes disponibles des Fonds Communs de 1850 et 1851, motivée par les efforts du Département pour compléter l'appropriation de la Préfecture, et me permettant d'assurer, par un virement de ressources, l'extinction des découverts du passé : résultats non moins bien accueillis.

RÉFORMES DANS LES GRANDS SERVICES DÉPARTEMENTAUX.

L'effet des mesures que je signalai, tout d'abord, au Conseil, et qu'il accepta, comme moyens de rétablir l'ordre dans les finances départementales, n'était guère de nature à se faire beaucoup sentir durant l'exercice 1851 ; mais, il devint déjà plus appréciable au projet de budget de 1852, proposé dans la session de 1851, et je déclarai, sans hésitation, alors, que, grâce à ces diverses mesures, celui de 1853 pourrait être dressé dans des conditions absolument normales.

Pour mettre fin aux grosses réparations réclamées par les bâtiments départementaux, je recourus au procédé simple, mais héroïque, d'en faire cesser les causes, par l'adoption immédiate du grand projet embrassant la restauration complète ou la reconstruction de tous ces édifices, y compris la Préfecture, afin d'arriver à réduire au fonds d'entretien, convenablement pourvu, le fardeau qu'ils imposaient à la première section. La portion, de beaucoup la plus considérable, des dépenses de ce projet, ne pouvant être mise à la charge de la deuxième, je proposai d'y faire face, à la troisième, en dotant celle-ci du produit d'une imposition extraordinaire de 3 centimes additionnels au principal des quatre contributions directes, suffisante pour garantir le service d'emprunts successifs, qu'on émettrait au fur et à mesure de la marche et des besoins de trésorerie des travaux.

Cette imposition extraordinaire fut consentie d'autant plus facilement par la majorité du Conseil, que la contribution foncière, celle qui touchait le plus ses électeurs, venait d'être dégrevée de 17 centimes additionnels, sans affectation spéciale, perçus jusqu'alors pour le compte de l'État, et qu'elle devait profiter encore d'un allégement inespéré de 14.

Un premier emprunt de 400,000 francs fut voté dans la session de 1850, et son produit, affecté, notamment, à la reconstruction de l'Asile d'Aliénés d'Auxerre et à la création du Pénitencier de cette ville.

L'entretien du réseau des routes départementales, qui ne mesurait pas moins de 822 kilomètres, et dont l'achèvement n'était pas encore complet, en 1850, dépassait 225,000 francs. Il suffisait déjà pour absorber, à lui seul, tout le produit des centimes additionnels ordinaires, et cependant, il devait s'élever jusqu'à 250,000 francs (30 centimes environ, par mètre).

Or, le département, desservi par 527 kilomètres de routes nationales, au compte de l'État, possédait 822 kilomètres de routes secondaires, et, de plus, 1,342 kilomètres de chemins de Grande et de Moyenne Communication, à l'état d'entretien, sans compter 345 kilomètres de voies navigables, et 147, de chemin de fer! On pouvait donc le considérer comme doté, fort largement, de moyens de communication et de transport.

J'aurais été mal venu, certes, à trouver qu'il en eût trop ; mais, plusieurs de ses routes départementales faisaient double emploi, comme je le démontrai sans peine ; puis, beaucoup devaient diminuer d'importance, par suite du bouleversement que la prochaine ouverture du chemin de fer allait causer dans le mouvement de la circulation. Je proposai de faire descendre au rang de chemins de Grande Communication, celles qu'on reconnaîtrait, par des comptages faits alors, pour les moins fréquentées. Cette mesure, tendant à mettre les dépenses de leur entretien à la charge de la quatrième section du budget, plus amplement pourvue de ressources que la première et la seconde, ne pouvait être définitivement adoptée avant 1852, pour recevoir son application à partir de 1853; mais, je la fis accepter.

Sous le Gouvernement de Juillet, le service des Enfants abandonnés et Orphelins pauvres avait été l'objet de réformes radicales, négligées partout depuis la Révolution de 1848. Les tours, qui présentaient des facilités provocantes, non seulement, aux filles-mères, mais encore, aux familles malaisées, pour s'exonérer de l'entretien de leurs enfants, aux dépens de l'Assistance Départementale, par l'abandon, c'est-à-dire par une suppression d'état que le Code Pénal qualifie crime, et qu'aucune administration publique n'eût jamais dû favoriser, se trouvaient auparavant abolis dans l'Yonne, sauf celui d'Auxerre, transformé toutefois en Bureau d'Admission, placé sous la surveillance incessante de l'Autorité.

Mais, ce changement, blâmé par une certaine classe de personnes religieuses, qui faisaient, à Saint Vincent de Paul, fondateur des hospices d'Enfants Trouvés, l'injure de lui reporter l'odieuse institution du « tour », cet aveugle complice de l'abandon coupable, fut jugé, par le Commissaire du Gouvernement Provisoire de 1848, comme un acte anti-démocratique, et ce personnage prit sur lui de rétablir l'ordre de choses antérieur.

Je fis décider, par le Conseil Général, la fermeture de tous les anciens tours du département ouverts de nouveau.

Enfin, les Aliénés mis à la charge des Départements par la loi, sont les fous dangereux, placés d'office dans les asiles, dont les familles ne peuvent payer la pension. Mais, il existe une tendance universelle à déclarer dangereux jusqu'aux déments les plus inoffensifs, pour en affranchir l'Assistance locale, et à certifier l'état d'indigence de ces malheureux. Il me fallut beaucoup de fermeté pour réagir contre ce double abus; car les membres du Conseil Général, qui me donnaient raison le plus haut, dans le sein de ce corps, ne craignaient pas de venir, des premiers, solliciter, dans mon cabinet, des infractions à la règle protectrice des finances départementales.

L'Asile d'Auxerre était en voie de transformation complète, suivant un plan, dressé d'après les indications de mon savant ami, le Docteur Ferrus, qui réalisait la grande réforme d'Esquirol : la suppression des cabanons et la vie en commun des aliénés. Il comprenait, dans le quartier des hommes et dans le quartier des femmes, — séparés par une grande cour centrale, au fond de laquelle s'élevaient la chapelle et les bâtiments d'administration, — des préaux, des salles communes et des dortoirs distincts, pour les malades paisibles, pour les semi-paisibles et pour les agités ; une infirmerie ; quelques cellules, pour l'isolement exceptionnel de certains aliénés, pendant leurs accès de violence ; plus, des ateliers de tailleurs, de cordonniers, de tisserands, de menuisiers, chez les hommes; de couturières, de lingères, de blanchisseuses, de repasseuses, etc., du côté des femmes, occupées également aux soins du ménage; enfin, des jardins, vergers, vignes et terres en culture, où le travail des aliénés de la campagne pouvait être utilisé.

Si le mérite de la conception de ce projet ne me revient pas, j'en rendis la réalisation possible, par une revision attentive de toutes ses parties, qui me permit d'en simplifier plusieurs et de réduire notablement les devis de toutes, après de laborieuses conférences avec l'Architecte du Département, M. Boivin, artiste de valeur, et le Médecin-Directeur de l'Asile, M. Girard de Cailleux, très habile spécialiste, doublé d'un administrateur très sagace.

L'esprit d'initiative et l'ardente activité de ce dernier, disciple enthousiaste, convaincu, d'Esquirol, de Ferrus et de Pinel, furent pour beaucoup dans le succès de l'entreprise. Il n'avait pas d'autre pensée; il la poursuivait avec la persévérance, la ténacité, la patience, dont ses malades à idées fixes, — les fous lucides ou raisonnants, — lui fournissaient journellement des exemples. Aussi, l'appelait-on plaisamment : « l'Aliéné en Chef. »

Pour ma part, j'étudiais curieusement ce type de fonctionnaire, qui présentait d'étranges contrastes.

Ainsi, l'ordre le plus parfait régnait, grâce à l'esprit méthodique de M. Girard de Cailleux, jusque dans les moindres détails de son administration, et son intérieur de famille trahissait un manque absolu de tenue et de soin.

J'aimais à causer avec cet homme instruit, intelligent, à vues larges; mais je n'éprouvais pour lui qu'une sympathie pleine de réserves. Ses manières obséquieuses me déplaisaient d'autant plus, que je lui savais un caractère absolu, des idées arrêtées, de l'obstination même, en toutes choses.

Comme praticien, il me donna d'utiles conseils pour des vertiges nerveux qui me fatiguaient de temps en temps, et qui provenaient d'excès de travail trop répétés. Il me les fit combattre avec succès par des promenades à pied, dont son insistance me força de trouver le temps. A Paris, où je l'appelai, quand je résolus de fonder, sur le modèle d'Auxerre, mais dans de toutes autres proportions, l'Asile Clinique de Sainte-Anne, et les asiles extérieurs de Ville-Évrard et de Vaucluse, je recourus encore à ses avis médicaux, très prudents, très efficaces. Je n'eus, d'ailleurs, qu'à me féliciter de l'avoir placé, de l'avoir maintenu jusqu'au bout, malgré les jalousies excitées par la faveur dont il semblait jouir, dans le poste d'Inspecteur Général du service départemental des Aliénés de la Seine, avec un beau traitement et une confortable résidence à côté du Bureau d'Admission de Sainte-Anne. Mais, je n'ai jamais pu voir en ce collaborateur plus qu'un instrument très utile à l'exécution de mes desseins!

Il est mort : je ne dirai pas comment il reconnut ce que j'avais fait pour lui, pour les siens; comment il justifia le sentiment instinctif de gêne que je me reprochais d'éprouver à son égard.

Mon passage dans le département de l'Yonne y reste marqué par une autre construction considérable, édifiée sur un emplacement sis hors de la ville chef-lieu, en face de l'Asile des Aliénés : celle d'un Pénitencier, devant recevoir tous les condamnés correctionnels, afin de réserver aux prévenus seuls les prisons d'arrondissement, qu'il devenait ainsi facile d'approprier convenablement à cette destination exclusive.

La séparation des condamnés et des prévenus était, d'ailleurs, une excellente mesure, réclamée de tout temps par les criminalistes.

VOTE POLITIQUE DU CONSEIL EN 1851.

La session de 1851, durant laquelle fut définitivement adopté le projet de cette importante construction, s'ouvrit sous les meilleurs auspices. Le Conseil, par un vote unanime, demanda l'impression de mon exposé général des affaires du Département. Comme l'année précédente, j'avais eu soin de n'y traiter aucune question touchant à la politique; mais, le pétitionnement pour la revision de la Constitution était dans son plein, et la majorité du Conseil, voulant seconder ce mouvement de l'opinion, déposa la proposition d'un vœu conforme, immédiatement prise en considération et renvoyée à l'examen d'une commission spéciale.

Sur le rapport de cette commission, un débat très vif s'engagea; mais, je ne pouvais certes pas m'attendre à ce que M. Savatier-Laroche, pour me reprocher d'avoir favorisé la propagande revisionniste, prendrait texte du passage suivant de cet exposé, dans lequel je croyais m'être mis en garde contre une semblable imputation :

« Il n'entre pas dans mon plan de sonder l'état poli-
« tique du Pays. Vous savez, Messieurs, comment je
« comprends mon rôle auprès du Conseil Général.
« Vous représentez le Département, et je n'ai pas à

« vous apprendre ce qu'il veut. C'est au Gouvernement
« que je dois mes appréciations sur ce sujet, et, loin de
« vouloir vous les imposer, je suis prêt à les contrôler
« par les vôtres. Je me borne donc à constater ici que
« cette attitude réservée, qui n'exclut point la fermeté
« des convictions et la netteté du but, a été celle de
« mon Administration dans la grande et pacifique ma-
« nifestation à laquelle l'Yonne vient de prendre une
« large part. »

L'orateur dit qu'un numéro de « *La Patrie* », provoquant les Conseils Généraux à demander qu'on rapprochât l'époque du renouvellement de l'Assemblée Législative, avait été distribué, la veille, à tous les membres du Conseil, et malgré ma déclaration immédiate que j'ignorais cet envoi, fait directement de Paris et par la Poste, il se permit d'insister, en ajoutant : « Je me féli-
« cite de n'entretenir aucun rapport avec une adminis-
« tration ayant pour chef un Ministre (M. Léon Faucher)
« flétri par l'Assemblée Constituante, une première fois,
« et par l'Assemblée Législative, une seconde, pour la
« pression qu'il faisait exercer sur le Pays par ses agents. »

M. Larabit, jaloux, sans doute, d'imiter l'ours de la fable, interrompit son collègue, par cette observation : que ce n'étaient pas des votes de « flétrissure », mais de « blâme », qu'avait encourus M. Léon Faucher, votes bien effacés, d'ailleurs, par ses actes de courage.

Continuant son discours, M. Savatier-Laroche énonça qu'il trouvait, dans mon exposé général, une incitation au vote proposé ; que ce n'était pas à M. le Préfet de l'Yonne, personnellement, qu'il attribuait la pression irrégulière dont il se plaignait : — « M. le
« Préfet de l'Yonne », conclut-il, « est dans la même

« position que ses 85 collègues ; lui-même subit la pres-
« sion et agit sous l'influence occulte de l'Élysée. »

Je pris immédiatement la parole et commençai par donner lecture de la phrase incriminée de mon exposé :

« Que l'honorable membre », dis-je, « voie un abus
« d'influence où je crois avoir mis une extrême ré-
« serve ; qu'il appelle violence ce que je qualifie de mo-
« dération : c'est son droit... Mais, rien ne l'autorise à
« oublier mon caractère et ma position dans le Conseil.

« Je n'ai pas l'honneur de faire partie du Conseil
« Général ; j'y représente le Gouvernement du Pays,
« et j'ai deux fois droit au respect de ses membres...

« Le Préfet de l'Yonne, comme ses 85 collègues,
« tient son mandat de l'Élu de six millions de citoyens.
« Il n'a pas de pression à subir, mais des ordres à re-
« cevoir de l'Élysée.

« Quant au Ministre dont l'Honorable Membre a
« parlé, voici les instructions que je viens d'en recevoir
« à l'instant même, touchant l'envoi du numéro de
« journal dont il s'agit aux membres des Conseils Géné-
« raux. Elles portent le timbre : *très confidentiel*. Je
« prends sous ma responsabilité de les divulguer.

« Paris le 26 août 1851.

« Monsieur le Préfet, j'apprends que M. Delamarre
« vient d'adresser aux membres des Conseils Généraux
« le n° 236 du journal *La Patrie,* dans lequel l'auteur de
« l'article invite les Conseils Généraux à émettre le
« vœu que les élections, pour l'Assemblée Nationale,
« aient lieu au mois de décembre prochain.

« La démarche qui a été faite, m'impose le devoir
« de vous déclarer que l'Administration que j'ai l'hon-

« neur de diriger, est et entend demeurer étrangère à
« cet envoi. Je n'ai pas voulu provoquer votre initia-
« tive devant les Conseils Généraux, dans la question
« de la revision, qui appartient cependant à tout le
« monde. La réserve du Gouvernement doit être, s'il
« se peut, encore plus grande, dans une question qui
« est plus particulièrement du domaine de l'Assemblée
« Nationale. Sans doute, les Conseils Généraux sont
« libres d'en faire l'objet d'un vœu ; mais les agents de
« l'Administration n'ont, sur ce point, ni un conseil à
« donner, ni une opinion à émettre.

« *Signé* : LÉON FAUCHER. »

« Je croirais manquer à M. le Président de la Répu-
« blique, à M. le Ministre de l'Intérieur, et méconnaître
« les instructions que je viens de vous lire, si j'ajoutais
« un seul mot. »

Le débat se prolongea néanmoins, et je dus y rentrer pour mettre au défi quiconque, dans le Conseil ou
au dehors, d'établir qu'une seule des 32,000 signatures
apposées sur les pétitions du département eût été le
résultat d'une influence de l'Administration.

La proposition fut votée, **au scrutin, par 20 voix
contre 16. — Un membre s'était abstenu.**

En rendant compte à M. Léon Faucher de ce résultat,
je lui dis que j'avais dû publier sa lettre, très confidentielle, pour faire cesser les odieuses attaques dont il était
l'objet. Il m'en remercia chaudement, et je sais qu'il cita
ce fait devant le Prince, dans le Conseil des Ministres,
comme un exemple de l'initiative dont un Préfet devait
savoir faire preuve, dans certains cas.

CHAPITRE XVIII

LA PRÉFECTURE DE LA GIRONDE

Le Deux-Décembre. — A Bordeaux. — L'Appel au Peuple. — Troubles sur divers points. — État de l'opinion publique. — Réunion et vote des Comices.

Si ma nomination, comme Préfet de la Gironde, me causa la plus vive surprise, il s'en fallait de bien que cette surprise me fût désagréable. Aucun autre poste ne pouvait répondre mieux à mes convenances personnelles. Mais, il n'avait jamais été question, jusqu'à cette nomination soudaine, de m'envoyer dans une ville aussi notoirement conservatrice et généralement sympathique au Prince, que Bordeaux. Depuis quelque temps, on me destinait Lyon comme résidence.

La mission de maintenir dans l'ordre cette grande et industrieuse cité, que des questions sociales, compliquant les problèmes politiques, agitaient sans relâche, n'était pas précisément celle que j'eusse préférée. Je m'y préparais néanmoins, en étudiant avec soin l'organisation nouvelle de la Préfecture du Rhône, rendue nécessaire par l'Agglomération Lyonnaise, œuvre intelligente, conçue par M. Léon Faucher, à laquelle M. Frémy coopéra dans une large mesure.

Incidemment, l'un et l'autre vinrent dans l'Yonne, sous prétexte d'en visiter les monuments historiques, pour me proposer la Préfecture de Police à Paris ; mais, sur mon refus catégorique, je demeurai plus que jamais le Préfet désigné du Rhône, et je m'attendais à recevoir, d'un jour à l'autre, l'ordre d'aller inaugurer, à Lyon, cette combinaison, dont Paris offrait déjà l'exemple, mais en deux personnes, — le Préfet de la Seine et le Préfet de Police, — des fonctions de Préfet d'un département et de Maire Central de sa ville chef-lieu, confondues, sans nulle réserve, dans les mêmes mains. La division des affaires relevant de l'Administration proprement dite, et de celles qui rentraient dans les attributions de la Police, au lieu de s'opérer, comme à Paris, entre deux Préfets, devait, à Lyon, s'effectuer entre deux Secrétaires-Généraux, placés sous les ordres d'un Préfet unique, dont la responsabilité serait d'autant plus lourde, qu'il se trouverait seul, loin des conseils et des directions du Gouvernement.

Il y avait là matière à de graves préoccupations, dont je me voyais affranchi, tout d'un coup, sans savoir pourquoi ni comment, par mon envoi subit à Bordeaux, c'est-à-dire chez moi, dans une situation des plus importantes, sans doute, mais infiniment moins scabreuse, et, sous tous les rapports, plus désirable.

Je me perdais en conjectures quant aux motifs du Prince pour changer si brusquement de résolution ; pour confier la tâche ardue que j'appréhendais, au baron de Vincent, mon voisin de Seine-et-Marne, et, plus tard, mon collègue au Sénat de l'Empire, qui n'y paraissait pas avoir d'aptitudes marquées, et pour m'imposer finalement l'agréable devoir d'administrer la paisible Gironde ! Il ne me vint pas alors, un seul instant, à la pensée, je le confesse, tout honteux de ce manque de perspicacité, que ce mouvement pût se rattacher aux grands événements dont on pressentait l'approche, et pour l'accomplissement desquels le dévouement énergique du baron de Vincent pouvait suffire à Lyon, tandis que ma présence à Bordeaux devait singulièrement l'y faciliter. Au contraire. Le Prince, pensai-je, ne juge sans doute pas venu le moment d'agir, et veut simplement tenir sa parole, en récompensant mes services militants par une Préfecture de première classe valant mieux pour moi que toute autre !... J'étais encore, malgré tout, un naïf.

LE DEUX-DÉCEMBRE.

Je ne me pressai donc pas beaucoup de quitter Auxerre pour Bordeaux, où j'aurais facilement pu, même en allant à Paris, d'abord, me trouver installé, prêt à tout, dès le 1er décembre. Je croyais ne pas manquer à la recommandation banale de prendre possession de mon nouveau poste, sans retard, contenue dans la lettre d'avis de M. de Thorigny, — qui, du reste, n'en savait pas plus que moi, comme je le vis bientôt, — en consacrant les journées des 29 et 30 novembre à recevoir et rendre des visites; à régler mes affaires, et à préparer le départ de ma smala. Le 1er décembre seulement, je pris le chemin de Paris, où je reconduisis chez elle ma mère, qui se trouvait en visite auprès de nous, à Auxerre, avec ma sœur non mariée.

C'était un lundi, jour de réception ouverte à l'Élysée. Je m'y présentai, le soir, tard, sans penser à mal, pour saluer et remercier le Prince. Les groupes d'hommes politiques, bien connus, que je traversai, dans le premier salon, où je reçus les compliments de nombre de personnes, me parurent occupés surtout de l'élection d'un Représentant à Paris (M. Devinck), qui venait d'avoir lieu. — Le Prince-Président était au milieu du second salon, modérément entouré. — Dès qu'il m'aperçut, faisant vers moi quelques pas, d'un air visiblement satisfait : — « Mᵐᵉ Haussmann, » me dit-il en souriant, « est-elle très contrariée de retourner à Bordeaux ? » — « Bien loin de là, Monseigneur, » répondis-je, « elle en « est ravie, et, pour ma part, j'en suis d'autant plus « heureux que je ne m'attendais pas le moins du monde « à cela. » — « Je ne puis pas, » reprit-il, « vous dire ici « maintenant pourquoi je vous y envoie; mais je désire « que vous vous y rendiez immédiatement. Allez, de- « main matin, de très bonne heure, d'aussi bonne heure « que possible, trouver le Ministre de l'Intérieur, pour « prendre vos instructions, et partez de suite. »

Comme je le regardais, sans oser exprimer l'étonnement que me causait cet ordre aussi précis qu'inattendu : — « Allez même avant le jour chez le Ministre, » continua le Prince à mi-voix : « ce sera mieux encore. » — Et il me serra la main de la façon que je connaissais bien : celle des grandes circonstances !

Je commençais à comprendre. Il s'agissait de choses graves ; mais, desquelles ?

Revenu dans le premier salon, j'allai droit à M. de Royer, Procureur Général près la Cour d'Appel de Paris, que j'avais déjà salué, pour lui demander si M. de Thorigny, son ancien Premier Avocat Général, devenu mon Ministre de l'Intérieur, par je ne sais encore quelle aventure, et que, depuis un mois, je n'avais pas eu l'occasion de connaître, était parmi les visiteurs du Prince. — « Oui, » me répondit-il, « le voilà près de la « cheminée. » — « Me feriez-vous l'honneur de me pré-« senter à lui ? » — « Très volontiers. »

Aussitôt dit, aussitôt fait.

M. de Thorigny, me supposant l'intention de le remercier, me dit : — « C'est au Prince même que vous « devez votre nouveau poste. Dans un projet de mouve-« ment, laissé par mon prédécesseur, vous deviez aller « à Lyon. Mais, le Prince a jugé que vous lui rendriez « de meilleurs services à Bordeaux. » — « Son Altesse « Impériale a daigné me l'expliquer Elle-même, et m'a « bien recommandé d'aller, demain matin, de très « bonne heure, prendre les instructions spéciales que « vous avez à me donner, afin de pouvoir partir sans « retard. » — « Mais, je n'en ai aucune ! » s'écria le malheureux Ministre. — Je vis, à sa stupéfaction, qu'il n'était pas dans l'affaire. Mais alors, pourquoi le Prince m'adressait-il à lui ? — « Monsieur le Ministre », dis-je en me retirant, « l'ordre du Prince est si formel, que je « ne puis manquer d'y obéir. Son Altesse Impériale va, « je le présume, vous faire connaître, dans un instant, « de quelle mission urgente je devrai m'acquitter à Bor-« deaux. » — Et je le laissai bouche béante !

En sortant, je tombai sur M. Frémy, qui revenait de l'Opéra-Comique, où M. et Mme Léon Faucher passaient la soirée. Il m'offrit d'y retourner avec moi, parce que, disait-il, mon ancien chef désirait beaucoup m'entretenir. Je m'en excusai. A peine, avais-je le temps d'aller me reposer quelques heures, après avoir pris mes dispositions pour le lendemain matin.

Dès cinq heures, j'étais en voiture. De la rue de Caumartin, où j'avais pris gîte, dans un hôtel quelconque, à la rue de Grenelle-Saint-Germain, où le Ministère de l'Intérieur était encore, je croisai, notamment, sur la place de la Concorde, des corps de troupes en mouvement. L'agitation causée, la veille, par l'élection du chocolatier Devinck ne suffisait pas à m'expliquer ce déploiement de forces. Il faisait nuit noire. Rue de Grenelle, la grande porte du Ministère était ouverte ; dans la cour, brillamment éclairée, stationnait un bataillon d'Infanterie de piquet, l'arme au pied. — « Oh ! « oh ! » pensai-je.

Je franchis le perron du milieu. Dans le vestibule, tous les huissiers, inquiets, effarés, s'empressèrent autour de moi : — « Ah ! Monsieur Haussmann ! C'est vous ! » — J'étais un visage connu ! — « Vous venez pour parler « au Ministre ? » me demanda l'un d'eux, ancien valet de chambre de M. le comte Duchâtel. — « Précisément, » répondis-je. — « Mais,... auquel ? » — « Comment ! au- « quel ?... Vous pensez bien que ce n'est à pas celui de la « Marine. » — « Est-ce M. de Thorigny que vous dési- « rez voir, ou M. le comte de Morny ?... » — Tout s'expliquait par ce nom inattendu.

Sans hésiter un instant : — « Annoncez-moi, » dis-je, « à M. le comte de Morny. »

Les portes du cabinet du Ministre s'ouvrirent, et M. de Morny, que je n'avais jamais vu précédemment, vint à moi, les mains tendues, me demandant avec la meilleure grâce et la plus grande tranquillité : — « Monsieur « Haussmann, vous êtes avec nous ? » — « Je ne sais pas « au juste ce dont il s'agit, Monsieur le Comte, » répondis-je ; « mais j'appartiens au Prince : disposez de « moi sans réserve. »

En aucun temps, M. de Morny n'oublia cette réponse, aussi nette que laconique. Ma visite était, du reste, la première qu'il recevait.

Il m'expliqua, — sans me voir sourciller même, — le Coup d'État, résolu de suite après la réception de l'Élysée ; me fit lire la proclamation du Prince, qu'on affichait dans Paris, et résuma les mesures déjà prises. Au moment où nous parlions, on avait dû s'assurer de la personne de chacun des membres les plus hostiles de l'Assemblée dissoute. — Je ne bronchai pas. — Enfin, il me dit ce qu'on attendait de moi dans la Gironde.

Le parlementarisme, que je n'aimais guère, comptait, comme je ne pouvais l'ignorer, de nombreux adhérents parmi les classes supérieures de Bordeaux. Le Prince y craignait quelque manifestation imprudente, provoquée par les partis légitimiste et orléaniste, qui, sous l'administration de mon prédécesseur, avaient acquis une influence prépondérante dans presque tout le département, et contre lesquels on ne pouvait pas compter sur l'action énergique du Général Commandant Supérieur d'Arbouville, neveu de M. le comte Molé. — C'est pourquoi, le Prince ne s'était pas contenté de me donner, dans la circonstance présente, les pouvoirs exceptionnels qu'il allait conférer à tous les Préfets : il m'avait investi, par décret spécial, d'un mandat presque illimité, avec la qualité de Commissaire Extraordinaire du Gouvernement.

Je savais, du coup, ce dont il s'agissait.

Afin de pouvoir partir aussitôt que possible, je me nantis d'un ordre pour le Directeur Général des Postes, et d'un autre, pour l'Administration du Chemin de Fer d'Orléans, qui s'arrêtait à Poitiers. De là, partait la malle-poste de **Bordeaux**.

Après bien des combinaisons infructueuses, je reconnus que je ne pouvais **utilement** quitter Paris de suite. Il me fallait attendre le train-poste du soir, pour aller prendre la malle à Poitiers, dans la nuit, et arriver à Bordeaux le 3 au soir, seulement. J'enrageais ; mais je dus me résigner.

A la Direction Générale des Postes, je rencontrai mon collègue, le comte de Saint-Marsault, Préfet de la Moselle, qui venait aviser aux moyens de regagner Metz aussi vite que possible. Il me parut soucieux de la campagne que nous allions faire, et m'embrassa comme si nous ne devions plus nous revoir. — « Allons, al-
« lons, » lui dis-je : « nous en avons vu d'autres, et celle-
« ci ne sera peut-être pas la dernière ; mais, on se tire
« de tout avec du cœur et des chefs résolus. »

Rentré au Ministère, j'y sus que le coup de main de la matinée s'était accompli de point en point ; que la tentative de réunion des Représentants hostiles, à la Mairie du XIe arrondissement, avait avorté ; finalement, que tout marchait bien.

Je fis passer à M. Dosquet, Conseiller de Préfecture, Secrétaire Général de la Gironde, une dépêche télégraphique l'invitant à venir m'attendre, le lendemain, au passage de la malle, en tête du pont de Bordeaux, à la Bastide, avec la voiture de mon beau-père, prévenu seul de mon arrivée. Puis, je consacrai le temps qui me restait libre, bien malgré moi, jusqu'au soir, à ma famille et à mes amis, et je partis enfin !

Inutile de dire que bien des pensées hantèrent mon cerveau dans la première partie du voyage. Mais ce n'étaient ni de crainte, ni d'inquiétude ; car je m'endormis après Orléans.

A BORDEAUX.

Dans la gare de Tours, je fus réveillé par mon successeur à Auxerre, le comte Rodolphe d'Ornano, fils du Général, puis, Maréchal, de ce nom, Gouverneur des Invalides. Corse d'origine, il était parent de la Famille Impériale, et demeurait sur la limite d'Indre-et-Loire, dans la terre des Ormes (Vienne), appartenant à sa femme, née d'Argenson. Je l'engageai fortement à se rendre dans l'Yonne, sans perdre une heure, parce qu'il devait craindre une insurrection de la Puisays, qu'il faudrait réprimer, dès son début, avec la plus grande énergie.

A la descente du train, dans Poitiers, je trouvai M. de Fontenilliat, Receveur Général à Bordeaux, qui retournait en hâte à son poste. Il prit place, dans la malle, à côté du courrier, faute de meilleure.

En route, avant Angoulême, nous croisâmes celle qui venait de Bordeaux. Je la fis arrêter. Son courrier me dit que, dans cette ville, on connaissait le Coup d'État depuis la veille, par des dépêches télégraphiques du Gouvernement, qui ne pouvaient manquer d'exciter une vive agitation ; mais, que l'ordre n'avait pas cessé de régner partout. Jusqu'à son départ, Bordeaux était calme. Je n'en fus pas surpris. Tant qu'aucune insurrection, à Paris, ne viendrait mettre les armes à la main des rouges de la Gironde, je savais ne devoir craindre qu'une tentative désespérée des chefs des partis royalistes coalisés, pour provoquer une manifestation « pacifique », dans le genre de celle des rouges en 1848, sinon contre

moi personnellement, du moins, contre la révolution politique anti-parlementaire dont j'allais être l'apôtre convaincu. Le courrier ajouta mystérieusement qu'il avait, dans sa voiture, un des Représentants de la Gironde, revenant de congé, M. Hubert Delisle. Je forçai bien celui-ci, tout penaud, tout embarrassé qu'il fût, à se montrer. Après lui avoir exposé la situation en peu de mots, je lui dis : — « Croyez-moi, ne risquez pas de vous
« faire coffrer, comme plusieurs de vos amis. N'allez pas
« voir M. Howyn de Tranchère. Du reste, il doit être à
« Vincennes. Prenez conseil du marquis de La Grange,
« ou mieux : de M. Théodore Ducos, en ce moment,
« sans doute, Ministre de la Marine et des Colonies. »

L'avis avait du bon : il fut suivi. Peu de temps après, M. Théodore Ducos faisait nommer Gouverneur de l'Ile de la Réunion, M. Hubert Delisle.

Sur le pont suspendu franchissant la Dordogne, à Cubzac, une Dame s'approcha de la malle-poste, qui le traversait au pas : c'était la belle Mme Hubert Delisle, retournant de Bordeaux chez elle. Informée par M. Dosquet de mon arrivée, elle désirait m'entretenir avant de rentrer à son château du Bouilh. Je descendis de voiture. M. Dosquet, me dit-elle, venait de lui conseiller, pour calmer les angoisses que le voyage de son mari lui causait, de m'attendre là. Je lui répétai ma courte conversation avec l'ex-Représentant, et le conseil prudent par lequel je l'avais terminée. — « Je ne suis pas
« sûr », ajoutai-je, « de l'avoir persuadé. Prenez donc
« la poste ou la première diligence qui passera, pour
« le rejoindre au plus tôt, et l'empêcher de com-
« mettre aucune imprudence. » — Elle le fit, et cela ne fut pas sans utilité : l'événement le prouva bien.

A la Bastide, je trouvai M. Dosquet, avec la voiture demandée, où je fis mettre mon léger bagage. En route pour la Préfecture, M. Dosquet m'annonça que j'y trouverais les principales autorités en grande conférence avec certains membres du Conseil Général, au sujet de ce qu'on allait faire. La ville était anxieuse, encore plus qu'agitée, depuis la publication d'une dépêche officielle annonçant la mise en état de siège de Paris, et l'envoi de pouvoirs exceptionnels autorisant les Préfets à rendre la même mesure applicable à tout ou partie de leurs départements. Et la ville n'avait pas tort. En effet, M. Neveux, afin de paralyser mon action, dès avant mon arrivée, venait de prendre un arrêté plaçant la Gironde sous ce régime, et de concentrer ainsi toute l'autorité dans les mains du général d'Arbouville, sauf à recevoir ensuite, de lui, telle délégation dont ils conviendraient, pour rester investi de l'administration civile, à mon nez, à ma barbe.

« C'est assez bien imaginé, » dis-je à mon interlocuteur, dont j'étais absolument sûr; « mais, cette esco-
« barderie ne prévaudra pas contre les pouvoirs extra-
« ordinaires dont je suis heureusement porteur, à moins
« que ces Messieurs ne fassent ce que je ferais proba-
« blement à leur place, et qu'ils ne me logent au fort du
« Hâ. » — « Le général le ferait peut-être, tant il est
« monté », me répondit M. Dosquet; « mais, les autres
« n'oseront pas le pousser, ni surtout le suivre jusque-
« là. » — « En somme, » demandai-je, « la mise en état
« de siège du département est-elle, ou non, un fait ac-
« compli? » — « L'arrêté du Préfet existe, et les édi-
« tions du soir des journaux l'annoncent; mais, il n'est
« pas encore publié. L'imprimeur vient seulement de

« nous en livrer les affiches encore humides, et l'on doit
« les apposer à l'issue de la conférence. » — « C'est bien ! »

Nous arrivions. Je fis arrêter la voiture au Chapeau-Rouge, un peu avant l'hôtel de la Préfecture, et je l'envoyai porter mon bagage chez mon beau-père, avec l'avis qu'on ne s'inquiétât point, si l'on ne m'y voyait pas avant minuit.

Des groupes nombreux, mais relativement calmes, stationnaient devant l'hôtel, et plus haut, sur le cours de l'Intendance et la place de la Comédie.

Nous traversâmes rapidement la voûte et la cour, pour monter, par l'escalier des bureaux, à l'antichambre précédant le cabinet du Préfet, situé au second étage. — « Baptiste, annoncez-moi, » — dis-je à l'huissier, surpris de me voir, qui s'empressa d'obéir ; et je tombai, comme une bombe, au milieu du cénacle, composé notamment : du général d'Arbouville, debout devant la cheminée, à ma gauche ; de M. Devienne, Procureur Général, qui se tenait près de lui ; de M. Richier, Représentant et membre du Conseil Général, orléaniste très ardent, assis à côté de M. Gautier, Maire de Bordeaux, en regard de la porte d'entrée, devant le bureau du Préfet ; de M. Neveux, placé à ma droite, en face de la cheminée, devant la table des plans, entouré d'une demi-douzaine de Conseillers Généraux orléanistes complétant la réunion. Mais, durant le coup d'œil circulaire qui me permit de reconnaître chacun, je constatai l'absence de M. Duffour-Dubergier ; « le Roi d'Aquitaine », Président de la Chambre de Commerce et de la Société du Libre-Échange, et je guignai, sur une chaise à ma droite, contre la porte, des paquets d'affiches toujours humides.

Après avoir salué, je m'avançai vers M. Neveux, et lui dis qu'à peine arrivé de Paris, je considérais comme un devoir impérieux pour moi, dans les circonstances présentes, de le décharger, sans aucun retard, de la responsabilité de l'administration du département, qu'il avait bien voulu conserver jusqu'alors, en le relevant, dès ma descente de la malle-poste, de fonctions dont je me trouvais investi par un décret du 26 novembre, officiellement rendu public et notifié.

M. Neveux me répondit qu'il devait, avant tout, me prévenir qu'usant des pouvoirs exceptionnels annoncés aux Préfets, par une dépêche télégraphique de la veille, il venait de se dessaisir, entre les mains du général d'Arbouville, de toute autorité, par la mise en état de siège du département.

Je lui fis observer que j'étais précisément nanti de l'ampliation, en bonne forme, du décret portant les pouvoirs exceptionnels annoncés par le télégraphe, mais ne concernant pas les Préfets relevés de leurs fonctions. L'usage prématuré fait par lui de ces pouvoirs, à ma place, m'étonnait d'autant plus, ajoutai-je, que rien, dans l'état de la ville, ne semblait justifier un empressement tel, surtout de sa part.

Sans réclamer la communication des motifs et du texte de son arrêté, je lui demandai depuis quand il était publié. — « Il va l'être à l'instant, » me répondit M. Neveux. — « Non, » interrompis-je ; « car, je le retire. »

Le Général fit un soubresaut et s'écria : — « Mais, s'il
« n'est pas encore publié, vous ne pouvez le retirer, parce
« que je viens d'en être saisi par cette lettre d'avis de
« M. le Préfet. » — « Eh ! bien, Général, je retire égale-
« ment cette lettre, dont vous n'avez pas encore accusé

« réception, d'ailleurs, et que vous voudrez bien tenir
« pour non avenue. Du reste, Messieurs, » continuai-je
en m'adressant à l'assistance entière, « pour couper court
« à ce débat de procédure, peu digne de la gravité de la
« situation, voici, non plus seulement le décret dont on
« vient de parler, mais un autre acte, qui me confère
« un mandat bien plus étendu : celui de Commissaire
« Extraordinaire du Prince dans le département de la
« Gironde, et, par conséquent, le droit de lever toute
« mise en état de siège, fût-elle dûment publiée, noti-
« fiée, en pleine exécution. Je voudrais n'avoir pas be-
« soin d'invoquer ce mandat redoutable, et j'espère que
« personne ici ne m'y forcera. »

C'était le cas ou jamais de m'envoyer au fort du Hâ, sans barguigner. Mais, on n'y songea même pas.

« Monsieur le Maire, » demandai-je immédiatement à mon ami M. Gautier, « puis-je compter sur votre con-
« cours ? » — « Absolument, Monsieur le Préfet, » s'empressa-t-il de dire. — « J'espère avoir aussi le vôtre,
« Monsieur le Procureur Général, » continuai-je en m'adressant à M. Devienne. — « Mon devoir est de le
« donner, sans réserve, au mandataire du Prince dont
« je tiens mes pouvoirs, » répondit le futur Premier Président de la Cour de Cassation. — Il ne se doutait pas, ni moi non plus dans ce moment-là, que nous serions collègues, peu d'années après, au Sénat de l'Empire. — Fort de ces deux adhésions significatives, comme je revenais au Général, celui-ci fit un geste violent et s'écria : — « Je
« ne puis plus servir un Gouvernement qui vient de por
« ter la main sur la Représentation Nationale et d'em
« prisonner mes amis, le général Changarnier et le gé
« néral Le Flô. Je l'ai déjà fait savoir au Ministre de la

« Guerre. » — « Soit, Général ; je vous donne acte de
« cette déclaration, » répliquai-je. « Elle me paraît tran-
« cher la question qui nous divisait. Au point du jour,
« le télégraphe en informera directement le Prince.
« Mais, je vous connais assez pour faire fond sur vous
« jusqu'à votre remplacement, pour le maintien de
« l'ordre, s'il était menacé. » — « Je ferai mon devoir
« de soldat jusqu'au bout, » me répondit-il, en me remettant la lettre de M. Neveux, que je lançai dans la
cheminée ; puis, il se retira.

Je sonnai l'huissier, pour lui faire brûler, dans le poêle
de l'antichambre, les affiches prêtes à poser. Je remis
ma commission dans ma poche, pour ne plus l'en faire
sortir, et je prescrivis à M. Dosquet de dresser le procès-
verbal de mon installation, comme Préfet de la Gironde.

Très poliment, je dis à M. Neveux que j'avais en ville,
comme il le savait bien, un logement toujours assuré
dans la maison des parents de Mme Haussmann, aux
Chartrons, et que je le priais de conserver, avec
Mme Neveux, autant que cela pourrait être dans leurs
convenances, la possession des appartements de la Préfecture. — « Je vous remercie, » me répondit-il : « dès
« demain, ils seront libres ! »

Pendant ce temps, M. Richier pérorait et faisait des
adieux émus aux autres Conseillers Généraux. —
« Comment, Monsieur Richier, » dis-je à mon ancien
collègue de la Société d'Agriculture, « est-ce donc si
« grave que cela de rentrer, ce soir, à votre château de
« Ludon ? » — « Je ne rentre pas à Ludon, Monsieur
« le Préfet, » déclara-t-il d'un air solennel : « je vais
« à Paris, afin de partager le sort de mes amis. » —

« C'est trop tard, » répliquai-je, « tout est fini main-
« tenant. Chacun d'eux doit être rendu à ses foyers.

« Messieurs, » ajoutai-je à l'adresse des assistants, « la
« meilleure preuve que je puisse vous donner de la sé-
« curité du Gouvernement, à l'heure présente, c'est que
« je vais laisser partir M. Richier, au lieu de le retenir,
« comme je le ferais, certes, dans tout autre cas. S'il
« m'en croit, il se tiendra tranquille ; mais, le chemin
« de Paris lui reste ouvert. »

Sur ce, je signai le procès-verbal couché par M. Dosquet sur le registre des Actes de la Préfecture, et je congédiai tout le monde. Mon brave Secrétaire Général était
émerveillé de la façon dont les choses s'étaient passées.

— « Décidément, » lui dis-je, « le Prince avait raison
« de m'envoyer ici. Je crois qu'un autre Préfet, ne
« connaissant ni les êtres ni les masques, ne se fût pas
« tiré si facilement de ce guêpier. » — « C'est bien
« sûr ! » me répondit cet excellent Dosquet.

Sans perdre de temps, je lui dictai, pour être envoyée de
suite à l'imprimerie, une proclamation aux habitants de
la Gironde que j'avais projetée en malle-poste, et que je
voulais faire afficher, dans Bordeaux, le lendemain matin.

Je sortis à pied de la Préfecture, sur la rue Esprit-des-
Lois, et gagnai, par la rue de Condé, par le travers des
Quinconces, où je ne rencontrai pas un chat, la rue Vau-
ban, où demeuraient mes beaux-parents, contre les allées
de Chartres. Il était près de minuit, et, depuis une heure,
ces bonnes gens s'étaient retirées, sans inquiétude, après
ce que je leur avais fait dire, sur ma station prolongée à
l'hôtel de la Préfecture. Un en-cas, un bon feu et un bon
lit m'attendaient. — « Bonsoir, père ! Bonsoir, maman !
« Tout va bien ! » leur criai-je, en cognant à leur porte. —

« Bonsoir, mon ami ! Bonsoir, cher fils ! Dieu soit loué ! »
— Celui qu'ils aimaient comme leur propre enfant, rentrait au bercail, après trois années d'absence, bien agitées. C'était l'essentiel. Du Préfet de la Gironde, ils ne se préoccupaient guère. Leur seul sujet d'inquiétude était le rôle en vue que leur fille allait se voir obligée de remplir dans une ville où, jusqu'alors, elle avait vécu très modestement, comme eux, malgré leur fortune !

L'APPEL AU PEUPLE.

Mon Chef de Cabinet me rejoignit avec mon valet de chambre et mes bagages, dans ma voiture, par l'intérieur de la France.

Ma femme, effrayée par les événements, avait résolu de rester à Auxerre, jusqu'au rétablissement complet de l'ordre à Paris et ailleurs. Elle offrit l'hospitalité de son ménage, encore tout monté, non seulement, à mon successeur, le comte Rodolphe d'Ornano, que sa famille s'était bien gardée d'accompagner; mais encore, au Général envoyé de Paris pour prendre le commandement du département, qu'on dut mettre en état de siège.

Avant de venir à Bordeaux, elle reconduisit à Paris, chez mes parents, ma sœur cadette, demeurée avec elle après le départ de ma mère, que j'avais emmenée, on s'en souvient, le 1er décembre. Arrivée à Bordeaux, elle rentra, d'abord, dans sa famille, afin de préparer, bien à loisir, son installation à la Préfecture, opérée seulement vers la fin du mois.

L'Appel au Peuple, affiché dès le 3, produisit un bon effet dans le département, et même parmi la population de Bordeaux, où l'opinion républicaine était loin de la majorité, et le parlementarisme, en médiocre faveur, malgré tout. Dans la bourgeoisie et le grand commerce, il restait de mode, comme aujourd'hui, d'appartenir à l'opinion orléaniste. Les partisans de la légitimité, peu nombreux, habitaient, en général, leurs châteaux ou résidences rurales, plutôt que la ville. Mais, dans les deux camps, où la réunion de la rue de Poitiers exerçait la même influence, le parlementarisme régnait sans conteste, et le Coup d'État ne pouvait être sympathique. Sa réussite complète imposait toutefois au plus grand nombre : on se réservait.

Dans les campagnes, au contraire, j'appris bientôt qu'on l'avait salué comme une délivrance.

Du reste, la situation prise par le Prince s'affirmait de la façon la plus nette et la plus loyale, comme le prouvent les passages suivants de sa proclamation, trop oubliée de nos jours :

« L'Assemblée, qui devait être le plus ferme appui
« de l'ordre, est devenue un foyer de complots. Le
« patriotisme de 300 de ses membres n'a pu arrêter ses
« fatales tendances... Je l'ai dissoute, et je rends le
« Peuple entier, juge entre elle et moi.

« ...Si vous voulez continuer cet état de malaise, qui
« nous dégrade et compromet notre avenir, choisissez
« un autre à ma place. Je ne veux plus d'un pouvoir
« impuissant à faire le bien, qui me rend responsable
« d'actes que je ne puis empêcher, et m'enchaîne au gou-
« vernail, quand je vois le vaisseau courir à l'abîme.

« Si, au contraire, vous avez encore confiance en
« moi, donnez-moi les moyens d'accomplir la grande
« mission que je tiens de vous. »

Voici maintenant en quels termes le Prince soumettait au pays le programme dont il lui demandait la sanction :

« Persuadé que l'instabilité du Pouvoir, que la pré-
« pondérance d'une seule Assemblée sont des causes
« permanentes de trouble et de désordre, je soumets à
« vos suffrages les bases fondamentales suivantes d'une
« Constitution que les Assemblées développeront plus
« tard :

« 1° Un Chef *responsable*, nommé pour dix ans ;

« 2° Des Ministres *dépendant du Pouvoir Exécutif seul* ;

« 3° Un Conseil d'État, formé des hommes les plus
« distingués, préparant les lois et en soutenant la dis-
« cussion devant le Corps Législatif ;

« 4° Un Corps Législatif discutant et votant les lois,
« nommé par le suffrage universel, *sans scrutin de liste
« qui fausse l'élection.* »

Le décret prescrivant la consultation du Pays formulait ainsi le plébiscite soumis au Suffrage Universel :

« Le Peuple Français veut le maintien de l'autorité
« de Louis-Napoléon Bonaparte, et lui délègue les
« pouvoirs nécessaires pour faire une Constitution sur
« les bases proposées dans sa proclamation du 2 dé-
« cembre. »

C'est ce plébiscite qui fut voté, les 20 et 21 décembre 1851, par 7,439,216 suffrages affirmatifs, contre 649,737, négatifs.

A trente-huit ans de distance, lorsque le plus grand nombre des témoins des événements que je rapporte ont disparu ; lorsqu'il est d'usage de qualifier d'attentat odieux, l'acte où l'on ne peut voir, en réalité, qu'un appel à la Nation, il m'a semblé nécessaire de constater ce fait par des preuves irrécusables, et de bien établir qu'il n'existait aucune autre solution pratique du conflit menaçant de deux pouvoirs issus de la même origine : le Suffrage Universel !

En vain, dira-t-on que le droit, pour le Président de la République, de dissoudre l'Assemblée Législative, ne figurait pas dans la Constitution de 1848. Qu'il n'y fût pas réglé, j'en conviens ; mais il n'avait pas besoin de s'y trouver consacré. Ce droit appartient virtuellement à tout Chef du Pouvoir Exécutif qui tient « directement » du Peuple, son mandat ; car c'est une attribution nécessaire de la Puissance Publique ; un corollaire de la délégation de celle-ci par le vrai Souverain ; un droit auquel on ne peut opposer de réserves, quand l'acte constitutionnel n'en formule pas.

On l'oublie trop, d'ailleurs : le Prince, qui prenait la Nation pour juge, entre l'Assemblée Législative et lui, représentait seul plus d'électeurs (5,534,520) que les 86 députations départementales, divisées d'opinions, composant cette Assemblée (3,611,229). Les 734 députés ne complétaient pas ensemble, à beaucoup près, sa monnaie électorale !

La publication des documents, désormais historiques, dont je viens de citer les parties essentielles, ne pouvait suffire dans la Gironde. Il me fallait, ce premier devoir accompli, faire connaître à ses habitants, le changement de mains que son administration venait de subir. Voici quelques extraits de la proclamation que j'avais dictée à M. Dosquet, le 3 au soir, et qui fut affichée dans Bordeaux, le 4 au matin :

«... Je ne suis pas un inconnu dans la Gironde. Les
« fonctions que j'y ai remplies pendant sept années, ne
« sauraient, sans doute, être mises en parallèle avec
« celles que j'y viens occuper, après les avoir déclinées
« à une autre époque ; mais, j'ai la conscience d'avoir
« donné alors, à la cause de l'ordre, des garanties qu'il
« m'est permis d'invoquer maintenant.

«... Je sais de quel excellent esprit l'immense majo-
« rité des populations de ce beau département est
« animée. Pendant la crise de 1848, je fus témoin de
« son attitude calme et ferme sous l'effort des passions
« anarchiques, et je suis certain, d'avance, que le con-
« cours de tous les bons citoyens ne peut me faire dé-
« faut dans l'accomplissement de mon mandat.

«... Aujourd'hui, l'Élu de la France lui demande de
« reprendre les pouvoirs qu'elle lui a confiés, ou de les
« fortifier dans ses mains, pour qu'ils n'y restent pas
« plus longtemps stériles.

« Tous les citoyens, sans exception aucune, sont
« appelés à se prononcer sur cette alternative.

« Lorsque le Peuple entier aura fait connaître sa
« volonté, chacun devra se soumettre. Mais, déjà, tout
« prétexte est enlevé à l'agitation. *Dès que chaque ci-*
« *toyen est armé d'un bulletin de vote pour le triomphe*
« *de ses opinions, recourir à la révolte serait avouer*
« *leur impuissance.*

« Quoi qu'il en soit, les pouvoirs que je tiens du Gou-
« vernement sont assez étendus pour assurer le main-
« tien de la tranquillité du département et la sincérité
« de la grande épreuve qui va se faire. De quelque
« part que vînt l'agression, l'énergie que je mettrais
« à la réprimer en préviendrait assurément le retour.

« Les hommes de désordre ne doivent attendre aucun
« ménagement de moi. »

Au moment où je dictais ces lignes, je ne savais pas
que, dans la journée du 3, pendant la dernière partie
de mon voyage, en malle-poste, de Tours à Bordeaux,
des mouvements insurrectionnels se produisaient à
Paris, et que l'ex-Représentant Baudin tombait sur la
barricade élevée, à son instigation, rue Sainte-Marguerite. Fort heureusement, aucune dépêche n'apporta
la moindre nouvelle de ces tentatives de résistance à
Bordeaux, avant ma prise de possession de la Préfecture, qui fût certainement devenue plus laborieuse, si
tout le monde n'avait cru, le 3 au soir encore, à l'impuissance de l'émeute devant l'énergie des mesures
prises pour maintenir l'ordre à Paris.

On pensait que le bulletin de vote allait être l'arme
des partis hostiles au Prince, dont les plans se trouvaient déconcertés par sa courageuse initiative; et je
devançais le sentiment public, quand je disais qu'en la
mettant aux mains de ses ennemis, comme de ses amis,
il avait condamné, d'avance, tout recours des premiers à
la violence, pour manifester leur opposition, et justifié
la répression énergique de toute descente sur la voie
publique, le fusil à la main, pour la faire prévaloir.

Si ma proclamation se terminait par des avertissements sévères, ce n'était point pour « faire trembler les
méchants », que je redoutais peu; c'était pour « rassurer
les bons citoyens », que je savais tremblants, et prévenir
les abstentions prudentes, lors de l'ouverture prochaine
du scrutin. Mais, ces avertissements ne se trouvèrent
pas absolument inutiles : loin de là.

TROUBLES SUR DIVERS POINTS.

Il me fallut, dans les soirées des 4 et 5, faire dissiper, à Bordeaux, par des charges de cavalerie, des rassemblements formés aux abords de la Préfecture, et composés surtout de curieux venant aux nouvelles, après l'arrivée du courrier de Paris. Au milieu de ces foules, avaient lieu des manifestations séditieuses de la part des rouges, dont l'audace était relevée par la prise d'armes des démagogues parisiens, connue dès le 4, et aussi, par les événements qui venaient de se passer dans les départements du Gers et de Lot-et-Garonne : A Auch, un conflit sanglant; à Villeneuve-sur-Lot et Marmande, le pouvoir aux mains des révoltés.

Si La Réole ne subit pas le sort de Marmande, c'est grâce à l'attitude ferme de son Sous-Préfet, qui sut empêcher la contagion insurrectionnelle de gagner la Gironde.

Le Sous-Préfet de Marmande, réfugié près de ce courageux fonctionnaire, avec toutes les brigades de Gendarmerie de son arrondissement, put comprendre, par la conduite résolue qu'il lui vit tenir, celle qu'il aurait dû montrer lui-même, en face des factieux par lesquels il s'était laissé déposséder.

Aussi, répondis-je au Sous-Préfet de Bazas, M. Frachon, qui, par une dépêche effrayée, me demandait main-forte : — « Imitez votre voisin de la Réole. Je connais « votre arrondissement; si vous en parcourez les con- « trées suspectes, celles qui bordent la Garonne, avec « tout ou partie du détachement de 25 gendarmes que « vous pouvez mobiliser, aucun de vos garnements ne « bougera. » — Je me souviens d'avoir ajouté de ma plume, en post-scriptum, à cette lettre dictée : — « On « n'offre pas plus de surface aux balles ; mais on a « beaucoup moins de chances d'en recevoir, par devant « que par derrière. La prudence, comme le devoir, « est donc de faire face au danger, quand il apparaît. »

Je ne sais pas s'il fut rassuré par cet axiome, fruit de mon expérience personnelle ; mais il se le tint pour dit. Gendre de M. Mocquard, il devint bientôt Préfet des Landes. J'eus toutes les peines du monde à faire décorer le Sous-Préfet de la Réole.

Un mouvement sérieux était prévu pour la soirée du 6, à Bordeaux.

Dès le 5, je pris un arrêté, dont la publication produisit quelque effet, selon mon attente. Il interdisait aux citoyens de stationner dans les rues ; ordonnait aux agents de la force publique la dispersion de tout rassemblement, même d'apparence inoffensive, et l'arrestation des contrevenants qui refuseraient d'obéir à leurs sommations ; enfin, déclarait que tout individu, porteur d'armes apparentes ou cachées, pris en état de rébellion, serait immédiatement passé par les armes. C'était un peu vif ; mais je connaissais mon monde.

Le 6, dans la matinée et la journée, je décernai des mandats contre une dizaine de meneurs bien connus de moi. Je prescrivis notamment de rechercher et d'arrêter, à l'occasion, M. Clément Thomas, que les affiliés des sociétés secrètes attendaient, pour le mettre à leur tête. Mais, il ne parut pas.

Du reste, d'après les dépêches télégraphiques reçues du Gouvernement, le 5 au soir et le 6 au matin, la répression de l'insurrection parisienne était complète.

Les gens paisibles, dûment avertis par mon arrêté du 5, restèrent, à bien peu d'exceptions près, chez eux, et nous laissèrent en présence de quelques badauds obstinés et d'émeutiers, peu nombreux en somme, intimidés par leur isolement. Sans cohésion, les rassemblements furent aisément dispersés par la troupe, et la Police fit de nombreuses arrestations, sans éprouver de résistance. Le mouvement annoncé pour la soirée du 6 avorta donc.

Comme les soirs précédents, on retint, par mon ordre, jusqu'au lendemain, pour tâcher de les dégoûter, les simples curieux compris dans les razzias opérées, et je dus intervenir personnellement pour faire mettre en liberté le Président du Tribunal de Commerce, M. Basse, qui s'était fait prendre dans la bagarre : il venait voir si la Préfecture avait reçu, comme à l'ordinaire, par le télégraphe, le cours de la Bourse de Paris !

A partir du dimanche 7 décembre, le calme ne cessa de régner, et le Général d'Arbouville, que son remplaçant ne se pressait pas de relever, et dont la conduite fut parfaitement correcte durant ces jours d'agitation, vint me communiquer son intention de profiter du rétablissement de l'ordre à Bordeaux, pour envoyer une colonne de troupes, reprendre Marmande sur l'insurgé Peyronny. Un bataillon d'Infanterie devait remonter la Garonne, sur un bateau à vapeur, jusqu'à Sainte-Bazeille, tandis qu'un détachement de Cavalerie et une section d'Artillerie suivraient la route jusqu'au même point. J'en informai le Sous-Préfet de la Réole, pour qu'il engageât celui de Marmande à rentrer dans son arrondissement, avec ses brigades de Gendarmerie, afin de guider les dernières troupes, et d'aller protéger le débarquement de l'Infanterie. Ce fonctionnaire ne suivit pas, avec toute la prudence désirable, le conseil que je lui faisais donner; car, il tomba, sous les murs du cimetière de Saint-Bazeille, dans une embuscade, où plusieurs gendarmes furent tués ou blessés. Mais, on reprit Marmande sans coup férir.

Les sieurs Peyronny et Séré-Lanauze, chefs de l'insurrection, arrêtés, le 18, dans l'arrondissement de Libourne, comme ils cherchaient à gagner un navire étranger, comparurent devant le Conseil de Guerre de la division, siégeant à Bordeaux, qui les condamna, tous deux, à la déportation.

ÉTAT DE L'OPINION PUBLIQUE.

J'avais pu remplir heureusement, en quelques jours, la première et la plus urgente partie de ma mission dans la Gironde. L'autorité du Prince était reconnue, obéie, respectée partout, en attendant que le vote des masses populaires vînt la confirmer d'une manière éclatante.

Mon arrivée subite et la fermeté de mon attitude avaient fait évanouir la tentative de refus de concours essayée un instant par la coterie orléaniste qui dominait la Préfecture. Grâce à la rapide répression des troubles de Paris, plus encore sans doute qu'à la promptitude de mes décisions, Bordeaux venait de retrouver son calme habituel, et l'ordre, maintenu dans le reste du département, continuait d'y régner, malgré les efforts des factieux.

Mais, au milieu des embarras de la première heure, je ne perdais pas de vue, le moins du monde, la seconde partie de mon mandat : la réunion des comices, où le Peuple, répondant à l'appel du Prince, devait, dans le plus bref délai possible, décider du sort du Pays.

A la suite de ma proclamation du 4 décembre, je notifiai mon entrée en fonctions aux Sous-Préfets et Maires, par une circulaire, du 5, et réclamai nettement leur concours le plus énergique pour la répression immédiate et rigoureuse de « tous les actes de nature à semer l'inquiétude dans les populations, ou à fausser, de quelque manière que ce fût, la manifestation de leur vœu ». Puis je m'empressai d'adresser, en placards, à ces fonctionnaires, non seulement, l'acte d'Appel au Peuple ; mais encore, un premier décret (2 décembre) convoquant les comices pour le 14 ; puis, un second décret (4 décembre) reportant cette convocation au 20, et changeant le mode de votation prescrit tout d'abord.

Le décret du 2 Décembre, se basant sur ceux des 5 fructidor an III, 24 et 25 frimaire an VIII, l'arrêté du 20 floréal an X et le sénatus-consulte du 28 floréal an XII, ordonnait l'ouverture, pendant huit jours, dans chaque commune, de registres sur lesquels les citoyens consigneraient ou feraient consigner leurs votes.

Celui du 4, « considérant que le scrutin secret paraissait mieux garantir l'indépendance des suffrages », prescrivait le dépôt des votes, par *oui* ou par *non*, consignés sur des bulletins imprimés ou manuscrits, dans des scrutins ouverts, pendant les journées des 20 et 21, de 8 heures du matin à 4 heures du soir, au chef-lieu de chaque commune.

Quant à la formation des listes électorales, comprenant tous les citoyens âgés de 21 ans, jouissant de leurs droits civils et politiques; quant à la convocation des électeurs et à la tenue des réunions de vote, des instructions, minutieusement rédigées sous mes yeux, suivirent de près ces publications.

Je n'avais et ne pouvais avoir aucune inquiétude touchant le résultat affirmatif du scrutin, dans l'ensemble du département, ni même touchant la majorité des *oui* sur les *non,* dans toutes les communes, grandes ou petites ; mais, réunirions-nous plus ou moins de votants qu'au 10 décembre 1848 ? Les manœuvres des partis hostiles, de toutes nuances, n'allaient-elles pas tendre, faute d'aucun espoir de succès pour leur opposition, à tenir éloignés du scrutin le plus grand nombre possible d'électeurs, afin d'atténuer d'autant la valeur de la ratification populaire, indubitable, du Coup d'État ? On peut si facilement effrayer les gens paisibles ! L'abstention est un moyen si commode, pour ne se compromettre d'aucun côté ! Que ne dirait-on pas si, Préfet de la Gironde, je ne parvenais point à grouper autour du Plébiscite le même nombre de suffrages affirmatifs que, mes amis politiques et moi, nous avions pu faire porter jadis, malgré les efforts d'une administration puissante, sur le nom du Prince, dans le même département ? Je n'épargnai donc rien de ce qu'il m'était permis de tenter, pour prévenir un tel échec moral.

« Aujourd'hui », écrivais-je aux Sous-Préfets et Maires, le 16 décembre, « toute lutte matérielle a cessé,
« grâce à la vigueur des mesures prises par le Pouvoir ;
« mais, une bataille décisive reste à livrer aux anar-
« chistes. C'est dans les comices qu'ils seront définitive-
« ment vaincus. Vous ne devez rien négliger pour faire

« comprendre aux électeurs la portée du vote dont il
« s'agit. Ce vote décidera du sort de la France... Il suffit
« que chaque bon citoyen dépose un bulletin dans l'urne
« du scrutin, prête à s'ouvrir. Négliger un tel devoir,
« ne serait-ce pas refuser la voie de salut providentielle
« ouverte devant nous et répondre par une ingratitude
« à la courageuse initiative de Louis-Napoléon, qui
« vient de préserver le Pays de la guerre civile ? »

C'était la population de Bordeaux qui m'inspirait le plus d'appréhensions. Sans parler des rouges (socialistes et radicaux), incomparablement plus nombreux, toutes proportions gardées, que sur aucun autre point du département, c'était dans cette ville, où le « Haut Commerce », orléaniste en général, exerçait le plus plus directement son influence, que j'avais surtout à redouter les abstentions systématiques.

Heureusement, cette puissante aristocratie, naguère encore si confiante dans les oracles de la rue de Poitiers, se montrait frappée de la subite reprise d'affaires déjà constatée à Paris, et s'accentuant, de jour en jour, depuis le Coup d'État ; — spécialement, de la hausse incessante des fonds publics et des autres valeurs de Bourse, dont le télégraphe m'apportait, et dont je faisais afficher quotidiennement les cours.

D'ailleurs, mon action personnelle sur cette classe de la société bordelaise n'était pas sans importance. Mes liens de famille ou mes relations privées avec les chefs des plus grandes maisons, me fournissaient maintes occasions de les entretenir, et de les ramener graduellement à la cause du Prince. Enfin, mes excellents rapports, en 1848, soit, comme administrateur, soit, comme officier de Garde Nationale, avec une foule de gens de toutes classes, m'avaient conquis un nombre infini de bons vouloirs.

A cette popularité de bon aloi, venait se joindre la reconnaissance de toute la ville, **pour l'affranchissement** qu'elle me devait du régime militaire, sous lequel, **déjà,** les combinaisons trop habiles de M. Neveux la plaçaient, à mon arrivée ; puis, **pour le maintien de l'ordre,** assuré par d'énergiques et promptes mesures, sans état de siège, ni rigueurs inutiles.

Qu'allait décider le Comité de la Société du Libre-Échange, dont l'action électorale s'était montrée si puissante en 1848, et qui n'avait pas encore cessé d'exister ? Dans quel sens la dirigerait son chef, M. Duffour-Dubergier, Président de la Chambre de Commerce ? Depuis mon arrivée, je me le demandais avec une certaine inquiétude, et voilà pourquoi je constatai, comme de bon augure, l'absence de M. Duffour-Dubergier, à la réunion tenue, le 3 décembre au soir, dans le cabinet de M. Neveux.

Je résolus d'aller, sans retard, au-devant des embarras pouvant surgir de ce côté, et pris occasion d'une visite officielle du « Roi d'Aquitaine », à la tête de la Chambre de Commerce de Bordeaux, dont j'étais le Président d'Honneur, comme Préfet, pour aller chez lui, dès le lendemain, à l'heure où je savais devoir le trouver, sous prétexte de lui rendre cette visite, et afin de causer librement, seul à seul, avec ce gros et considérable personnage.

« Eh bien ! mon Colonel, » lui dis-je en l'abordant, « qui
« nous eût dit naguère que je viendrais, un jour, chez
« vous, autrement que pour y prendre l'ordre, comme un

« de vos capitaines? » — « Il ne dépendait que de vous, » me répondit-il, « d'y venir, comme Préfet, dès ce temps-« là. » — « Comme Préfet de Cavaignac ! » répliquai-je ; « mais vous m'en auriez moins estimé, sans doute, et « puis, ce ne serait plus moi qui vous ferais visite au-« jourd'hui. Mieux vaut, pour Bordeaux comme pour « moi-même, qu'alors j'aie préféré demeurer votre su-« bordonné, dans la Garde Nationale, et votre coopé-« rateur, dans la Société du Libre-Échange. Vous rap-« pelez-vous cette belle séance de la salle Franklin, où « vous avez proclamé la candidature de S. A. I. le « Prince Louis-Napoléon à la Présidence de la Répu-« blique ? Quel triomphe ! Ah ! quand je me reporte à « cette soirée-là, je ne crains pas que nous soyons « désavoués, le 20 de ce mois, ni par les Bordelais, ni « par les autres électeurs de la Gironde, qui nous sui-« virent en si grand nombre, voilà trois ans ! »

Je faisais la partie belle au « Roi d'Aquitaine », en ne semblant pas douter un instant de son concours. Il comprit de suite que, s'il me le prêtait, comme le passé l'y autorisait pleinement, il sauvegardait, sous le régime nouveau, sa grande situation, tandis que, dans le cas contraire, il devait en prévoir le complet et prochain effondrement.

Au terme de notre entretien, assez rapide, en somme, il était convenu que l'on considérerait comme dissous le comité politique fondé jadis sous le patronage de la Société du Libre-Échange, lequel ne fonctionnait plus depuis les élections de mai 1849, et dont tous les membres ne se montraient pas, à beaucoup près, chauds partisans du Coup d'État, et que M. Duffour-Dubergier allait provoquer, parmi les membres de la Chambre de

Commerce, que j'avais favorablement impressionnés, la veille, et parmi les chefs des grandes maisons de Bordeaux, la formation d'un Comité Central Plébiscitaire, dont il prendrait la direction active. Je venais de faire, du chef présumé de la coalition orléano-légitimiste, le chef du mouvement napoléonien. C'était un comble !

Moins d'un an après, ce fut par le même Président de la Chambre de Commerce, que je fis offrir au Prince, lors de son voyage dans le Midi, ce banquet historique de la Bourse de Bordeaux, où fut prononcé le fameux discours-programme de l'Empire.

RÉUNION ET VOTE DES COMICES.

L'adhésion publique de M. Duffour-Dubergier à l'acte du 2 Décembre, produisit d'autant plus d'effet qu'elle était moins attendue. Elle fit cesser bien des indécisions, et comme, à Bordeaux, on ne fait jamais rien à demi, le courant plébiscitaire devint général parmi toutes les classes de la société : dans la ville, comme dans les campagnes.

Le nouveau Comité Central n'était, au fond, qu'une transformation de l'ancien. Je pus donc disposer de l'organisation toute faite des agences et correspondances de celui-ci, dans les divers arrondissements ; dans les cantons ; et jusque dans les plus petites communes. Il se procura sans peine les ressources dont je manquais pour beaucoup de dépenses, notamment, pour inonder le pays de bulletins de vote affirmatifs.

Dans mes rapports avec ses membres, je me retrouvais en pays de connaissance, et il me semblait être revenu de trois années en arrière !

En adressant à M. de Morny, le 13 décembre, copie du manifeste du Comité, revêtu des signatures de tous les membres de la Chambre de Commerce et des personnes les plus notables de Bordeaux, qu'on devait afficher le lendemain, à 200,000 exemplaires, dans tout le département, j'écrivais : — « Cette adhésion publique
« d'hommes dont l'influence est acceptée depuis 1848,
« aux actes du 2 Décembre, doit donner au vote des co-
« mices une direction d'ensemble qui me fait espérer
« une majorité considérable. Sous un autre point de
« vue, la résolution prise par le Haut Commerce de
« Bordeaux, au patronage duquel les anciens Représen-
« tants de la Gironde devaient leur élection, n'a pas une
« moindre portée. C'est le désaveu de l'hostilité systé-
« matique de 8 de ces Représentants, sur 12, à la poli-
« tique du Chef de l'État. L'incarcération de plusieurs
« d'entre eux avait produit, dans le département, une
« émotion contre laquelle j'ai dû lutter. Aujourd'hui,
« les Bordelais eux-mêmes ratifient les mesures du
« Gouvernement, et montrent ainsi que leurs manda-
« taires avaient méconnu leurs intérêts et leurs vœux. »

Le Prince avait, comme son Ministre de l'Intérieur, le sens politique fort éveillé. Il me tint le plus grand compte du revirement qui venait de s'opérer dans les dispositions du grand commerce de Bordeaux. Assurément, un Préfet, étranger dans cette ville, n'eût jamais pu l'amener, surtout, aussi vite.

Enfin, le scrutin s'ouvrit. Il donna 123,110 *oui*, contre 15,232 *non*, dans l'ensemble du département. A Bordeaux, point central de toutes les influences hostiles, les votes affirmatifs ne dépassèrent pas le chiffre, relavement bien faible, de 13,519, et les négatifs atteignirent celui de 6,818, formant plus du tiers des suffrages exprimés.

La comparaison suivante des résultats de l'élection présidentielle du 10 décembre 1848, et du vote plébiscitaire des 20 et 21 décembre 1851, dans la Gironde, ne manque pas d'intérêt :

	1848	1851
Électeurs inscrits.	178,200*	167,116**
Votants	133,954	138,631
ABSTENTIONS . . .	44,246	28,485

RÉPARTITION DES VOTES

Louis-Napoléon Bonaparte.		103,960	*Oui.*	123,110
Général Cavaignac.	20,582	⎫		
Ledru-Rollin . . .	8,488	⎬ 29,419	*Non.*	15,232
Lamartine.	357	⎭		
Voix perdues . . .		575		289
		133,954		138,631

* Y compris les militaires et marins, alors électeurs.
** Déduction faite des militaires et marins, déclarés non électeurs.

Le résultat de 1851, supérieur de près de 20,000 voix à celui de 1848, bien que le nombre des électeurs se trouvât moindre de 11,000, fut, pour moi personnellement, aux yeux du Prince, un succès considérable. C'était la justification de mon envoi dans la Gironde, et, en même temps, l'entier accomplissement de la mission spéciale que j'avais reçue.

CHAPITRE XIX

LA PRÉFECTURE DE LA GIRONDE

Autorités et Fonctionnaires du département. — La Commission mixte. — Mesures de sûreté publique. — Les Décrets de Janvier. — Élections au Corps Législatif. — Décrets-lois de la Dictature.

AUTORITÉS ET FONCTIONNAIRES DU DÉPARTEMENT.

L'expédition de Marmande fut le dernier acte du général d'Arbouville, avec lequel je me serais bien entendu, je crois, s'il eût gardé son commandement. C'était une nature droite, loyale, ouverte; un parfait gentilhomme, appartenant au meilleur monde. Je le regrettai beaucoup.

Son successeur, le général Le Pays de Bourjolly, prit possession du commandement, le 8 décembre. Il différait du général d'Arbouville sous beaucoup de rapports. Comme lui, sans doute, il avait d'excellentes manières et pouvait passer pour un « gentleman » accompli, quoique sa tenue semblât toujours un peu raide et comme étudiée. Mais, hors du monde, à cheval sur ses prérogatives et sur les règles de l'étiquette, il se montrait plein de morgue, exigeant, hérissé de susceptibilités. Cet officier général, irréprochable dans un salon, devenait vraiment insupportable dans les relations de service.

Quant à ses rapports avec les officiers sous ses ordres, ils étaient si désagréables pour eux, qu'on avait propagé, dans l'armée, ce dicton, qui l'exaspérait : « Ah! le vilain pays que Le Pays de Bourjolly! »

On croira malaisément, je le suppose, que l'objet d'une de ses premières communications avec moi, fût la mise en état de siège du département de la Gironde, par cet unique motif, que plusieurs des départements compris dans les trois divisions militaires formant son commandement supérieur, se trouvaient dans cette situation exceptionnelle, et qu'il lui serait plus expédient de tenir assujettis au même régime, tous les territoires, fort étendus, occupés par les troupes obéissant à son autorité !

J'eus beau lui faire observer que mon administration devait la sympathie, presque générale, de toutes les classes de la population, précisément à mon refus de ratifier la mise en état de siège de Bordeaux et du département, combinée entre mon prédécesseur et le général d'Arbouville, — refus suivi de la démission, puis, « du remplacement de ce dernier! » — et à la confiance dont j'avais fait ainsi preuve, malgré la gravité des circonstances, dans les sentiments de la grande majorité des habitants de cette importante ville ; j'eus beau lui dire que rien n'était venu me donner tort depuis cette détermination : tout au contraire ; que le calme parfait du département rendrait absolument incompréhensible un retour subit au régime dont je l'avais préservé ; qu'il me fallait, d'ailleurs, me garder, à la veille de la réunion des Comices, de toute mesure pouvant modifier les excellentes dispositions des masses, et surtout alarmer les hommes d'ordre et les tenir éloignés du scrutin. Rien n'y fit. Je ne sus faire comprendre à cet homme d'épée l'importance de la Gironde, qui renfermait une des plus grandes villes de France, une des métropoles de son commerce; la capitale du Sud-Ouest devait peser, dans son appréciation, d'un tout autre poids que la plupart des départements groupés dans la circonscription de son commandement supérieur. A mon avis, il devait obtenir plus opportunément l'uniformité de régime qu'il poursuivait, par la levée de l'état de siège, qui n'existait, encore alors, que dans un petit nombre de ceux-ci.

Pour me délivrer de ses obsessions, il me fallut porter la question en haut lieu. Comme je le pensais bien, le Prince me donna pleinement raison.

Le général de Bourjolly en fut très froissé, d'abord; mais, à force de marques de déférences, d'attentions et de politesses, je parvins à l'apprivoiser. Peu à peu, comprenant que j'étais prêt à tout lui concéder, en la forme, à laquelle il tenait principalement, pourvu qu'il renonçât à vouloir me dominer, au fond, il en prit son parti de bonne grâce, et devint graduellement un de mes plus fervents collaborateurs et de mes plus solides appuis.

Le général de Martimprey commandait le département. J'eus surtout affaire à lui pour les opérations du Recrutement. C'était un militaire sérieux et un aimable compagnon de tournées. Il vint me rejoindre au Sénat, en 1864, et termina sa carrière, à Paris même, comme Gouverneur des Invalides.

Dès le lendemain de mon arrivée, le 4 décembre, après avoir reçu l'état-major et le personnel de la Préfecture, je m'empressai d'aller rendre mes devoirs à l'Archevêque (Mgr Donnet) et au Premier Président de la Cour de Bordeaux : — d'anciennes connaissances.

Le 5, eurent lieu mes réceptions officielles.

Sous-Préfet de Blaye, j'étais en excellents et même affectueux rapports avec Mgr Donnet. Il savait, comme témoin, les services que j'avais rendus à la cause de l'ordre, en 1848. Non seulement, il me fit un accueil plein de cordialité ; mais, de lui-même, il se mit à mon entière disposition, avec tout son Clergé, pour combattre les tendances abstentionnistes que je redoutais chez certaines classes d'électeurs.

C'est durant mon administration dans la Gironde, que ce Prélat fut élevé à la dignité de Cardinal.

Il conserva, jusqu'au terme de sa vie, sa très sincère amitié pour moi, pour ma femme et pour mes enfants.

Nous arrangeâmes ensemble, à Bordeaux, nombre d'affaires difficiles ou délicates, sans solution depuis longtemps, entre protestants et catholiques. Il me disait à ce sujet : — « Nous sommes tolérants tous les « deux, parce que nous avons connu beaucoup « d'hommes et vu beaucoup de choses! »

Je le retrouvai, comme tant d'autres éminents personnages, au Sénat de l'Empire.

Né à Bourg-Argental (Loire), Mgr Donnet occupait la cure de Villefranche (Rhône) quand il fut chargé, en 1836, d'administrer le diocèse de Nancy, comme Co-Adjuteur de Mgr de Forbin-Janson, expulsé par ses ouailles. Il remplaça le Cardinal de Cheverus, comme Archevêque de Bordeaux et Primat d'Aquitaine.

La Gironde doit à son zèle la construction de ces églises à flèche, de style gothique, plus ou moins fleuri, qui lui donnent un aspect particulier. Comme Sous-Préfet et Préfet, je l'y secondai de mon mieux, et quand ma femme hérita de la terre de Cestas, nous contribuâmes, pour plus d'une très grande part, à la reconstruction de l'église paroissiale de la commune de ce nom, ornée, bien entendu, de la flèche cardinalice. C'est ce qu'ont fait, du reste, dans leurs communes respectives, notamment en Médoc, tous les grands propriétaires protestants, si nombreux en Gironde, chez qui le Cardinal ne se faisait aucun scrupule de descendre, comme au château de Cestas, pendant ses tournées de Confirmation.

Une autre de ses entreprises, ayant pour but de faire doter tout clocher de deux cloches, au moins, afin qu'en variant les sonneries, on établît une distinction entre l'annonce des offices et celle des cérémonies civiles, poursuivait une judicieuse application de cet axiome :

> Celui qui n'entend qu'une cloche,
> N'entend qu'un son.

Le premier Président de la Cour était M. de la Seiglière, un magistrat des plus distingués, de belle tenue, de grande allure, longtemps Procureur Général à Bordeaux même, avant de succéder au Premier Président Roullet, en 1847, si je ne me trompe.

J'aurai sujet de parler souvent ailleurs, du Procureur Général, M. Devienne.

Parmi ses avocats généraux, figurait M. Darnis, un napoléonien non douteux, qui finit sa carrière à Metz. Il y siégeait, comme Premier Président, lors de l'invasion.

Je profitai, plus tard, de mes bons rapports avec les chefs de la Cour, et de la bienveillance, pour moi, du nouveau Garde des Sceaux, M. Abbatucci, pour faire nommer Conseiller, mon ami le Président du Tribunal de Blaye, M. Gellibert, qui passa bientôt à la **Présidence**, très importante, du Tribunal de Première Instance de Bordeaux, et, enfin, à une **Présidence de Chambre** dans la Cour Impériale.

Le Conseil de **Préfecture** avait subi, depuis mon départ de Bordeaux, un renouvellement presque entier. De tous mes anciens collègues, un seul était encore en fonctions : M. Poumereau, jeune avocat de grand mérite, que je fus ravi d'y retrouver. On m'avait remplacé par M. Dosquet, afin de pouvoir supprimer le poste de Secrétaire Général, dont il continuait à remplir accessoirement les fonctions, comme Conseiller de **Préfecture**, ainsi que cela se faisait, depuis longues années, dans les départements de deuxième et troisième classes. Je trouvai, comme successeurs de MM. Armand Ducos, Soulié-Cottineau et Victor Delprat : M. Garnier, ancien chef de division de la Préfecture, excellent choix ; M. Delaville, ancien notaire à Bordeaux, sans qualités administratives bien prononcées, mais frère d'un officier d'État-Major, attaché à la Maison du Prince-Président, et quant à lui personnellement, plutôt légitimiste que napoléonien ; enfin, un M. Arlin, nommé depuis la fin de septembre, et non encore installé.

La Sous-Préfecture de Bazas avait, pour titulaire, le gendre de M. Mocquard, M. Frachon, déjà mentionné plus haut, dont le père était Colonel, et le grand-père, Préfet Maritime à Anvers, sous l'Empire. Nommé Préfet des Landes, il eut pour successeur, à Bazas, le Conseiller de Préfecture, Secrétaire Général de la Corse, M. Vico, napoléonien ardent, possesseur d'une certaine fortune, et mari d'une très jolie et très aimable Parisienne, veuve de son frère aîné, colonel d'État-Major. Je fis transférer M. Vico, peu de temps après, à Libourne. Il fut remplacé lui-même, à Bazas, par M. Isoard. Celui-ci sortait du Ministère du Commerce. C'était un homme de valeur : il devint Préfet sous l'Empire.

Le Sous-Préfet de Blaye, M. Breistroff de Rochebrune, sortait du Conseil de Préfecture de Lot-et-Garonne. Fils d'un ancien Commandant de Sapeurs-Mineurs de la Garde Impériale, mort Colonel du Génie ; napoléonien de naissance, comme son collègue, M. Frachon, il avait épousé la fille de M. Lalande, courtier de vins à Blaye, de tendances légitimistes et surtout cléricales !... Je connaissais bien celui-ci, jadis l'un des plus fermes soutiens de la candidature de M. le marquis de La Grange, et des utiles auxiliaires de mon administration, malgré tout.

Le dévouement infatigable dont M. Breistroff fit preuve, après le 2 Décembre, eût trouvé certainement sa récompense dans un avancement qu'il ambitionnait avec un peu trop d'impatience. Il se laissa tenter par la fortune que lui promettait, à plus bref délai, son association, ménagée par son beau-père, à une maison de commerce de Bordeaux.

Démissionnaire, au commencement de 1853, le Gouvernement lui donna pour remplaçant, sur ma proposition, M. Édouard Brown-Southard, issu d'une famille, très connue, des Chartrons ; bien marié dans une autre famille notable de Bordeaux ; frère puîné d'un de mes anciens camarades du collège Henri IV. Je l'avais fait nommer, quelque temps auparavant, Conseiller de Préfecture du Tarn.

Le Sous-Préfet de La Réole, dont j'ai déjà loué la conduite courageuse, était M. le comte de Saint-Cyr-Montlaur, créole d'origine, ancien employé de la Direction de l'Intérieur, à la Guadeloupe, mari de Mlle de Pindray, orpheline fortunée, d'une des meilleures familles de son arrondissement.

M. de Montlaur possédait plus d'aptitudes pour la politique active que pour l'administration proprement dite ; plus de décision, de volonté, d'ardeur, que de mesure. En un mot, il avait les défauts de ses qualités. Les services réels qu'il rendit à la cause de l'ordre et à celle du Prince, furent reconnus par la décoration, bien méritée, que je réussis à lui faire obtenir. Il ne quitta la Gironde qu'après mon départ, et devint Sous-Préfet d'Alais ; puis, de Compiègne, où, faute de réserve suffisante, dans ses rapports avec le Palais, il ne put se maintenir longtemps.

M. le baron Morio de Lisle, qui venait à peine de s'installer, comme Sous-Préfet, à Lesparre, était le fils d'un général de l'Empire, Aide de Camp du Roi de Hollande, père du Prince-Président. Grand et beau garçon, il arrivait, plein de bon vouloir et d'inexpérience, du Conseil de Préfecture d'Eure-et-Loir. Je n'eus qu'à me louer de sa manière de servir. Son frère aîné, Préfet du Palais de l'Empereur, le fit arriver à la Sous-Préfecture de Compiègne, après son collègue le comte de Saint-Cyr-Montlaur.

M. Gérard, nommé Sous-Préfet de Libourne quelques semaines seulement avant le 2 Décembre, était le seul de mes collaborateurs appartenant à l'Administration depuis un certain temps. Il avait rempli successivement les fonctions de Conseiller de Préfecture de la Haute-

Garonne et de Sous-Préfet de Saint-Gaudens et d'Yvetot. Il était déjà décoré, pour ses bons services. Esprit positif et mesuré, patient et adroit, il appréciait avec beaucoup de justesse les hommes et les choses ; savait se servir des uns et tirer le meilleur parti possible des autres ; mais, il avait moins d'initiative que certains de ses collègues moins habiles. Quand il fut nommé, sur mes notes favorables, Sous-Préfet de première classe à Bayonne, j'ai dit que je le fis remplacer par M. Vico.

La nomenclature des nombreux Directeurs, chefs de services et fonctionnaires placés sous mon autorité, dans la Gironde, serait oiseuse : en effet, la plupart se trouvaient, par leurs occupations mêmes, en dehors de la politique, et je n'exigeai d'eux que d'y rester et d'y maintenir, avec une fermeté constante, leurs personnels respectifs. Presque tout cet état-major administratif m'était déjà connu : j'avais, d'avance, acquis personnellement ses sympathies. Nos relations nouvelles s'établirent donc, de suite, dans les meilleurs termes, et le service en profita.

LA COMMISSION MIXTE.

Lorsqu'un décret du 30 janvier 1852 créa le Ministère de la Police Générale et mit à sa tête M. de Maupas, — nommé Préfet de Police, à mon refus, quelques jours avant le 2 Décembre, — celui-ci, bien qu'ancien Préfet de carrière, subissant la faiblesse commune à la plupart des chefs de Ministères démembrés de l'Intérieur, voulut se créer aussi, dans les départements, à côté des Préfets, des agents relevant de lui seul. Il conçut la très malheureuse idée d'instituer des Inspecteurs Généraux de Police, chargés de la surveillance de régions comprenant, chacune, plusieurs départements, et d'envoyer à Bordeaux, pour la région du Sud-Ouest, mon ancien Sous-Préfet de Toulon, le baron Frossard, qui n'avait pu se maintenir à la Préfecture du Var, imprudemment confiée à sa direction.

Je ne pouvais plus contenir le zèle intempérant de ce fonctionnaire dévoué, mais sans mesure : il n'était pas sous mes ordres, et correspondait directement avec son Ministre. Sa surveillance portait, d'ailleurs, fort au delà des limites de mon autorité. Il ne cessa jamais de témoigner son respect pour ma personne et une certaine déférence pour mes conseils ; mais, il n'en créa pas moins, par son intervention, des difficultés qui retardèrent beaucoup mon œuvre de pacification des esprits. Il quitta la Gironde après la suppression des Inspecteurs Généraux de Police, à laquelle M. de Maupas dut se résigner, et leur remplacement par des Commissaires de Police Départementaux, doublés de Commissaires Cantonaux, relevant, les uns et les autres, des Préfets (5 mars 1853).

De toutes les arrestations opérées à l'occasion des troubles des premiers jours, je n'avais pas fait donner suite à plus de 15, en fin de compte. Mais, nos prisons regorgeaient d'insurgés du département de Lot-et-Garonne, placé sous le régime de l'état de siège : ils s'y trouvaient à la disposition du Conseil de Guerre de Bordeaux.

Les habitants de la Gironde pouvaient apprécier, par ce contraste, la modération de mes actes de sévérité.

En dehors des pouvoirs extraordinaires donnés aux Préfets pour la répression des désordres auxquels le

Deux-Décembre servirait de prétexte, le Gouvernement n'avait pris, d'ailleurs, avant le Plébiscite qui l'investit d'une sorte de dictature, aucune mesure générale pour prévenir le retour des menées subversives des partis.

Dès le 25 décembre, j'appelai toute son attention sur la nécessité d'aviser aux moyens de dissoudre efficacement les sociétés secrètes, très nombreuses à Bordeaux. « Leurs principaux chefs et agents sont connus; » écrivais-je, « l'incarcération actuelle de quelques-uns
« d'entre eux suffit provisoirement; mais, cette situa-
« tion ne peut durer : il faudrait qu'un acte énergique
« débarrassât le pays de ces hommes dangereux, désor-
« ganisât leur œuvre, et ne laissât à personne l'envie de la
« recommencer. Un décret du 8 décembre ordonne bien
« la transportation des individus reconnus coupables
« d'association secrète; mais, cette disposition ne per-
« met point d'atteindre les chefs, qui savent toujours
« se mettre à l'abri de condamnations judiciaires? »

On le voit : le Préfet de la Gironde était hanté de la pensée qui poursuivait naguère le Préfet de l'Yonne : il regrettait l'introduction qui, dans le rêve de celui-ci, précédait l'acte du Coup d'État.

Une circulaire confidentielle du Ministre de l'Intérieur, — encore, M. le comte de Morny, — datée du 11 janvier, me chargea de dresser, de concert avec le Procureur Général près la Cour d'Appel de Bordeaux, un état des individus, « arrêtés ou en liberté » dans mon département, reconnus comme chefs des socialistes « ou signalés comme pouvant inquiéter l'ordre public ».

Une autre circulaire, du 18, prescrivit de classer tous ces individus en catégories, comprenant ceux qu'il conviendrait de transporter à Cayenne ou en Algérie; d'éloigner de France d'une manière permanente ou temporaire; ou seulement d'interner, avec résidence obligatoire, dans une localité déterminée.

En vue de ce travail, je consultai : pour les arrondissements du dehors, mes cinq Sous-Préfets; pour Bordeaux et sa banlieue, le Commissaire Central, M. Chauvin, placé, depuis quelques semaines seulement, sur ma demande, à la tête de la Police et dont j'avais éprouvé dès longtemps, comme on le pense bien, l'intelligence et le zèle.

De son côté, M. Devienne prit des informations auprès des Procureurs de la République.

Nous venions à peine de terminer cette « liste discrète, mais bien comprise » dont j'avais parlé, dans le trajet de Sens à Tonnerre, le 1er juin précédent, lorsque fut créé, pour M. de Maupas, le 30 janvier, le nouveau Ministère de la Police Générale.

Nous proposions d'atteindre surtout les chefs, et, sauf un petit nombre de chenapans exceptionnellement dangereux, de ménager le *vulgum pecus*. Ce plan, du reste, allait au-devant des désirs du Prince. En effet, la dernière communication que je reçus de la Division de la Sûreté, avant son passage de l'Intérieur à la Police Générale, fut une circulaire du 29 janvier, m'autorisant à faire mettre en liberté les émeutiers de bas étage. Neuf de mes quinze détenus en profitèrent.

Quoi qu'il en fût, le nouveau Ministre me renvoya nos propositions, qui s'étaient croisées avec l'envoi d'instructions nouvelles.

L'Inspecteur Général de Police devait commencer par faire un travail semblable pour chaque département de sa région, et le soumettre à l'examen d'une Commission Mixte, dont une circulaire collective des Ministres de la Justice, de la Guerre et de l'Intérieur, prescrivait la formation.

Cette commission était composée, pour la Gironde, du général de Bourjolly, de M. Devienne et de moi.

Contrairement à ce qu'on dit, à ce qu'on répète avec autant de mauvaise foi que de persistance passionnée, les Commissions Mixtes ne reçurent en rien le caractère de tribunaux exceptionnels. Une circulaire n'eut pas suffi pour créer des tribunaux. C'étaient de simples organes d'information, ayant mandat spécial de contrôler, de haut, les mesures de rigueur demandées par les Inspecteurs Généraux de Police, afin de préserver, des entraînements de leur zèle, M. le Ministre de la Police Générale, à qui seul appartenait le droit de proposer au Prince, après mûre appréciation de leurs avis, les décisions dictatoriales par lui reconnues inévitables.

MESURES DE SURETÉ PUBLIQUE.

Sur plus de 500 dossiers qui lui furent soumis par M. le baron Frossard, la Commission Mixte de la Gironde, à la suite d'un dépouillement attentif de chacun d'eux, terminé le 28 février, en retint 74 seulement.

Les individus qu'ils concernaient, furent classés définitivement ainsi qu'il suit :

Transportation à Cayenne.	5
— en Algérie	22
Expulsion de France	20
Éloignement momentané du territoire	9
Internement.	18

Ai-je besoin de dire que ce classement reçut, dans l'application, des atténuations nombreuses, et qu'après, un délai très court, la plupart des compromis obtinrent, soit, des abaissements, soit même, l'exonération complète des mesures qui les avaient frappés? L'Empereur (cet affreux tyran!) n'était que trop enclin aux mesures de clémence.

Une douzaine d'autres agents de désordre furent soumis uniquement à la surveillance de la Police.

Plus de 400 inculpés, moins compromis, durent à la Commission Mixte d'échapper à toute mesure de répression.

Elle n'en resta pas moins en butte aux malédictions, aux outrages des anciens partis, et même aux plaintes, non moins amères qu'injustes, de personnes, éminemment respectables, auprès du Gouvernement.

Nombre des agitateurs qu'elle ne crut pas devoir préserver de peines trop méritées, appartenaient : soit, aux classes élevées ou moyennes; soit, à des professions libérales, habituées de tout temps à l'impunité politique. Maintes familles conservatrices, dont faisaient partie quelques-uns de ces dévoyés, trouvaient étrange qu'une fois le péril passé, le Pouvoir n'eût pas jeté un voile sur leurs méfaits.

Il ne s'agissait pas évidemment des vingt-sept drôles transportés à Cayenne ou en Algérie. Personne, assurément, ne s'intéressait à ceux-là.

Mais, dans les autres catégories, figuraient, à côté de chefs républicains et socialistes de vieille date, dont on ne pouvait s'étonner d'y voir les noms, des ambitieux, dont l'exemple avait eu des effets d'autant plus déplorables, qu'à raison de leur rang social ou de leur fortune, ils exerçaient, en somme, une plus grande influence sur les masses; comme aussi, quelques orléanistes trop ardents, que le Gouvernement croyait devoir éloigner de Bordeaux, tout au moins pour un temps, à cause de circonstances spéciales. C'était surtout au sujet de ces derniers, qu'avaient lieu, dans les classes élevées, des étonnements et des récriminations sans fin.

En tête des expulsés de France, pour un terme plus ou moins long, nul ne fut surpris de trouver :

1° M. Clément Thomas. Il était, en effet, devenu, depuis le Coup d'État, le chef désigné de tous les mouvements projetés dans la Gironde.

2° M. Achard, Suisse d'origine, naturalisé Français; ancien avoué de Lesparre; Maire de cette ville, sous le Gouvernement Provisoire; Président du Comité Révolutionnaire de l'arrondissement; (nommé, dans ces dernières années, Député radical de Paris, et non réélu depuis); — M. Caduc, avocat, Président du Comité Révolutionnaire de La Réole; (aujourd'hui, Sénateur radical de la Gironde); — M. Saugeon, professeur et journaliste démagogue; (maintenant, Doyen du Conseil Général); — M. Sansas, avocat, un des chefs socialistes les plus exaltés, et M. Simiot, journaliste, ancien Représentant radical à la Constituante; (tous deux, aussi, du Conseil Général actuel).

L'importance prise par ces cinq personnages, depuis 1870, et leur grande situation, de nos jours encore, dans le parti républicain, justifient les appréhensions qu'ils inspiraient en 1852.

3° Deux juges connus par l'exaltation de leurs opinions républicaines et leurs prédications révolutionnaires : M. Bellot des Minières, à Bordeaux, et M. Cellerier, à Lesparre, qui furent enlevés à leurs sièges, malgré les hésitations de M. Abatucci, chez qui l'ancien magistrat combattait l'homme politique.

Un fils de M. Bellot des Minières, mort récemment, fut Évêque de Poitiers. Un autre est grand propriétaire et viticulteur des plus distingués, à Haut-Bailly, commune de Léognan, et je suis heureux d'entretenir les meilleurs rapports de voisinage avec lui.

M. Bellot des Minières siégeait au Conseil Général, pour l'arrondissement de La Réole.

Sept de ses collègues se trouvaient atteints comme lui. Trois d'eux, grands propriétaires, furent frappés : l'un, d'expulsion, et les deux autres, d'internement. Or, le plus dangereux de ces derniers était un neveu de M. le comte Lemercier, et cet ancien Sénateur de l'Empire jeta les hauts cris, au lieu de comprendre que, si l'honneur d'appartenir à sa famille n'avait pas empêché son parent de se compromettre avec les fauteurs de désordre, il n'en semblait que plus punissable.

Le membre du Conseil Général dont il s'agit, Maire de Blaye, en 1848, était aussi beau-frère de mon ami, le Président Gellibert, à la considération duquel je le fis interner à la Rochelle, dans le département habité par la famille Lemercier, au lieu de l'éloigner de France, comme j'en avais reçu l'ordre, tout d'abord, et qui me disait à ce propos : « Il ne l'eût pas volé! »

Le général Favereau, dont le gendre, membre du Conseil d'Arrondissement de Blaye, riche industriel et l'un des principaux agitateurs de cette ville, fut éloigné temporairement de France, n'agit pas plus sagement que M. le comte Lemercier.

Mais, l'expulsion de M. Henri Galos, ancien Député, Directeur des Colonies, sous le Gouvernement de Juillet, correspondant, à Paris, de la Chambre de Commerce de Bordeaux et du *Courrier de la Gironde;* l'internement de M. Campan, Secrétaire de la Chambre de Commerce, rédacteur en chef du *Courrier de la Gironde;* celui de M. Crugy, l'imprimeur et le propriétaire de ce journal, — trois coups droits portés par le Gouvernement en plein cœur de la coterie orléaniste irréconciliable de Bordeaux, — provoquèrent, dans les rangs de leurs alliés d'autrefois, encore trop récemment napoléonisés, pour la plupart, une agitation universelle.

M. Galos, disciple d'Henri Fonfrède, libre-échangiste et doctrinaire, tout à la fois, devait à la camaraderie de M. Sylvain Dumon, et son entrée dans le Parlement, et la Direction des Colonies, après la ruine de sa maison de commerce, — laquelle n'occupait pas, du reste, un rang bien élevé. — C'était le plus considérable de ces trois coryphées de l'intransigeance, convaincus d'avoir pris part à des menées séditieuses, au sujet des décrets du 23 janvier 1852, concernant les biens de la famille d'Orléans : *inde iræ!*

LES DÉCRETS DE JANVIER.

1830 est bien loin de nous, et peu de personnes peuvent témoigner de l'effet que produisirent, quand on les connut, après l'avénement du Roi Louis-Philippe, les actes par lesquels, le soir même du vote de la Chambre des Députés qui l'appelait au Trône (7 août), et avant la prestation du serment constitutionnel donnant date à son acceptation (9 août), ce Prince, éminemment pratique, fit donation à ses enfants, moins son fils aîné, le futur héritier de la Couronne, de ses biens de toute nature, afin d'éviter par ce moyen la dévolution de son énorme fortune au Domaine de l'État, selon notre ancien droit monarchique, — droit bien suranné, — par le fait même de son intronisation.

Je venais de terminer mes cours de Droit, et je me rappelle, comme d'hier, l'étonnement pénible qu'éprouvèrent beaucoup d'amis de la Royauté nouvelle, quand ils apprirent cette précaution prise par un père, évidemment très avisé, — dont la révolution de 1848 a justifié la conduite en cette circonstance grave, — et des violentes protestations qu'elle souleva dans les rangs de ses adversaires politiques de toutes nuances.

D'éminents jurisconsultes s'efforcèrent même, en invoquant la nature apanagère de biens provenus de l'héritage du Comte de Toulouse et de son fils, le Duc de Penthièvre, à la Duchesse d'Orléans, mère du Roi Louis-Philippe, de contester spécialement la donation que ce Prince venait d'en faire.

Bref, si la critique des actes du 7 août, très ardente de la part des ennemis de la branche cadette des Bourbons, qui ne craignaient pas de les taxer de fraude, prenait des formes plus discrètes chez certains de ses amis ne sachant pas se taire, je puis dire que l'impression générale en fut mauvaise. Jamais, la Royauté de 1830 ne parvint à faire disparaître complètement cette sorte de tache originelle.

C'est pourquoi, le Prince Louis-Napoléon, ne tenant peut-être point assez compte de l'intérêt s'attachant toujours, en France, aux proscrits, pensa répondre au sentiment public, en ordonnant, par un décret-loi, fortement motivé, rendu sous le régime de la Dictature, le 23 janvier 1852, au lendemain, pour ainsi dire, de la promulgation de la Constitution nouvelle qu'il avait eu mandat plébiscitaire de rédiger, le retour au Domaine de l'État, de tous les biens immobilières de la fortune, apanagère ou non, du Duc d'Orléans, le 7 août 1830, jour de son élévation au Trône.

Un second décret, de la même date, prescrivit la vente, dans le délai d'un an, des biens possédés en France par la famille d'Orléans, à tout autre titre que la donation du 7 août 1830. C'était la reproduction, presque littérale, des mesures prises jusqu'alors à l'égard des familles princières exilées.

A l'un, pas plus qu'à l'autre de ces décrets, ne pouvait s'adresser justement le reproche de confiscation. Mais, on devait prévoir, comme probable, la supposition que le Prince-Président cédait, en cette occasion, à des sentiments d'animadversion personnelle contre le vieux Roi, surtout, quand on apprit la démission simultanée de MM. le comte de Morny, Fould et Rouher, Ministres de l'Intérieur, des Finances et de la Justice.

Je ne fais aucune difficulté de le reconnaître : d'accord avec M. de Morny, je regrettai, par des considérations politiques, supérieures, selon mon avis, aux raisons juridiques invoquées par le premier décret, dans l'intérêt du Domaine de l'État, qu'on n'eût pas laissé tout entière, au Souverain détrôné, la responsabilité des actes contestés, vis-à-vis de l'opinion. Le temps et les circonstances pouvaient, d'ailleurs, avoir singulièrement modifié le sentiment public.

Je trouve même, dans ma correspondance confidentielle, sur ce sujet, avec M. de Persigny, qui remplaça M. de Morny, comme Ministre de l'Intérieur, cette observation topique : si, du 7 au 9 août 1830, le Roi Louis-Philippe s'était abstenu d'agir à l'encontre de la dévolution prévue de sa fortune au fisc, il aurait pu certainement en réclamer la restitution, après sa déchéance, en 1848.

Mais, à coup sûr, je croyais très malencontreuse la retraite de M. de Morny, cet *alter ego* du Prince, l'instrument dévoué du Coup d'État, parce qu'on ne l'attribuait pas seulement à des divergences politiques : on voulait y voir un désaveu formel des motifs juridiques du principal des décrets attaqués.

Je note, en passant, le singulier revirement d'idées survenu chez M. Fould. Ministre des Finances du second Empire ; il prétendit me faire exécuter, avec la dernière rigueur, comme Préfet de la Seine, les décrets dont il avait décliné publiquement la solidarité !

Par contre, moi, qui ne m'étais pas permis de juger ces décrets, sinon, comme inopportuns, je pris soin, lorsque je fis exproprier, par la Ville, le parc Monceau, pour en éviter la vente poursuivie ardemment par le nouveau Ministre d'assurer 5 millions aux princes d'Orléans, pour prix de leurs droits « quels qu'ils pussent être » sur ce domaine, porté, pour 1,200,000 francs seulement dans l'inventaire royal du 1er janvier 1848.

Cela me parut digne autant qu'équitable. En effet, la Ville, qui tint compte de la même somme au Trésor, pour le désintéresser de son côté, trouvait à se couvrir exactement de cette double indemnité, par le prix de revente de lots auxquels l'exécution de ses plans donnait, comme terrains à bâtir bien situés, une plus-value exceptionnelle. J'ajoute que l'Empereur ne me blâma pas, à beaucoup près, de cette façon d'agir.

Mais, en 1852, une protestation des Princes contre les décrets, dont le Gouvernement avait interdit la publication, fut répandue secrètement à Bordeaux, et des perquisitions, opérées par son ordre aux domiciles de MM. Galos, Campan et Crugy, fournirent la preuve que le premier était l'expéditeur; le second, le propagateur; le troisième, l'imprimeur de ce libelle, et motivèrent l'expulsion de l'un et l'internement des deux autres.

La position de M. Crugy m'inspirait une certaine sollicitude. Je l'avais vu faire preuve de courage, en 1848, et quoiqu'il ne m'eût pas toujours bien traité personnellement à cette époque, je lui tenais grand compte de son passé. *Le Courrier de la Gironde* (l'ancien journal d'Henri Fonfrède) et son imprimerie constituaient toute la fortune de leur propriétaire. Or, le baron Frossard me proposait, depuis quelque temps, de supprimer le *Courrier*, en vertu d'un récent décret, qui soumettait la presse périodique au régime de l'autorisation préalable et du retrait facultatif des autorisations accordées. Mais, il me répugnait d'atteindre, à la fois, la personne et les intérêts privés d'un adversaire politique : *non bis in idem*.

Je fis donc chercher M. Crugy par le Commissaire Central, et je le prévins qu'il allait être éloigné de Bordeaux. Cette mesure, en le forçant à cesser une polémique dont le caractère causerait infailliblement la suppression de son journal, lui permettait, au contraire, de le préserver des rigueurs imminentes de l'Administration, en le plaçant sous une direction tout autre, avec mon bienveillant concours, auquel il ne pouvait invoquer aucun droit, mais que je lui prêterais, en souvenir des services rendus naguère par *Le Courrier* à la cause de l'ordre. Il devait donc se hâter de proposer à mon agrément officiel un gérant de sentiments plus calmes et d'un style moins acerbe. Quant à lui, ajoutai-je, s'il avait de justes raisons de préférer à Vannes, son lieu d'internement, un autre point de résidence obligée, mes pouvoirs me permettaient de changer sa destination.

M. Crugy, qui ne savait assez me remercier alors, opta de suite pour la résidence de Bayonne. Il possédait là des amis, sinon des parents. Mais, il mit un assez long temps à me désigner le nouveau gérant du *Courrier de la Gironde,* et je lui donnai tous les délais de départ qu'il me demanda, pour lui faciliter la cession de son journal et de son imprimerie à sa mère, et le choix d'un gérant qui pût être agréé par moi. Quand tout fut régularisé, le jour de son départ, il fit insérer, dans *Le Courrier,* une sorte de protestation, où tous les faits que je viens de rapporter étaient indignement travestis : le trait du Parthe! Je pouvais m'en venger par la suppression du journal. Je le crus au-dessous de moi.

Après 1870, M. Crugy m'assigna, collectivement avec M. Devienne, en 500,000 francs de dommages-intérêts, pour le tort qu'il nous reprochait de lui avoir fait, comme anciens membres de la Commission Mixte de 1852! Je n'ai pas besoin de dire qu'il fut débouté de sa demande, en appel comme en première instance.

Mais, aux élections de 1885, quand j'étais le Président et l'un des candidats de l'Alliance Conservatrice de la Gironde, son neveu, devenu, par sa mort, propriétaire du *Courrier*, dirigea contre moi des attaques personnelles qui m'obligèrent à soutenir, pour ma défense, une véritable polémique, afin de rétablir la vérité.

ÉLECTIONS AU CORPS LÉGISLATIF

On ne peut nier l'influence que Bordeaux a toujours exercée, par la force des choses, sur l'ensemble du département de la Gironde; mais, si les relations établies entre les commerçants et surtout entre les négociants en vin de cette ville et les propriétaires, grands et petits, dont ils achètent les récoltes, mettent ceux-ci dans une certaine dépendance de ceux-là, je dois le dire les masses populaires échappent à cette sujétion, et, dans les campagnes, comme à Bordeaux même, les classes inférieures, de beaucoup les plus nombreuses, obéissent à d'autres courants d'opinions que les classes supérieures et moyennes.

Les souvenirs glorieux de l'épopée impériale restaient encore et sont toujours vivaces parmi les paysans, tandis qu'à Bordeaux, grand port avant tout, l'Empire signifiait : blocus continental; perte de nos colonies; ruine de notre commerce extérieur.

En 1814, les Bordelais acclamèrent le retour des Bourbons, et, avec eux, de la paix européenne; ils dételèrent les chevaux du Duc d'Angoulême, et firent tirer, par les jeunes filles des premières maisons, la voiture de ce Prince idiot!

Sous le Gouvernement de Juillet, que ses détracteurs croyaient flétrir aux yeux du Pays, en l'accusant de vouloir la paix « à tout prix », les dix-huit ans de sécurité que lui dut la France, enrichirent Bordeaux et rallièrent son Commerce, légitimiste jusqu'alors, à la branche cadette, dont les Princes surent, d'ailleurs, charmer sa population par leur bonne grâce.

Enfin, en octobre 1852, Bordeaux, semblant changer de sentiments, et logique, au fond, reçut avec enthousiasme le neveu, l'héritier accepté du trône de Napoléon Ier, parce que ce Prince venait y dire solennellement : « L'Empereur, c'est la Paix ! »

Toutefois, on ne saura jamais à quel patient travail il fallut me livrer, pour amener le Commerce de cette ville importante à mettre en oubli ses anciens ressentiments professionnels, ses anciennes affections politiques, et à se rallier ouvertement ainsi, d'avance, au régime impérial ! Je considérais, en effet, qu'il ne me suffisait pas d'avoir paralysé, dès mon arrivée, la résistance au Coup d'État, qui s'y préparait, et conquis au Plébiscite une foule d'adhésions paraissant au début tout à fait invraisemblables : je croyais qu'afin de répondre entièrement à la confiance du Prince, je devais grouper graduellement autour de sa personne, comme je me trouvais en position de le faire, les sympathies des classes plus ou moins dirigeantes, aussi bien que celles des masses populaires, déjà tout acquises à l'Empire.

Lorsque des *Missi Dominici* furent chargés, par le Prince, d'aller, dans les départements, se rendre compte des résultats de l'intervention des Commissions Mixtes dans les mesures de sûreté publique en exécution, et de lui proposer ce qu'il appartiendrait, pour pondérer ces résultats très divers, le colonel Espinasse, un de ses aides de camp, entré, par son mariage avec la charmante Mlle Festugière, dans une famille riche, considérable, de Bordeaux, et mis par elle en relations de société, sinon d'opinions, avec toutes les notabilités locales, vint dans la Gironde, et loin de s'associer aux reproches qui nous étaient faits, principalement du côté des Orléanistes, son rapport exprima la crainte que, tout au contraire, notre Commission Mixte n'eût apporté, dans l'accomplissement de son mandat, une modération excessive.

Je ne pus jamais faire comprendre à ce loyal militaire, tout d'une pièce, ma conduite vis-à-vis de M. Crugy, qui s'était montré, du reste, un adversaire si peu digne, au fond, de ma générosité ; ni, surtout, le maintien du *Courrier de la Gironde,* que je pouvais supprimer avec tant de raison, sinon d'abord, du moins, après l'acte d'ingratitude par lequel son propriétaire avait reconnu mon indulgence à son égard. Comme beaucoup d'autres familiers du Prince, le Colonel attribuait sans doute, à l'influence d'attaches anciennes, la modération relative de mes actes. Heureusement, M. Mocquard, dont la jeunesse s'était passée à Bordeaux, y connaissait mieux les hommes et les choses, et le Prince put juger lui-même, lors de son voyage, que je n'avais pas trop mal orienté ma barque.

Au milieu des complications produites par les décrets de Janvier et des opérations de la Commission Mixte, je n'en dus pas moins préparer l'élection des Députés de la Gironde au Corps Législatif.

Un décret organique, du 2 février 1852, attribuait aux départements un Député par 35,000 électeurs.

La Gironde ne devait en nommer que cinq, au scrutin uninominal, au lieu des 12 Représentants, élus au scrutin de liste, envoyés par elle, en 1850, à l'Assemblée Législative. Néanmoins, j'eus beaucoup de peine à trouver cinq candidats réunissant toutes les conditions désirables, pour les circonscriptions électorales suivantes, entre lesquelles je répartis, à peu près exactement, les 177,847 électeurs inscrits sur ses listes :

1° Bordeaux-ville et les communes suburbaines (Bègles, le Bouscat, Bruges, Caudéran et Talence), comprises dans ses divisions cantonales ;

2° Les cantons extérieurs de l'arrondissement de Bordeaux, sauf ceux de Saint-André-de-Cubzac et de Castelnau ;

3° Les arrondissement de Bazas et de La Réole ;

4° Les arrondissements de Blaye et de Lesparre ; plus, les cantons de Saint-André-de-Cubzac et de Castelnau ;

5° L'arrondissement de Libourne.

Le mandat législatif était désormais incompatible avec toute fonction publique et tout emploi d'activité dans l'armée ou la flotte.

Il ne devait plus, d'ailleurs, donner droit à aucune indemnité.

Puis, la candidature officielle, une nouveauté, répugnait à beaucoup des notabilités que ces interdictions ne touchaient pas. Les Gouvernements antérieurs soutenaient, d'une manière occulte, et tout au plus au moyen de journaux officieux, les candidats possédant leurs préférences, et pourvu que ceux-ci ne fissent pas un trafic électoral trop scandaleux des faveurs mises à leur disposition, nul ne disait rien. Mais, chose étrange, on ne pouvait pas et jamais on ne put se faire à l'idée qu'un Gouvernement, plus loyal, méprisant ces hypocrisies, désignât ouvertement aux citoyens désireux de l'appuyer, les candidats dignes, à cet effet, de toute leur confiance, en laissant chacun libre, d'ailleurs, de voter selon ses convictions personnelles, fût-il fonctionnaire, mais à la condition, dans ce cas, de ne pas user, contre lui, de l'influence inhérente à sa position.

Enfin, les maudits décrets avaient produit un mouvement de recul parmi les classes où les candidats législateurs se recrutaient d'habitude.

Trois anciens Représentants de la Gironde, favorables à la cause du Prince, étaient devenus : M. Théodore Ducos, Ministre de la Marine et des Colonies ; M. le marquis de la Grange, Sénateur ; M. Denjoy, Conseiller d'État, et je n'éprouvais pas plus d'envie que le Prince, de faire élire aucun des autres. Plusieurs étaient, cependant, d'après leurs intermédiaires, tout prêts à se rallier à lui.

Après bien des négociations, je parvins cependant à dresser et faire accepter l'excellente liste ci-après :

1re *circonscription* (Bordeaux-ville, etc.) : M. Montané, armateur. — Fils de ses œuvres et impérialiste de naissance, M. Montané, de simple Capitaine au Long Cours, était devenu Capitaine Armateur, et nombre de fois millionnaire, grâce à l'idée bien simple, mais négligée précédemment, et mise en pratique, en premier, par lui, de rapporter, au lieu de pierres, du guano, pris dans les îles de l'Océan Pacifique couvertes de ce puissant engrais, comme lest de retour des navires chargés de vins qu'il conduisait ou qu'il expédiait, de Bordeaux, soit au Chili, soit au Pérou.

2e *circonscription* (arrondissement de Bordeaux) : M. le baron Travot, ancien officier, propriétaire à Bouillac, désigné par le Prince. — Ce candidat, fils du célèbre général Travot, légataire de l'Empereur Napoléon Ier, était gendre de M. Gautier, ancien Député de Bordeaux, ancien Pair de France, Sous-Gouverneur de la Banque de France, et l'un des nouveaux Sénateurs ; sa femme, cousine de Mme Haussmann, du côté de la mère de celle-ci, que ses origines locales rattachaient, par des parentés et des alliances nombreuses, à presque tout le grand commerce de Bordeaux.

3e *circonscription* (Bazas et La Réole) : M. le colonel Thiérion, ancien officier de l'Empire ; propriétaire, du chef de sa femme, dans l'arrondissement de La Réole ; Gouverneur, non rétribué, du château de Saint-Cloud, pour le Prince, qui tenait beaucoup à son élection. — Je résistai d'autant moins à ce désir, que Mme Thiérion était une autre cousine (germaine, cette fois) de Mme Haussmann.

4e *circonscription* (Blaye, Lesparre, etc.) : M. Schyler, de la puissante et séculaire maison de vins : Schrœder et Schyler, en relations suivies avec le Blayais, le Bourgeais et le Médoc.

5e *circonscription* (Libourne) : M. David, ancien Maire, ancien Député de Libourne, dont le fils, jadis Substitut à Blaye, et de mes amis dévoués, se trouvait attaché au parquet de la Cour d'Appel de Bordeaux.

J'étais sûr de mes cinq candidats, non seulement, au point de vue politique, mais encore, au point de vue secondaire, m'important beaucoup, des questions locales.

Ils furent tous élus au premier tour de scrutin et à la presque unanimité des suffrages exprimés, les 29 février et 1er mars : en effet, le total des voix qu'ils obtinrent fut de 89,211 sur 95,918. Les votes hostiles ne dépassèrent pas 2,620. Il y eut 599 voix perdues. Leur nomination était si peu douteuse que, sauf M. David, contre qui M. Howyn de Tranchère, ancien Représentant, l'aide de camp de M. Thiers, se porta dans l'arrondissement de Libourne, et ne put grouper au delà de 1,370 suffrages, ils n'avaient pas de concurrents.

Mais, il est à noter, d'abord, que cette énorme majorité de 89,211 suffrages, excédait à peine la moitié du chiffre des électeurs inscrits (177,847); et puis, que la proportion, loin d'être la même dans toutes les circonscriptions, variait très notablement, de l'une à l'autre. Tandis que le colonel Thiérion et M. Schyler réunissaient les voix de 58 pour 100 des électeurs inscrits, dans celles qui comprenaient, d'une part, les arrondissements de Bazas et de La Réole, et d'autre part, ceux de Blaye et de Lesparre, et deux cantons de celui de Bordeaux; tandis que M. David atteignait la proportion de 54 pour 100, dans l'arrondissement de Libourne, le baron Travot n'arrivait qu'à 47 pour 100, dans l'arrondissement de Bordeaux, et M. Montané descendait à 31 pour 100 seulement, dans la circonscription formée de Bordeaux-ville et de ses communes suburbaines!

Or, deux mois à peine auparavant, les 20 et 21 décembre, 123,110 suffrages affirmatifs, groupés autour du Plébiscite, représentaient 73 pour 100 des 177,841 électeurs de la Gironde.

Sans doute, le succès assuré des candidats du Gouvernement pouvait expliquer le peu de zèle montré, cette fois, par un grand nombre d'électeurs bien disposés pour eux. D'un autre côté, les partis hostiles, faute de candidats de leurs opinions possédant la moindre chance de réussite, avaient donné pour consigne à leurs adhérents, d'obtenir le plus possible d'abstentions, et à Bordeaux, leur centre d'action, cette propagande produisit, naturellement, son maximum d'effet. Enfin, M. Montané, notre candidat bordelais, malgré toute sa richesse, était un parvenu de date trop récente pour avoir encore pris son rang dans l'aristocratie commerciale des Chartrons, qui le regardait de très haut, tout en le jalousant. Mais, il faut chercher ailleurs la **vraie** cause du contraste que je relève.

Le suffrage universel sans limites, tel qu'on le pratiquait alors et qu'il existe encore de nos jours, ne s'intéresse jamais autant à l'élection d'un candidat quelconque, je veux dire ne personnifiant pas un principe d'une manière exceptionnelle, qu'à la solution d'une grande question gouvernementale ou sociale nettement posée, ou bien à la nomination d'un chef d'État ou de parti, dont le nom est dans toutes les bouches. Voilà pourquoi je pense, et de tout temps, j'ai soutenu, qu'il faut le réserver pour les votes de cette importance, auxquels il donne une autorité souveraine, et se contenter de mettre en œuvre, pour les questions et les choix d'un intérêt local ou départemental, les électeurs en position d'en comprendre la portée.

Dans tous les cas, le Corps Législatif de 1852, comme l'Assemblée Législative de 1849, était loin de représenter autant d'électeurs que le chef de l'État, seul.

DÉCRETS-LOIS DE LA DICTATURE.

Parmi les décrets-lois rendus pendant la période dictatoriale, celui qui plaçait la presse périodique sous le régime de l'autorisation préalable, des avertissements et de la suppression, constituait assurément, pour les

Préfets comme pour le Pouvoir Central, un instrument considérable. Je n'en abusai pas à Bordeaux ; bien loin de là, certes : on vient le voir.

Cette ville avait cinq journaux quotidiens.

Le Courrier de la Gironde, le plus répandu. Ce qu'il était, on le sait.

La Guienne, feuille légitimiste, très bien faite par un écrivain distingué, M. Justin Dupuy. Elle ne me causa jamais d'embarras sérieux. Son opposition ne s'accentua qu'après la proclamation de l'Empire, lorsque les modérés du parti dont elle recevait les inspirations, ceux qui siégeaient dans les divers conseils électifs ou remplissaient des fonctions municipales actives, se retirèrent pour ne pas prêter serment au nouveau Souverain. Mais, cette opposition demeura toujours convenable en la forme.

L'Indicateur Bordelais, le plus ancien de nos journaux et le plus insignifiant, propriété d'un vieillard inoffensif, M. Coudert, avec lequel j'avais toujours vécu personnellement en bons termes, et qui, pour rien au monde, n'eût voulu m'être désagréable. On s'y tenait immuablement à l'Opposition libérale de la Restauration et du Gouvernement de Juillet. M. Théodore Ducos, Député de cette opinion, sous la Monarchie de 1830, y demeurait en grande estime.

Le Mémorial Bordelais, tout aussi médiocrement rédigé que *L'Indicateur.* Il avait joué le rôle de journal de la Préfecture, du temps du baron Sers, mon ancien patron. Le propriétaire, M. Durand, homme peu sûr, plein de lui-même, généralement détesté, maladroit par-dessus le marché, s'était déclaré napoléonien plus que je ne l'aurais voulu, dès mon entrée en fonctions, bien que le très humble serviteur, auparavant, de mon prédécesseur, M. Neveux.

Enfin, *La Tribune de la Gironde*, journal républicain très avancé, qui disparut bientôt après le 2 décembre, par suite de la dispersion de ses rédacteurs, dont les derniers furent expulsés de France ou internés.

Je me désolais de ne pouvoir disposer, dans le sens du Gouvernement, d'aucun journal bien fait, comme la *Guienne*. Je tentai vainement diverses combinaisons, à l'effet de transformer la rédaction, soit de *L'Indicateur*, soit du *Mémorial*, en plaçant l'un d'eux sous la direction de mon Chef de Cabinet, M. Ferrier de Tourettes, attaché jadis à *L'Indépendance Belge*, et doué d'un véritable talent d'écrivain polémiste, utilisé par moi dans le Var, on s'en souvient, pour la rédaction commune du *Toulonnais* et de *La Sentinelle*. MM. Coudert et Durand tenaient à garder l'importance que leur donnait, aux yeux du vulgaire, leur omnipotence sur la direction politique de leurs journaux. J'accueillis donc, avec empressement, les ouvertures que me fit, dans le courant de 1852, M. Delamarre, propriétaire de *La Patrie*, journal parisien parfaitement rédigé, pour la fondation de *La Gironde*, où l'on reproduirait, à Bordeaux, ses articles de fond, au moyen de clichés apportés quotidiennement par le chemin de fer, en les faisant suivre d'une chronique locale, composée avec le plus grand soin, et de renseignements financiers et commerciaux, plus complets encore que ceux dont les feuilles existantes remplissaient, en grande partie, leurs colonnes.

La Gironde parut, en décembre 1852, sous la direction de M. Gourdon, très habile journaliste venu de Paris, et je lui donnai, non sans peine, dès 1853, une part dans l'attribution des annonces légales du département, afin de seconder le bon vouloir de M. Delamarre. J'étais loin de me douter que, bien des années après, elle tomberait en des mains républicaines, et deviendrait ce qu'elle est de nos jours : un des principaux organes de l'Opportunisme en France.

Je ne parle pas des journaux politiques hebdomadaires publiés dans chaque arrondissement : *La Chronique,* à Libourne ; *Le Glaneur,* à Bazas ; *L'Espérance,* à Blaye ; *L'Union,* à La Réole ; et *Le Médocain,* à Lesparre. Peu lus, ils n'avaient d'autre raison d'exister que le gain à réaliser sur la publication des annonces légales, et leur dévouement à l'Administration, qui distribuait cette manne, restait invariablement le même.

Un autre décret-loi, d'une grande portée administrative et politique, rendit au Gouvernement la nomination des Maires et Adjoints, avec faculté de les prendre dans le Conseil Municipal ou bien au dehors. Il réservait cette nomination au Chef de l'État, dans les communes de 3,000 âmes et au-dessus. Il la déléguait aux Préfets, dans toutes les autres. A mon sens, il était incomplet, en ce qu'il ne déclarait pas les fonctions de Maire incompatibles avec celles de Conseiller Municipal, comme le sont les fonctions de Préfet, avec celles de Conseiller Général de département. « On ne peut servir deux maîtres à la fois, » dit l'Écriture. Les Maires, Conseillers Municipaux, se sont toujours montrés plus soucieux de plaire à leurs électeurs que de satisfaire le Gouvernement dont ils tenaient cependant leurs attributions principales. D'ailleurs, quand la possibilité de réunir les deux qualités existe, le Maire, s'il n'en possède qu'une, encourt un certain discrédit, tant qu'il n'est pas investi de l'autre.

Au 2 décembre, les Préfets avaient reçu du Prince, le droit de changer les Maires et Adjoints des communes de tout ordre, comme aussi, de suspendre ou dissoudre les Conseils Municipaux et de les remplacer par des Commissions Provisoires. Je m'étais servi, pour ma part, avec une extrême réserve de ces pouvoirs d'exception : ils prirent fin à la promulgation de l'acte important que je viens d'analyser.

Un troisième décret-loi, dont les effets durent encore, est celui « de Décentralisation », qui donna, dans une mesure jugée très large alors, certaines franchises aux Conseils Municipaux, et délégua, pour nombre d'affaires, aux Préfets, le pouvoir d'approuver leurs délibérations, retenu jusqu'alors, par le Pouvoir Central. Beaucoup de formalités inutiles et de lenteurs préjudiciables se trouvèrent supprimées du coup.

Un autre décret-loi que je tiens à citer, parce que je fus l'instigateur de plusieurs de ses dispositions, améliora notablement l'organisation de l'Administration Départementale et le sort de ses fonctionnaires.

Il répartit les Sous-Préfectures, comme les Préfectures, en trois classes, et dota leurs titulaires de traitements gradués, notablement supérieurs, même dans la dernière, aux misérables 3,000 francs dont les Sous-Préfets de tous les arrondissements étaient appointés auparavant, sans distinction, sauf dans les résidences de plus de 20,000 âmes, où l'on recevait une indemnité de 1,000 fr. ! Désormais, les Sous-Préfets de première classe touchèrent 8,000 francs; ceux de deuxième, 6,000; ceux de troisième, 4,500.

De plus, les départements durent fournir, à ces fonctionnaires, des hôtels de Sous-Préfecture meublés.

Quant aux Préfets, leurs traitements furent portés : pour la première classe, de 24,000 à 40,000 francs; pour la deuxième, de 20,000 à 30,000; et pour la troisième, de 10,000 à 20,000.

Avant 1848, les traitements des Préfets étaient gradués de 16,000 à 36.000 francs.

Mais, en retour, le décret, se préoccupant du sort des employés de Préfecture, élevait, de sept à huit dixièmes, la quotité du fonds d'abonnement des Préfets spécialement affectée aux appointements du personnel de leurs bureaux; ce qui réduisait, de trois à deux dixièmes, la portion laissée à leur disposition, sans contrôle, pour les dépenses matérielles : chauffage, éclairage, impressions, fournitures de bureaux, etc.

Or, le plus souvent, à force d'économies, les Préfets arrivaient à conserver libre un dixième, sur les trois formant cette dernière partie. Les plus aisés l'employaient en frais de représentation ; beaucoup, à combler l'insuffisance de leurs traitements. Dans la Gironde, ce dixième, montant à 5 ou 6,000 francs, était absorbé d'avance, en 1852, par les frais d'impressions extraordinaires que les circonstances m'avaient imposés. Mais, s'il me fit défaut pour couvrir ces dépenses, l'augmentation de mon traitement vint en compenser largement la perte. Le voisinage de nos propriétés nous permettait, d'ailleurs, d'utiliser une foule de petits produits, dont nous ne tirions absolument rien, de loin.

Certes, dans l'intérêt général du Pays, les actes dictatoriaux que j'ai mentionnés jusqu'à présent, étaient d'une importance, d'une utilité considérable ; mais on ne saurait en comparer l'effet, dans la Gironde, à l'impression produite par le décret-loi du 17 mars 1852, qui réduisit à moitié le droit d'entrée sur les boissons dans les villes ; supprima le prélèvement du dixième, opéré par l'État, sur le produit de leurs octrois ; abaissa, de cent à vingt-cinq litres, le minimum des ventes de vin affranchies du droit de détail, etc. Ce fut un véritable enthousiasme qu'il souleva dans toutes les classes de mes administrés. La conversion de la rente 5 pour 100 en 4 1/2, rendant possible ces dégrèvements depuis si longtemps réclamés, en obtint un redoublement de popularité durable.

Ajoutez qu'on annonçait la prochaine exécution du chemin de fer de Bordeaux à Cette, combinée avec l'achèvement du canal latéral à la Garonne ; le prolongement, jusqu'à Bayonne, du chemin de fer de Bordeaux à la Teste, et la construction du Grand-Central ; c'est-à-dire : la jonction effective du port de Bordeaux avec la Méditerranée ; sa mise en relations faciles avec l'Espagne, d'une part, et avec Lyon, soit avec la Suisse et l'Allemagne, d'autre part ; que, de plus, il s'agissait fort de l'établissement d'une ligne de paquebots transatlantiques partant de Bordeaux ; de la création d'établissements de crédit foncier, et de bien d'autres projets de moindre importance.

Désormais, on eût été mal venu, dans la Gironde, à parler encore des décrets relatifs aux biens de la famille d'Orléans !

CHAPITRE XX

LA PRÉFECTURE DE LA GIRONDE

A Paris. — Tournée de Revision. — Renouvellement des Maires et Adjoints, Conseils Généraux, d'Arrondissements et Municipaux. — Session du Conseil Général. — Voyage du Prince. — Séjour à Bordeaux. — L'Empire.

M. de Persigny, mon nouveau Ministre de l'Intérieur, ne me connaissait point personnellement; mais, par l'exactitude, la précision, la liberté même de ma correspondance, j'acquis, de Bordeaux, toute sa sympathie, comme autrefois, de Draguignan, celle de M. Léon Faucher. Frappé des résultats inespérés auxquels j'étais parvenu, dans cette Gironde qui motivait, à bon droit, tant de sollicitudes en haut lieu, sans user des pouvoirs exceptionnels reçus du Prince le 2 Décembre, en ne me servant même qu'avec une grande modération de ceux dont tous les Préfets avaient été, comme moi, temporairement investis, il me tenait en très haute estime.

Doué d'un grand sens politique, cet homme d'État, auquel on n'a jamais rendu pleine justice, appréciait beaucoup la fermeté mesurée, très efficace en fin de compte, apportée dans l'accomplissement de sa pénible tâche, par la Commission Mixte que j'avais présidée.

Aussi, m'écrivit-il après l'élection des cinq députés, absolument francs du collier, envoyés par le département de la Gironde au Corps Législatif, pour me féliciter chaleureusement et pour me remercier, au nom du Prince, de mon concours dévoué, « précieux », à la grande œuvre de salut public et de reconstitution sociale poursuivie par Son Altesse Impériale.

C'était un *satisfecit* général, très rare, si tant est qu'il eût des précédents. Il me donnait une grande force pour ce qui me restait à faire. Mais, le Ministre désirait me voir et m'entretenir. A cet effet, il me demanda, par une dépêche télégraphique du 2 mai, de venir, le plus tôt possible, à Paris.

Pour laisser reposer les électeurs, on avait ajourné le renouvellement des Conseils Généraux et d'Arrondissements, à la fin de juillet, et celui des Conseils Municipaux, jusqu'au milieu de septembre. Ma tournée de revision ne devait pas commencer avant le 21 mai. Je partis sans retard.

A PARIS.

Le Prince-Président me réservait un accueil plus empressé, plus cordial que jamais.

Quant à M. de Persigny, j'achevai si bien de gagner son estime, de conquérir sa confiance, qu'à la fin, il me parlait de toutes choses à cœur ouvert. Il se connaissait en hommes et, de suite, reconnut en moi un caractère sûr, un esprit calme, autant que résolu, sachant faire la part des circonstances, comme des nécessités du moment. Aussi, dès notre première entrevue, me voua-t-il des sentiments de confiante et affectueuse estime qui ne se démentirent jamais.

De mon côté, je fus séduit par cette nature avenante,

loyale, communicative; par cette intelligence fine, sagace, compréhensive; et je n'hésitai pas, malgré des étrangetés de tenue qui surprenaient beaucoup un fonctionnaire de la vieille école, à m'engager à fond vis-à-vis d'un chef sur qui je pouvais entièrement compter.

Je dus aller rendre mes devoirs aux autres Ministres.

M. de Maupas me reçut fort bien, et, de mes conversations très sérieuses et renouvelées avec cet ancien Préfet de carrière, naquirent, je le crois, ses premiers doutes au sujet de l'opportunité de sa création d'Inspecteurs Généraux de Police, qu'il remplaça finalement par l'institution, plus pratique, des Commissaires Départementaux.

Je gardai pour ma dernière visite le Ministre de la Guerre, sur lequel j'avais des vues que je dirai dans un instant.

A l'égard de M. Théodore Ducos, Ministre de la Marine et des Colonies, j'éprouvais un gros embarras.

Je ne m'étais jamais senti précédemment le désir de lier, avec cet homme d'État, plus que des relations polies et très réservées. Député de l'Opposition, avant 1848, pendant que je servais le Gouvernement de Juillet, il siégeait, comme Représentant à l'Assemblée Nationale, parmi les républicains (« modérés », j'en conviens), durant le cours de cette année, où je fus mêlé, dans Bordeaux, à tant de choses. Je me trouvais gêné, d'ailleurs, vis-à-vis de lui, par une circonstance récente.

Lorsque le comte de Toulongeon, Officier d'Ordonnance du Prince, traversa Bordeaux, pour aller porter au général Harispe, à Bayonne, le bâton de Maréchal de France, il me fit visite, pour me prier, de la part de Son Altesse Impériale, de lui fournir des renseignements, « très confidentiels », au sujet du fait suivant : M. Théodore Ducos venait d'épouser et d'installer dans son Ministère la femme aimable et sympathique, charmante à tous égards, que le monde parisien connaît, encore aujourd'hui, sous le nom de : comtesse Ducos, et le Prince avait appris, en cette occasion, qu'à Bordeaux, chez ce haut fonctionnaire, vivait depuis longtemps une autre femme, considérée comme sa légitime moitié!... Que fallait-il en croire?

Il n'était pas niable qu'en 1848, quand j'allais, chez M. Ducos, rendre visite à son père, ancien Sous-Préfet de La Réole, mon collègue au Conseil de Préfecture, une Dame s'y trouvait, que celui-ci présentait et traitait comme sa bru.

Précédemment, nombre de personnes avaient pu voir cette Dame, — qui menait d'ordinaire une vie retirée, — au rang des femmes de Députés, notamment de la marquise de La Grange, qui devait s'en souvenir, dans les fêtes données, à Bordeaux, lors des voyages du Duc et de la Duchesse d'Orléans; du Duc et de la Duchesse de Nemours; et du passage du Duc et de la Duchesse de Montpensier. Enfin, il était notoire qu'une foule de solliciteurs allaient toujours quémander, chez elle, des recommandations pour son mari.

Mais, avant de répondre au messager du Prince, je voulus prendre des informations plus précises, pendant sa course à Bayonne.

En voici le résumé :

La Dame dont il s'agissait, artiste, autrefois, au GrandThéâtre de Bordeaux, avait épousé, d'abord, un riche mulâtre, que, peu de temps après, des affaires appelaient dans son pays transatlantique. A son retour, ce métis, esprit mal fait, trouva trop blanche et trop rose une petite fille mise au monde par sa femme, en son absence. Il repartit et l'on reçut, un beau jour, la nouvelle de sa mort au delà des mers. Alors, mais seulement quand elle l'eût pleuré le temps voulu par la loi, sa veuve put convoler en secondes noces avec M. Ducos, plus jeune qu'elle, un des chefs de la maison de commerce Ducos et Gouteyron, maison d'ordre secondaire, mais jouissant d'un bon crédit, dès cette époque, et d'une juste considération, de mon temps.

A l'appui de ces détails, le gendre de Mme Ducos (de Bordeaux), l'époux de la jeune fille, trop blanche et trop rose, née pendant le premier mariage, et conduite par le second mari, M. Ducos, à l'autel, s'était fait un devoir de m'apporter, comme justification de la possession d'état de sa belle-mère, des actes constatant qu'elle avait bien réellement épousé M. Ducos, civilement et religieusement, et de plus, un exemplaire de la lettre de faire-part de leur union.

Nanti par moi de ces documents et d'un résumé « très confidentiel » de ce qui précède, M. de Toulongeon les remit au Prince, tandis qu'à Bordeaux, l'avis du nouveau mariage du Ministre, arrivé de divers côtés, soulevait une rumeur dont rien encore n'était venu calmer l'intensité, lors de mon départ.

On sait maintenant pourquoi je souhaitais peu de me trouver en face de M. Ducos. Je ne pouvais pas, cependant, me dispenser de me présenter à son Ministère. Mais, quand son huissier me répondit que Son Excellence ne recevait pas, on comprend avec quelle hâte je lui remis ma carte, et avec quelle satisfaction, soulagé d'un grand poids, je détalai.

Par malheur, avant mon arrivée au bas de l'escalier de l'hôtel du Ministère, l'huissier, qui s'était trop pressé de remettre cette carte à son adresse, courut après moi pour me dire : « Son Excellence va vous recevoir ! »

Je m'efforçai d'abréger ma visite, au cours de laquelle M. Ducos fut tellement gracieux et prévenant, que je sortis de son cabinet tout ahuri de cette réception inattendue.

Le lendemain, j'osai demander au Prince si le Ministre ignorait véritablement ma note confidentielle. — « Pourquoi cette question ? » me répondit Son Altesse Impériale. — « Monseigneur, M. Ducos m'a témoigné
« tant d'aimable empressement, m'a dit tant de choses
« des plus flatteuses, que, j'en suis convaincu, cet
« homme m'en veut à la mort. » — « Comment... ? » s'écria le Prince stupéfait. — « Oui, Monseigneur, » continuai-je,
« quand un Gascon accueille si bien une personne qu'il
« connaît à peine ; de qui, jamais, il ne reçut le moindre
« service, et dont il ne peut rien attendre, c'est pour
« se mettre en garde, à l'avance, contre tout soupçon
« des mauvais tours qu'il se réserve de lui jouer. »

Cela fit rire le Prince. J'ajoutai : « M. Ducos savait
« probablement par M. Mocquard, son ami de jeunesse,
« mon immixtion dans ses affaires matrimoniales. »

Et j'en demeurai certain, quand Son Altesse Impériale daigna me raconter que le Ministre avait, en effet, chargé M. Mocquard de lui fournir des explications.

Il en résultait la nullité radicale de son premier mariage (qu'il ne niait pas), contracté sur une fausse nouvelle, appuyée de l'acte de décès d'un homonyme du mulâtre, encore de ce monde.

Cette justification, exposée à rencontrer beaucoup

d'incrédules à Bordeaux, tout au moins pendant quelque temps, ne modifia pas ma crainte, bien naturelle, de voir le Ministre de la Marine, qui faisait partie du Conseil Général de la Gironde, et voudrait d'autant plus s'y faire renommer, qu'il tiendrait davantage à réagir contre l'accusation de bigamie courant sur son compte, par un témoignage public de l'estime de ses concitoyens, prétendre ensuite à la Présidence du nouveau Conseil, car il l'emporterait certainement, en ce cas, auprès du Prince, sur le marquis de La Grange, ambitionneux de cette position depuis son élévation au Sénat.

Or, voici comment je projetais d'esquiver les embarras d'une compétition, plus que probable entre eux.

M. de Forcade de la Roquette, Maître des Requêtes au Conseil d'État, frère utérin du général de Saint-Arnaud, possédait, du chef de son père, ancien Juge de Paix à Paris, une propriété dans le canton de Saint-Macaire, arrondissement de La Réole, et désirait vivement faire partie du Conseil Général de la Gironde. Or, Mme veuve de Forcade, longtemps usufruitière de cette propriété même, avait laissé quelques prairies acquises par elle aux environs, et dont le Général, son frère consanguin, M. Leroy de Saint-Arnaud, Maire du XIIe arrondissement de Paris, qui fut depuis Sénateur, et son frère utérin, M. de Forcade, restaient propriétaires indivis. L'idée m'était donc venue de faire, du Ministre de la Guerre, et non pas de M. de Forcade, sauf à caser ailleurs celui-ci, le représentant du canton au Conseil Général, et puis, un troisième candidat à la Présidence, primant, sans conteste, M. Ducos et M. le Marquis de La Grange, tout à la fois.

Je m'en ouvris à mon chef, M. de Persigny, qui n'aimait pas M. Ducos et trouva mon idée très heureuse. Elle ravit le Général, surtout, quand je lui promis un autre siège au Conseil, pour son frère, M. de Forcade. Nous convînmes que ni l'un ni l'autre ne bougerait et ne soufflerait mot de ma combinaison, jusqu'à la convocation des électeurs. Je me chargeais de tout.

TOURNÉE DE REVISION.

Dès que j'eus fini de conférer, avec M. de Persigny, des questions graves dont il voulait m'entretenir de vive voix, notamment, du voyage, déjà projeté, du Prince, dans le Midi de la France, qui devait permettre de tâter l'opinion d'un très grand nombre de départements, en vue du rétablissement de l'Empire, auquel il fallait bien arriver, je m'empressai de regagner Bordeaux, pour commencer ma tournée de Revision, qui me prit toute la fin de mai et la plus grande partie de juin. Mais, pendant sa durée, je pus m'occuper utilement du renouvellement des administrations municipales, et aussi, des candidatures au Conseil Général et aux Conseils d'Arrondissements, qu'il conviendrait le mieux de proposer ou d'appuyer dans chaque canton.

Jamais, sous aucun régime, Préfet ne se vit l'objet de réceptions enthousiastes, d'ovations, comparables à celles qu'on me fit par tout le département, sans exception, comme représentant du Chef de l'État, du « Sauveur de la France! ». On n'eût pas pu faire davantage pour le Prince même! A l'entrée de tous les chefs-lieux de canton, j'étais attendu, sous des arcs de triomphe, par les autorités locales, le Juge de Paix, le Clergé, qu'entouraient tous les Maires, et harangué solennellement au son des cloches à toute volée, des boîtes d'artifice, et aux cris de : « Vive Napoléon ! Vive l'Empereur ! »

A Blaye, je pris gîte au château de La Grange.

Mon ami, le Président Gellibert, le propre beau-frère de M. Merlet, ex-Maire et membre du Conseil Général, frappé d'internement, tint à donner un grand dîner officiel en mon honneur.

A Saint-Ciers-Lalande, je fus reçu par M. Froin, riche propriétaire, dont le fils, docteur en médecine, homme de grand sens et d'opinions conservatrices fermes et sûres, était déjà Maire de ce chef-lieu de canton ; l'est encore maintenant ; siège depuis de longues années au Conseil Général, et vient de réunir, comme Député, les votes de la majorité des électeurs de l'arrondissement de Blaye.

M. Froin père avait pris soin de réunir, autour de moi, toutes les notabilités du pays. Or, cet homme vénérable, justement considéré, se trouvait être l'oncle du même personnage, et de deux autres compromis de l'arrondissement, éloignés de France. Il les condamnait ouvertement ainsi, tandis que son parent, M. le comte Lemercier, moins bon juge de leur conduite, en prenait la défense à Paris !

Je pus citer ces deux faits aux Ministres de l'Intérieur et de la Police Générale, comme signes irrécusables de l'impression demeurée aux témoins des actes réprimés, des mesures de sévérité tant blâmées de personnes étrangères à la Gironde.

Dans l'arrondissement de La Réole, à Pellegrue, le membre du Conseil Général avait, de même, été frappé d'internement. Jusqu'au Deux-Décembre, les électeurs de ce canton s'étaient laissé mener par les démagogues. Je fus reçu, comme partout ailleurs, en grande pompe, et le Maire termina son discours, plein de protestations de dévouement au Prince, par une invitation à mon adresse et à celle de tout le Conseil de Revision, pour un immense banquet, préparé sous la halle.

« J'accepte, au nom du Prince, » répondis-je, « votre « déclaration des sentiments dont la grande majorité « de la population de Pellegrue est animée à l'égard de « Son Altesse Impériale, et qu'elle a témoignés, par ses « votes, les 10 décembre 1848 et 20 décembre 1851. « Mais, je ne saurais, quant à moi, devenir le convive « d'hommes qui, méconnaissant naguère ces senti-« ments, patronnèrent, dans ce canton, la candidature « d'un Conseiller Général justement placé sous le coup « de récentes mesures de Haute Police, et que je tiens « pour solidaires de ses actes factieux. J'attendrai qu'ils « m'aient donné d'autres gages de leur retour durable « aux idées d'ordre et de sage liberté ! »

Cette réponse inattendue n'admettait pas de réplique. Elle produisit une impression foudroyante sur toute l'assistance. Sans m'attarder, je dis au Sous-Préfet de me conduire, ainsi que les membres du Conseil de Revision, qui m'escortaient, à la salle où nous devions tenir séance. Nos opérations terminées, je partis, avec toute ma suite, pour Sainte-Foy, dans l'arrondissement de Libourne, où nous dînâmes, au lieu d'y coucher seulement, suivant notre itinéraire.

Peu de temps après, le Sous-Préfet de La Réole réunissait le Juge de Paix de Pellegrue et ses Suppléants, aux Maires et Adjoints des communes du canton, pour leur proposer la candidature de M. de Forcade au Conseil Général. — « Mais, Monsieur le Sous-Préfet, » lui répondit-on de toutes parts, « ce Monsieur-là n'est pas du

« tout *local* : on ne le connaît pas. » — « Il se fera voir.
« D'ailleurs, c'est le frère du Ministre de la Guerre, du gé-
« néral de Saint-Arnaud. » — « Les électeurs du canton
« ne connaissent pas davantage ce général. » — « Ah !
« mon Dieu ! », s'exclama le Sous-Préfet, « vos objec-
« tions, dont je comprends la gravité, vont bien contra-
« rier M. le Préfet, qui tenait beaucoup à ce candidat. » —
« Comment ! ce serait un ami de M. le Préfet ? » —
« Intime !... un camarade de collège !... »

Je n'avais jamais vu cet ancien élève du collège
Henri IV, plus jeune que moi de plusieurs années.

« C'est bien différent ! » s'écrièrent, d'une seule voix,
tous ces braves gens. « Monsieur le Sous-Préfet, veuillez
« faire savoir à M. le Préfet qu'il peut compter sur nous. »

M. de Forcade réunit la presque unanimité des suffrages, et, l'année suivante, j'acceptai le banquet de Pellegrue, présidé par ce nouveau représentant du canton.

RENOUVELLEMENT DES MAIRES ET ADJOINTS, CONSEILS GÉNÉRAUX, D'ARRONDISSEMENTS ET MUNICIPAUX.

Le renouvellement des administrations municipales
des 544 communes du département se fit entre la fin de
ma tournée de Revision et la convocation des électeurs
pour la nomination des Conseillers Généraux et d'Arrondissements, renvoyée au 1ᵉʳ août.

Il me parut d'une bonne politique de conserver
tous les anciens Maires et Adjoints qui ne s'étaient
pas signalés précédemment par un zèle républicain
extrême, et que je pouvais considérer comme ralliés,
sans arrière-pensée, au Gouvernement du Prince.

A Bordeaux, je ne pouvais manquer de proposer le maintien, comme Maire, de M. Gautier, rangé si vite et si carrément de mon côté, dans le cénacle du 3 décembre au soir; ni mieux faire que de lui conserver, comme premier Adjoint, M. Samazeuilh, chef très considéré de la principale maison de banque de Bordeaux ; comme second, M. Castéja, qui, d'Avocat Général, était devenu notaire dans cette ville, pour conserver à sa famille une charge des mieux accréditées ; et, comme troisième, M. Feytit, avocat honorable, occupant ces fonctions depuis 1846. Les autres auxiliaires que je lui fis donner furent : M. Fauré, expert-chimiste distingué, connu par ses beaux travaux sur la falsification des vins, et trois jeunes négociants très capables, appartenant à des familles commerciales bien posées : MM. Alexandre Léon, Cayrou fils aîné, Charropin.

M. Alexandre Léon, — dont le père faisait partie de la Chambre de Commerce, en 1852, — nommé représentant de la Gironde, après la catastrophe de 1870, crut devoir se rallier à la politique de M. Thiers.

Dans ce nouvel état-major municipal, ne figurait, sans intention de ma part, aucun protestant. M. Alexandre Léon professait le culte israélite.

Des 48 membres sortants du Conseil Général, 8 se trouvaient frappés d'expulsion ou d'internement; 5 avaient refusé le serment; 4 étaient démissionnaires pour des motifs étrangers à la politique, et 15 des autres n'offraient pas assez de garanties à l'Administration, pour qu'elle pût les appuyer.

Ma liste de 48 candidats ne contenait donc que 16 anciens Conseillers. Il me fallut pourvoir, de candidats nouveaux, 32 cantons. Je les choisis, dans les meilleures conditions possibles de succès, parmi les hommes notables dont l'adhésion au rétablissement de l'Empire était assurée d'avance.

Quarante-cinq, sur quarante-huit, furent nommés à de grandes majorités. Dans deux cantons, des questions locales firent triompher, au deuxième tour de scrutin, des candidats ne figurant pas sur la liste de l'Administration, mais se déclarant non moins prêts à la seconder que les siens. Mes préférences s'étaient trompées d'adresse. A la Teste, après une lutte très vive, le Conseiller sortant, riche maître de forges, démagogue prononcé, l'emporta de quelques voix sur mon protégé, qui n'avait pas assez pris au sérieux cette concurrence.

Tous les candidats officiels aux Conseils d'Arrondissement furent élus sans difficulté, même à la Teste.

Il devenait évident, toutefois, que les électeurs commençaient à se fatiguer d'être convoqués si souvent : 72,000 seulement avaient voté, cette fois. Aux élections municipales de septembre, on montra plus de zèle. Cela se comprend. Mais je ne m'en inquiétais pas moins de l'obligation devant m'incomber de les convoquer encore vers la fin de l'année, pour voter sur le Plébiscite qui rétablirait l'Empire, but de tant d'efforts, de tant de luttes, depuis quatre ans.

La nomenclature de tous les membres du nouveau Conseil Général serait d'un intérêt médiocre, aussi bien que l'exposé des raisons déterminantes du choix de chacun et des circonstances de son élection. Je me bornerai donc aux indications qui suivent :

Le Général de Saint-Arnaud avait été nommé dans le

canton de Saint-Macaire, à la presque unanimité des voix, comme son frère, M. de Forcade, à Pellegrue. Mais, l'élection de M. Ducos, dans le troisième canton de Bordeaux, qu'il représentait déjà, ne s'était point faite de même. Pas de concurrents ; mais beaucoup d'abstentions voulues, et plus de 300 bulletins injurieux.

Je tenais personnellement beaucoup à la nomination des membres ci-après, faite sans nulle difficulté.

M. le Marquis de La Grange, Sénateur, à Saint-Savin ; M. le Baron Travot, Député, au Carbon-Blanc ; M. Denjoy, Conseiller d'État, à Lesparre ; M. Gautier, Maire de Bordeaux, dans le deuxième canton de cette ville ; MM. Samazeuillh et Castéja, ses deux premiers adjoints, à Bélin et à Pauillac ; mon ami, M. le Président Gellibert, qui devait passer bientôt Conseiller de la Cour Impériale de Bordeaux, à Bourg, et mon ancien collègue de Sous-Préfecture, M. Marcotte de Quivières (retenu dans la Gironde par son mariage à Bordeaux), Maire de Mérignac, à Pessac.

Dans le sixième canton de Bordeaux, j'avais attaché de l'importance à patronner ostensiblement M. Duffour-Dubergier, Conseiller sortant.

Pour le premier, celui des Chartrons, je m'étais avisé de proposer la candidature à M. Nathaniel Johnston, chef d'une des premières, sinon de la première des grandes maisons de commerce de vins occupant le haut du pavé dans cette ville.

M. Johnston offrait le type le plus complet de la grande existence bordelaise. Issu d'une famille anglaise francisée, il unissait aux habitudes de tenue et de correction de son pays d'origine, les manières ouvertes, affables, de son pays d'adoption. C'était un parfait gentleman, de haute taille, de belle prestance. Sa résidence de Lescure, entourée de jardins, au milieu d'un vaste parc, où sa famille vivait en ville comme à la campagne, passait, à juste titre, pour la dernière expression du comfort et du luxe bien compris.

Étranger jusqu'alors à la politique, on le classait néanmoins parmi les orléanistes, comme beau-frère de M. Guestier, saintongeais d'origine, ancien Député de Bordeaux et Pair de France, sous le règne du Roi Louis-Philippe, dont la très nombreuse lignée s'irradiait, par alliances, dans beaucoup de nos familles protestantes. — Une de ses filles était ainsi devenue cousine de ma femme. — Mais, si je ne devais pas plus songer à rallier au Prince-Président M. Guestier, que son ex-collègue à la Chambre des Députés et à la Chambre des Pairs, M. Wustemberg (de famille francfortoise francisée), autre notabilité protestante de notre « Haut Commerce », j'arriverais assurément, me disais-je, au même effet politique, en conquérant à sa cause M. Johnston, et j'atteignis mon but, grâce à mes anciens rapports avec ce précieux candidat, et à la manière dont je lui présentai la chose. Naturellement, aucun électeur des Chartrons, de quelque opinion qu'il fût, ne pouvait refuser sa voix à cette grande personnalité du Commerce de Bordeaux.

Je note ici qu'un des fils de M. Johnston, élève distingué de l'École Polytechnique, fut Député de la Gironde vers la fin de l'Empire, et Représentant à l'Assemblée nationale, après 1870.

Je ne dirai qu'un seul mot au sujet des élections aux Conseils d'Arrondissements : je fis entrer dans celui de Bordeaux et, plus tard, à la Chambre de Commerce,

M. Lalande, négociant d'ordre secondaire alors, marié dans la famille Cruse, originaire de Hambourg, qui tenait une très haute position parmi celles des Chartrons, et à laquelle se trouvait alliée la nôtre.

Dans ces dernières années, M. Lalande, Président de la Chambre de Commerce, devint Député républicain de la Gironde, au grand regret de tous les siens, et son nom contribua grandement au succès de la liste opportuniste, en 1885 ; mais, aux dernières élections, abandonné de tous, il dut se retirer.

SESSION DU CONSEIL GÉNÉRAL.

La session du Conseil renouvelé s'ouvrit le 23 août.

Un décret du Prince nommait Président, le Général de Saint-Arnaud; Vice-Président, M. le marquis de La Grange, et secrétaire, M. Saint-Espès-Lescot, Maire de Bazas.

M. Ducos ne parut dans aucune séance, et ne s'en excusa même point.

Le Général de Saint-Arnaud présida fort bien quelques réunions, et reprit le chemin de Paris. Il avait fait, en prenant possession du fauteuil, un discours très goûté de ses collègues, qui lui témoignèrent, à son départ, leurs vives sympathies, par une manifestation, où le Deux-Décembre ne fut pas oublié.

M. le marquis de La Grange le remplaça pour le reste de la session, de la façon la plus heureuse.

Quant à moi, je ne crus pas devoir, cette fois, m'abstenir, comme dans le Var et dans l'Yonne, où de bonnes raisons pour le faire existaient, de parler politique au Conseil Général. Je rappelai donc, dès le début du rapport d'ensemble voulu par la tradition, dans quel état d'anxiété se trouvait la France, à l'ouverture de la session de 1851 :

« Élus au lendemain de la Révolution de 1848, et
« restés, depuis lors, en contact immédiat avec les po-
« pulations, les Conseils Généraux, » disais-je, « avaient
« une autorité immense dans la question suprême qui
« s'agitait. Quatre-vingts n'hésitèrent pas devant l'ac-
« complissement du grand devoir imposé par les cir-
« constances à leur patriotisme. Après de solennels
« débats, ce grand jury de la France condamna, par
« un verdict presque unanime, la Constitution de 1848.
« A partir de cet instant, l'œuvre des révolutionnaires
« ne fut plus qu'une lettre morte, et lorsque, le 2 dé-
« cembre, le moment fut venu d'en faire justice, la
« Nation, subitement affranchie de ses craintes et res-
« pirant, enfin, un air de sécurité, salua son libérateur
« d'une longue acclamation de reconnaissance. »

Après cette entrée en matière, accentuée par l'assentiment très vif de mes auditeurs, je mis en relief le contingent considérable de suffrages apportés par la Gironde « à
« cette majorité prodigieuse, qui remit, entre les mains du
« Prince, un mandat tel qu'aucun homme n'en avait reçu
« jamais : celui de donner des institutions à la France ; »
puis, l'assentiment distinct de chacune des circonscriptions du département à la Constitution nouvelle, constaté par une quintuple élection de Députés au Corps Législatif. « Enfin, » ajoutai-je, « dans une
« dernière et toute récente épreuve, où le départe-
« ment se trouvait fractionné en quarante-huit collèges
« cantonaux, seize membres de l'ancien Conseil Géné-

« ral, sur dix-sept qui s'étaient prononcés pour le main-
« tien de la Constitution de 1848, ont été désavoués par
« leurs commettants. Si l'un d'eux, à la faveur de
« circonstances locales, a obtenu sa réélection, il sera,
« dans cette enceinte, un témoignage vivant de la li-
« berté laissée aux suffrages et de la sincérité du scrutin
« devant lequel ont succombé tous ses anciens alliés.
« — Mais, ce qui n'est pas moins significatif, en même
« temps que le principal canton de Bordeaux chargeait
« M. le Ministre de la Marine et des Colonies de le re-
« présenter dans le nouveau Conseil Général, un autre
« collège plaçait à la tête de ce Conseil, par un vote
« unanime, dont la conséquence ne pouvait être dou-
« teuse, le Chef de l'Armée, *le courageux Ministre ho-*
« *noré par Louis-Napoléon d'une part de responsabilité*
« *dans l'acte sauveur du Deux-Décembre.* »

Suivait un résumé des heureux effets déjà produits dans le monde des affaires, aussi bien que dans le fonctionnement des services publics et dans le rendement des impôts de toute sorte, par la tranquillité que le Pays devait, avant tout, aux énergiques résolutions du Prince, et par les actes féconds nés de son initiative personnelle.

Venait, enfin, l'objet essentiel de mon travail : un exposé général de l'état des affaires du Département, aussi complet que possible. En effet, malgré tout ce qui, depuis huit mois, les primait forcément dans mon esprit, je n'en négligeais cependant aucune. Je m'occupais de toutes, au contraire, avec une égale sollicitude, et j'en fournissais la preuve au Conseil.

J'avais reconnu, dans le budget de la Gironde, le même défaut d'équilibre que dans ceux du Var et de l'Yonne. Les ressources propres de la deuxième section et même, dans une certaine mesure, celles de la troisième, se trouvaient absorbées par une portion des dépenses à la charge de la première. C'étaient, comme toujours, l'accroissement des frais d'entretien des routes départementales; la progression du nombre des Enfants Trouvés, et l'extension abusive des placements d'office dans les asiles d'Aliénés, qui causaient ce désordre.

Le développement des routes départementales ne dépassait pas 586 kilomètres, avant 1847. Il atteignait déjà le chiffre de 772 en 1872. Ce parcours total n'avait certes rien d'excessif pour un département d'une superficie de près de 1,100,000 hectares; mais, dans la contrée des landes surtout, la cherté des matériaux rendait l'entretien coûteux. La dépense du mètre courant montait à 43 centimes, en moyenne. C'était une charge annuelle de 350,000 francs, excédant la moitié des ressources propres de la première section du budget, et je ne voyais d'autre moyen de la réduire, que le déclassement ultérieur des portions de routes dont l'ouverture imminente de la dernière section du chemin de fer d'Orléans à Bordeaux, la construction prochaine de celui de Bordeaux à Cette et le prolongement, jusqu'à Bayonne, de celui de Bordeaux à La Teste, diminueraient graduellement, et dans une large mesure, l'utilité.

Mais, depuis le 1er avril, par application d'ordres ministériels inexécutés jusqu'alors, je soumettais le tour de l'Hospice des Enfants-Trouvés de Bordeaux, avec tous les ménagements désirables, au régime de la surveillance, et le nombre des dépôts avait été considérablement atténué par cette mesure, bien qu'elle n'eût établi d'obstacle absolu qu'à l'abandon, très fréquent, des enfants légitimes, et à l'apport des enfants de départements voisins. En effet, comme je le disais au Conseil : « dans les autres cas, elle n'opposait au projet « d'abandon, qu'une offre d'assistance qui ranimait le « plus souvent les sentiments de la nature, étouffés par « la misère ». En regard de 329 expositions faites du 1er janvier au 31 mars, on n'avait présenté que 181 enfants, du 1er avril au 30 juin, et dans 85 cas, des mères s'étaient décidées à conserver les leurs, sous l'influence de cette offre. Mais, dans tous les autres, sauf trois, l'Administration avait obtenu, du moins, la reconnaissance des enfants à l'État-Civil. Or, les résultats constatés du 1er juillet au 15 août, donnaient les mêmes proportions.

D'un autre côté, je pouvais mentionner aussi des diminutions opérées d'une façon très notable, par un contrôle plus efficace, dans le nombre des demandes de placement d'office d'Aliénés à la charge du Département.

Mon rapport établissait que, sans préjudice de l'accroissement possible des ressources de la première section du budget, ces deux réformes suffiraient à faire disparaître graduellement, dans une série d'années que je précisais, la portion des dépenses ordinaires, montant à 200,000 francs, qui débordait sur la seconde et la troisième sections. Le Conseil en fut très frappé.

Après quinze jours, bien remplis, de discussions et de délibérations, lorsqu'il adopta l'ensemble du budget départemental, il reconnut, avec étonnement, que, par ses votes partiels, il avait accepté successivement toutes mes propositions.

Aussi, voulut-il consacrer les conclusions, très élogieuses pour mon administration, du rapporteur de sa Commission des Finances, par la délibération suivante, dont je garde le texte original, écrit de la main de M. Nathaniel Johnston, et signé des quarante membres présents à la séance de clôture de la session :

« Le Conseil, après avoir voté sans modification le
« projet de budget présenté par M. le Préfet, est heu-
« reux de lui adresser ses félicitations les plus vives
« et les plus sincères, pour la capacité administrative,
« le sage esprit de réforme et l'activité dont il fait
« preuve dans la gestion de tous les intérêts du Dépar-
« tement. »

Dès le début de la session, le Conseil, sur la proposition de trois de ses membres, MM. Gautier, Maire de Bordeaux, Samazeuilh et Castéja, ses deux premiers Adjoints, appuyée par deux chauds impérialistes, représentant les cantons de Fronsac et de Guîtres, M. Lacaze, Conseiller à la Cour d'Appel, et son beau-frère, M. Morange, avocat à Libourne, — dont le fils, aujourd'hui Maire de Lesparre, conserve les convictions impérialistes de son père et de son oncle, — avait adopté, à l'unanimité, moins la voix du représentant du canton de La Teste, une adresse de remerciement au Prince, pour « le grand acte de salut public ac-
« compli par lui le 2 décembre ». Il avait émis, en outre, ce vœu d'une exceptionnelle gravité, « que le
« Sénat prît l'initiative d'une mesure légale tendant à
« donner au Gouvernement du Prince Louis-Napoléon
« Bonaparte, LA FORME ET LA STABILITÉ que réclamaient
« les intérêts, le génie et les mœurs de la France ».

Au cours de ses délibérations, le Conseil reçut la vive satisfaction d'apprendre qu'une compagnie puissante venait de conclure, avec le Gouvernement, un traité pour la construction des chemins de fer du Midi et l'achèvement du canal latéral à la Garonne. Il ne voulut pas se séparer avant d'en témoigner sa reconnaissance au Prince, en même temps que la joie qu'il éprouverait du passage de Son Altesse Impériale à Bordeaux, officiellement annoncé déjà depuis quelques jours.

VOYAGE DU PRINCE.

Dans ma courte apparition à Paris, j'avais instamment demandé que le Prince, au lieu de se diriger, d'abord, vers Bordeaux, commençât son voyage par Lyon et Marseille. — Voici comment je formulai par écrit mes raisons de le désirer, dans un memento remis à M. de Persigny, pour son Altesse Impériale.

« Quel que soit l'itinéraire adopté, Bordeaux, qui
« recevrait dignement, et avec les plus grands égards,
« tout chef d'État, parce que c'est, au premier chef,
« une ville bien élevée, saluera certainement avec en-
« thousiasme le Prince auquel son port doit le retour
« de la vie, du mouvement, et les promesses d'un avenir
« inespéré. Mais, cette belle cité voudra justifier, en
« outre, le rang élevé qu'elle occupe à bon droit, parmi
« les grandes villes de France, et plus auront fait les
« autres, mieux sa juste fierté lui commandera de faire,
« quand viendra son tour. Il faut donc réserver la ré-
« ception de Bordeaux, comme le bouquet de la mani-
« festation impérialiste dont la vue du Prince sera
« partout l'occasion. Et puis, où trouver un pareil
« cadre pour la déclaration solennelle qui doit termi-
« ner la tournée triomphale du futur souverain? »

D'ailleurs, la section du chemin de fer de Paris comprise entre Angoulême et Bordeaux, à peine terminée ; la gare de la Bastide, encore encombrée de matériaux, entourée de démolitions attristantes, se prêtaient mal à toute belle réception.

Enfin, pour l'entrée de la ville, par le pont, il existait un cérémonial réglé, pratiqué nombre de fois, sur lequel on se sentait blasé. L'arrivée du Prince par le haut de la rivière, que je proposais, et son entrée en ville par cette belle rade dont les arches du pont semblent être le portique fluvial, comportait, au contraire, une splendeur sans exemple, dont je me faisais garant.

Mon avis prévalut.

Son Altesse Impériale devait arriver le 7 octobre seulement à Bordeaux, pour y séjourner les 8 et 9, et en repartir, le 10. Le discours princier serait prononcé le 9, à la fin d'un banquet donné par la Chambre de Commerce, dans le grand hall de la Bourse. Le dernier vote du Conseil Général en faisait prévoir le sujet.

Une députation du Corps Municipal de Bordeaux et de la Chambre de Commerce, ayant à sa tête M. Feytit, troisième Adjoint, était allée à Paris, en août, pour offrir au Prince, d'une part, l'hospitalité de la Ville, dans l'ancien Palais Impérial, acquis par elle et devenu « le Palais Municipal » ; d'autre part, l'invitation de la Chambre, pour le banquet du 9. Le Maire et les deux premiers Adjoints trouvèrent encore mieux à faire, comme on vient de le voir, au sein du Conseil Général.

Le Directeur de la Compagnie des bateaux à vapeur du haut de la rivière, M. Lubbert, ancien Représentant à l'Assemblée Constituante, sollicita, pour cette Compagnie, l'honneur de pourvoir au voyage du Prince, d'Agen à Bordeaux.

Nous convînmes qu'un de ses bateaux, décoré pour la circonstance, et largement approvisionné pour un déjeuner à bord, se tiendrait aux ordres de Son Altesse Impériale dans la première de ces villes, le 7 au matin, avec un bateau de suite. Le départ d'Agen s'effectuerait à 7 heures très précises, — la marée le voulant ainsi, — pour que l'arrivée à Bordeaux ne dépassât pas trois heures de l'après-midi. Un autre bateau serait mis à ma disposition, dès le 6, parce que je comptais me rendre, le soir, avec les Députés et les membres du Conseil Général du département, à La Réole, où je m'assurai des logements nécessaires, afin d'accompagner le Prince dans la traversée du département, le lendemain.

Après m'être mis d'accord avec le Cardinal-Archevêque ; le Général Commandant Supérieur ; le Commissaire Général, chef du service de la Marine ; et le Maire de Bordeaux, je réglai, conformément aux dispositions agréées par le Prince, et jusque dans les plus petits détails, le programme de son arrivée, de l'emploi du temps de son séjour, et je m'occupai moi-même, avec un soin minutieux, de tous les préparatifs ; des mesures de sûreté ; des simples précautions d'ordre ; en un mot, de tout ce qui devait contribuer, de près ou de loin, à la ponctuelle exécution des diverses parties de ce programme complexe : aussi, la réussite ne laissa-t-elle rien à désirer sur aucun point.

Le 6, les manifestations bruyantes dont les mariniers de la Garonne et les populations riveraines saluèrent le bateau, portant mon pavillon, qui me conduisit, avec mes compagnons de route, à **La Réole**, et la réception chaleureuse de cette ville, me firent prévoir ce que le lendemain nous réservait.

« L'Empire était fait! » — Depuis Bourges, où l'on avait traduit l'inscription « Vive Napoléon » sur un arc de triomphe, suivie de trois points d'exclamation, par le cri de « Vive Napoléon III ! », c'était son Souverain que la France acclamait, et quand, le 7, en l'abordant pour saluer sa bienvenue dans mon département et lui présenter les Députés et les membres du Conseil Général, venus à sa rencontre, je lui dis : « Sire ! » par inadvertance, il sourit doucement, et ce *lapsus* étonna si peu les auditeurs qu'on ne m'en avertit pas immédiatement.

Le Prince, dont la suite se composait, dans ce voyage, du Général comte Roguet, son Premier Aide de Camp, chef de sa Maison Militaire; du lieutenant-colonel Fleury, Aide de Camp, son Premier Écuyer, et de M. Mocquard, son Chef de Cabinet, fut rejoint, à Bordeaux, par quatre Ministres : le Général Saint-Arnaud ; M. Ducos ; M. Drouyn de Lhuys, Ministre des Affaires Étrangères ; et M. Magne, Ministre des Travaux Publics.

La descente de La Réole à Bordeaux se fit dans les meilleures conditions. Un temps superbe avait remplacé la pluie qui m'inquiétait, la veille. Le Prince, par son accueil affable, ses formes simples, sa bonne grâce à causer, ne fût-ce qu'un instant, avec chacun, et à s'informer de toutes choses, charma complètement l'assistance. Il observait le pays, le cours de la rivière et demandait les noms des villes et des bourgs échelonnés, des deux côtés, dont les maisons étaient couvertes de drapeaux et dont les populations criaient : « Vive l'Empereur ! » à son passage, et faisaient « parler la poudre » par tous les moyens en leur pouvoir. A l'approche de Bordeaux, il voulut monter sur la passerelle du Commandant, afin de mieux embrasser la silhouette générale de la ville. Après le pont, quand il se trouva subitement en plein port, frappé du spectacle inattendu qu'il eut devant les yeux, il me serra le bras, et ne put s'empêcher de me dire : — « Que c'est beau ! »

En effet, du pont au débarcadère du quai vertical, devant les Quinconces, les navires français, avec leurs flammes agitées par la brise, en haut des mâts ; leurs cordages pavoisés de toutes les couleurs de l'arc-en-ciel ; leurs matelots dans les hunes et sur les vergues, s'alignaient en six rangs parallèles, non interrompus : trois, de chaque côté, laissant, au milieu, 50 mètres de passage libre. Des embarcations, chargées de monde, à couler, remplissaient les moindres intervalles. Et en aval, devant la façade des Chartrons, comme fond de tableau, se dressait la forêt de mâts des navires étrangers, non moins pavoisés, devant laquelle se tenaient les bâtiments de l'État, saluant l'arrivée du Prince de toute leur artillerie, tandis que sonnaient les cloches de la ville, et qu'une immense, une indicible acclamation partait de toutes les poitrines.

A l'arrivée devant les Quinconces, au croissant que dessine la ligne des quais, le Prince, silencieux depuis un moment, dit à mi-voix : « C'est une capitale ! »

Les Ingénieurs de la Navigation et les Officiers du Port veillaient à la sûreté de l'accostage et au bon ordre du débarquement.

Sur le terre-plein du quai vertical, à l'abri d'un velarium aux couleurs impériales, semé d'abeilles d'or, le Prince fut reçu par le Maire et le Conseil Municipal de Bordeaux, et par tous les fonctionnaires, tous les corps constitués, rangés par ordre, à droite et à gauche de cette large enceinte.

Le vaste espace compris entre ce terre-plein et le relief de la place, était défendu par le bataillon des Sapeurs-Pompiers de la Ville, d'un côté; par celui des Douanes, de l'autre. Là, se groupaient les députations des 544 communes du département, autour de leurs bannières, avec leurs Maires et Adjoints ceints de leurs écharpes. Les membres de ces députations, au nombre de 20,000, avaient tous à la boutonnière, comme signe distinctif, une médaille en bronze frappée à l'effigie du Prince, avec ce revers : *Voyage du Midi — Bordeaux — 7, 8, 9 et 10 octobre* 1852.

Sur la place des Quinconces, attendaient les chevaux et voitures, derrière les phares. Une garde d'Honneur, composée de toute la belle jeunesse de la ville, et commandée par M. Mareilhac, ancien officier supérieur de Cavalerie, se tenait prête à escorter Son Altesse Impériale. Les troupes de la garnison, Infanterie et Cavalerie, traçaient deux lignes de bataille, se faisant face.

C'était un spectacle grandiose. Je crois vraiment impossible, à qui n'en fut pas témoin, de s'en figurer toute l'enivrante splendeur.

Quand le Prince fut à cheval, entouré de son État-Major et de celui de la Division Militaire, les députations des communes défilèrent devant lui, par ordre d'arrondissements, pour se former en haies, de la place à l'Église Primatiale, où le cortège devait se rendre, d'abord, par le cours du XXX Juillet, la place de la Comédie, les fossés de l'Intendance, la place et la rue Dauphine, le cours d'Albret, la rue et la place Rohan.

Sur tout ce parcours, étaient plantés des mâts pavoisés, au bord des trottoirs sur lesquels se pressait une foule en délire. Toutes les fenêtres des maisons étaient garnies de Dames en toilette, agitant leurs mouchoirs et jetant leurs bouquets.

A l'entrée de la Cathédrale, le Cardinal-Archevêque, Primat d'Aquitaine, complimenta le Prince; le conduisit dans le chœur; entonna le *Te Deum,* et donna la bénédiction du Saint-Sacrement.

Enfin, le cortège parvint au Palais Municipal. Là, commencèrent, presque immédiatement, les réceptions officielles, sans discours, suivant l'ordre prescrit.

A sept heures, dîner de 60 couverts, et le soir, grande réception d'Hommes et de Dames; fête vénitienne et concert par la Société de Sainte-Cécile, dans les jardins du palais; brillante illumination de la ville entière.

SÉJOUR A BORDEAUX.

Dans la matinée du lendemain, le Prince se rendit à l'Hôpital Saint-André; puis, reçut les députations des départements du Cantal, de la Corrèze, de la Dordogne, des Landes et des Basses-Pyrénées.

Après déjeuner, il passa la revue de la garnison, et, le reste de l'après-midi, visita de grands établissements, tels que la fabrique de porcelaines et faïences bordelaises de M. Vieillard, les grands chais de la maison Cruse, et ceux de M. Nathaniel Johnston.

Le Prince ne se lassait pas de contempler la rade. Mais, chaque fois, les changements de direction des navires à l'ancre, causés par le flux et le reflux, désorientaient ses impressions topographiques. — « Je me « suis demandé, » lui dis-je, « si l'habitude prise de voir « tourner le cours des flots de ce beau fleuve, et son ni-« veau monter ou descendre de nombre de mètres, quatre « fois en 24 heures, n'entre pas pour quelque chose dans « la facilité de beaucoup d'esprits bordelais à subir l'ac-« tion des marées politiques, lesquelles ont aussi des « flux et reflux rapides et violents. Est-ce pour cela que « les masses éprouvent instinctivement, ici, le besoin « d'institutions stables, donnant, au chef de l'État, une « autorité prépondérante, qui lui permette de modérer « les flots changeants de l'opinion ? » — La forme paradoxale de mes prémisses fit sourire mon auguste interlocuteur, et je compris qu'il ne s'abusait pas plus que moi sur la valeur vraie de l'enthousiasme méridional, dont les manifestations devaient avoir cependant un lointain effet très utile. Quant à ma conclusion, il ne pouvait pas la désapprouver.

A sept heures, nouveau dîner de 60 couverts, au Palais, et, le soir, bal au Grand-Théâtre.

En pénétrant sous le péristyle de ce magnifique édifice, Son Altesse Impériale ne put retenir un cri d'admiration, à la vue du grand escalier, dont s'inspira depuis l'habile architecte du nouvel Opéra de Paris. La décoration de cette entrée monumentale était somptueuse et d'un goût parfait. Quant à la salle, je ne saurais en décrire l'effet splendide. Fidèlement reproduite sur la scène, elle formait, avec celle-ci, comme un ovale immense, dont 8,000 personnes remplissaient l'enceinte. Les loges, garnies de Dames richement parées, dessinaient des lignes continues, gracieusement étagées, de corbeilles fleuries et constellées.

Depuis longtemps, l'effet piteux de la réunion de la scène à la salle, dans les bals de l'Opéra de Paris, m'avait fait concevoir la disposition que je voyais enfin réalisée, non sans peine; car les architectes de la Ville ne voulurent pas en prendre la responsabilité. Sur mon insistance, le Maire consentit à charger de l'exécution, M. Alphand, Ingénieur Ordinaire des Ponts et Chaussées, l'habile constructeur du quai vertical de Bordeaux, l'homme de goût dont j'avais remarqué le talent d'organisateur et de décorateur, dans les Fêtes de Charité du printemps, et quelquefois utilisé le concours officieux, pour les bals de la Préfecture.

Dans le quadrille d'honneur de celui du Grand-Théâtre, le Prince daigna danser avec Mme Haussmann. Je lui faisais face, avec Mme Gautier, belle-sœur du Maire. Des deux côtés, figuraient : 1° le général de Saint-Arnaud, avec Mme de la Seiglière, femme du Premier Président de la Cour d'Appel; 2° M. Ducos, avec Mme Montané, femme du Député de Bordeaux; 3° M. Drouyn de Lhuys, avec Mme Maigne, belle-sœur de M. Magne; 4° le général de Bourjolly, avec Mme de Forcade; 5° M. le Procureur général Devienne, avec Mme Castéja; 6° M. Gautier, Maire, avec Mme la baronne Travot.

Le 9, le mauvais temps rendit impossible, à mon grand regret, une excursion projetée vers le bas de la rivière. Tout était disposé pour conduire promptement le Prince, avec le descendant, jusqu'en face de la citadelle de Blaye; doubler, en aval, l'île de Patiras, d'où la Gironde apparaît dans toute sa largeur, et, en remontant, passer devant le port de Pauillac; visiter Château-Margaux, et rentrer à Bordeaux avec le flux, vers deux heures, pour le lancement, à plein-mer, du navire le *Louis-Napoléon*, de 2,800 tonneaux, construit en fer et en bois, pour M. Montané, par M. Armand.

Cette opération put avoir lieu dans une embellie, de deux à trois heures. Elle réussit à merveille. Le Cardinal bénit le navire, dont le Prince fut parrain, avec Mme Montané pour marraine. Il décora l'armateur et le constructeur, et fit à Mme Montané, le cadeau, précieux à tous les titres, d'un bracelet superbe.

On avait dû renoncer, devant la pluie, au carrousel que le 6e régiment de Lanciers (colonel, de Boulancy), venu de Libourne, devait donner ensuite, dans le Jardin Public, — qui n'offrait encore aux promeneurs qu'une vaste pelouse encadrée de grands arbres, — et désappointer ainsi les 16,000 invités de la Ville.

Le soir, enfin, Son Altesse Impériale se rendit au dîner de la Chambre de Commerce!

Quelques heures auparavant, j'avais eu le soin de conduire le Président, M. Duffour-Dubergier, chez le Prince, afin de communiquer, au principal intéressé, le texte du toast motivé qu'il comptait porter, à la fin du repas. Ils restèrent enfermés assez longtemps, et je compris, en reconduisant mon ancien colonel chez lui, que son projet, beaucoup trop réservé de la part d'un Conseiller Général de la Gironde, allait recevoir de sérieuses modifications. Il devait y poser nettement les jalons du discours-programme du futur Empereur.

Cent quatre-vingts personnes prirent place autour de la table immense qui remplissait le hall de la Bourse. Huit cents spectateurs occupaient les galeries du premier.

Au milieu de la table, dans le très vaste espace demeuré libre, verdoyait, en vrai jardin, une pelouse de mousse, formant vallon, pour ne pas gêner la vue des convives, avec des massifs bas de fleurs et d'arbustes rares, et, au fond, un long bassin alimenté de gerbes jaillissantes. C'était encore à M. Alphand que revenait le mérite pratique de cette disposition sans exemple.

Tout le monde connaît le discours de Bordeaux, résumé par cette déclaration certainement sincère, mais que la force des choses a si cruellement rendue vaine : « L'Empire, c'est la Paix ! » Elle avait été précédée par cette autre, dont la fierté fit vibrer la fibre patriotique des Girondins : « Quand la France est satisfaite, l'Europe est tranquille ! »

Dès le soir, je télégraphiais à M. de Persigny, non pas le discours, — le Prince me l'avait défendu, par crainte de quelque erreur de transmission, — mais un compte rendu fidèle du banquet, où je lis : « Ce discours « est un grand événement. C'est l'acceptation formelle « de l'Empire et le résumé de la politique de paix exté- « rieure, d'ordre moral et de sage progrès, que le Prince « entend consolider par les institutions impériales. »

Je le fis imprimer dans la nuit, après correction des épreuves par M. Mocquard ; afficher, dès le matin, dans Bordeaux, et expédier à Paris.

Après le dîner, le Prince passa quelque temps à regarder curieusement, des fenêtres du premier étage, le spectacle de l'illumination de la rade et du pont, et celle des coteaux de Lormont et du Cypressat, opérée par le procédé qui m'avait servi jadis à Blaye. On tirait de toutes parts des salves de feux étoilés. Il se montra fort gracieux pour ma femme et mes deux filles, bien jeunes alors, qui se trouvaient à l'une des fenêtres donnant sur le quai ; puis, il prit congé de ses hôtes, et voulut aller voir la seconde édition du bal du Grand-Théâtre, offerte par la Ville à la population ouvrière.

Impossible d'exprimer la façon dont il y fut reçu.

Son Altesse Impériale dansa, cette fois, avec la fille d'un contre-maître, choisie par M. Alphand, à qui l'idée de ce second bal appartenait. Je lui fis vis-à-vis, avec une autre. Le lendemain, il me chargea d'un cadeau pour sa danseuse, et je me vis dans le cas d'en remettre un autre, bien volontiers, du reste, à la mienne.

Le 10 au matin, le Prince assista, dans la cathédrale, au service religieux.

Le départ pour Angoulême s'opéra vers midi, par la gare de la Bastide. La population salua le cortège d'une nouvelle ovation.

J'accompagnai Son Altesse Impériale jusqu'à la Roche-Chalais, première station de la Charente, où mon collègue, M. Rivière, prit place dans son wagon-salon.

De Bordeaux à Libourne, où la réception du Prince fut très brillante, avait eu lieu le déjeuner, pendant lequel le général de Saint-Arnaud, plein de verve, plaisantait M. Drouyn de Lhuys, sur la manière dont il allait faire prendre, aux Puissances Étrangères, la déclaration de la veille. Je me rappelle qu'il lui dit : —

« A votre place, je ne ferais ni une ni deux. Je leur répé-
« terais, *comme cela :* Quand la France est satisfaite,
« l'Europe est tranquille. » — Or, « *comme cela* », c'était
un geste de gamin, qui consiste à mettre son pouce au
bout de son nez, en agitant les autres doigts.

Lorsque j'adressai mes adieux au Prince, il me dit : « Je
« suis on ne peut plus content de mon séjour et de tout
« ce que j'ai pu voir à Bordeaux ; de la situation que vous
« avez su prendre dans ce pays difficile, et des services
« que vous m'y rendez. Quand le Prince est satisfait »,
ajouta-t-il en riant, « le Préfet peut être tranquille. »

Au mois de janvier 1853, je reçus, comme témoignage de cette satisfaction, la croix de Commandeur de
la Légion d'Honneur.

Avant le départ de Bordeaux, j'avais obtenu que le
Prince décorât M. Nathaniel Johnston, membre du
Conseil Général ; puis, trois de MM. les Adjoints de
Maire : Samazeuilh, Castéja et Feytit. — Le Maire,
M. Gautier, était Officier, déjà.

L'EMPIRE.

Aussitôt après la rentrée de Son Altesse Impériale à
Paris, le Sénat fut convoqué, pour statuer sur les vœux
émis par le Conseil Général de la Gironde et par
nombre d'autres. En prévision de sa décision, non douteuse, je fis préparer, dans toutes les communes, la revision des listes électorales, qu'on put, grâce à cette précaution, régulariser, sans aucun retard, aussitôt après
la convocation des Comices.

Un décret, du 7 novembre, ordonna cette convocation pour les 21 et 22.

Le Plébiscite soumis au vote de la Nation par le Sénateur-Consulte du 7, était ainsi conçu :

« Le Peuple veut le rétablissement de la Dignité Im-
« périale dans la personne de Louis-Napoléon Bona-
« parte, avec l'hérédité dans sa descendance directe,
« légitime ou adoptive, et lui donne le droit de régler
« l'ordre de la succession au Trône, dans la famille
« Bonaparte, ainsi qu'il est prévu par le Sénatus-Con-
« sulte du 7 novembre 1852. »

Dans la proclamation que j'adressai, le 16, aux électeurs de la Gironde, je rappelai, d'abord, que, de tous les points de la France, les Conseils Généraux et d'Arrondissements, les Conseils Municipaux et de simples citoyens avaient provoqué le Sénat, par d'innombrables adresses, à rétablir la Dignité Impériale héréditaire ; puis, j'empruntai cette phrase au discours de Bordeaux :
« Jamais, peuple n'a témoigné d'une manière plus di-
« recte, plus unanime, la volonté de s'affranchir des
« préoccupations de l'avenir, en consolidant, dans la
« même main, un pouvoir qui lui est sympathique. »

J'ajoutai : « C'est sous l'impression de votre accueil,
« aussi chaleureux que magnifique ; c'est à Bordeaux
« même, que le prince Louis-Napoléon résumait, en ces
« termes, dans un discours à jamais mémorable, sa
« marche triomphale à travers les départements du
« Midi. »

Le vote des 20 et 21 donna 7,824,189 bulletins affirmatifs, contre 253,145 bulletins négatifs, dans l'ensemble de la France, et 114,735 *oui*, contre 3,242 *non* ou bulletins nuls, dans la Gironde.

Or, le Plébiscite de 1851 avait obtenu, de mes administrés, 123,961 suffrages favorables ! Comment celui de

1852 venait-il d'en réunir 9,126 de moins? A quelle cause attribuer cette perte, alors que, pour la généralité du pays, le gain montait à 344,933 voix?

En voici l'explication : en 1851, 138,631 électeurs votèrent; 118,577 seulement, en 1852.

Plus de 20,000 furent empêchés de venir au scrutin, par les pluies diluviennes qui tombèrent et défoncèrent, sans relâche, les chemins ruraux, avant et pendant les journées des 20 et 21 novembre.

D'ailleurs, la première fois, on constata 15,232 suffrages négatifs, et 3,242 seulement, la seconde.

La proclamation de l'Empire fut faite, à Paris, le 2 décembre, en vertu d'un décret du même jour. Je pense que le nouveau Souverain n'avait pas choisi cette date sans intention.

Elle eut lieu dans les départements le dimanche 5. A Bordeaux je m'en chargeai. Ce fut, certes, un des plus beaux jours de ma vie, que ce dimanche splendide, où, du haut de l'estrade élevée au centre de l'hémicycle de la place des Quinconces, entouré de toutes les autorités, de tous les corps constitués et de tous les fonctionnaires, en présence de la garnison sous les armes, je lus, à la face du ciel, devant une foule enthousiaste couvrant cette esplanade, après les préambules du décret, ses dispositions virtuelles, ainsi conçues :

« Art. 1ᵉʳ. — Le Sénatus-Consulte du 7 novem-
« bre 1852, ratifié par le Plébiscite des 20 et 21 novem-
« bre, est promulgé et devient loi de l'État.

« Art. 2. — Louis-Napoléon Bonaparte est Empe-
« reur des Français, sous le nom de Napoléon III. »

Comme le 7 octobre, une immense acclamation couvrit les salves d'artillerie des bâtiments de l'État, et le bruit des canons des navires en rade, pavoisés, au loin.

Le commencement du règne de l'Empereur, marqué par nombre d'amnisties, de grâces et de commutations de peines, profita naturellement aux compromis politiques. Presque tous nos expulsés de France purent y rentrer ; quelques-uns reçurent même l'autorisation de retourner chez eux. Presque tous les internés l'obtinrent. Ceux dont les dispositions restaient suspectes, furent maintenus sous le régime de la Surveillance.

Déjà, beaucoup de compromis avaient été l'objet de faveurs, souvent mal justifiées.

Il existe, en effet, dans notre société française, parallèlement aux solidarités de familles et de castes, des camaraderies d'écoles, des amitiés de jeunesse, entre hommes, qui survivent aux divergences de carrières et d'opinions, et réservent aux vaincus de nos luttes politiques, des indulgences, sinon des sympathies, et, dans tous les cas, des protections occultes, dans le camp des vainqueurs. Je reconnais que cela doit être heureux en bien des circonstances ; mais, souvent aussi, de graves intérêts peuvent s'en trouver atteints. Sans la force de ma situation acquise dans le département de la Gironde, l'autorité morale, l'influence personnelle que j'exerçais utilement sur mes administrés, auraient bien risqué de se trouver amoindries par certaines mesures prématurées, dues aux sollicitations de serviteurs du chef de l'État, mis en mouvement par d'anciens adversaires, non ralliés à sa cause.

Vers la fin de janvier 1853, l'annonce du mariage de l'Empereur avec Mme la Comtesse de Teba, produisit dans toute la France la plus vive surprise. Rien ne faisait prévoir une telle solution de la question qui préoccupait bien des esprits, depuis le relèvement du trône impérial. Dans les salons, on oubliait trop qu'on avait vu la grand'mère du nouveau Souverain, la veuve du général de Beauharnais, née Tascher de la Pagerie, une créole, presque une étrangère, assise, à côté de Napoléon Ier, sur le trône, et qu'une raison d'intérêt dynastique l'en avait seule fait descendre, pour laisser place à la jeune Princesse devenue mère du Roi de Rome. Mais, dans la masse de la population du pays, on appréciait plus sainement les avantages d'une alliance n'engageant en rien notre politique extérieure, et l'amour-propre national, loin d'être aucunement froissé de ce mariage, contracté par le Souverain en dehors des familles régnantes, y voyait plutôt une marque d'indépendance et de force.

A Bordeaux, on se souvenait d'un assez long séjour fait par Mme la Comtesse de Teba dans cette ville, avec sa mère, Mme la comtesse de Montijo. Sa personne était restée sympathique. Je me rappelais moi-même l'avoir vue et remarquée dans un bal de la Préfecture, donné sous l'administration du baron Sers.

Bientôt, je transmis à l'Empereur des adresses de félicitations de presque toutes les communes de mon département, Bordeaux en tête. Le Conseil Municipal, s'inspirant, à propos, du désir exprimé par la future Impératrice, de voir employés dans une fondation charitable les 400,000 francs destinés par la Ville de Paris à l'achat du collier qu'elle comptait lui offrir, vota l'affectation d'une somme de 50,000 francs à la création d'un établissement de bienfaisance bordelais, placé sous le patronage et honoré du nom de l'Impératrice Eugénie. Une députation fut désignée pour porter, tout à la fois, à l'Empereur : 1° l'adresse du Conseil à Sa Majesté ; 2° la délibération contenant ce vote.

Le 20 février, je fus mandé, par une dépêche télégraphique du Ministre de l'Intérieur, à Paris. M. de Persigny me déclara que, ma mission à Bordeaux paraissant achevée, mes services allaient recevoir ailleurs un plus utile emploi. Le moment était venu de reprendre la combinaison, interrompue par le Coup d'État, qui me destinait au poste de Préfet-Maire à Lyon ; mais, cette fois, il s'agissait de me faire, dans le Rhône, une situation plus considérable encore, m'apportant la récompense de ma campagne laborieuse dans la Gironde, en même temps qu'une force nouvelle pour les fonctions complexes dont je serais chargé. L'Empereur y tenait beaucoup. Sa Majesté voulait que mon passage de Bordeaux à Lyon se fît dans des conditions de nature à me satisfaire, et témoignant de sa haute confiance en moi.

Je devais, avant tout, entrer au Conseil d'État, afin de pouvoir administrer le Rhône et la Ville de Lyon, comme Conseiller d'État en mission extraordinaire. De plus, le Gouvernement me chargerait de la Direction supérieure de la Police des départements voisins, et de la surveillance secrète des agissements des réfugiés politiques en Suisse.

Malgré tout ce que cette offre contenait de flatteur et de brillant ; malgré l'insistance de la députation du Rhône pour me la faire accepter, je sollicitai de l'Empereur la permission de décliner la grande position que Sa Majesté voulait me faire, et de rester à Bordeaux, où, je le croyais sincèrement, Elle avait encore besoin de mes services pour y consolider mon œuvre.

J'occupais, dans la Gironde, une position que personne ne pourrait y prendre après moi. D'ailleurs, j'étudiais des questions dont la solution heureuse devait, à mon avis, laisser, dans ce beau département, un souvenir impérissable de son règne. Enfin, nous étions rentrés, ma femme et moi, dans un milieu que rien ne pouvait remplacer pour nous, à portée de nos intérêts de famille et de fortune, et en relations excellentes avec un monde où l'avenir de nos enfants semblait assuré, d'avance, par la grande considération dont jouissaient les parents de ma femme et l'estime qu'on y faisait de nous-mêmes.

L'Empereur, cédant à mes instances, donna la situation qu'il me réservait, à M. Vaïsse, ancien Ministre de l'Intérieur, désigné déjà pour me remplacer à Bordeaux, et je rentrai dans cette ville avec la conviction de ne jamais quitter la Préfecture de la Gironde, sinon, pour prendre ma retraite.

Je me consacrai donc avec ardeur à deux grosses questions que j'avais abordées depuis quelque temps, et que je réussis à faire aboutir assez vite : l'agrandissement de Bordeaux, par l'annexion de la commune de la Bastide et de portions de territoire, plus ou moins importantes, détachées des communes suburbaines ; l'ouverture d'un boulevard enceignant la ville, dont jusqu'alors les limites semblaient incertaines, et mettant ses parties extrêmes en communication.

Je pus également mener à bonne fin une énorme affaire : la reprise des travaux de défense de la Pointe de Grave, dont la disparition graduelle, sous l'action incessante de l'Océan, menaçait de submersion tout le bas Médoc. M. Magne, Ministre des Travaux Publics, vint exprès à Bordeaux, pour examiner sur place les plans de défense dont je proposais l'adoption, et qui furent approuvés sans retard.

A cette occasion, je lui fis comprendre toute l'importance, pour le port de Bordeaux, de la question des passes de la Garonne, qui certainement aurait été tranchée à la suite de son voyage, si j'étais resté dans le département, et qu'on débat encore aujourd'hui.

Plus libre de préoccupations politiques ; résolu, d'ailleurs, à faire profiter plus complètement que par le passé, de mon expérience administrative, reconnue solennellement par le Conseil Général, les affaires du Département, et aussi, les intérêts communaux, en souffrance sur bien des points, je commençai la tournée de revision de 1853, et je l'achevai presque en entier, animé surtout de cette intention.

Mais, « l'Homme propose et Dieu dispose ». Je l'avais éprouvé déjà : bientôt, j'en eus un nouveau témoignage. Au lieu de la transformation en cours de Bordeaux, c'est celle de Paris que, soudain, je me vis tenu d'accomplir !

FIN DU TOME PREMIER.

TABLE DES MATIÈRES

	Pages.
Avertissement.	i

CHAPITRE I

Ma Famille. — Mon Enfance.	1

CHAPITRE II

Mon Éducation. — Ma Jeunesse.	23

CHAPITRE III

Mes Débuts dans l'Administration.	45
Secrétariat Général de la Vienne.	49
Le Préfet, sa Famille et mes autres relations.	53
Mort de Casimir Périer.	58
Ma Nomination comme Sous-Préfet.	64

CHAPITRE IV

La Sous-Préfecture d'Yssingeaux.	67
Un laborieux voyage.	67
Mon installation.	72
Le Pays. Sa population. Ses industries	77
Excursions.	81
Changement de résidence.	85

CHAPITRE V

La Sous-Préfecture de Nérac.	89
Mon entrée en fonctions.	89
Ma nouvelle résidence.	95
L'Arrondissement.	101
Voies de communication.	107
Instruction primaire.	114

CHAPITRE VI

	Pages.
La Sous-Préfecture de Nérac.	119
Personnel administratif du département.	119
Mon intérieur et mes relations.	122
George Sand à Nérac.	129
Mon mariage.	136
Le Duc et la Duchesse d'Orléans.	139
Une élection politique.	140

CHAPITRE VII

La Sous-Préfecture de Saint-Girons.	147
Au Ministère de l'Intérieur.	149
De Paris à mon nouveau poste.	153
Le pays et sa population.	160
Recherches hydrologiques.	167
L'Asile de Saint-Lizier.	170

CHAPITRE VIII

La Sous-Préfecture de Saint-Girons.	175
Surveillance de la frontière.	175
Excursions en montagne.	180
Congé. Voyage à Paris.	191
Nouveau séjour dans l'Ariège.	195
Fin de ma mission	200

CHAPITRE IX

La Sous-Préfecture de Blaye.	205
Mon installation dans ce poste d'attente.	207
Blaye et Bordeaux.	211
L'Arrondissement et ses marais.	215
Un grand seigneur	219
Établissement de relations importantes.	222

CHAPITRE X

	Pages.
La Sous-Préfecture de Blaye............	229
Routes. Chemins. Écoles..............	229
Préfet, enfin. Catastrophe............	234
La révolution de Février.............	238
Départ de Blaye. Mon remplacement.........	244

CHAPITRE XI

Au Conseil de Préfecture de la Gironde.....	253
La Révolution à Bordeaux et dans le département...	253
Déconvenue du Commissaire général Latrade......	256
Mission de Clément Thomas............	260
Remplacement du Commissaire Chevallier.......	265
Élections générales................	267
Nomination d'un Préfet..............	271
Élection présidentielle du Dix Décembre.......	275

CHAPITRE XII

La Préfecture du Var................	283
Ma nomination et mon installation à Draguignan...	284
Topographie du pays................	291
Richesses minérales. Beautés naturelles. Antiquités romaines................	299
Culture. Forêts. Biens communaux..........	306

CHAPITRE XIII

La Préfecture du Var................	315
Les Fonctionnaires administratifs du département...	316
Les Maires et Adjoints..............	323
La Force publique................	328
Les Chambrées.................	334
Élections législatives...............	340

CHAPITRE XIV

	Pages.
La Préfecture du Var.	347
Deux changements de Ministère.	347
Les Journées de Juin à Draguignan.	352
Reprise de la propagande révolutionnaire.	356
Session du Conseil Général.	365
Le choléra.	369
Évasion de forçats. Le brigandage.	372
L'élection de 1850.	375
Mon Départ.	380

CHAPITRE XV

La Préfecture de l'Yonne.	383
Causes de mon changement de résidence.	383
Auxerre et le Département.	389
Personnel administratif. Représentants. Conseil Général.	396
Ma Préfecture. Grand et petit hôtels.	403

CHAPITRE XVI

La Préfecture de l'Yonne.	411
Menées secrètes et tentatives de désordre.	412
Deux rébellions sans caractère politique.	419
Reconstitution des administrations municipales de Sens, Auxerre et Joigny.	426

CHAPITRE XVII

La Préfecture de l'Yonne.	437
Première visite du Prince.	437
Scission royaliste.	440
Attitude hostile de l'Assemblée.	442
Seconde visite du Prince.	447
Discours de Dijon.	452
Sessions du Conseil Général : 1850-1851.	456
Réformes dans les grands services départementaux.	461
Vote politique du Conseil en 1851.	467

CHAPITRE XVIII

	Pages.
La Préfecture de la Gironde.	471
Le Deux-Décembre.	473
A Bordeaux.	479
L'Appel au Peuple.	487
Troubles sur divers points.	493
État de l'opinion publique.	496
Réunion et vote des Comices.	502

CHAPITRE XIX

La Préfecture de la Gironde.	505
Autorités et Fonctionnaires du département.	505
La Commission mixte.	513
Mesures de sûreté publique.	517
Les Décrets de janvier.	521
Élections au Corps Législatif.	527
Décrets-lois de la Dictature.	534

CHAPITRE XX

La Préfecture de la Gironde.	541
A Paris.	542
Tournée de Revision.	548
Renouvellement des Maires et Adjoints, Conseils Généraux, d'Arrondissements et Municipaux.	551
Session du Conseil Général.	556
Voyage du Prince.	562
Séjour à Bordeaux.	568
L'Empire.	574

www.ingramcontent.com/pod-product-compliance
Lightning Source LLC
Chambersburg PA
CBHW060306230426
43663CB00009B/1600